역사대논쟁
서구의 흥기

이 역서는 2018년 대한민국 교육부와 한국연구재단의 지원을 받아 수행된 연구임(NRF-2018S1A6A3A01081098)

바다인문학번역총서 001

역사대논쟁 **서구의 흥기**

초판 1쇄 발행 2020년 10월 30일

지은이 | 조녀선 데일리
옮긴이 | 현재열
펴낸이 | 윤관백
펴낸곳 | 도서출판 **선인**

등 록 | 제5-77호(1998.11.4)
주 소 | 서울시 마포구 마포대로 4다길 4, 곳마루빌딩 1층
전 화 | 02)718-6252 / 6257
팩 스 | 02)718-6253
E-mail | sunin72@chol.com
Homepage | www.suninbook.com

정 가 20,000원
ISBN 979-11-6068-409-4 93900

· 잘못된 책은 바꿔 드립니다.

바다인문학번역총서 001

역사대논쟁
서구의 흥기

조너선 데일리 지음

현재열 옮김

도서출판 선인

내가 숨 쉬는 공기와 같은

나의 소피아에게

[옮긴이의 일러두기]

1. 본서는 Jonathan Daily, *Historians Debate: The Rise of the West*, London & New York,Routledge, 2015를 번역한 것이다.

2. 본서에 나오는 지명과 인명 등은 기본적으로 국립국어원의 외래어 표기법을 따랐지만, 관례로 굳어진 경우는 예외로 두었다. 다만 중국어 지명의 경우는 기본적으로 중국어 발음에 가깝게 옮기고자 했고, 중국어 인명의 경우 현대 학자의 이름은 중국어 발음으로 옮겼지만, 근대 이전의 인물명은 한문의 우리식 발음으로 적었다.

3. 본문의 각주[1] [2] [3]는 본문의 이해를 돕고자 붙인 옮긴이의 주이며, 원저자의 주는 영어판의 편제에 따라 후주[1) 2) 3)]로 하여 장별 후주로 붙였다. 단 한국어판 서문의 각주는 원저자의 주이다.

4. 본문의 인용문은, 한국어판이 있는 경우에도 원저자가 인용한 맥락을 고려하여 영어 영문에 입각해 다시 옮겼다. 다만 독자들의 편의를 위해 '더 읽어보기'와 '참고문헌'에 제시된 저서 중 한국어판이 있는 경우, 서지사항을 [ ]에 넣어 병기하였다.

5. 본문 속의 인용문에 [ ]로 표시한 부분은 원저자가 추가한 것이지만, 경우에 따라 옮긴이 뜻을 명확히 하기 위해 추가한 것도 있다. 이 경우에는 '−옮긴이'라고 표시했다.

한국어판 서문

나의 책이 한국어로 출판되고 거기에 서문을 쓰게 되어 나로서는 너무나 기쁘다. 그 이유는 무엇보다, 서구가 세계의 우월한 지위에 어떻게 올랐는가라는 문제에 대해 내가 연구하고 글을 쓰면서 상정해 놓은 핵심 전제가 옳음을 입증하는 일례를 지난 70년간에 걸쳐 경제 · 정치 · 기술 · 문화 면에서 한국이 거둔 특출한 성공이 제공하고 있기 때문이다. 유럽은 특별히 어떤 역량이나 재능을 갖고 있어 흥기한 것이 아니다. 유럽이 흥기한 이유는 그 사회가 모든 사람이 지닌 놀랄 만한 창조성을 보다 충분히 풀어낼 수 있는 방식으로 조직되었기 때문이다. 어느 사회든 그 사회가 가진 제도와 전통이 그런 창조성을 방해하지 않는다면, 그 사회는 반드시 번창할 것이라고 나는 생각한다.

내가 한국어판의 출간을 기뻐하는 두 번째 이유는, 이런 중요한 역사적 문제에 대한 나 자신의 해석과 접근을 드러낼 소중한 기회를 얻은 것 같기 때문이다. 나는 이 책을 처음 출판하면서 20여 명의 학자들이 가진 견해들을, 독자들이 역사가로서 나의 개인적 입장을 파악할 수 없을 정도로, 그저 있는 그대로 제시하기 위해 무진 애를 썼다. 이 책에 중요한 역사적 논쟁을 어디에도 치우치지 않고 그대로 담아낸 것이 지금도 학계에 대한 가장 큰 기여인 것으로 생각된다. 그렇지만 이 책을 출간한 이후 지금까지 나는 근대 유럽사 및 세계사에 대한 이해를 심화시켰고, 학자들이 유라시아의 가장 선진적인 문화들로부터 유럽의 "대변환(Great Transmutation)"이나 "대분기(Great Divergence)"라고 부르는 것에 대한 나 자신의 해석을 보다 명확하게 다듬었다. 그러므로 논쟁을 보다 폭넓게 하는 또 하나의 기여로서, 한국어판의 서두에 나 자신의 해석을 밝혀두는 것이 독자들에게 도움이 될 것이라고 생각한다.

이 책이 처음 나온 이후에도, 서구의 흥기와 관련한 새로운 학술적 성과들이 연이어 세상에 나왔다. 역사학, 사회학, 정치학, 경제학, 법학 등 여러 학문 분야에서 나온 이런 연구들은 근대의 역사적 발전을 이해하는 데 유럽의 분기에 대한 설명이 중심적인 위치를 차지한다는 것을 거듭 확인하고 있다. 이런 학자들의 지적 성과들에 기초해 나는 이 중요한 역사적 문제에 대한 나의 해석을 체계화할 수 있었고, 그 결과를 최근 『유럽은 어떻게 근대 세계를 만들었나: 대분기의 창출(How Europe Made the Modern World: Creating the Great Divergence)』로 간행하였다.[1]

무엇보다 밝혀두고 싶은 점은, 내가 인간의 발전과 사회의 진화를 연금술사의 실험과 유사한 것으로 파악하고 있다는 것이다. 내가 가진 생각은 이러하다. 연금술사들은 자연의 섭리를 추구하였고, 불사의 약이나 '철학자의 돌'을 찾으면서 자신이 구할 수 있는 모든 재료 및 물질의 성질과 역량, 반응, 용도를 발견하기 위해 체계적인 실험을 수행했다. 유사한 방식으로, 우리의 가장 먼 선조들은 지구상에서 가장 가혹한 환경 속에서도 쉽게 얻을 수 있는 자연의 혜택부터 완전히 익히면서 생존하고 번성하는 법을 배웠다. 또한 지금으로부터 1만 년 전 선사시대 근동에서 식물을 재배하고 동물을 가축화하면서 정주문화가 등장하자, 선조들은 자기를 둘러싼 환경의 물질적 특징에 의지해서만이 아니라 새로운 발상과 발명, 관습, 학습, 그 외 마음과 정신상의 여러 약진들을 전유하여서도 번성하였다. 모든 문화들이 서로에게서 배웠다. 홀로 고립되어 앞으로 나간 사람은 절대 없었다. 인간의 문화 발전에는 혼자 힘으로 일어선

1 Jonathan Daly, *How Europe Made the Modern World: Creating the Great Divergence* (London and New York: Bloomsbury Academic, 2020).

경우가 전혀 없었다. 지금 성공한 문화와 사람들은 매번 그 성공의 많은 부분을 자신에게 앞선 사람들과 문화들에게 빚지게 마련이었다. 우리는 모두 지구 전역에서 살아간 우리의 선조들의 어깨 위에 서 있는 것이다.

하지만 역사적으로 볼 때, 어떤 문화는 다른 문화보다 더 극적으로 번성하며, 약진과 혁신을 통해 대대손손 이어지는 인류의 자산에 더 많은 기여를 하였다. 그런 문화는 저마다 특정한 천부적 재능을 지닌 것 같이 보인다. 그러나 이렇게 남달리 번성한 문화들을 도드라지게 만든 것은 그런 문화들이 다른 문화로부터 배우는 데 더 많이 열려 있고 자기 구성원들에게 실험의 기회를 더 많이 제공한 데 있다는 것이, 나의 주장이다.

유럽인들은 아시아의 찬란함과 부유함에 혀를 내둘렀지만, 한편으로 아시아가 보여주는 상대적 약점과 빈곤에도 크게 놀라워했다. 유럽인들이 근대 초기에 거둔 성공은 상당 부분 아시아인들이 수백 년간에 걸쳐 이룬 사상과 기술, 학식, 제도, 수완 등 수많은 성취에 기꺼이 문을 연 덕분이었다.

이것은 "후진성의 선물"이었다. 인도와 중국의 위대한 문명들과 달리, 유럽은 아주 오래되고 뿌리가 깊은 문화에 기초해 등장하지 않았다. 유럽이 그런 문화에 기초했다면 외부 사람들이 이룬 성취를 통합하는 데 어려움이 있었을 것이다. 대신에 유럽은 빈 석판처럼, 즉 백지상태로 시작했다. 그 위에 유럽인들은 유라시아 전역에 걸쳐, 종내는 세계 전역에 걸쳐 빌려온 문화와 기술을 새길 수 있었던 것이다. 고대 그리스로부터는 민주주의의 논리와 원리를, 고대 로마로부터는 수준 높은 민법을, 이슬람 세계로부터는 연금술과 힌두 숫자를, 중국으로부터는 화약과 종이를 빌려왔고, 지구 전역에 걸친 크고 작은 문화들로부터 다른 많은 소중한 자산들을 빌려왔던 것이다.

인간 사회가 보수적이고 조심스런 것은 자연스런 일이며 당연하다. 역사의 대부분 동안 우리 인간은 생존의 가장자리에서 겨우 살아왔다.

자칫 실수하면, 정상에서 조금만 벗어나면, 그때마다 위험한 상황에 빠졌고 죽음까지 야기했다. 그러니 우리 선조들이 변화에 저항한 것도 당연하다. 그렇지만 다른 문화보다 탐구 활동을 더 많이 조장하고 시행착오를 더 많이 겪은 문화들이 있었다. 그런 문화들은 더 많은 약진을 이루었는데, 그 이유는 그 문화들이 특정한 어떤 성격을 가졌기 때문이 아니라 모든 인간의 특징인 특출한 창조성을 펼칠 기회를 더 많이 제공했기 때문인 것 같다. 고대 및 헬레니즘 시기 그리스 문화나 초기 이슬람 문화 같은 일부 문화들은 외향적이어서, 방대한 상업 네트워크에 참여했다. 중국과 인도 문화 같은 다른 문화들은 엄청난 수의 내향적인 주민들을 품고 있었다. 그 문화들에게 공통적인 것은, 온갖 종류의 것을 교환하고 서로의 성공과 실패로부터 배울 기회를 창출하는 것이었다.

케네스 포메란츠를 비롯한 소위 캘리포니아 학파의 주도적인 구성원들(이 책의 4장과 5장을 보라)은, 서구의 흥기를 지리(유럽과 아메리카 대륙이 가깝다는 점)와 지질(영국 내 풍부한 석탄 광맥층과 철광석층이 가까이 위치했다는 점)의 우연 덕분이거나 수탈에 힘입은 것으로 여긴다. 이런 시각에서 보면 역사적으로 유럽과 관련하여 남 다른 점은 하나도 없었으며, 유럽의 흥기는 우연한 일에 가까웠다. 피터 C. 퍼듀(Peter C. Perdue)의 말을 빌리면, "산업혁명은 근대 초기 유럽에 독특한 특정 조건이 수세기 동안 깊고 느리게 진화한 결과가 아니다. 그것은 18세기 말의 여러 상황들이 우연찮게 결합하여 최근에 급속하게 나타난 예상치 못한 결과이다."[2] 캘리포니아 학파에 속하지 않은 다른 많은 학자들의 경우, 대분기의 시작을 한 세기나 두 세기 더 위로 올려 잡기도 한다.[3] 그렇지만 분기가 1600년대에 시작되었든 아니면 1800년대에 시작되었든,

---

2 Peter C. Perdue, *China Marches West: The Qing Conquest of Central Eurasia* (Cambridge, MA, and London: Belknap Press of Havard University Press, 2005), 537.

3 예컨대, Stephen Broadberry, Hanhui Guan, and David Daokui Li, "China, Europe and the Great Divergence: A Study in Historical National Accounting, 980-1850", *Journal of Economic History* 78, no. 4 (December 2018): 1-46을 보라.

서구의 흥기는 우연한 일도, 뜻밖의 행운도, 예상치 못한 일도 아니라는 것이 나의 주장이다. 그것은 정확히 "근대 초기 유럽에 독특한 특정 조건이 여러 세기 동안 깊고 느리게 진화한" 결과였다. 이렇게 주장한다고 해서, 다른 위대한 문화로부터 유럽이 분기한 것이 필연적이거나 미리 정해진 것이었다고 말하는 것은 아니다. 모든 역사 발전에는 우연성이 따라다니게 마련이다. 그보다는 대부분 물질적 상황에서 직접 발생하지는 않은 여러 요소들이 느리지만 점차 속도를 올리며 축적되어 유럽의 도약에 기여했다고 보는 것이며, 이를 나는 『유럽은 어떻게 근대 세계를 만들었나』에서 보여주고자 했다.

수준 높은 기계를 만드는 것이 우연일 수는 없다. 마찬가지로 대규모 석탄 생산 및 철 생산이 우연히 발생하지도 않는다. 거기에는 인간의 창의력이 필요하다. 또 식민지를 수탈하는 것만으로도 충분치 않다. 스페인과 포르투갈이 아메리카로부터 들여온 방대한 금과 은의 양은 다른 어떤 식민주의 세력들보다 많다. 하지만 그 두 나라는 산업과 상업 면에서 유럽에서 가장 발전이 쳐진 나라가 되었다. 캘리포니아 학파의 학자들은 마치 무력의 행사와 물건의 운송이 고려할 전부인 것처럼, 사상과 상상력, 통찰력, 창조성의 값을 매길 수 없는 기여를 간과하고 있는 것이다. 그들과 달리, 나는 특별히 유럽에서 인간의 정신적 힘이 마음껏 펼쳐진 것이 근대 세계의 형성에 핵심적 요소였다고 주장하는 것이다. 유럽인들이 다른 문화들로부터 배우는 데 유달리 열려있었다는 점에 이런 발전이 가진 핵심적 특징이 있으며, 최근에는 일본인과 한국인, 그 외 아시아 사람들이 유럽인들의 뒤를 이어 이런 열린 자세를 가졌던 것이다.

감사의 말 ——————————————————

먼저 현명한 조언을 해 준 나의 동료 조엘 모키어(Joel Mokyr)와 데어드러 맥클로스키(Deirdre McClosky)에게 감사드린다. 그리고 소중한 논평을 해 준 마크 리히티(Mark Liechty), 커크 호프(Kirk Hoppe), 제임스 시어링(James Searing)에게도 감사드린다. 나는 월러스틴(Wallerstein)의 뛰어난 통찰력에 빚지고 있다. 그에게 감사 인사를 드린다. 아울러 탁월한 전문성을 보여준 편집자 이브 서치(Eve Setch)와 편집팀에게도 고맙다는 인사를 보낸다. 또한 여러 해 동안 시카고 소재 일리노이 대학의 강좌 "전(全)지구적 전망에서 본 서구의 흥기(The Rise of the West in Global Perspective)"(History 410)에 참여해 준 학생들에게도 감사 인사를 보낸다. 이 강좌에서 나는 이 책에 제시된 문헌들 중 다수를 여러 해에 걸쳐 열정적으로 논의할 수 있었다. 그리고 마지막으로 나의 연구 전체에 영감을 불어넣어주는 나의 아내 소피아에게 고마움의 인사를 보낸다. 나는 이 책을 그녀에게 바친다.

목차

지도 목차

| 서 론 |

1,000년 전 바그다드(Baghdad)나 중국의 수도 카이펑(Kaifeng; 개봉)[1]으로 여행한 이들은 넓은 가로와 널찍한 정원, 세련된 편의시설을 갖춘 번성하는 거대 도시를 보았을 것이다. 그들은 또 예술과 기술, 과학, 상업 등의 영역에서 이 문명들이 이룬 놀라운 성취에 입을 닫지 못했을 것이다. 중국인들은 종이와 나침반, 목판인쇄술, 용광로, 지폐, 화약을 발명했다. 이슬람 학자들과 사상가들은 고대 그리스 · 로마, 페르시아와 인도, 중국과 고대 근동에서 연원한 사상과 기술들을 한데 모아 역사상 최초로 위대한 문화적 종합을 이루는 업적을 남겼다. 반면에 유럽은 후미진 곳이었고, 파리와 로마, 런던은 마치 촌락들을 모아놓은 것 같은 비좁고 비위생적인 도시였다. 그런데 어떻게 유럽 ―그리고 그 외 우리가 "서구"라고 부르는 곳들(북아메리카, 오스트레일리아, 뉴질랜드)― 은 다음 몇 세기에 걸쳐 세계 최고라는 자리에 오르게 되었을까? 이 질문은 현대 역사학에서 중심적인 난제(難題)이다.

이 책을 쓰는 나의 목적은, 서구가 누리는 우월한 위치의 원인을 밝히고자 한 다양한 학자들의 시각과 주장들을 있는 그대로 충실하게 제시하는 것이다. 이 문제에 대한 나 나름의 시각을 은연중에 내세워 통찰력 있는 독자라면 누구나 알아보게 만들지 않고서 말이다.[1] 당연한 애기지만, 내가 요약하는 설명들은 어떤 경우엔 너무나 입장이 달라서, 분

---

1 중국 허난(河南) 성의 도시로 중국의 '8대 옛 수도' 중 하나이다. 춘추전국시대 위나라의 수도였고 당 이후 오대십국 시대 여러 나라의 수도 역할을 했다. 특히 송나라가 들어서며 수도로 삼아 세계적 규모의 대도시로 성장하고 번성했다. 송이 남하하면서는 금나라가 몽고의 공격을 피해 수도로 삼았고, 명대 이후에는 허난 성의 도읍 역할을 수행했다.

별 있는 사람이라면 그것들 모두를 동시에 긍정할 수가 없을 것이다. 이 책에 요약된 설명들은 분명 저마다 얼마간 진실을 갖고 있지만, 그렇다고 모두 다 옳을 수는 없다. 하지만 그 설명들을 옹호하는 학자들은 너무나도 설득력 있게 자기 주장을 내놓고 있어, 학생들이 그런 주장들을 조사하여 제대로 정리하려면 자기가 가진 역량을 총동원해도 힘들 것이다. 논리적 오류가 없는지, 특히 무엇보다 상대방 입장을 희화화하거나 아니면 과대 포장하고는 그에 대한 반박을 진행하는 '허수아비 때리기 논증'[2]이 없는지 세심히 살펴야 하는 것이다.

'서구의 흥기'라는 문제를 다루는 현대 학자들을 다루기 전에, 처음으로 이 문제를 설명하고자 한 몇몇 사상가들을 잠시 독자에게 소개하는 것이 좋을 것 같다. 중세 유럽의 학자들과 사상가들은 대체로 다른 대륙과 문명들에 전혀 신경 쓰지 않은 채, 신이 마련한 계획이 펼쳐지고 있다는 징후를 찾고 있었다. 예컨대, 요아킴 데 피오레(Joachim de Fiore)[3] 같은 신비주의자들은 '그리스도의 재림'으로 이어지는 여러 역사 단계들을 구상했다. 르네상스 시기에 글을 남긴 많은 이들은 (보통 여전히 그들의 유일한 준거틀이었던) 유럽을 고대 이래 쇠퇴해 온 것으로 여겼다.[2] 하지만 프란체스코 귀치아르디니(Francesco Guicciardini)[4] 같은 소수

---

2 논증의 한 형태로서, 반박하려는 입장의 핵심이나 본질이 아니라, 피상적인 면을 부각하거나 비슷하지만 다른 면을 본질인 것처럼 제시하여, 반박하려는 입장에 대한 환상을 만들어내고 그 환상을 공격하는 방식이다. 이때 환상을 아무리 공격해도 원래 반박하려는 입장은 고스란히 반박되지 않은 채 남아있게 된다. 즉 논증 자체가 오류인 것이다. 이것은 역사적으로 숱하게 사용된 논증 방식이며, 특히 정치가들이나 언론들이 특정 입장을 공격하기 위해 흔히 사용해 왔다.

3 1132-1202년. 이탈리아의 신비주의 신학자이자 피오레의 산조반니(San Giovanni) 수도회의 창립자. 종말론과 그에 입각한 역사주의적 저술을 남겼고, 유럽 중세의 가장 중요한 종말론 사상가라는 평가를 받고 있다.

4 1483-1540년. 이탈리아 피렌체 출신의 역사가이자 정치가. 니콜로 마키아벨리의 친구이자 비판자였던 그는 당대 이탈리아 정치에 대한 많은 저작을 남겼다. 무엇보다 그의 주저인 『이탈리아사(Storia d'Italia)』는 자신의 주장과 사건에 대한 설명을 뒷받침하기 위해 정부 문서를 이용하여, 근대적 역사서술의 길을 닦았다고 평가된다.

의 사상가들은 '신세계'의 발견으로 유럽 역사에 대한 새로운 해석이 필요하다는 것을 깨닫기 시작했다. 실제로 유럽과는 다른 문화와 사람들에 대한 지식이 확산되고 아울러 과학·기술적 정보와 진보가 폭발적으로 늘어나면서, 유럽인들이 자신의 역사 발전과정을 헤아리기가 쉽지 않게 되었다. 그러나 그들이 보다 넓은 세상 속에서 유럽의 위치를 헤아리기는 그보다 훨씬 쉬웠다.[3]

지리와 기후가 유럽에 유리했다(몽테스키외)

처음으로 이 문제를 설명하고자 한 이 중에는 라 브레드 에 몽테스키외 남작, 샤를-루이 드 스콩다(Charles-Louis de Secondat, baron de La Brède et de Montesquieu: 1689-1755년)가 있었다. 그는 권력분립 이론을 개념화한 것으로 너무나도 유명한 정치 사상가이다. 그는 대작 『법의 정신(The Spirit of Laws)』(1748년)에서 고대 그리스 사상에 의거하고 고대 및 근대의 일차자료들에 대한 방대한 독서에 기초하여, "그러므로 사람은 추운 기후에서 더 활력이 넘친다"고 주장했다. 추운 기후가 사람에게 "더 큰 대담함, 즉 더 많은 용기와, 더 큰 우월감, 즉 더 적은 복수 욕구, 더 큰 안전 의식, 즉 더 많은 솔직함과 더 적은 의심, 정략, 교활함"을 제공한다는 것이다. 반면에 더운 지방에서는, "정서상에 호기심이나 진취성이나 관대함이 전혀" 보이지 않는다. "성향이 죄다 수동적이며, 나태함이 최고의 행복이다."[4] 그런 기후를 가진 곳에서는, 사람들이 북쪽 지방 사람들보다 훨씬 더 쉽게 예속상태를 감수한다. 또 온화한 기후의 나라에서는 여자들이 더 많은 자유를 누린다고 그는 주장한다. 왜냐하면 더운 날씨가 열정과 상상력을 자극해서, 남자들이 아내와 딸을 다른 남자로부터 숨겨야 할 정도이기 때문이다. 물론 문명은 남쪽 지방에서 먼저 등장했다. 그러나 북쪽 지방 사람들이 훨씬 더 활력이 넘치기에 결국에는 그들이 승리할 수 있었던 것이다.

유럽 정치권력의 파편화도 역시 유럽의 독특한 기후 때문에 발생했는데, 이런 기후는 아주 뛰어난 지정학적 환경을 조성하여 여러 나라들 사이에 끊임없는 경쟁을 촉진했다. 그리하여 몽테스키외는 자신의 주장을 이렇게 전개한다.

아시아에는 아주 추운 기후에 위치한 지역들이 극히 더운 기후의 지역들과 바로 인접해있기 때문에, 정확히 온대기후대가 전혀 없다. 투르크와 페르시아, 인도, 중국, 조선, 일본이 그런 곳들이다.

정반대로, 유럽에는 온대기후대가 아주 넓게 퍼져 있다. 비록 서로 전혀 다른 기후 속에 놓여있지만 말이다. 즉 스페인 및 이탈리아의 기후와 노르웨이 및 스웨덴의 기후 사이에는 친화성이 전혀 없는 것이다. 그러나 우리가 거의 각 나라의 위도에 맞추어 남쪽에서 북쪽으로 다가가면 기후가 서서히 추워지면서 그 다음에는 각 나라가 자신과 이어져 있는 나라와 비슷해진다. 그리고 그 나라들 사이에 특별히 별 다른 차이가 없게 되고, 방금 내가 말한 것처럼, 온대기후대가 아주 넓게 퍼져 있게 된다.

그리하여 아시아에서는 강력한 민족과 약한 민족이 대치하게 된다. 호전적이고 용감하며 능동적인 사람들이 나태하고 여성적이며 겁 많은 사람들과 바로 인접해 있는 것이다. 그러므로 한쪽은 정복하고 다른 한쪽은 정복당할 수밖에 없다. 반대로 유럽에서는 강력한 민족과 강력한 민족이 대치하며, 서로 간에 이어져 있는 민족들이 가진 용기는 거의 같다. 이것이 아시아가 약하고 유럽이 강한 큰 이유이다. 또 유럽에는 자유가 있고 아시아에는 노예제가 있는 큰 이유이다.[5]

결국 몽테스키외는, 아시아에서는 스키타이인에서 오스만 투르크까지 10여 개의 전사 민족들이 아시아 여러 나라를 정복하는 것이 비교적 쉬웠던 반면, 유럽 여러 지역들은 고대 이래 단 4개의 세력들 −로마제국, 로마를 무너뜨린 여러 게르만족들, 프랑크 왕국의 샤를마뉴 대제, 바이킹− 에게 정복당했을 뿐이고 그 세력 중 뒤의 2개는 당연히 유럽인이었다고 주장한다.

몽테스키외는 또 유럽과 아시아의 엇갈린 발전과정을 지리적으로 해석하기도 한다. 아시아의 방대한 평원지대는 역사 전체에 걸쳐 정복자들이 비교적 지배하기 쉬운 곳이었다. 반면에 유럽에서는 자연적 분리로 인해 많은 나라들이 적당한 크기로 이루어졌다. 그런 나라에서는 법에 의한 통치가 국가의 유지와 양립 불가능하지 않다. 반대로 이것 없이는 국가가 쇠락해 버려 이웃 나라의 먹잇감이 될 정도로, 법에 의한 통치가 국가 유지에 알맞다.

자유를 추구하는 천부적 역량을 이루어 온 바로 이것이, 유럽의 모든 부분이 외국 세력에게 제압되어 종속되는 것을 극히 어렵게 만들며, 달리 보면 그보다는 법과 상업의 이익에 제압되어 종속되는 것을 더 쉽게 만든다.[6]

몽테스키외가 볼 때, 상업과 관련을 맺으면 사람이 더 평화롭고 더 사납지 않게 될 뿐 아니라 더 번창하면서 법을 더 존중하게 된다. 그리고 그는 다른 사람과의 거래를 거부하는 것을 해롭다고 여겼다. 비록 중국의 역내 경제가 엄청났지만, 유럽의 대외 교역관계 전부와 역내 경제를 합치면 중국을 크게 능가했다. 그리하여, 그의 말대로, "유럽은 역사상 그 무엇도 비교할 수 없을 정도로 높은 수준의 힘에 이르렀다."[7]

몽테스키외는 오로지 기후나 지리의 결정적 힘만을 강조하는 그런 사람이 전혀 아니었다. 그는 또한 종교와 전통, 법, 축적된 지혜, 관습 등도 특정한 사회의 발전 방향에 영향을 미친다고 믿었다. 그렇지만 그는 종종 한 가지 요소가 다른 것들보다 중요한 역할을 한다고 주장했다. 예컨대, 중국에서 종교, 관습, 법으로 이루어진 의례와 예절은 그 문명의 유전자 코드 같은 것이었다. 반면에 "미개인들"의 사회에 결정적인 영향을 주는 것은 주로 자연 현상이었다. 몽테스키외는 자기 입으로 명확히 말하지는 않지만, 유럽 문화가 몇 가지 요소들의 균형 잡힌 상호 작용을 통해 진화했다고 믿었던 것 같다. 마치 그가 유럽인의 온건한 통치 형태와 정치적 자유가 정치권력의 분립을 통해 전형적으로 보장된다고 믿었던 것처럼 말이다. 그는 이렇게 힘주어 말한다.

귀족이든 평민이든 같은 집단을 위해 같은 사람이 세 가지 권력, 즉 법을 제정하는 권력, 공적 결의를 집행하는 권력, 그리고 개인들의 주장을 심리할 권력을 [모두 −옮긴이] 행사한다면, 모든 것이 끝장날 것이다.

유럽에 있는 대부분의 왕국은 온화한 통치를 누리고 있다. 왜냐하면 처음 두 권력을 부여받은 군주가 세 번째 권력을 자신의 신민들에게 남겨두었기 때문이다.[8]

말할 필요도 없이, 그가 볼 때 대부분의 다른 사회들에는 그런 통치 권력들의 균형이 없었다.

유럽은 중국보다 절대 위대하지 않았다(볼테르)

그 뒤 계몽주의 사상가들은 보다 상대주의적인 전(全)지구적 역사 개념을 발전시켰다. 볼테르(Voltaire: 1694–1778년)는 철학이 뒷받침하는 대규모 역사를 옹호했다. 중요한 것은 세부적인 것이 아니라 "큰 그림"이었다. 그것은 성서 속 이슬라엘 민족 이야기와 신의 섭리를 떼어내고 아시아의 위대한 문화를 포함하는 "보편사"를 담고 있었다. 그것은 또한 야만에서 계몽으로 인간 정신의 진보적 발전에 대한 인정을 뜻했다.[9] 그와 많은 동시대인들 −그 중엔 북아메리카 식민지의 벤저민 프랭클린(Benjamin Franklin)과 다른 이들도 있었다− 은 중국을 크게 찬미한 사람들이었다. 특히 중국의 엄청난 인구와 남 다른 부는 물론이고 유교의 합리주의와 외견상 질서정연한 통치제도, 능력 중심의 관직등용시험을 찬미했다.[10]

대외무역에 성공의 열쇠가 있다(애덤 스미스)

유명한 정치경제학자이자 『국부론(The Wealth of Nations)』(1776년)의 저자인 애덤 스미스(Adam Smith: 1723–1790년)도 볼테르와 비슷하게 중국의 방대하고 번성하던 국내 시장과 국가 지원 하에 마련된 사회 기반시설, 고도로 효율적인 농업을 찬미했다. 그의 표현을 빌리면, "중국은 오랫동안 세계에서 가장 부유한 나라 중 하나, 즉 가장 비옥하고 가장 농사를 잘 짓고 가장 근면하고 가장 인구가 많은 나라 중 하나였다." 그렇지만 스미스는 마냥 찬미만 하지는 않았다. 그는 또한 그 나라가 더 이상 진보하지 않는듯하다는 것도 알았다. 그의 말을 빌리면,

> 500년도 더 전에 중국을 방문했던 마르코 폴로는 중국의 농사방식과 공업, 많은 인구를 묘사했는데, 그가 적어놓은 것은 오늘날 여행자들이 중국을 묘사하는 것과 거의 같다. … 중국 하층민들이 겪는 빈곤은 유럽의 가장 가난한 국민이 겪는 빈곤을 훨씬 능가한다.[11)]

그의 해석에 따르면, 중국에게 좋지 않은 것이 유럽에게는 적절했다. 중국은 대외무역을 등한시하거나 규제했지만, 유럽은 대외무역을 온 힘을 다해 추구했던 것이다. 중국은 생산성 높은 농업과 방대한 규모의 역내 시장에 힘입어 부유했지만, 유럽 경제는 유럽 대륙의 시장 내에서만이 아니라 지구 전체의 사람들과도 지속적인 상품 및 사상의 교환을 수행한 덕분에 중국보다 더 빨리 성장하고 있었다.

혁신을 촉진한 것은 정치권력의 파편화이다(데이비드 흄과 임마누엘 칸트)

같은 시기에 애덤 스미스의 친구인 데이비드 흄(David Hume: 1711-1776년)과 독일의 관념론 철학자 임마누엘 칸트(Immanuel Kant: 1724-1804년)는 유럽 대륙의 활력과 경제 발전을 설명하기 위해 다른 생각을 밝혔다. 즉, 유럽에서 나타난 정치권력의 파편화 자체가 쉼 없는 경쟁을 불러일으킴으로써, 그리고 혁신을 억제하고 경쟁을 제약할 단일 중앙 권위를 존재할 수 없게 만듦으로써 새로움과 혁신을 조장했다는 것이다.[12)]

"세계정신"이 유럽의 진보를 이끌고 있다(헤겔)

후대에 큰 영향을 미친 또 다른 독일 관념론 철학자 게오르그 빌헬름 프리드리히 헤겔(Georg Wilhelm Friedrich Hegel: 1770-1831년)은 볼테르의 비종교적 시각과 그 이전의 섭리론적 관점을 결합시킨 복잡한

이론을 제시하면서, 자연 현상과 인간 현상의 총체성을 통일시키고자 하였다. 헤겔에 따르면, "세계정신"이 여러 세기에 걸쳐서 인간 문명과 의식의 중재를 통해 합리성과 자유를 점점 더 크게 성취해 왔고, 그런 진보적 발전과정은 헤겔 당대의 유럽에서 정점에 이르렀다. 헤겔은 나아가 중국과 여타 아시아 나라들이 세계정신의 발전과정에 참여하지 못한 것은 전통과 전제적 통치체제, 지리 때문이라고 주장했다.[13]

주된 원인은 효율적인 착취에 있다(칼 마르크스)

잘 알려져 있듯이, 칼 마르크스(Karl Marx: 1818-1883년)는 이런 생각에서 정신적 요소를 제거하고 인간 진보를 순전히 유물론적 힘들에 의해 −특히 계급투쟁에 의해− 추동되는 것으로, 그리고 더 높은 목표를 향해 여전히 중단 없이 가고 있는 것으로 인식했다. 그는 또 유럽 내 정치권력의 파편화와 활력 가득한 대외무역관계에 힘입어 보다 생산적인 상업 세력이 그때까지 지배세력이었던 봉건 엘리트들을 무력하게 만들 수 있었다고 믿었다. 나아가 그는 자본주의의 −그리고 따라서 유럽의− 흥기가 점진적인 여러 단계들 내에서 일어났고, 그 속에서 자본주의적 기반시설과 실천들이 점점 더 정교해 졌으며, 그 덕분에 여러 나라들이 잇따라 훨씬 더 높은 수준의 경제적 성공에 올랐다고 지적했다. 그는 이렇게 힘주어 말한다.

본원적 [자본] 축적의 여러 계기들은 얼마간 연대순으로 특히 스페인, 포르투갈, 네덜란드, 프랑스, 잉글랜드로 할당될 수 있다. 이런 다양한 계기들은 17세기 말 잉글랜드에서 체계적으로 결합되며, 그런 결합에는 식민지와 국가 부채, 근대 조세제도, 보호무역체계가 포괄된다. 이런 방법들은 예컨대 식민 체제와 같은 야만적인 폭력에 얼마간 의지한다. 그러나 그것들 모두는 봉건적 생산양식에서 자본주의 생산양식으로의 변혁 과정을 마치 온실에서 키우는 것처럼 앞당기고 이행 시간을 줄이기 위해, 사회의 중앙집중적이고 조직적인 폭력인 국가권력을 이용한다.[14]

그렇지만 모든 것이 장밋빛은 아니었다. 세계를 부자와 빈자로 나누게 된 자본의 원시적 또는 "본원적" 축적은 주로 "정복과 노예화, 강탈, 살인, 요컨대 폭력"으로부터 결과했다.[15] 마르크스에 따르면, 또 자본주의의 탄생 자체가 남아메리카 "원주민의 절멸과 노예화, 광산에의 집단 매몰", "인도의 정복 및 강탈의 시작, 아프리카의 … 상업적인 흑인 사냥터로의 전환"을 수반했다.[16] 그래도 자본주의는 가장 생산적이기 때문에, 세계가 알아온 경제 체제 중 가장 진보한 체제였다.

실제로 자본주의는 유럽인 외에 지구상의 모든 사람들에게 게임의 규칙을 근본적으로 바꾸었다. 다시 그의 말을 빌리면 이러하다.

> 부르주아지는 모든 생산도구의 신속한 개선을 통해, 엄청나게 편리해진 교통수단을 통해 모든 민족들을, 심지어 가장 야만적인 민족들까지도 문명으로 끌어들인다. 값싼 상품 가격은 부르주아지가 강고한 장벽을 모두 무너뜨리는 데 사용하는 중포병대이며, 이것으로 부르주아지는 야만인들의 외부인에 대한 몹시 완강한 증오심을 강제로 굴복시킨다. 부르주아지는 모든 민족들이 절멸 당하지 않으려면 부르주아적 생산방식을 채택할 수밖에 없게 만들며, 또 부르주아지가 문명이라 부르는 것을 자신들 속으로 도입하라고 강요한다. 즉 그들 스스로 부르주아적으로 될 수밖에 없게 만드는 것이다. 한 마디로, 부르주아지는 자신의 이미지로 세계를 창조한다.
>
> 부르주아지는 시골을 도시의 통치에 종속시켰다. 부르주아지는 엄청나게 큰 도시들을 만들어 내었고, 농촌 인구에 비해 도시 인구를 크게 증가시켰으며, 그리하여 인구의 상당 부분을 농촌 생활의 무지몽매함에서 구하였다. 마치 시골을 도시에 종속되게 만들었듯이, 그들은 야만적인 나라와 반쯤 야만적인 나라들을 문명화된 나라들에 종속되게 만들었고, 농민으로 이루어진 민족들을 부르주아로 이루어진 민족들에, 동양을 서구에 종속되게 만들었다.[17]

다른 식으로 말하면, 유럽 자본가들은 전(全)지구적 경제 관계를 완전히 다시 만드는 과정에 있었고 사실상 정말로 근대 세계에 생명을 불어넣고 있었다는 것이다.

유럽을 돋보이게 한 것은 체계적 합리주의이다(막스 베버)

마르크스와 같은 독일인이고 그보다 나이는 어리지만 역시 현대 사회과학의 발전에 커다란 기여를 했던 막스 베버(Max Weber: 1864-1920년)는, 유럽에서 자본주의적 근대의 등장이라는 문제에 마르크스와는 전혀 다르게 접근했다. 그는, 자본주의란 유럽이 —체계적 합리화를 지향하는 에토스(ethos)에 힘입어— 과학과 학문적 성취, 예술, 법, 신학, 정부 면에서 이룬 전면적인 세계 변혁의 한 측면에 불과하다고 주장한다. 다른 위대한 문화들 —그리고 특히 고대 바빌로니아(Babylonia)[5], 이집트, 인도, 중국— 도 인간 활동의 모든 분야에서 지식과 실천을 진보시켰다. 그렇지만 오로지 서구만이 수학을 과학에 적용시키고, 합리적 증명을 발전시켰으며, 실험적 방법을 고안하고, 근대적 실험실을 갖추었으며, 고등교육기관의 전체 체계를 건설했다. 베버는 자신의 생각을 이렇게 밝힌다. "잘 훈련된 전문 인력을 갖춘 합리적이고 체계적이며 전문적인 학문 추구는, 그것이 오늘날 우리 문화 속에서 지배에 가까운 위치를 차지한다는 의미에서 오로지 서구에만 존재해왔다."[18] 이런 합리화하는 태도는 일찍이 중세 때 시작하여 서구의 삶의 모든 측면에 서서히 적용되었다.

마르크스의 주장처럼, 이런 혁명적 태도가 계급과 생산양식의 유물론적 상호작용으로부터 필연적인 원리에 따라 등장했다고 가정하는 것이 아니라, 베버는 그런 태도의 기원을 특정 유럽 나라들의 신앙과 가치, 그리고 문화·종교·정치·경제 지도자들의 행동에서 찾았다. 특히 그는 —가톨릭 신앙에서 프로테스탄티즘 신앙으로의— 종교 관점 상의 근본적

---

5 바빌로니아는 기원전 2000년경에 번성한 티그리스 강과 유프라테스 강 사이 메소포타미아 남동쪽에 위치했던 고대왕국이다. '바빌로니아'라는 이름은 수도였던 바빌론(Babylon)에서 유래하였다. 경작이 용이하고, 상업적, 전략적으로 중요한 곳에 입지하여 이민족의 침략을 많이 받았는데 그 때문에 바빌로니아 자신도 정복활동에 적극적이었다.

인 변화가 북서유럽 나라들에서 엄청난 효율성을 가진 경제 및 정치 체제의 등장에 필요한 조건을 창출했는데, 이런 효율성을 자극한 것은 유서 깊은 전통적인 정책 대신에 합리적이고 효율적인 정책을 선호하는 성향이었다고 주장했다. 즉, 자신의 가장 유명한 저작의 제목이 함축적으로 보여주듯이, 베버가 "프로테스탄티즘 윤리"라고 부르는 심성으로부터 "자본주의 정신"이 등장했던 것이다.

이런 윤리를 고민한 결과로, 모든 일이 신께서 허락하신 "소명(혹은 직업; calling)"[6]이기에 누구나 그 일에 쉼 없이 전념해야 한다는 생각과, 사람은 저마다 죄를 범하지 않기 위해 지속적으로 능동적 삶을 받아들여야 한다는 생각, 그리고 세속적 성공이 신의 은총의 표시이며 공동체에 대한 효용이 사적인 향락이나 여유보다 더 중요하다는 생각이 나왔다. 이런 가치들이 모두 합쳐져서 "일상적인 세속적 활동에 종교적 의미를 제공했다." 베버가 힘주어 말하듯이,

> 신께서 용인할 만한 유일한 삶의 방식은 수도사 같은 금욕주의 속에서 세속적 도덕을 초월하는 것이 아니라, 오로지 세상 속에서 자신이 가진 위치에 따라 개인에게 부여된 의무의 수행을 통해서 삶을 살아가는 것이었다. 그것이 … 그의 소명(혹은 직업)이었다. 그것이 그리고 그것만이 신의 의지이며, 그러므로 정당한 소명은 모두 다 신께서 보실 때 정확히 똑같은 가치를 가진다.[19)]

이런 관점은 그 결과로 엄청난 물질적 성공을 위한 세속적 추구와 그의 달성을 위해 끊임없이 애쓸 것을 장려하였다.

베버는 특히 "자본주의 정신"에 집중했다. 거기에는 부의 축적을 오로지 또는 주로 특정한 물질적 상품을 획득하기 위한 수단으로 삼는 것

---

6 독일어로는 Beruf로서, 영어 calling과 마찬가지로 '직업 혹은 소명'이라는 뜻이며 '신으로부터 부여받은 과업'이라는 의미를 품고 있다. 베버는 이 Beruf라는 단어를 통해 이 말이 종교개혁의 산물이며, 프로테스탄티즘 신앙을 가진 민족에게만 그러한 표현이 존재한다는 사실을 논증하고자 한다.

만이 아니라, 부의 축적 자체를 목적으로 삼는 것도 포함되었다. 베버는 이런 태도를 이렇게 설명한다.

> 인간은 자기 삶의 궁극적 목적으로서 돈벌이, 즉 부의 취득에 지배당한다. 더 이상 경제적 취득이 인간의 물질적 욕구 충족을 위한 수단으로서 인간에게 종속되지 않는다.[20]

오히려 그것은 자신의 올바름과, 의무에 대한 헌신, 사심 없는 소명의 추구를 드러내는 표시가 된다. 그리고 자신의 사업 능력을 -또는 다른 어떤 직업에서든 자기 능력을- 올곧게 활용한다면, 그 사람은 반드시 점점 더 효율적이고 실용적으로 되며 궁극적으로 성공하게 될 것이다.

베버가 서구의 흥기를 오로지 청교도의 도덕적 활력과 열정 덕분으로만 돌린 것은 전혀 아니었다. 그는 또 유럽에 독특하다고 생각한 역사적 특징들을 죽 열거하며 강조하기도 했다. 유럽 외에 세상의 다른 주요 문명들에 대한 포괄적이고 체계적인 연구를 수행하면서 그는 다음의 것들이 유럽의 흥기에 중요했다고 생각했다. 친족 및 가족 관계로부터 경제 생활의 분리, 상인 계층이 지배하는 정치적으로 자율적인 도시, 매우 합리적인 로마법의 유산, 정체(政體) 면에서 법치에 기반을 두고 전문 관료들이 관리하는 근대 국민국가, 상업 금융 조직의 극도로 합리적인 수단으로서의 복식 부기, 노동자들이 살기 위해서는 자기 노동을 팔아야 하는 거대한 노동시장이 그런 것들이다. 이런 요소들이 "프로테스탄티즘 윤리"와 결합하여 서구를 근대 세계에서 물질적으로 단연 우월한 위치로 올려놓았다는 것이다.

서구의 몰락(H.G. 웰스, 슈펭글러, 토인비)

물질주의와 서구의 지배, 근대 세계 전부에 대한 혐오든, 아니면 그 중 어느 하나에 대한 혐오든, 이런 혐오감에서 3명의 탁월한 작가가 유럽 중심주의로부터 벗어난 세계사의 강력한 개념화를 글로 제시했다.
H.G. 웰스(Wells: 1866-1946년)는 공상과학소설을 창안한 쥘 베른
(Jules Verne)[7]과 함께, 우리가 이기적인 충동을 억누르고 공동선을 향
해 세계 국가 내에서 집단적으로 일하지 않는다면 근대에 인간은 퇴보하
고 세계는 파괴될 것이라고 우려했다. 웰스는 당대인들을 그러한 방향으
로 조금씩 끌어 가기 위해, 전문 역사가가 아니라 비전문가임에도『세계
사 산책(The Outlines of History)』이란 역사서를 썼다. 이 책은 20세
기 전반에 가장 많이 팔린 역사서로서 200만 부 이상이 팔렸다. 웰스는
세계사에 모든 사람이 서로로부터 배워가면서 점점 더 크게 서로 간에
연관을 맺는 과정이 담겨있다고 인식했다. 그에 반해 우울한 독일 철학
자 오스발트 슈펭글러(Oswald Spengler: 1880-1936년)는『서구의 몰
락(The Decline of the West)』(1918-1923년)에서 고대 바빌로니아에서
근대 유럽까지 주기적으로 잇달아 이어지는 -모두가 도덕적으로 동등
한- 문명들의 유기적 등장과 필연적인 몰락을 그렸다. 그의 비관적인 시
각에는, 인류에 대한 희망이 조금도 없었다. 슈펭글러에 이어 아놀드 토
인비(Arnold Toynbee: 1889-1975년)도 자신의『역사의 연구(A Study
of History)』(1935-1961년)에서 역사 발전을 잇달아 이어지는 문명들이
지배하는 것으로 보았다. 물론 그가 문명의 흥기를 환경의 도전에 대한
혁신적 응전의 산물로 설명한 점에서는 달랐지만 말이다. 토인비는, 문
명이 자신이 직면한 도전에 대처하지 못할 때에만 몰락한다고 주장했다.
서구는 16세기에 몰락하기 시작했지만, 인류가 힘을 합쳐서 세계 국가를
건설할 수만 있다면 구원이 여전히 가능하다는 것이었다.[21)]
　　이 3명의 작가에게 모두 권위주의적인 -전체주의적이지는 않더라

7　1828-1905년. 프랑스의 소설가로 공상과학소설의 개척자 중 한 명이다. 그는『지구
　　속 여행』(1864),『해저 2만리』(1870),『80일간의 세계 일주』(1873)와 같은 소설로 유
　　명하다. 베른은 비행기나 잠수함, 우주선이 만들어지고 상용화되기 전에 이미 우주,
　　하늘, 해저 여행에 대한 글을 썼다.

도- 충동이 있었다는 것은 흥미롭다. 조지 오웰(George Orwell)[8]은 1941년에 "웰스가 상상하고 지지한 것 중 상당 부분이 나치 독일에 물질적으로 존재한다"고 썼다.[22] 슈펭글러는 비록 나치의 인종주의적 관점과 정치적 대중영합주의를 거부했지만, 나치의 강령은 대부분 지지했고 1932년 4월과 7월 히틀러에게 투표했다.[9] 그는 '총통(a führer)'이 필요하다고 믿었던 것이다. 나치당은 그의 환심을 사려고 애쓰면서 그에게 라이프치히 대학 교수직을 제안했다. 물론 그는 제안을 정중히 거절하고 곧 나치당과의 관계도 끊었다.[23] 독재라는 관념을 달가워하지 않던 토인비도, 자신이 오랫동안 기다린 세계 국가가 "일정한 이데올로기나 종교에 고취된 무자비하고 효율적이며 광신적인 소수에 의해 다수에게 부과"될 것이라고 믿었다.[24] 인류의 생존을 위해선 그러한 급격한 사태 전환이 필요할 수도 있을 것이라고 그는 생각했다. 이 세 사람의 시각이 비관론적인 (아니면 시각에 따라서는 현실주의적인) "유럽 전통"을 대표하는 성격을 가진다고 할 수도 있을 것이다. 대체로 이런 전통의 지지자들은 근대 생활과 절대 화해하지 못했다. 슈펭글러는 제2차 세계대전 동안 독일의 승리를 그렇게 갈망했지만 독일이 승리하더라도 "영혼 없는 아메리카니즘(Americanism)"[25]으로 타락하지 않을까 우려했다. 유사하게 토인비도 세계 전체의 물질생활의 개선과 기술 진보, 인권에 미친 근대 서구의 기여에 가치를 두지 않았던 것 같다.[26]

---

8 1903-1950년. 인도 태생의 영국 작가이자 언론인. 조지 오웰은 필명이며 본명은 에릭 아서 블레어(Eric Arthur Blair)이다. 오웰은 문학 평론, 시, 소설과 같은 작품을 남겼으며, 『동물농장』(1945)과 『1984년』(1949)으로 특히 유명하다. 논픽션 작품 중에는 『위건 부두로 가는 길』(1937), 『카탈로니아 찬가』(1938) 등이 있다. 명료한 문체로 사회 부조리를 고발하고 전체주의에 대한 비판과 민주사회주의에 대한 지지를 표명하였다.

9 1932년 두 차례의 연방의회 선거를 통해 나치당은, 비록 다수당은 아니지만, 의회 내 제1당이 되었다. 이 선거들은 히틀러와 나치당에 대한 대중적 지지를 확고하게 확인해 주었다.

미국의 낙관론과 서구문명 강좌

세계 전쟁이 가져온 상상조차 할 수 없는 죽음과 파괴가 웰스와 슈 펭글러, 토인비를 절망으로 몰아넣었지만, 그들에게 자극받은 대서양 건 너편의 학자들은 자신들의 낙관론적 견해(또는 순진함)를 보존하기 위해 완전히 다른 역사 해석들을 발전시켰다. 유럽인들은 자기 나라를 파괴하 거나 광적인 독재자 앞에 머리를 숙였을지 모르지만, 미국 국민을 탄생 시킨 이상은 여전히 살아있지 않았는가? 1919년 컬럼비아 대학에서는 자유와 법치, 합리성, 개인의 존엄성에 헌신한 문명이 ─고대 그리스에서 오늘날까지─ 서서히 개화했다는 해석이 등장하고 있었다. 이런 해석을 만든 이들은 서구문명이 꾸준히 진보를 계속해 왔고, 이제 미국이 선두 에 서 있다고 믿었다. 다른 나라에서는 그런 강좌가 유행한 적이 없는데 도, 미국의 수많은 대학생들은 수십 년 동안 필수과목으로 "서구문명" 강 좌를 들어야 했다.

서구문명 강의자나 세계사 강의자가 말하지 않는 것

어느 해에든 서구문명 강좌를 계속 듣거나 세계사 강좌를 듣는 수많 은 사람들은, 서구문명이 언제 그리고 어떻게 근대 세계의 지배적 위치 에 올랐는지 의문이 들 수도 있다. 그러나 그들이 가진 미학적으로도 만 족을 주고 아주 많은 정보를 담은 교과서들은 이런 질문에 거의 답하지 않는다. 그 강좌 담당 교수들과 교과서의 저자들은, 많은 학자들이 서구 의 우월함에 대한 다양한 설명들을 제시하느라 엄청난 양의 잉크를 써온 것을 더할 나위 없이 잘 알고 있다. 사실 그들은 대개 이런 해석 중 어느 하나를 지지하거나 여러 해석을 결합하여 이해하고 있다. 그러나 그들은 으레 그런 지식을 혼자 간직하고 만다.

그래서 그런 강좌를 듣는 학생들은 유럽이 어떻게 해서 여러 발전 중인 지역 중 하나에서 세계 최초의 산업 세력으로 이행했는지를 명확히 이해하기가 어렵다. 대부분의 대학생들이 길게 이어지는 서구문명사나 세계사의 전반부나 후반부만을 듣는다는 것 —따라서 그 이야기의 시작이나 끝 중 하나를 빼먹는다는 것— 은 문제를 심화시킬 뿐이다. 많은 학생들이 유럽은 언제나 세계에서 가장 강력한 세력이었다고 생각하거나 어쨌든 근대 서구의 세계 지배에는 설명해야 할 것이 아무것도 없다고 생각하면서 지나간다고 보면 될 것이다.

책의 구성

1장 「서구의 기적」은 관념론적 "미국" 전통에 속한 학자들이 내놓은 설명들을 제시한다. 이 학자들은 대부분 막스 베버가 처음 개진한 분석적 접근 방법을 이용하지만, 볼테르와 헤겔의 영향도 그들 속에서 파악할 수 있다. 이들은 유럽 문화의 독특한 측면들, 특히 기독교와, 인간 및 자연 자원의 효율적 이용을 가능케 한 제도들, 전례 없는 기술 진보, 체계화된 지식의 꾸준한 축적이 서구의 우월성을 가장 잘 설명해 준다고 주장한다. 대체로 이런 학자들은 유럽과 보다 넓은 서구의 "내적" 요소들을 강조한다. 즉, 그들은 서구가 주로 그 자신만이 독특하게 가진 일련의 성격과 역량에 힘입어 흥기했다고 주장한다.

2장에서 4장에 걸쳐서는, 무엇보다도 "외적인" 요소들을 강조하는 학자들을 한데 모아 놓았다. 그들이 볼 때, 서구는 주로 지리적 우연들과, 순전한 운, 역사적 콩종크튀르들(conjunctures)[10], 그리고 다른 문화들로부터 얻은 학식(學識) 덕분에 흥기했다. 2장 「세계사」에서 다루는 역사가들은 여전히 대체로 미국의 전통 내에 있지만, 보통 토인비와 같은 유럽

---

10 프랑스 역사가 페르낭 브로델에게 콩종크튀르란 장기 역사의 대상인 구조와 찰나적인 사건 사이에 있는 중장기 역사의 대상으로 일정한 중장기 시간에 걸친 사회·경제 현상들의 주기적 순환과 변동의 총체이다. 브로델 이후 특히 경제사가들을 중심으로 중장기 국면의 사회적·경제적 현상들의 주기변동을 가리키는 말로 사용되고 있다.

보편주의 사상가의 영향 속에서 글을 쓰는 이들이다. 그들은 인간 발전 일반과 유럽의 특수한 전개에 지리와 사람들 간의 상호 연계가 미친 영향을 강조한다. 3장 「제국주의와 수탈」에 주장을 간추려 놓은 학자들은 유럽 전통 내에서 작업하며 마르크스가 처음 개진한 비판적 분석을 따른다. 그들의 해석은 노예무역과 자본주의적 착취 같은 그런 악폐들이 서구의 흥기에 어떻게 기여했는지에 중점을 둔다. 4장은 볼테르와 같은 계몽주의 사상가들이 보여줬던 「아시아의 위대함」이라는 식의 접근방법으로 회귀한 학자들을 죽 제시한다. 많은 이들은, 이런 학자들의 지적 계보도 마르크스에게서 유래한다고 보기도 한다. 이런 학자들의 주된 논지는 훨씬 더 발전된 아시아 문화를 모방하고 비유럽 사람들을 수탈하고서야 유럽이 −그 역사의 아주 늦은 시기에야− 우월한 위치에 이를 수 있었다는 생각을 중심으로 제시된다.

마지막으로 5장 「왜 중국이 아니었나?」는 이 책의 중심 초점인 '서구의 흥기'와 변증법적 대응관계에 있는 것으로 여길 수 있는 테마를 다룬다. 여러 세기 동안 중국이 그 역사 전체에 걸쳐 강력한 기술로 문명 발전에 기여했던 세계에서 가장 우월한 세력이었다면, 중국이 위대한 궤적을 계속 밟고 나가 과학혁명과 산업 자본주의의 탄생을 가져오지 못한 이유는 무엇인가? 이 장은 지구 전체를 지배할 가능성이 가장 적어보였던 문화 −서구− 가 결국에는 그런 위업을 달성한 이유를 −내가 볼 때− 한층 더 깊게 조명했던 석학들과 전문 연구자들의 설명들을 모두 모아 요약해 제시한다.

다루지 못한 것들

이 책에서 다루는 주제들에 대한 학술 문헌이 꽤 방대하기 때문에, 당연히 기존의 모든 논문은 차치하고 유용한 책들도 모두 살피지 못했다. 이 책에는 내가 볼 때 가장 중요하다고 생각되는 문헌들 −가장 설득력 있거나 가장 유명하거나 가장 권위 있거나 가장 선명하다고 생각되는 문헌들- 을 모아서 요약했다. 본문에서 다루지 못하고 각 장 말미의 '더 읽을거리'에 열거해놓은 많은 다른 책들은 종종 이 책의 핵심 질문이 가진 이런저런 측면을 이해하는 데 중요한 것들이다. 다만 지면의 제약 때문에 그 책들을 다 포함시키지 못했을 뿐이다. 서구가 언제 그리고 어떻게 흥기했는가는, 지금도 쏟아지는 학술 성과들이 입증하듯이, 여전히 집중적으로 연구되고 있는 -그리고 격렬한 논쟁이 벌어지고 있는- 문제이다. 역사가와 사회과학자들이 이 문제들을 두고 계속 논쟁하는 한, 그들의 연구 성과들은 서구문명 및 세계사 강좌들을 진행하는 방법에 계속해서 영향을 미칠 것이고, 학생들에게 그런 학자들의 지적 배경을 알려주는 것은 여전히 가치 있는 일이 될 것이다.

◈ 더 읽을거리 ◈

Gress, David, *From Plato to NATO: The Idea of the West and its Opponents*.
    New York:Free Press,1998.
Guizot, François Pierre Guillaume, *General History of Civilization in Europe*, ed.by
    George Wells Knight, New York & London: D. Appleton and Company,1928.
    [프랑수아 기조, 임승휘 옮김,『유럽 문명의 역사 −로마제국의 몰락부터 프랑스혁
    명까지』, 아카넷, 2014]
Pirenne, Henri, *Mohammed and Charlemagne* [1937], trans. by Bernard Miall
    from the French of the 10th ed., New York: Barnes & Noble, 1955.[앙리 피
    렌, 강일휴 옮김,『마호메트와 샤를마뉴』,삼천리, 2010]
Spengler, Oswald, *The Decline of the West*, 2 vols., trans. with notes by Charles
    Francis Atkinson, New York: A.A. Knopf, 1926−1928.[오스발트 슈펭글러, 박광
    순 옮김,『서구의 몰락』, 전3권, 범우사, 1995]
Toynbee, Arnold J., *A Study of History*, 2nd ed., 12 vols., London: Oxford Uni-
    versity Press, 1935−1961.[아놀드 조셉 토인비, 홍사중 옮김,『역사의 연구』전2
    권, 동서문화사, 2016]

◈ 주 ◈

1) 이 책의 가장 초기 판본에는 이 책에서 다루는 학자들의 글이 하나하나 아주 길게 인
   용되어 있었다. 불행히도 출판을 위해선 그런 식의 인용이 거의 허용되지 않을 것이
   기에, 이 책에는 아주 일부만을 인용해 놓았다.
2) Paul Costello, *World Historians and Their Goals: Twentieth−Century An-
   swers to Modernism* (DeKalb, Ill.: Northern Illinois University Press, 1993),
   11−12.
3) Patrick Manning, *Navigating World History: Historians Create a Global Past*
   (New York: Palgrave Macmillan, 2003), 18−19.
4) M. de Secondat, baron de Montesquieu, *The Spirit of Law*, with D'Alembert's
   analysis of the work. New edition, Revised by J.V. Prichard, Translated from
   the French by Thomas Nugent, 2 vols. [1752] (London: G. Bell, 1914),1: 239,
   241.
5) Montesquieu, *The Spirit of Laws*, 1: 286−287.
6) Ibid., 1: 290.
7) Ibid., 2: 44.
8) Ibid., 1: 163.
9) Manning, *Navigating World History*, 22.
10) William W. Lockwood, "Adam Smith and Asia", *The Journal of Asian Studies*

23 (May, 1964): 347−348.

) Adam Smith, *An Inquiry into the Nature and Causes of the Welath of Na tions,* ed. C.J. Bullock, The Harvard Classics (New York: P.F. Collier and Son,1909),75−76.

12) Joel Mokyr, "Mobility, Creativity, and Technological Development: David Hume, Immanuel Kant and the Economic Development of Europe", in Günter Abel, ed., *Kreativität, Tagungsband: XX. Deutscher Kongreß für Philosophie* (Hamburg: Felix Meiner Verlag, 2006), 1129−1160.

13) Jonathan D. Spence, *The Search for Modern China,* 2nd ed. (New York & London: W.W. Norton,1999), 135−136을 보라.

14) Karl Marx, *Capital: A Critique of Political Economy,* vol. 1 (1869), intro.Ernest Mandel, trans. Ben Fowkes (London: Penguin Books, 1976), 915−916.

15) Ibid., 874.

16) Ibid., 915.

17) Karl Marx and Friedrich Engels, *Manifesto of the Communist Party* [1848],in *The Marx−Engels Reader,* ed. Robert C. tucker, 2nd ed. (New York: W.W.Norton, 1978), 477.

18) Max Weber, *The Protestant Ethic and the Spirit of Capitalism,* trans.Talcott Parsons, intro. Anthony Giddens (New York: Charles Scribner's Sons, 1958), 15−16.

19) Ibid., 80−81.

20) Ibid., 53.

21) Costello, *World Historians and Their Goals,* 2−4장.

22) Ibid., 43에서 재인용.

23) Ibid., 62−64.

24) Ibid., 91에서 재인용.

25) Ibid., 53에서 재인용.

26) Ibid., 92, 94.

| 1 | 서구의 기적

이 장에서 다루는 학자들은 서구가 주로 그 문화에 고유한 성격 덕분에 흥기했다고 믿는 이들이다. 전반적으로 보아, 내적 요소 ─기후나 지리, 다른 민족들과의 상호작용 같은 외적 요소에 반하는 것으로서─ 를 강조하는 학자들은 문화적 가치와 신앙을 강조하는 경향이 있다. 특히 여러 세기에 걸쳐 유럽의 가치 체계에 핵심을 이루었던 기독교로부터 유래한 것들을 강조하기 십상이다. 심지어 "어떻게"라는 문제에 답하면서 설명의 무게 중심을 무엇보다 제도나 기술에 두는 역사가들도, "왜"라는 문제를 다룰 때는 대체로 문화적 기초에 의존한다.

기독교 유럽의 독특한 역동성(크리스토퍼 도슨)

영국의 저명한 문화사가이자 종교사가인 크리스토퍼 도슨(Christopher Dawson)[1]은 1922년부터 서구가 흥기한 원인을 중세 유럽으로 거슬러 올라가 찾는 일련의 저술을 발표하기 시작했고, 1950년에 발표한 그의 『종교와 서구 문화의 흥기(Religion and the Rise of Western Culture)』는 그런 저술의 정점에 위치했다. 도슨의 해석에 따르면, 중세 유럽에서 "야만적인" 영웅 숭배 및 침략 관념과 기독교의 성인 숭배 및 자기희생 관념이 융합되었다. 이 이중적 요소들은 사회 내에서만이 아니라 사람들의 마음과 의식 내에서도 어느 쪽이 지배할지를 둘러싸고 투쟁

---

1   1889-1970년. 문화사와 기독교 역사에 대한 수많은 저서를 남긴 영국의 독립 학자. 1920년대와 1930년대에 나온 그의 저서들이 당시의 수많은 학자들에게 영향을 주었으며, 지금도 "20세기의 영어권 가톨릭 역사가 중 가장 위대한 인물"이라는 평을 받고 있다.

했으며, 그리하여 특출한 역동성과 끊임없는 자기성찰 및 자기비판, 궁극적으로 세계를 변화시킨 혁신의 조건을 창출했다. 그에 따르면, 서구가 흥기한 원인은 이런 독특한 문화적 성격에 있었던 것이다.

크리스토퍼 도슨은 자기 모친의 집안이 대대로 살아온 웨일즈의 헤이 캐슬(Hay Castle)에서 어린 시절을 보냈는데, 그곳에는 12세기까지 올라가는 오래된 폐허들이 남아있었다. 그는 뒤에 이렇게 회상했다. "헤이 캐슬에서 가장 많이 느낀 것은 고대에 대한 감정이었다. 즉 모든 것이 엄청나게 오래 되었다고 느꼈고, 집 안에서는 아주 멀리 떨어진 과거가 지금도 계속되고 있다고 생각했다."[1] 7살 때 그의 가족은 요크셔(Yorkshire)에 있는 부친의 영지로 이사했다. 그의 가족은 매일 아침 모여 기도를 드렸고, 부모 두 분은 모두 조숙한 아이들이 종교적인 것과 비종교적인 것에 구분을 두지 않고 다양한 과목을 배우게 했다. 도슨은 사립학교 두 군데에 들어갔지만 건강이 좋지 않고 운동을 잘 못해 끔찍한 경험을 한 후, 1908년 옥스퍼드 대학에 입학하기 전까지는 가정교사에게 교육을 받았다. 1909년에 그는 가톨릭 신도인 한 소녀를 만나 사랑에 흠뻑 빠져 버렸고, 1914년에는 가톨릭으로 개종하고 2년 뒤 그녀와 결혼했다. 제1차 세계대전 이전에는 잠시 법조계에서 일하고 전쟁 동안에는 군사정보부에서 일한 후, 도슨은 전문 학계의 구속 없이 자유롭게 연구하고 프리랜서로 글을 쓰면서 간간히 대학에서 강의를 하는 삶에 안착했다.[2]

고전과 종교 부문 모두에서 아주 많은 학식을 쌓았고 뿐만 아니라 사회학, 역사학, 경제학에도 능통했던 도슨은 일찍부터 문화의 흥망성쇠를 이해하고 설명하는 데 자신의 삶을 바치기로 맹세했다. 그는 분과학문의 경계를 가로지르고 문화의 경계도 가로지르는 접근 방법을 이용하여, 각 사회의 종교 생활에 그 사회의 성공과 실패, 그 사회의 흥기와 쇠망을 이해하는 열쇠가 있음을 발견했다. 1950년에 간행한 『종교와 서구 문화의 흥기』에 썼듯이, "위대한 세계 종교는 과거에 그랬듯이 지금도 성스런 전통의 위대한 강이다. 그 성스런 전통은 시대를 통해 그리고 그 종교가 물을 대어 기름지게 하는 변화무쌍한 역사적 경관을 뚫고 흘러내려온다."[3]

그는 인류 역사를 기원전 4500년에서 2700년 사이에 하천 유역 협곡 —이집트, 메소포타미아, 인도 북부, 북중국의— 에서 발생한 고립된 문명들로 시작하여 수천 년에 걸쳐 유라시아 대륙 전역에 단계적으로 펼쳐진 것으로 인식했다. 최초의 문명에서는 성직자 계급과 중앙집중화된 경제, 신격화된 군주의 신정정치가 사회를 지배했다. 기원전 2700년에서 서기 1100년에 이르는 다음 시대에는 수십 개의 새로운 사회들이 핵심부 문명 권역의 변방에 등장하면서 아프로·유라시아 전역에 걸쳐 이문화간(intercultural) 확산과 상호 영향이 번성했다. 다음에는 —세 번째 시대— 서쪽의 고대 그리스 도시국가들과 로마제국으로부터 동쪽의 굽타 제국과 중국 제국에 걸쳐서 위대한 고전 문화들과 세계 종교의 대부분이 등장했다. 도슨에 따르면, 네 번째 시대에는 유라시아 전역에 걸쳐 위대한 문화들 —중세 유럽의 기독교 왕국들, 비잔틴 제국, 이슬람 문명, 당·송대 중국— 이 번창했다. 하지만 1200년대에서 1400년대에 이르는 시기 동안 벌어진 파괴적인 침략이 중국, 페르시아, 인도, 근동의 발전을 방해했고, 그 사이 서유럽만이 별 해를 입지 않은 채로 남았다.[4]

도슨에 따르면, 유럽을 다른 주요 문화들과 다르게 만들고 거의 10세기 동안 끊임없이 혁신과 발전을 계속할 수 있게 한 것은, 개혁을 거의 끊임없이 지속시키는 유럽에 고유한 역동성과 기질이었다. 유럽의 역동적인 문화에 내재하는 핵심 요소는 기독교의 부단한 선교 형태였다. 이런 선교 운동은 서기 1세기 근동의 헬레니즘 도시들에서 발생했고, 사도와 선교사들이 서유럽으로 한층 더 깊이 신앙을 전파하면서 수백 년 동안 계속되었다. 로마의 멸망 이후 수십 명의 독실한 영적 지도자들 —아일랜드의 성 파트리치오(St. Patrick)[2]와 잉글랜드의 성 그레고리우스 대제

---

2 c.387-c.461년으로 추정. St. Patricius. 잉글랜드 출신으로 아일랜드에 기독교를 전파한 사제. 아일랜드의 수호성인이다.

(Gregory the Great)[3] 같은- 이 중세 유럽 문화의 기초를 놓았다. 6세기에 대륙의 지적 생활이 쇠퇴하자, 그 운동은 방향을 바꾸었고 아일랜드와 잉글랜드 출신의 학자와 선교사들이 게르만 족과 프랑크 족들 사이에서 문화생활을 다시 활성화시켰다. 도슨에 따르면, 인류 문화의 진화 과정 중 처음으로 유럽에서 독특한 형태의 이원적 구조를 가진 사회가 등장하고 있었다. 그 속에서는 정치 엘리트와 문화 엘리트들이 별개이지만 보완적이고 비교적 균형 잡힌 정치 영역과 문화 영역에서 각각 힘과 영향력을 행사했다. 비잔틴 제국을 비롯한 유럽 외의 모든 위대한 문화들에서는 한 명의 지도자와 하나의 엘리트 집단이 정치와 문화를 모두 지배했다. 유럽에 독특한 이런 유기적 "권력 분립" 덕분에 혁신가들은 각 방면에서 "자발적이고 자유로운 의사소통 과정"을 통해 유럽의 전통과 제도들을 바꾸고 창출할 수 있었다.[5] 도슨은 계속해서 이렇게 적고 있다.

> 문화의 전체 패턴이 자유로운 영적 운동의 연속적인 계승과 교체 속에서 발견되는 곳은 오로지 서유럽뿐이다. 그래서 서유럽의 모든 나라들은 문화적 요소들 간의 균형상태의 변화와 얼마간 새로운 영적 힘의 등장을 보여준다. 이러한 것이 새로운 사상과 제도를 창출하며 한층 심화된 사회 변화의 움직임을 낳는다.[6]

혁신과 개혁을 지향하는 유럽의 기질을 기른 것은, 경쟁 관계에 있던 통치 엘리트와 제도들만이 아니었다. 아울러 서로 경쟁하던 관념과 관점들도 그런 기질을 키웠다. 즉 로마 멸망 이후 서유럽을 지배했던 주로 프랑크 족에 속했던 부족들의 "영웅 숭배 및 공격성 추종 성향", 그

---

3 c.540-604년. 그레고리우스 1세 교황으로 재위기간은 590-604년. 기독교 역사에서 레오 1세와 함께 대제라는 칭호를 받았고 사후 성인으로 추대되었다. 최초로 수도 생활을 체험한 교황이자 라틴 교부 가운데 한 사람으로서, 교회학자의 칭호를 받았으며, 이전의 어느 교황보다 많은 저서를 남긴 것으로 알려져 있다. 전례 분야에서는 로마 양식 미사 전례를 개혁하여 미사 전문을 오늘날의 형식으로 만들고, 각 지방에서 제각기 불리던 성가들을 재정리해 전례와 전례력에 알맞게 맞추는 업적을 남겼다. 그래서 그는 '기독교 전례의 아버지'라고 불린다.

리고 아주 수준 높은 신학 문화와, 기독교 교회와 연속해서 등장한 종교 개혁가 세대들이 보여준 비폭력과 금욕주의, 극기 관념이 그것들이다. 하지만 외견상 양립 불가능할 것 같은 이런 시각들이 서서히 융합되어 단일한 변혁적인 문화적 혼합체를 이루었다(지도 1.1과 1.2를 보라). 이를 잘 보여주는 일례가 앵글로색슨 족의 전사였던 앨프레드 대왕(Alfred the Great)[4]이 로마 말기에 엄청난 영향력을 발휘했던 기독교 사상가이자 성자인 보이티우스(Boethius)[5]의 『철학의 위안(Consolatio Philosophiae)』을 고대 영어로 옮긴 것이다.

대부분 미개발 상태였던 유럽 내부로부터 통일되고 활기찬 기독교 세계를 창출한 것은, 바로 사도 바울(St. Paul)과 교부 성 아우구스티누스(St. Augustine), 성 보이티우스, 성 그레고리우스 대제 같은 영적 지도자들이 지중해와 근동 지방에서 고급 문화와 기독교 신앙을 들여와 주입했기 때문이었다. 이 새로운 문화는 고전 세계의 세련됨과 규율을 "야만적인" 문화들의 날 것 그대로의 활력만이 아니라 근본적으로 다른 가치관 및 권위관과도 결합시켰다. 도슨에 따르면, "무한한 변화 가능성을 억제했던 로마 세계의 정적인 문명에 새로운 원리가 도입되었던" 것이다.[7] 그는 테살로니키(Thessaloniki)[6]에서 성 바울이 행한 설교에 대한 대중의 반응을 예로

---

4 849-899년. 재위 877-899년. 영국의 앵글로색슨족을 하나로 뭉치게 한 왕으로 사실상 잉글랜드 통일을 이룬 주역이다. 잉글랜드 전역의 행정조직을 갖추고, 군사적인 체계도 잡았으며, 사법 체계도 정비하였다. 특히 관습법을 집대성하여 단일 법전을 편찬했다. 그는 문화에도 힘써 교육·학예를 융성시키고 스스로 라틴어의 여러 문헌을 앵글로색슨어로 번역했다.

5 c.480-c.524년. 로마 최후의 저술가·철학자. 동고트왕국의 테오도릭 왕에게 신임을 받아 공직에 올랐으나 반역죄 혐의를 받아 투옥되어 처형되었다. 옥중에서 쓴 『철학의 위안』은 중세 시기 가장 영향력 있는 철학서가 되었다. 그의 사상은 기본적으로 플라톤 철학에 입각했지만, 아리스토텔레스의 논리를 활용하여 스콜라철학의 선구자로 여겨진다.

6 그리스에서 두 번째로 큰 도시로 북동쪽에 위치한 항구도시이다. 로마 시기에도 아주 큰 대도시였고 비잔틴 제국 시기에는 콘스탄티노플을 제외하고 가장 크고 부유한 도시였다. 성 바울이 두 번째 선교여행에서 들렀다고 하며 나중에 도시민들에게 쓴 데살로니가 전·후서는 신약성경의 중요한 일부이다.

든다. 그와 다른 기독교도들은 "세상을 뒤집어엎었고 … [이들이] 다 케사르의 명을 거역하여 다른 왕, 즉 예수라는 이가 있다고 하였다"(사도행전, 17: 6-7). 역사상 급속하게 퍼진 신앙이 일차적 신의를 초월적 신에게 두고 지상의 권위를 이차적 지위로 격하시키면서 의롭게 되었던 것은 이때가 처음이었다. 게다가 몇 세기 내에 로마 교회는 서유럽의 영적 지도자로서 로마 제국을 대체했고 아울러 때로는 세속적 지도자로서도 그러했다.

그렇지만 이교를 믿던 유럽을 정복한 기독교 신앙의 핵심 요소는 교부(教父)들의 난해한 신학이 아니라 성자와 순교자들의 초자연적 힘이었다. 이런 힘에 대한 소문들이 퍼져 널리 경외감을 불러일으켰던 것이다. 로마 멸망 이후 여러 세기 동안 서유럽 대부분이 극심한 물질적 빈곤과 극단적인 무법상태, 심각한 수탈에 몸살을 앓았고, 야만적인 군사 지도자들이 지배하는 상태에 있었다. 이런 상황에서 교회가 제시한 것은 "문명"이 아니라, 세상이 빠져버린 끔찍한 세속적 타락으로부터 신이 심판하고 구원할 것이라는 약속이었다. 이 시기에 기독교 문화 및 지적 생활의 핵심은 신국(神國)의 현현(顯現)을 통한 인류의 구원을 기도하는 성체미사를 정성을 다해 올리는 것이었다. 미사를 통해 인류 탄생과 구원의 성스런 역사가, 이승과 내세에서 신의 뜻을 알리는 성스런 역사가 전해졌다. 극적으로 풍요롭고 아름다운 예배 의식 ―음악과 시로 가득 찼던― 속에서 사람들은 고대 엘레우시스 밀교(Eleusinian mysteries)[7]와 여타 신비 의식[8]이 담았던 자연 신화를 훨씬 능가하는 방식으로 삶에 의미를 찾았다. 그런 암흑기 속에서 부자든 가난한 이든 서유럽에서 유일하게 안정되고 어디에나 있던 제도 ―즉, 교회― 안에서 열정적으로 위안을 찾는 모습을 상상할 수 있을 것이다.

---

7 엘레우시스 밀교는 기원전 1500년경 고대 그리스의 엘레우시스에서 기원한 비밀종교로, 그리스 신화의 두 여신 데메테르와 페르세포네를 숭배했다. 또 이 용어는 이 종교가 엘레우시스에서 매년 또는 5년마다 개최한 비전 전수 의식을 가리키기도 한다. 이 밀교에는 사후세계관과 마법적 요소가 포함되어 있어 서구인의 종교생활에 큰 영향을 미쳤다고 한다.

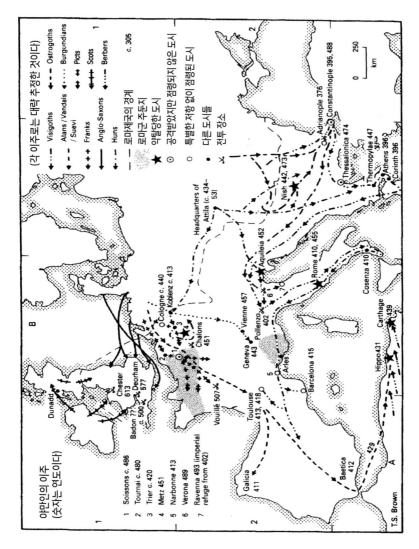

지도 1.1. '야만인의 이주'[8]

호전적인 민족들이 연속적으로 이주해 들어오면서 유럽에 "영웅 숭배 및 공격성 추종 성향"을 전했다.

---

8 오늘날 역사학자들은 로마 멸망을 전후해서 나타난 게르만 민족의 대규모 이동이 상
당한 폭력을 동반하기는 했지만 무엇보다도 환경적 요인에 의한 대규모 이주라는 성
격이 강하다고 하여 '게르만족의 이동'이라고 표현한다. 여기서는 도슨의 표현과 의도
를 그대로 살린다는 의미에서 원서 그대로 '야만인의 이주(Barbarian migrations)'라고
직역했다.

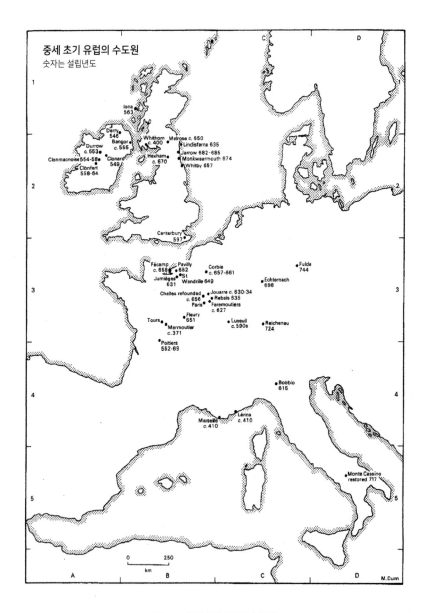

지도 1.2. 중세 초기 유럽의 수도원
수도원의 확산이 유럽 전역에 수준 높은 신학 문화와 비폭력, 금욕, 극기 관념을 불어넣었다.

서로 긴밀하게 연결되었던 수도원과 수도회들 ─흔히 명목상으로 교황권 하에 있었지만 실제로는 현지 고위 성직자도 어쩌지 못했던─ 은 고전 문화를 보전하고 기독교 신앙을 유럽 전역으로 확산시켰다. 서구의 수도원 제도는 금욕 생활과 사회와의 단절을 강조하는 동양의 관행에 깊이 영향 받았지만, 공동체나 사회 질서가 한심할 정도로 사라진 환경 속에서 동양보다 훨씬 더 공동체 건설과 사회 질서의 발전을 지향했다. 수도원 공동체들은 형제ㆍ자매들이 엄격하게 정해진 규칙을 따르는 사회ㆍ경제 생활의 축소판이 되었다. 그 속에서 사람들은 모든 것을 함께 공유하고 사회적 신분이나 태생에 상관없이 각자 나름대로 공동체 유지비용을 부담했으며 서로 이웃을 보살폈다. 그러나 무엇보다도 그들은 하루 8시간 이상을 세상의 구원을 위해 기도하면서 영적 생활에 헌신했다.

　　유럽의 엘리트들도 ─왕실의 많은 남녀노소도─ 열심히 공동체에 참여했는데, 그 공동체는 얼마간은 그들을 낳은 전사 사회를 본 뜬 것이었다. 그들은 부족장에게 하듯이 수도원장에게 절대적 복종을 서약했으며, 명예와 용맹 대신에 자기희생과 신성에 대한 헌신을 맹세했다. 전혀 다른 듯한 두 생활방식은 모두 극단적인 영웅적 태도 ─대의를 위해 자기 목숨을 기꺼이 바치겠다는 태도─ 를 지향했다. 수도 생활을 수행하는 데는, 사실 고급 문화에 필요한 여러 기예와 학문이 수반되었다. 읽고 쓰는 일과, 도안 글씨, 음악, 그리고 시간의 흐름에 대한 정확한 이해가 요구되었다. 특히 시간에 대한 이해가 중요했는데, 매일, 주별로, 1년 단위로 되풀이되는 복잡한 성무(聖務)를 충실하게 지키기 위해서였다. 가장 외딴 곳에 있던 수도원이 학식과 교육, 사회적 응집력의 중심이 되었고 경제 발전의 토대가 되었다. 독실한 수도원장들에게서 수많은 제자들이 배출되어, 이들이 멀리 떨어진 곳에까지 서서히 유사한 제도들을 퍼뜨렸다. 이리하여 서유럽 전역에 걸쳐 역동적인 새로운 문화의 씨앗을 심었던 것이다. 실제로 알프스 이북 지역에서는 11세기와 12세기에 도시가 늘어나고 성장하기 시작할 때까지, 많은 대수도원들이 도시 중심지의 역할을 했다. 비록 가장 고귀한 태생의 사람들이 주도한 경우가 종종 있었지만, 그래도 이런 것들을 오늘날의 관점에서 풀뿌리 운동이라고 부를 수도 있을 것 같다. 유럽의 문화는 기본적으로 이런 운동에 힘입어 수도원의 벽 안에서 태어난 것이다.

짧게 지속된 카롤링 르네상스(Carolingian Renaissance)[9] −학식과 음악, 성찬 의례가 부활하고 무엇보다 고전 문헌과 기독교 문헌이 보전되었다− 는 거의 전적으로 수도원 문화에서 발전했다. 왕을 지상에서 신을 대리하고 사람들을 위해 기독교 입법을 행하는 자로 보는 신정적 전통 자체가 샤를마뉴(Charlemagne; 재위 768-814년) 주위에 모여 있던 수도승 사상가들이 정초하여 퍼뜨린 것이다. 800년대 중반 또 다른 침략의 파고가 유럽 대륙을 휩쓸자, 서유럽은 다시 잔혹한 무법상태에 빠지고 대부분의 수도원들도 파괴되거나 세속 권력의 지배하에 놓이게 되었다. 이런 속에서도 일부 수도원들은 태동하던 문화의 기초를 보존하고 영적 변화에 착수하여 광범위한 영향을 미쳤다.

이렇게 영향력이 큰 새로운 수도원들은 유력한 귀족들이 세웠는데, 특히 910년에 건설된 부르고뉴(Bourgogne)의 클뤼니 수도원(Cluny Abbey)이 대표적이다. 이런 수도원들은 기도와 사회 의식에 대한 사심 없는 헌신을 강조하고 빈자에 대한 억압과 성직자의 타락 및 사심에 맞설 것을 강력하게 설교했다. 많은 이들이 이를 따랐는데, 무엇보다 유럽 전역의 다른 수도원과 독실한 수도원장들이 −빈번하게 서로 접촉하면서− 그렇게 했다. 도슨의 말을 빌리면, 이런 수도 중심지들은 "봉건적 무정부상태라는 바다에 평화와 영적 질서의 섬처럼 떠오르고 있었다."[10] 제멋대로 날뛰던 많은 귀족들에게 명성 있는 수도원장의 질책 한 마디가 가장 사나운 황제의 공격 위협보다 더 무서웠다. 심지어 죽어서도 이런 성인들은 중세인들에게 가공할 힘을 갖고 있었다.

11세기에는 유럽의 주도적인 수도원들 내에서 전면적인 교회개혁운동이 등장했다. 윙베르 드 무아엥무티에(Humbert de Moyenmoutier)[9]와 성 페트루스 다미아누스(Peter Damian)[10], 일데브란도 디 소아나(Hildebrand of Sovana)(교황 성 그레고리우스 7세)[11]와 같은 수도승들은 모든 성직자의 영적 순수성과 세속 권력의 간섭으로부터 교회의 완전한 독립, 모든 세속 권력의 교회에 대한 영적 복종을 요구했다. 유럽의 많은 통치자들이 자신을 "성 베드로의 가신"이라고 밝혔지만, 강력한 군주들, 특히 신성로마제국 황제는 이를 내켜하지 않았고 이 때문에 수십 년간에 걸친 유혈 충돌이 발생했다. 하지만 바로 이런 싸움에서 서구 정치문화의 핵심적 요소들이 발전했다. 정치적 권위에 대한 양심에 따른 반대의 권리와, 왕권신수설에 맞서는 것으로서의 사회계약론, 서유럽의 근본적인 영적 통일 관념이 그런 요소들이다. 그에 더해 개혁 교황이 로마 가톨릭 보편주의의 유일한 계승자로 등장했다.

가장 파괴적인 약탈자들이었던 바이킹이 자신들이 정복한 땅 —잉글랜드, 아일랜드, 노르망디— 에서 서서히 기독교로 개종했고, 그 뒤 고향으로 돌아가 스칸디나비아에 새로운 신앙을 뿌렸다. 그곳에서는 기독교가 깊이 뿌리를 내려 11세기와 12세기에 여러 문화를 고취하여 꽃피웠

---

9 c.1000-1061년. Humbert de Silva Candida라고 부르기도 한다. 부르고뉴 출신의 베네딕트회 대수도원장이자 추기경. 1054년 로마 가톨릭과 동방정교회의 '대분열'에서 로마 가톨릭 측 대표자로 역할을 수행했다.

10 1007-1072년. St. Petrus Damianus. 이탈리아 출신의 신학자이자 베네딕트회 수사. 교황 레오 9세와 그레고리우스 7세 시기에 활동하며 교회개혁운동을 추진했다. 사후 성인으로 추대되었고 1823년에는 교회박사로 선언되었다. "철학은 신학의 시녀"라는 말을 한 사람으로 알려져 있다.

11 1015-1085년. Ildebrando di Soana. 교황 재위는 1073-1085년. 개혁가 교황 가운데 한 사람인 그는 특히 하인리히 4세와의 서임권 투쟁으로 유명하다. 가톨릭 성직자들을 대상으로 수 세기에 걸쳐 진행된 금욕적 방식을 매우 엄격하게 시행한 최초의 교황이었으며, 성직매매 관행을 근절하고자 노력했다. 사후 1584년 교황 그레고리우스 13세에 의해 시복되었으며, 1728년 교황 베네딕트 13세에 의해 시성되었다.

다. 성 올라프(St. Olaf)[12]같은 영웅적인 기독교도 왕들은 스칸디나비아의 부족에 기초한 전통 왕국들을 통일시켰고 보편 종교의 이상으로 정당화된 군주제 국가를 세웠다. 특히 잉글랜드에서 온 선교사들이 기독교 문화를 퍼뜨리고 수도원 공동체들을 건설했다. 또한 선교사들과 정복자들, 십자군 전사들이 동유럽 전역에 서구의 기독교를 전파했고, 러시아를 비롯한 동유럽 전역은 13세기 몽고의 침략 때까지 서구와의 정치적·문화적 교류를 계속 이어갔다.

유럽의 봉건 전사들은 여전히 폭력적이고 무자비했지만, 종교 지도자들의 가르침과 영웅시(英雄詩)는 그들을 신앙을 위한 순교자이자 교회와 미망인과 고아들의 수호자가 되고자 열망하는 이상적 존재로 그렸다. 퓔베르 드 샤르트르(Fulbert of Chartres)[13]같은 개혁적인 성직자들 ─ 그리고 그들 영향 하의 세속 군주들─ 은 민간인을 보호하는 데 전념하는 평화의 동맹을 맺고자 노력했지만, 그런 노력 때문에 무기를 내려놓은 전사는 그리 많지 않았던 것 같다. 하지만 평화운동의 이상이 기독교의 땅에서 이슬람교도 정복자를 쫓아내는 운동과 결합되자, 수많은 귀족 전사들과 평민들이 열렬하게 부름에 응하였다. 기독교 세계를 확장하기 위한 여러 차례의 십자군 운동과 셀 수 없이 많은 군사 작전들은 신앙심 깊은 기사와 군인 성직자라는 이중적 에토스를 강화시켰는데, 이는 "수도원 개혁의 지도자와 노상강도 귀족(robber barons)"[11)]의 이중성으로도 표현할 수 있다 ─이 둘은 흔히 한 집안 사람이었다. 이런 에토스가 유럽의 중세 문화에 깊이 배어들었다.

이슬람 지배 하 스페인의 화려한 궁전에서 음유시인과 궁정 신하들

---

12 995-1030년. 재위 1015-1028년. 올라프 2세 하랄손(Haraldsson). 성왕 올라프라고 불리며 스칸디나비아에 기독교를 전파한 공으로 성인이 되었다. 특히 민족주의 시대에 노르웨이 독립과 자부심의 상징이 되었다.

13 c.1015-1028년. 프랑스의 샤르트르 대주교로서 성모 마리아 탄생 축일을 기념하는 일에 앞장섰고 아울러 샤르트르 대성당의 중건에도 큰 역할을 했다. 신학적으로는 교회와 세속 권력 간의 분리와 관련된 개혁운동에 기초를 제공했다.

이 기사도와 기사도에 입각한 사랑을 가지고 귀환하자, 봉건 사회에 또 다른 긴장이 퍼졌다. 삶의 향유와 세련된 구애 방식, 서정시, 정교한 예절, 고상한 여흥에 대한 그들의 강조는 그 시대의 전사와 금욕주의자들이 가진 거친 태도, 그리고 고귀한 가치에 대한 성실한 몰두와 크게 대비되었다. 그리하여 기독교 세계의 가장 강력한 적 —이슬람 이교도— 이 유럽 전역의 귀족 및 왕의 궁정에 강력한 영향을 주었다. 이와 마찬가지로 같은 시기에 이슬람 사상과 과학이 들어와 수많은 유럽 학자들에게 금과옥조가 되었다.

중세 유럽의 또 다른 중요한 제도는 자치 도시였는데, 이것은 흔히 종교의 후원과 보호 하에 나타났다. 중세 도시들은 보통 대체로 평등한 구성원들 간의 자발적 결사 —흔히 한 수호성인 아래 "서약한 교우들"— 로부터 발전했다. 이들은 도시의 통치와 상호 방어를 공유했을 뿐 아니라 고대 그리스 · 로마 시대 이후 사라졌던 시민적 자부심도 같이 느꼈다. 11세기 이탈리아 북부에서 처음 나타나 그 후 200년간에 걸쳐 서서히 북쪽으로 퍼져나간 유럽의 대 · 소 도시들은 경제적 활황을 누렸고, 국제 무역로를 통해 아프로 · 유라시아 전역의 거대 상업 중심지들과 연결되었다. 엄청난 번영을 통해 벌어들인 자금이 우뚝 선 고딕 대성당을 세우고 엄청난 크기의 길드 집회소를 건설하고 화려한 궁전을 짓는 데 투입되었다. 아울러 예술에도 엄청난 후원이 이루어졌다. 무엇보다 도시 거주자 모두는 한 길드의 구성원이었기에, 종교와 세속을 막론하고 온갖 관습과 행사로 이루어진 통합적인 삶에 다 같이 참여했다. 이것은, 나중에 1500년대 초에 에라스무스(Erasmus: 1466-1536년)가 스트라스부르(Strasbourg)를 묘사하며 썼던 표현대로, 일종의 완벽한 플라톤식 공화국(Platonic Republic)이었다.[12]

중세 사회에 대한 이런 유기적인 관념은 다른 중요한 제도들에서도 표현되었다. 1200년대 초에 여러 탁발 수도회들 —특히 도미니크회와 프란체스코회- 이 세워졌는데, 이 수도회들의 목적은 급속하게 늘어나는 도시 주민들을 보살피는 것이었다. 같은 시기에 왕국 전체나 지역별 주민들을 표현하기 위해 신분의 (경작하는 자, 기도하는 자, 싸우는 자로의) 조직화가 발달했다. 그리고 여러 종류의 의회들이 등장하여 거기서 각 신분들이 각자의 이해관계를 표현했다. 1300년대부터 교회 지도자들은 신앙의 문제를 결정하기 위해 기독교 세계 전체의 대표자들이 정기적으로 한데 모이는 세계 공의회를 조직했다. 이는 세계 최초의 초(超)의회기구이며 유럽 대륙 전역에 걸친 대의제 제도였다. 같은 시기 동안 마르실리우스 데 파도바(Marsilius of Padua)[14] 같은 철학자들은 사회 전체를 법과 권위의 궁극적 원천으로 보는 정치생활 이론을 제시하기 시작했다.

교육의 개화 역시 사상의 접촉 및 교류와 지적 혁신을 자극했다. 중세 초에는 수도원과 대성당 중심의 학파들이 급증하였고, 유럽 전역에서 학자들을 끌어당겼다. 파리의 피에르 아벨라르(Pierre Abelard)[15] 같은 뛰어난 선생들은 종교적 숭배 대상 같은 지위를 누렸고, 그들 주위로 학파가 형성되었다. 서로 다투는 학파들 간의 경쟁은 격렬했다. 얼마 안가 볼로냐(Bologna)에서 학생들의 조합 -이 말의 라틴어 표현이 "대학(universitas)"이었다- 이 등장했고, 파리에서는 선생들의 조합이 등장했다. 볼로냐 대학은 기본적으로 법을 가르치는 학교였고, 서로 긴밀하게 연결되고 영향력을 가진 학생들이 꾸려나가는 비종교적 제도였다. 파리 대학에서는 선생들 -모두 성직자들이었다- 이 최고 권위를 누렸고 오직 총장에게만 답하였다. 이런 제도를 따라서 곧 유럽 전역에 수십 개의 대학들이 나타났는데, 모두가 확실히 당시의 세계 기준으로 보아 보기 드문 자율권과 학문적 자유를 누렸다(지도 1.3). 이런 제도의 핵심적

---

14 c.1275-c.1342년. 이탈리아 파도바 출신의 정치철학자. 그가 쓴 『평화의 수호자(Defensor pacis)』는 교권과 세속권 모두에 대한 교황의 절대권력을 반박하기 위한 시도라고 하며, 중세 말 가장 혁명적인 사상가 중 한 명으로 평가받기도 한다.

15 1079-1142년. 중세 프랑스 철학을 대표하는 철학자이자 신학자로, 중세 철학사 전체를 지배한 보편 논쟁에서 빠질 수 없는 인물이다. 흔히 스콜라 철학의 아버지라 불린다.

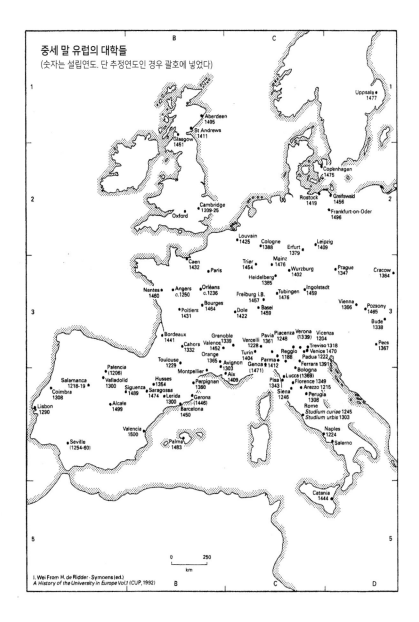

중세 말 유럽의 대학들
(숫자는 설립연도. 단 추정연도인 경우 괄호에 넣었다)

Uppsala 1477

Aberdeen 1495
St Andrews 1411
Glasgow 1451

Copenhagen 1475

Rostock 1419
Greifswald 1456

Cambridge 1209-25
Oxford
Frankfurt-on-Oder 1496

Louvain 1425
Cologne 1388
Erfurt 1379
Leipzig 1409

Caen 1432
Trier 1454
Mainz 1476
Wurzburg 1402
Prague 1347
Cracow 1364

Paris
Heidelberg 1385

Nantes 1460
Angers c.1250
Orléans c.1236
Freiburg i.B. 1457
Tubingen
Ingolstadt 1459
Vienna 1366
Pozsony 1465

Bourges
Poitiers 1431
Dole 1422
Basel 1459
Bude 1338

Bordeaux 1441
Grenoble 1339
Valence 1452
Piacenza 1248
Verona (1339)
Vicenza 1204
Pecs 1367

Cahors 1332
Vercelli 1228
Pavia 1361
Treviso 1318

Orange 1365
Turin 1404
Reggio 1188
Venice 1470
Padua 1222

Toulouse 1229
Avignon 1303
Parma
Genoa 1412
Ferrara 1391
Bologna

Palencia (1206)
Montpellier
Aix (1471)
Lucca (1369)
Florence 1349

Salamanca 1218-19
Valladolid 1300
Husses 1354
Siguenza 1489
Perpignan 1360
Saragossa 1474
Lerida 1300
Pisa 1343
Arezzo 1215
Siena 1246
Perugia 1308

Coimbra 1308
Alcale 1499
Gerona (1446)
Rome
Studium curiae 1245
Studium urbis 1303

Lisbon 1290
Barcelona 1450

Valencia 1500
Naples 1224
Salerno

Seville (1254-60)
Palma 1483

Catania 1444

0   250
km

I. Wei From H. de Ridder - Symoens (ed.)
A History of the University in Europe Vol.1 (CUP, 1992)

지도 1.3. 중세 말 유럽의 대학들
중세 대학들은 당시 세계 기준으로 보기 드문 자율성과 학문적 자유를 누렸다.

인 특징은 아무리 난해한 철학적·신학적 주제일지라도 그에 대한 논리적 연구와 치밀한 논쟁에 집요하게 전념하는 것이었다.

분석을 위해 중요한 새로운 문헌과 사상들이 살레르노(Salerno)[16]와 톨레도(Toledo)[17] 같은 이탈리아 남부와 스페인의 도시들에서 나타났다. 이런 도시들은 12세기 동안 고대 그리스와 이슬람의 학식이 기독교 서구로 들어오는 통로를 제공했다. 유럽 전역에서 학자들이 유대인, 이슬람교도, 기독교도와 함께 연구하기 위해 이 도시들로 모여들었고, 이들이 나중에 유럽 기독교 세계의 모든 학교와 궁전에 새로운 학식을 전파하였다. 교황은 학식 있는 수사들 −그 시대에 주도적인 철학자와 신학자는 모두 도미니크회 수사이거나 프란체스코회 수사였다− 을 통해 태동하는 지적 종합을 통제하고자 했다. 그렇지만 그런 수사 중 많은 이들은 다방면에서 가장 급진적인 모험을 시도하면서, 보통 기독교 신앙에 대한 위험 가능성을 전혀 우려하지 않으며 비기독교적인 그리스 사상과 이교인 이슬람 사상까지 통합하고자 했다.

하지만 유럽이 엄청난 역동성을 보이며 외부 세계에 문을 열어 유라시아 전역으로부터 사상과 기술, 이야기와 전통을 흡수해 종합하고 있던 바로 그때, 고대의 위대한 문명 중심지들은 쇠퇴해 가고 있었다. 도슨에 따르면, "이제 처음으로 유럽이 전인미답의 길을 따라 새로운 목적지를 찾아갈 수밖에 없었고, 동시에 자신이 가진 힘을 의식하면서 기존의 전통을 비판하며 새로운 모험에 나설 채비를 하게 되었다."[13] 이런 모험에는 세계 탐험과 인간 및 자연에 대한 철저하고 체계적인 연구가 포함되었다. "서구의 흥기"가 이미 시작된 것이다. 이 과정이 어떻게 펼쳐졌는지에 대해선, 도슨은 애써 밝히지 않는다. 그러나 그는 기독교 유럽의 역

---

16 이탈리아 서남부 살레르노 만에 위치한 항구도시. 선사시대부터 인간이 정주한 오랜 역사를 가진 도시로 지중해를 통한 교역과 예술, 문화, 학문의 교류 중심지였다.

17 스페인 중부의 유서 깊은 도시로 1986년 유네스코 세계문화유산에 등재되었다. 6세기 서고트왕국의 수도였으며 신성로마제국 황제 칼 5세의 스페인 황궁 소재지이기도 했다. 기독교, 이슬람, 유대교의 "세 문화가 공존하는 도시"로 유명하다.

동성이 결국 유럽의 문화적 통일성을 산산이 부숴버렸다고 한탄한다.

유럽이 "발명을 발명하다"(데이비드 랜즈)

기독교 세계가 파괴된 것은 하버드 대학 경제학 교수였고 기술사 및 산업혁명 역사의 존경받는 권위자였던 데이비드 랜즈(David Landes)[18]에게 문제꺼리가 아니었다. 그에게는 유럽의 특출한 역동성의 또 다른 징후가 문제였다. 고전 경제학의 가장 유명한 책, 애덤 스미스의 『국부론』(1776년)을 따라 『국가의 부와 빈곤: 왜 어느 나라는 부유하고 어느 나라는 가난한가(The Wealth and Poverty of Nations: Why Some Are So Rich and Some So Poor)』라는 제목을 단 그의 책[14]은 과감하게 세계사 전체를 다룬다. 재치와 흥미로운 일화들, 놀랄 만큼 넓은 학식으로 가득 찬 생동감 있는 글에서, 랜즈는 세상 주요 여러 나라들의 기술 및 경제 발전을 조사한다. 그는 1,000년 전에는 유럽 —군사 지도자들의 패권주의가 만연했던 저개발된 땅— 이 지구 전체를 탐사하고 그 뒤 지구를 다 지배하게 될 것이라고 누구도 예측하지 못했다고 지적한다. 중국과 인도, 이슬람 세계 등 다른 위대한 문화들이 인간 활동의 거의 모든 영역에서 번성했지만, 그곳의 기득권 세력들이 적극적으로 혁신을 억제하기 시작하고 결국 억제에 성공하자 이런 문화들은 쇠퇴하게 되었다. 반면에 일단 유럽의 여러 사회들이 흥기하기 시작하자, 그 무엇도 그들을 막을 수 없는 듯이 보였다.

랜즈에 따르면, 유럽이 거둔 성공의 기초는 중세에 있었다. 즉 중세

---

18 1924-2013년. 미국인 경제사 및 역사학자로 하버드 대학 교수였다. 산업혁명과 기술사 연구로 유명하며 우리에게는 『고삐 풀린 프로메테우스(The Unbounded Prometeus)』로 잘 알려져 있다. 경제사에 대한 세밀한 연구로 칭송받지만, 동시에 유럽중심주의를 가졌다고 비난받는다. 그는 생전에 자신의 유럽중심주의를 공개적으로 인정하면서, 오로지 유럽에서만 일어난 경제 기적을 설명하려면 반드시 유럽 중심적이어야만 한다고 주장했다.

의 평민들, 특히 수공업자와 상인들에게 힘입은 것이었다. 그들은 새로운 상업 규칙과 무역 조직체들, 금융 도구들, 영업장들, 끝없이 커져간 동업관계들, 교역 메커니즘들을 세웠다. 그런 역동적 혁신에 직면하여

> 통치자들은, 심지어 지방 영주들도, 앞 다투어 보조를 맞추고 자신들이 사업에 적절함을 보여주고자 했으며, 노동을 활용할 수 있게 하고, 사업체와 거기서 얻는 수익을 끌어당기고자 했다. … 그것은 바로 애덤 스미스의 세계였고, 이 세계는 그가 살던 시대보다 500년이나 앞서 이미 틀을 갖추고 있었다.[15]

그런 세계에서는 노동이 더욱 더 분화해 갔고 시장은 지속적으로 성장하고 있었다. 이런 상황들이 혁신을 촉진했다. 콜럼버스가 아메리카로 항해하기 500년 정도 전에 유럽인들은 몇 가지 강력한 기술들 ―수차, 교정용 안경, 기계식 시계, 인쇄술, 화약― 을 발명하거나 완성했고 그런 기술들을 광범위하게 사용하기 시작했다. 이런 약진들은 누적적으로 발생하여 생산성을 극적으로 증가시켰으며, 심지어 유럽 사회를 근본적으로 바꾸기까지 했다. 랜즈는 인쇄술이 중국 ―그때까지는 세계에서 가장 창의적인 사회였던― 에서 등장했지만, "그것이 유럽에서처럼 폭발적인 영향을 미친 적은 결코 없었다"[16]고 지적한다(지도 1.4). 그에 더해 이슬람 세계는 종교적인 이유로 기계식 인쇄술을 꺼려했다. 단지 유럽인만이 지속적으로 혁신적인 사회를 발전시켰던 것이다.

유럽에서 새로움에 대한 추구가 그렇게 인기를 누린 이유는 무엇인가? 왜 유럽 전역의 수도원들까지 적어도 12세기부터 산업 기술의 발전과 실행을 주도하게 되었는가? 랜즈는 탄탄한 일련의 태도와 가치, 신념을 가리키는데, 그 중 많은 것들이 유대·기독교 전통에서 나왔다고 지적한다. 유럽인들은 당시 다른 어떤 발전된 사회보다 육체 노동을 중시했다. 랜즈는 이런 태도의 기원을 구약성서에서 찾는다. 예컨대, 신은 노아(Noah)에게 방주를 짓도록 명했고, 노아는 자신을 위해 그것을 만

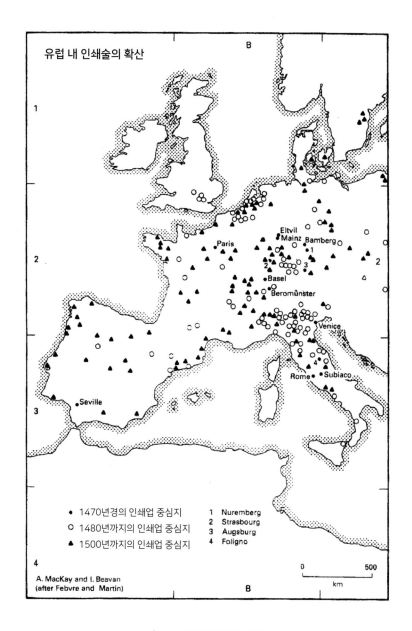

유럽 내 인쇄술의 확산

B

Eltvil
Mainz Bamberg
Paris
Basel
Beromünster
Venice
Rome • Subiaco
Seville

- ● 1470년경의 인쇄업 중심지
- ○ 1480년까지의 인쇄업 중심지
- ▲ 1500년까지의 인쇄업 중심지

1 Nuremberg
2 Strasbourg
3 Augsburg
4 Foligno

0   500
km

A. MacKay and I. Beavan
(after Febvre and Martin)

B

지도 1.4. 유럽 내 인쇄술의 확산
1500년 무렵 유럽에는 약 1,000개의 인쇄기가 돌고 있었고, 이 수는 다음 여러 세기에 걸쳐 극적으로 증가했다.

든 것이 아니었다. 다음으로, 성경에 따르면, 자연은 인간에게 종속되며 인간은 자연이 가진 모든 잠재력을 개발할 권리를 가진다. 나아가 이렇게 하는 것이 인간의 의무이기까지 하다. 그리고 또 유럽인의 시간 감각은 -순환적이 아니라- 직선적이고 진보적이었다. 즉, 시간을 보다 높은 목표를 향해 나아가는 것으로 인식했다. 무엇보다도 랜즈는 상대적으로 자유로운 시장의 존재가 가진 중요성을 강조하는데, 이런 시장이 유럽인들로 하여금 새로운 것을 시도하며 애써 잘하려고 노력하고 힘과 부, 성공을 추구하도록 자극했다는 것이다.

다음 몇 세기 동안에 걸쳐, 이런 태도들은 유럽 여러 나라들을 잇달아 자극하여 보기 드문 성취를 달성하도록 했다. 인구가 100만 정도밖에 안 되는 작은 나라 포르투갈은 1400년대에 대양 항해를 혁신했고, 그 후 1세기 동안 브라질에서 아프리카 연안을 따라가다가 인도양을 가로질러 일본에 이르는 상업 기지의 망을 건설했다. 1500년대에 당시 중국 인구의 5퍼센트밖에 안 되는 인구를 가진 스페인은 아즈텍과 잉카라는 두 개의 거대하고 비교적 선진적인 문화들을 무너뜨리면서 중국보다 50퍼센트는 더 큰 제국을 건설했다. 포르투갈보다 약간 더 클 뿐인 네덜란드는 1600년대에 세계에서 가장 큰 상업망을 만들어내었고 국제 해운을 지배했다. 이어지는 300년 동안에는 영국인들이 대양에 대한 패권을 잡았다. 400년 동안 4개의 유럽 나라들이 네 가지 전례 없는 성취를 이루었던 것이다. 경쟁적인 유럽 국가 체제(state system) 덕분에 그것을 구성하는 유럽 나라들은 서로를 이기기 위해 발 벗고 나서야 했다.

종교개혁이 유럽의 영적 통일성을 파괴했다고 한탄했던 도슨과 달리, 랜즈는 프로테스탄티즘적인 절약과 근면, 합리성, 질서의 가치가 북유럽의 특출한 상업적 · 과학적 진보를 설명하는 데 도움이 된다고 믿는다. 그는 또 프로테스탄티즘이 남녀노소 모두의 문자활용능력을 강조했고 가톨릭보다 시간 관념이 대단히 철저했다는 사실 -프로테스탄트들이 더 광범위하게 시계를 만들어 사용했다- 도 지적한다. 종교개혁은 문자 가용율의 상승을 고취했을 뿐 아니라 이설(異說)의 제기와 회의론, 권위에 대한 의문제기를 낳았다. (가톨릭 나라들에서는 유대인 및 프로테스탄트에 대한 박해, 종교재판, 금서 지정, 친족간 간섭 등으로 과학적·경제적 진보가 방해받았다고 랜즈는 주장한다.)

어쨌든 역사상 가장 큰 전환점 중 하나 -산업혁명- 가 프로테스탄티즘 신앙의 잉글랜드에서 일어났다. 생산의 기계화와 기술 및 정보의 끊임없는 향상 덕분에, 역사상 처음으로 "맬서스의 덫(Malthusian trap)"[17]을 돌파하고[19] "정치적 힘의 균형 -국가 내의, 국가들 사이의, 그리고 문명들 사이의-" 을 변모시키면서 생활수준이 지속적으로 상승했다.[18] 다른 사회들도 기계를 만들고 화석 연료와 수력을 이용했지만, 어느 사회도 유럽만큼 광범위하게 그러지는 못했다. 유럽은 중세에 이런 흐름을 시작했으며, 세기를 거듭하면서 그 강도를 증가시켰다. 1700년대 말 무렵에는 여러 가지 요소들이 잉글랜드에 집중되어 있었다. 도처에서 정밀기기를 사용했고, 기계를 다루는 데 익숙한 노동이 풍부했으며, 석탄과 철의 생산량이 높았다. 그리고 수많은 숙련 직종들에서 기계화가 진행되었으며, 혁신을 위해 애쓰는 풍조가 만연했고, 과학·기술 지식이 급속하게 향상되고 있었다. 영국의 일인당 소득은 한 세기만에 2배로 늘었다 -이는 그 이전에 어떤 민족도 비슷하게라도 이룬 적이 없던 일이었다.

랜즈에 따르면, 이런 변혁이 유럽에서 전반적으로 일어난 주된 이유

---

19 맬서스(Thomas Robert Malthus: 1766-1834년)는 자신의 주저인 『인구론(*An Essay on the Principle of Population*)』(1798년)에서 식량생산은 산술급수적으로 증가하는 데 인구는 기하급수적으로 늘어나며 하층계급은 생활수준의 개선을 기대하여 출산율을 높인다고 주장한다. 즉 기하급수적으로 늘어나는 인구가 식량 수급 역량을 넘어서게 된다는 결론이다. 이렇게 되면 사회와 경제가 혼란 상태에 처하여 인구 감소 현상이 이어지고, 다시 일정 수준이 되면 사회와 경제가 안정되면서 인구가 다시 늘어난다. 경제학자들은 이런 지속적인 순환 상태를 '맬서스의 덫'이라 부르며, 근대 자본주의 경제체제는 바로 이 덫을 넘어섬으로써 발전하게 되었다고 본다.

는 세 가지였다. 첫째, 정치 및 종교 권력의 파편화 덕분에 지적인 탐구 활동이 다른 곳보다 훨씬 더 자율적으로 성장하여, 탐험가와 학자들의 개인적 경험과 견해가 늘어났고 오늘날 진보라고 하는 것에 대한 믿음을 증가시켰다 −1306년에 조르다노 다 피사(Giordano da Pisa)라는 한 수 사는 설교에서 인류의 지식이 계속 증가하고 있으며 절대 끝나지 않을 것 같이 보인다고 경탄하였다. 둘째, 종종 수량화를 수반하는 새로운 분 석과 관찰, 분류, 정의의 방법 −로저 베이컨(Roger Bacon: ca.1220− 1292년) 같은 학자들이 주창한− 이 등장했고 이에 힘입어 유럽인들은 세기를 거듭하며 자연 세계에 대한 이해를 늘려갈 수 있었다. 갈릴레오 갈릴레이(Galileo Galilei: 1564−1642년)와 그 외 다른 학자들이 이끈 과학적 방법의 발전은 이런 과정을 가속화했고, 아울러 망원경과 현미경 (1600년경) 같은 과학 도구의 발명과 고난도 수학 −해석 기하학(1600년 대 초)과 미적분학(1600년대 말)− 의 등장도 마찬가지였다. 마지막으로, 유럽인 학자들은 서로 간에 끊임없이 대화하고 광범위하게 협력했으며, 열광적으로 발명을 추구했다. 이들은 자신의 연구 결과를 열심히 발표하 고 서로가 이룬 성과에 입각해 연구를 진행했다. 그 결과로 세계 역사상 처음으로 "발견의 일상화"가 이루어졌다고 랜즈는 주장한다.[19]

산업혁명이 영국에서 일어난 이유는, 특히 영국이 몇 가지 이점을 누 렸기 때문이었다. 그 이점이란, 세계의 어떤 다른 나라나 지역보다 가내 공업이 발전했고 화석 연료의 이용도와 제조업 기술력, 농업 효율성이 상대적으로 더 높았으며 운송망도 더 발달했다는 점이었다. 그러나 그것 이 다가 아니었다. 문화도 역시 중요했다 −그리고 아마도 이것이 물질적 상황의 이점을 설명해 줄 것이다. 영국인들은 정부의 간섭으로부터 자유 와 안정을 늘려나가고 있었고, 1400년대부터 시작된 생활수준의 향상과 소비 문화를 누리고 있었으며, 별 다른 규제 없는 국내 시장의 팽창을 겪 고 있었다. 그들은 16세기에 종교적 난민이 발생하기 시작하자 이들에 대해 개방적이었고, 진취적인 기업가 정신을 고취했으며 광범위하고 지속적으로 상업 활동을 지지했다.

영국인의 개인주의와 사회성이 유럽의 흥기를 설명해 준다(앨런 맥팔레인)

영국인의 이런 뛰어난 성격은 어디서 왔을까? 랜즈는 사실 이에 대해 설명하지 않지만, 영국의 뛰어난 역사가이자 사회 인류학자인 앨런 맥팔레인(Alan Macfarlane)[20]은 1978년부터 일련의 책과 논문들에서 이에 대한 설명을 제시해 왔다.[20] 그의 기본 논지는 이러하다.

> 적어도 13세기부터 잉글랜드인 대다수는 노골적인 개인주의자였고, 아주 유동적이면서 지리적·사회적·경제적으로 '합리적인' 시장 지향적 사람들이었으며, 아울러 친족 관계와 사회생활에서 소유욕이 강하고 자기중심적이었다.[21]

중세 잉글랜드를 연구하는 역사가라면, 대부분 맥팔레인의 논지 중 일부에 이의를 제기하고 13세기 잉글랜드의 농민들이 주로 시장을 지향해 농사를 지었다는 것을 부정할 것이다. 그러나 그들 대부분은 그의 핵심 주장 중 몇 가지는 받아들일 것이다. 그 중 첫째는 잉글랜드의 남자와 여자들이 상대적으로 자유롭게 토지를 소유했다 —그리고 싸고 팔았다— 는 점이다. 그리고 둘째는 소규모 토지소유자가 자신이 원하는 누구에게든 자기 재산을 남길 수 있었다(그리고 다른 알려진 사회들 대부분과는 달리, 특정한 후계자에게 남기지 않아도 되었다)는 점이다. 세 번째로 동의할 주장은, 대부분의 사람들이 늦게 결혼했고 대가족을 이루지 않았으며, 상당한 지리적 유동성과 심지어 사회적 유동성까지 누렸고, 나중에 "개인주의"라고 불리게 될 무엇인가를 드러내었다는 점이다. 즉, 맥팔레

---

20 1941년 출생. 인도 태생의 영국인 역사학 및 인류학자. 캠브리지대 킹스칼리지의 명예교수이다. 잉글랜드와 네팔, 일본, 중국에 대한 수많은 인류학 및 역사 저작을 남겼고, 근대 세계의 기원과 성격에 대한 비교 연구에 집중했다.

인의 표현을 빌리면, "우리가 이용할 수 있는 문서의 대상이 되는 기록된 시대 내에서 잉글랜드인이 독립적이지 않았던 때를 찾는 것은 불가능하다. 자기중심적인 친족 체계로 상징화되고 그런 체계에 의해 틀 지워진 그는 자기 세계의 중심에 있었다."[22] 맥팔레인의 궁극적인 요점은, 잉글랜드에서 개인주의가 등장한 것을 프로테스탄티즘이나 시장 경제의 등장으로 설명할 수 없다는 것이다. 다시 말해 잉글랜드는 몇 세기에 걸쳐 성숙해져서 근대에 특출한 역할을 하게 되었다는 것이다.

다른 저작에서, 맥팔레인은 영국인들을 특히 근대에 성공하게 만든 것에는 개인주의만 있는 것이 아니라, 세계 다른 민족보다 더 나은 협동 작업 능력도 있다고 주장한다.[23] 예컨대, 중세 때부터 잉글랜드의 관습법은 사람들이 집단을 이루어 비통합적인 단체, 즉 "트러스트(trusts)"로서 제도와 사업, 조직을 창설할 수 있게 하였다. 로마법에 근거한 동업조합(corporation)과 달리, 트러스트는 공식적 승인을 받을 필요가 전혀 없었고, 따라서 자유로운 결사와 사회적 자율성을 고취하였다. 영국의 수많은 영향력 있는 제도들이 트러스트 형태로 등장했는데, 그중에는 '법학원(Inns of Court)'(잉글랜드와 웨일스의 모든 법정 변호사들이 여기서 훈련을 받았다)과 런던 증권거래소, 옥스퍼드 대학 및 캠브리지 대학, 여러 거대 보험회사들이 있었다. 트러스트는, 또한 교회에 반대하는 이들이 쉽게 그것을 이룰 수 있었기 때문에 종교적 다원주의도 조장했다. 맥팔레인은 영국인들이 지닌 결사 성향의 또 다른 예로서, 대부분의 단체 운동경기들 −럭비, 축구, 크리켓, 라운더스(rounders)(야구의 전신)− 이 중세 말부터 잉글랜드에서 발명되거나 발전했다는 점을 중요시한다.

근대적인 문화가 정확히 어디서부터 온 것인가 −그 기원을 찾기 위해 어디까지 거슬러 올라가야 하는가− 에 대해선 충분히 연구된 적이 결코 없었다. 이는 주로 문서 자료가 과거로 가면 갈수록 고갈되기 때문이며, 유럽처럼 대체로 기록이 잘 보존되어 있는 사회의 경우에도 마찬가지이다. 맥팔레인은 영국의 개인주의가 —그리고 영국의 법과 정치의 많은 측면들이— 궁극적으로 고대 게르만 사회의 전통에서 나온 것이라고 추정하고 있다.[24)]

가치의 변화가 유럽의 흥기를 야기했다(데어드러 맥클로스키)

저명한 경제사가 데어드러 맥클로스키(Deirdre McCloskey)[21]는, 자신이 세계 역사에서 가장 근본적인 경제적 변화로 이어졌다고 믿는 그런 종류의 정신적 변화를 개인적으로 겪었다. 그녀는 생의 처음 52년 동안을 도널드(Donald)로 살았고, 결혼하여 아이들의 아버지가 되었다. 52세가 되었을 때 그는 그녀가 되었다. 자신의 회고록 『횡단(Crossing)』에서 맥클로스키는 심리적 댐이 무너지는 것에 대해 거듭 얘기한다. 52년 동안 그녀는 자신의 진짜 자아를 인정하지 않으려고 강력한 방어 기제를 쌓았다. 그러던 어느 날 그녀는 일리노이 주 북쪽의 고속도로에서 차를 몰고 있었다. "1995년 8월 20일 정오 조금 넘어 댐이 무너졌고 댐에 갇혀 있던 삶이라는 물이 소용돌이치며 평원으로 쏟아져 내렸다. 그는 그 자신을, 아니 그녀 자신을 잘 알고 있었다."[25)] 맥클로스키는 근대 경제의 폭발적 성장을 비슷한 방식으로 이해한다. 여러 세기에 걸쳐 과학적·기술적·경제적 진보의 힘이 축적되고 있었다 —역사상에는 그런 식으로 진보가 이루어지던 때가 몇 차례 더 있었다. 그렇지만 심리적 댐이 한층 더 발전해 나가는 것을 막고 있었다. 근대 초기 유럽에서 비판적이면서 교육받

---

21 1942년 출생. 미국의 경제학자이자 역사가. 시카고 일리노이 대학의 경제학, 역사학, 영어학, 커뮤니케이션학 석좌교수이며, 철학과 고전도 가르친다. 하버드 대학에서 경제학 학위를 했으며 지도교수는 "거셴크론 효과"로 유명한 경제학자 알렉산더 거셴크론(Alexander Gerschenkron)이었다. 맥클로스키는 본문에 나오는 '부르주아 시대' 3부작으로 미국 학계에서 큰 명성을 누릴 뿐 아니라, 경제사 및 역사 연구에서 통계자료의 남용에 대한 정교한 비판으로도 유명하다.

고 힘 있는 다수 엘리트들이 사업의 혁신과 기업가 정신과 관련해 서서히 확고한 의견 일치에 이르렀을 때까지 말이다. 바로 그 후에 부단한 혁신과 따라서 특출하고 지속적인 부의 창조가 잇따라 일어날 수 있었다.

맥클로스키는 이런 해석 ―서구의 흥기에 대한 가장 순수하게 문화적인 설명― 을 엄청난 조사 작업을 통해 정치하게 다듬어서 3권의 대작으로 편찬할 생각이다. 첫 번째 책은 7개의 전통적 미덕 ―3개는 기독교의 미덕(신앙, 희망, 사랑)이고 4개는 다른 종교의 것(신중함과 절제, 용기, 정의)이다― 과 서구의 흥기와의 관계를 분석한다. 요컨대, 특정한 윤리가 근대의 급속한 경제성장을 뒷받침하여 가능케 한 것이다. 기업가와 상인들은 사회에 이로운 일을 함으로써 부유해졌다고 그녀는 주장한다. 그들이 그저 자신의 이해만 찾았다면 성공할 수 없었을 것이다. 대부분의 기업가와 사업은 오로지 고객에게 봉사하고 사회적 가치를 제공하였기에 번성할 수 있었다.[26]

두 번째 책에서 맥클로스키는, 1800년에 선진국의 사람들이 하루 평균 겨우 3달러를 벌었지만 최근에는 매일 100달러(물가상승률에 따라 조정된 액수)를 훌쩍 넘는 돈을 번다고 지적한다. 다시 말해 이런 나라들의 생활수준이 아무리 적게 잡아도 16배나 높아진 것이다 ―겨우 200년 전의 조상들보다 그만큼 더 나은 음식과 옷, 주택, 그 밖의 것들을 누리는 것이다.[27] 그 옛날에 보통 여자들이 가진 옷은 겨우 2벌이었다. 하지만 오늘날 미국에서 여자들은 50벌 이상의 전혀 다른 옷들을 갖추고 있는 것으로 보인다. 그리고 이런 계산에는, 당시에는 생각조차 할 수 없었지만 지금은 널리 이용되는 발명들, 전등과 항공 여행 같은 것들이 포함되지 않았다.

이런 특출한 변화에 필수적이었던 것은 부르주아적 존엄성과 자유였다 ―즉, 새로운 아이디어, 종종 말도 안 되는 듯한 아이디어에 생명을 불어놓고자 하는 기업가들에 대한 존중과 불간섭이었다. 영화나 하이브리드 차, 휴대용 컴퓨터 같은 아이디어들 말이다. 우리의 세계는 물질적 힘에 의해서가 아니라 모든 인간에게 고유한 창조성을 촉발시킴으로써 혁명적으로 변화했다. 그리고 다른 곳이 아니라 북서유럽에서 처음으로 사회가 그런 인간의 창조성을 모두에게 자애로운 것으로, 따라서 권장하고 모방할 만한 것으로 인정하게 되어서야 그런 혁명이 일어났다. 혁신 −그리고 근대의 번영− 은, 엄청난 수의 사업가와 발명가들이 물질적·지적·문화적·경제적·정치적·사회적인 모든 것을 행하는 방식을 개선할 기회에 점점 더 기민하게 반응할 때 일어났다. 요컨대, 끝없이 변화하는 우리의 근대 세계가 탄생한 것이다.

이런 일이 어떻게 일어났는가? 맥클로스키가 자신의 첫 번째 책에서 검토하며 늘어놓은 특정한 부르주아적 미덕들은 상호간에 작동을 강요하며 사회적 존중을 얻고 수용되었으며, 그리하여 그 미덕들을 받아들인 혁신적인 기업가들이 17세기 말부터 크게 증가하며 번성했다. 과거 역사를 보면 그 대부분의 시간 동안 엘리트들과 여타 기득권의 수혜자들은 경제적 혁신을 흠집 잡고 방해하는 데 막대한 에너지를 쏟아 부었다. 그들은 관세와 조세, 가격 통제를 부과하고 온갖 종류의 규제를 가했다. 그리고 그들은 대체로 상업에 종사한다는 생각을 "사회적 정의"의 전통적인 관념과 관습을 망치면서 경제적 야심을 노골적으로 드러내어 "돈 따위나" 찾는 천박하거나 개탄스럽거나 바보 같은 짓이거나 채신머리없는 짓으로 폄하했다. 오로지 서구 사회에서 사업이 −그리고 사업을 성공할 수 있게 하는 윤리 체계가− 광범위하고 확고한 지지를 얻고서야, 이런 사회들이 경제적으로 "도약"하기 시작한다. 기업가와 경제적 혁신가들이 영주나 장교나 성직자나 관리만큼이나 자신에 대해 자부심을 가질 수 있었을 때, 야심에 찬 사람들이 그들과 함께 하러 모여들었다. 즉, 맥클로스키의 말처럼,

다시 말해, 나는 대략 10배나 16배 또는 그 이상이나 되는 역사적으로

독특한 경제성장이, 그리고 그와 상호관계를 맺으며 나타난 정치적·정신적 성장들이 경제학이 아니라 아이디어에 의존했다고 주장하고 있다. 고귀하고 자유로운 부르주아지라는 생각이 증기기관과 대량 판매, 민주주의라는 아이디어로 이어졌다.[28]

그녀는 자기 책의 상당 부분을 할애해 다른 학자들이 제시한 서구의 흥기의 전제조건과 원인들을 반박하면서, 근대 경제가 왜 약 200년 전부터 서구에서 폭발적으로 성장하기 시작했는지를 설명하고자 한다. 과학적 탐구와 교육제도, 인쇄술, 유일신 신앙, 장거리 무역, 법의 통치, 고도의 금융 제도들 등 결정적인 것으로 여겨져 온 여타의 것들은, 맥클로스키가 근대 세계를 만든 '위대한 사실(Great Fact)'이라고 부른 것이 놀랄 만한 모습으로 등장하기 전 수백 년 동안 유라시아 대륙 전역의 여러 곳에서 가동 중이고 번성하고 있었다. 마찬가지로 특정한 원인들의 경우, 인간은 언제나 대외무역에 종사하고 자본을 축적하고, 문예와 그 외 형태의 인간 자본에 투자해왔다. 석탄은 누군가 하려고만 했다면 옮기기 쉬웠다. 유럽인들이 자신의 제국으로부터 얻은 이익은 사실 그리 오래 지속되지 않았고, 제국주의는 무역만큼이나 오래된 것이다. 재산권은 세계 전역에 널리 퍼져있었고, 유럽보다 중국에서 훨씬 더 강했다. 그러므로 그런 것들이 산업화를 가능하게 만들 수는 없었을 것이다. 서구 사람들은 다른 곳의 누구보다 더 높은 수준으로 탐욕을 발명하거나 탐욕스런 태도를 취하지 않았다. 다른 모든 조건이 똑같다면, 가톨릭이든 힌두교도든, 불교도든, 이슬람교도든, 유생(儒生)이든 모두가 프로테스탄트만큼 상업에 성공했을 것이고, 어느 모로 보나 프로테스탄트만큼 합리적인 경제적 사고를 갖고 있었다. 인구는 이전 시기에 이미 폭발적으로 늘어났지만, 그것이 절대 근대적인 경제 성장으로 이어지지 않았다. 18세기까지 유럽 여러 곳의 나머지 나라들도 여러 시기에 곧 극적인 혁신을 달성할 것처럼 보이기도 했다. 그렇지만 그 나라들은 부르주아지의 자유와 존엄성을 성취하지 못했다. 이것이 결정적으로 중요한 요소였다. 17세기까지 중국과 이슬람 세계의 과학은 유럽보다 더 높은 수준에 있었다. 하지만 어쨌든 이런 과학은 20세기까지 기술에 큰 영향을 주지 못했다.[29]

그래서 맥클로스키는 여러 학자들이 밝힌 주요 설명들을 '위대한 사실'을 명확히 해 주었다고 하면서 죽 열거한다. 그 뒤 그녀는 이어지는 300쪽이 넘는 분량에서 이 주장들 −다른 주장도 포함하여− 을 하나하나씩 부정한다.

그녀가 어떤 주장들을 반박하는지 몇 가지를 들어 살펴보자. 정치권력의 파편화는 폭발적인 혁신의 분출을 설명하기 힘들어 보인다. 왜냐하면 독일 지역은 1871년 이전에 정치권력이 대단히 파편화되어 있던 곳이지만, 그 이전 2세기 동안 그곳에선 기술적 진보가 거의 일어나지 않았기 때문이다. 높은 저축률의 경우, 역사 전체에 걸쳐 보면 이를 달성한 곳이 광범위하게 존재했지만, 그로 인해 16배나 되는 경제적 팽창이 촉발된 적은 결코 없었다. 마찬가지로 기왕에 존재하는 기술을 양적으로 늘린 것도 그런 식의 팽창을 촉발하지 못했다. 오로지 일관되고 집중적이며 다면적인, 모든 것을 포괄하는 **혁신**만이 이런 팽창을 달성할 수 있다. 예컨대, 더 많은 낫과 쇠스랑이 아니라,

> 토관암거배수(土管暗渠排水)와 식물 품종개량, 선물 시장, 기계식 수확기, 육종 시험장, 디젤 트랙터, 철도배달체계, 교배종 옥수수, 농업 협동조합, 화학 제조체가 더 나은 성과를 올린다.[30]

마찬가지로 효율성을 늘리거나 제도를 개선하는 것만으로는 충분치 않다. 실제로, 그녀는 순전히 경제적인 유인요소는 1000년에서 1800년 사이에 거의 변한 것이 없었다고 주장한다.[31] 계약과 관련한 법이나 법치 일반 면에서도 마찬가지였다.

또 사람들의 교육 수준이 점점 더 높아진 것도 근대적인 경제 성장의 분출을 야기하는 데는 충분치 않았다. 그런 일이 일어나려면 적어도

혁신에 더욱 호의적인 태도가 있어야 한다. 러시아와 쿠바의 대졸자 비율은 극히 높다. 그러나 둘 중 어느 곳에도 혁신가가 그리 많지 않다. 고대 그리스나 중세 이슬람 세계, 또 근대 초기의 유럽에도 소수이지만 아주 뛰어난 학자들이 있었다. 그러나 그들도 경제를 근본적으로 바꾸거나 가난한 이들을 부유하게 만들지 못했다. 1780년에서 1860년까지 영국에서 이루어진 수송혁명은 전체 국민소득의 약 1.5퍼센트를 보전했다. 경제적 절약 정도에서 나쁘지는 않았지만, 맥클로스키가 평하듯이, "그 자체로는 '혁명'이라 할 만하지 않았다."[32]

또 경제적 수탈이나 제국주의도 '위대한 사실'을 초래하지 않았다. 노예만이 아니라 자유 노동자들도 면화나 커피콩을 수확할 수 있고 그렇게 했다. 일방적인 식민지 무역이 아니라 상호간에 이익을 얻는 무역이 상인과 사회를 부유하게 만든다. 스위스와 덴마크를 보면 식민지 제국이 없었는데도 부자 나라가 되었다. 일본의 경우 제국주의적인 모험을 시도하지 않게 되면서 훨씬 더 부유해졌다. 영국의 산업화에서 핵심적인 10년은 1780년대였는데, 그때는 정확히 영국이 첫 번째 식민지 제국을 상실하고 아직 새로운 제국을 얻지 못했던 시기였다. 제국주의는 도덕적인 면에서도 잘못되었지만 "경제적으로 멍청한 짓"이라고 그녀는 주장한다.[33]

그렇다. 어떤 특정한 노동절약 장치, 어떤 새로운 동력원, 어떤 제국주의의 분출, 어떤 새로운 생산 조직 방식도, 심지어 노예무역이나 플랜테이션 경제 같은 고도의 수탈 방법들도 ─그 자체로는─ 절대 충분할 수 없다. 맥클로스키가 주장하듯이, 철도든, 대외무역이든, 면직 공장이든, 어느 하나가 바로 산업상의 변화로 이어지지 않았고, 실제로 세계 어느 곳에서도 이 중 하나가 전(前)근대적인 경제의 규모를 2배로 늘릴 만큼 기여한 경우는 없었다. 하물며 그 규모를 16배로 증식시키기에는 훨씬 더 충분치 않았다.[34]

오로지 일관되고 다면적인 혁신에 기여하는 환경만이 지난 200년에 걸쳐 선진국과 나아가 개발도상국에서 일어난 생활 수준의 극적인 개선을 가져올 수 있었을 것이다. 무엇보다 중요한 것은 탐욕이나 묵인이나 부패가 아니라, 사물을 건설하고 사업을 수행하고 사회를 조직하는 새로운 방식, 즉 삶 자체에 대한 새로운 사고방식이 가능한 기회에 기민하게 반응하는 태도였다. 갑자기 17세기에 네덜란드인들이, 그리고 뒤에는 잉글랜드인과 스코틀랜드인, 미국인들이 세계를 다르게 보기 시작했고, 끊임없는 변화와 상업적 사업을 가치 있고 존엄한 것으로 생각하기 시작했다. 이로써 기민하게 반응하는 태도가 "폭발적으로 분출하게" 되었던 것이다.[35]

맥클로스키는 강조하기를, 물질적인 경제적 요소들에 비해 사람이 무엇을 믿고 어떻게 생각했는가가 훨씬 중요했다고 한다.[36] 또 각고의 힘든 노력도 엄청나게 중요했다 ─그 무엇보다 훨씬 더 영웅적이었다. 일에 대한 헌신, 자기 직업에 대한 헌신, 사람이 연관되는 모든 것을 개선하려는 헌신은 네덜란드인과 뒤에는 영국인, 스코틀랜드인, 미국인들이 가졌던 세상을 바꾼 핵심적인 태도였다. 부르주아적이라는 말이 뜻하는 것은 바로 이것이었다.[37]

아이디어 ─"역사의 암흑물질[22](the dark matter of history)"[38]─와 태도가 가능성 있는 모든 혁신을 근대 서구로 특출하게 집중시켰다. 이런 혁신은 상인과 기업가들의 부르주아적 가치들 ─신앙, 희망, 사랑을 비롯한─ 에서 바로 흘러나왔다. 그녀는 거듭 말한다. 신중한 태도나 틀에 박힌 태도라면 근대 세계는 불가능했다. 그런 성질들은 모든 인간 존재에게 풍부하게 존재했었다.[39] 높은 수준의 도시화와 무역, 운송로, 확실한 재산권 같은 배경 조건들도 마찬가지였다. 1700년에 그런 성질과 조건들은 유라시아의 모든 위대한 문화들에 다 있었다. 그러나 오로

---

22 암흑물질이란 존재 여부에 대한 논란이 있지만, 통상적인 전자파로 관측 불가능한 물질로서 암흑에너지와 함께 우주의 대부분을 구성한다고 본다. 즉 우리가 말하는 (관측 가능한) 물질이란 우주의 5퍼센트 내외에 불과하며 그 나머지는 관측되지 않는 암흑에너지와 암흑물질로 이루어져 있다는 것이다. 맥클로스키는 아이디어를 암흑물질에 비유하여 역사의 대부분이 아이디어에 의해 이루어졌음을 강조한다.

지 북서유럽에서만 부르주아지의 존엄성과 자유가 등장하였다.[23]

제도가 차이를 만들었다(네이선 로젠버그)

근대 세계의 등장을 가능하게 한 공을 유럽의 고유한 성격으로 돌리는 학자들은 늘 문화나 제도를 강조한다. 문화는 가치와 습관, 관념, 믿음으로서 마음속에 존재한다. 반면에 제도는 사람들을 조직하는 비교적 일관된 방식이다. 정부나 종교 조직, 군대, 기업, 학교 같은 대규모 결합체가 그 실례이며, 뿐만 아니라 예를 들면 결혼, 우정, 가족 같은 영속적인 관계도 제도에 속한다. (법, 관습, 규칙, 전통도 사람들의 행동을 결합시키는 비교적 일관된 방식으로서 제도의 한 종류이다.) 당연히 문화가 제도의 등장과 기능에 영향을 미친다 —비록 어떻게 영향을 미치는지에 대해선 논쟁 중이지만 말이다. 대부분의 학자들이 제도가 한 민족의 가치와 상황에 따라 구체화된다는 것에 동의하리라는 것은 확실하다. 그렇지만 매우 존경받는 여러 학자들은, 서구가 우월한 지위로 흥기한 것을 가장 잘 설명하는 것이 서구에 존재한 핵심적인 제도들이라고 주장한다.

이런 시각을 가장 면밀하게 제시해온 이는 네이선 로젠버그(Nathan Rosenberg)[24]이다. 그는 경제사 및 공공 정책 분야의 저명한 교수이자 기술사를 전문으로 연구하는 학자인데, 그의 제자인 변호사 L.E. 버젤(Birdzell) 2세가 로젠버그의 강의록을 기초로 출간하여 성공을 거둔 책

---

23 맥클로스키는 자신의 "부르주아 시대(Bourgeois Era)" 3부작의 마지막 권을 본서가 나온 다음 해인 2016년에 간행했다. *Bourgeois Equality: How Ideas, Not Capital or Institutions, Enriched the World* (Chicago: University of Chicago Press, 2016). 제목에서 보이듯이, 이 책은 앞의 두 권에 이어서 셰익스피어에서 애덤 스미스 시대에 걸쳐 일어난 부르주아의 평가절상이 보통 사람들의 아이디어를 자극하여 이후 경제의 폭발적인 성장을 가능케 했다는 취지를 담고 있다.

24 1927-2015년. 기술사를 전문으로 하는 미국 경제학자. 스탠포드(Stanford) 대학 명예교수였다. 기술사 분야에 큰 기여를 한 것으로 평가받아, 더글러스 노스도 그 공헌을 인정했고 기술사 분야의 최고상인 레오나르도 다빈치 메달을 받았다.

이 서구의 흥기를 중점적으로 다루었다.[40] 이 두 사람은 모두 정치 및 경제의 주체들이 중세 유럽 동안 대단히 높은 수준의 자율성을 누렸다는 도슨과 랜즈 등, 다른 학자들의 견해에 동의한다. 그러나 그들은 그런 자율성이 사회에 대한 정치적 통제의 축소만이 아니라 교권적 통제의 감소로부터도 비롯되었다고 주장한다. 유럽의 흥기에 핵심적 역할을 한 주체는 종교적 열정에 사로잡혀 있던 개혁적인 성인들이나 십자군 기사가 아니라, 새로운 상업적 기회 ─새로운 상품, 새로운 생산방식, 새로운 금융 수단, 새로운 사업 방식─ 를 끊임없이 추구했던 냉철하고 실용적인 기업가들이었다. 로젠버그와 버젤은 서서히 등장하던 제도와 법, 실무 방식들이 이런 변화를 가능하게 했고, 이로 인해 일원적인 중세적 세계관이 쇠퇴하고 권위의 원천 및 권력 중심에 대한 다원적 관점이 증대했다고 주장한다. 그리고 또 그런 것들이 효율성 및 생산성과 부의 생산 면에서 큰 성과를 올릴 수 있게 했다고도 주장한다.

로젠버그와 버젤은 중세 말 유럽에서 상업의 흥기와 가속화를 촉진했다고 믿는 수많은 제도들을 열거하고 분석한다. 그들은 먼저 계약 및 재산청구권의 법적 효력이 발생한 것을 든다. 무엇보다도 이로 인해 지방관들은 자의적인 재판권을 포기해야 했고, 통치자들은 강제 징세청구권을 포기해야 했다. 유럽에서 법치가 서서히 발전하자, 상인과 기업가들은 ─심지어 외국 출신의 상인과 기업가도─ 규칙이 예기치 않게 바뀌지 않을까 우려하지 않으며 자신의 사업 계획을 짤 수가 있었다.

로젠버그와 버젤은 이어서 르네상스 시기 이탈리아에서 생겨난 네 가지 강력한 금융 제도와 방법들을 논한다. 바다를 건너는 해운 사업에 돈을 대는 것은 위험이 컸기에, 영리한 이탈리아 상인들은 12세기 말에 수많은 보험·투자자들 사이에 위험을 분산시키는 방법을 고안해 냈다. 해상보험은 공해상의 위험 요소들로부터 발생하는 상업적 위험성을 분산시킬 수 있게 했고, 그리하여 기업가들은 어느 한 분야로 특화할 수 있게 되었다. 두 번째 혁신은 몇 십 년 뒤에 등장한 환어음이었다. 이 환어음 덕분에 상인들은 장거리 무역을 보다 효율적으로 수행할 수 있게 되었고, 그리하여 더 많은 이익을 얻을 수 있었다. 또 그것은 상품 운송은 다른 상인들에게 맡기고서 국제무역에 대한 융자로 특화하는 것을 더욱 쉽게 만들었다. 이어지는 여러 세기 동안 이런 어음을 활발하게 거래하면서 어음이 현금과 비슷한 가치를 갖게 되었고, 이런 어음 거래가 국제무역 팽창의 자금줄이 되었다. 그런 어음의 예치를 인정하기 시작한 —그리고 그 중 일부를 고객들에게 대출하기 시작한— 상인들은 정의상 은행을 설립한 것이었고, 이것이 이탈리아인들이 이룬 세 번째 사업 혁신이었다. 환어음은 또 자산이 계속 유동성을 유지할 수 있게 했고, 그리하여 계속 이동하여 드러나지 않을 수 있게 만들었다. 이런 덕분에 상인들은 중과세를 피하여 사업에 보다 유리한 지역으로 이주할 수 있었다. 네 번째는, 회사의 규모와 범위가 커지면서 이탈리아의 회계담당자들이 회사 가치를 엄격하게 숫자로 평가하고 회사를 창립 가문들로부터 분리시킬 수 있는 수단을 고안해 낸 것이다. 복식부기가 그것인데, 이것이 등장하면서 결국 기업체가 하나의 독자적인 경제 주체로 재개념화 되었다.

　이런 제도들에는 새로운 에토스, 즉 일련의 윤리 원칙들이 등장해 제대로 기능하는 것이 필요했다. 그 외의 위계적이고 조직적인 —가족적, 봉건적, 교권적— 모델들은 상업적 성공에 적합지 않았다. 한 가지 예를 들면, 친족을 우선시해 중용하는 행태는 사업에 해로운 경우가 흔했다. 또 다른 예를 들면, 특권계급과 성직자들은 상인들을 업신여겼다. 세 번째로 예를 들면, 투자자들은 자신들과 아무런 혈연 관계가 없는 회사 운영진들을 신뢰할 수 있어야 했다. 로젠버그와 버젤이 주장하듯이, 상업 자본주의의 복잡한 교역과 대부 관계에는

　　"정직한 거래"나 "약속 준수", "시간 엄수"와 같은 말이나 (직원의 경우)

"근면"이나 "성실", "정직", "충실함" 같은 말에서 집약적으로 보이는 도덕성이 필요했다.[41]

이런 새로운 도덕은 어디서 온 것이었나? 베버가 주장했듯이, 프로테스탄티즘이 그것을 낳았는가? 아니면 "교환의 기초로서 개별적인 선택과 흥정이 관습을 대신했던"[42] 번성하는 상업 생활이 종교개혁의 촉발에 도움을 주었는가? 로젠버그와 버젤은 프로테스탄티즘이 자본주의의 흥기에 미친 영향을 보여주는 증거를 제시한다. 첫째, 장 칼뱅(Jean Calvin)[25]은 상인과 수공업자의 일에 높은 가치를 부여했고 하찮은 쾌락의 추구를 거부했다. 둘째, 프로테스탄티즘 성직자들은 개인의 책임을 강조하면서 차츰 상인들에게 그들 자신의 일에 대한 관리를 맡겼고, 이로써 수많은 기업가들을 프로테스탄티즘 국가들로 끌어들였다. 셋째, 프로테스탄티즘 국가들에서는 교회 토지를 몰수하여 그것을 보다 생산적으로 이용할 수 있게 하였다. 마지막으로, 중세 시기에는 부자들이 사후에 좋은 대우를 받기를 바라면서 교회에 종종 막대한 기부금을 바쳤다. 하지만 칼뱅주의의 예정설은 그런 생각을 하등 쓸데없는 짓으로 만들었다.

로젠버그와 버젤은 맥클로스키처럼 가치 그 자체를 강조하지는 않는다. 대신에 제도로 갖추어지고 강화된 가치를 강조한다. 거기에는 교회와 정부도 포함된다. 예컨대, 17세기에 유럽의 몇몇 통치자들은 중상주의 철학을 채택하면서 국가경제정책을 세웠다. 뒤에 애덤 스미스는 그중 많은 것들이 역효과를 낳았음을 입증했다. 그러나 로젠버그와 버젤에 따르면, 거기에는 통치자들이 국가적 안위에 대해 상인과 무역이 가지는 가치를 제대로 평가하게 되었던 긍정적인 측면도 있었다.

---

25 1509-1564년. 종교개혁을 이끈 프랑스 출신의 개혁교회 신학자이며 종교개혁가. 원래 법률가였는데 1530년경 가톨릭 교회로부터 파문당하고 스위스로 옮겨 활동했으며 제네바를 중심으로 강력한 개혁주의 정책을 펼쳤다. 예정설과 인간의 구원 여부의 결정권은 오로지 신에게 있다는 주장을 제시하여, 신학적으로 인간이 경제활동을 비롯한 현실에서의 삶에 충실할 기회를 제공했다고 한다.

유럽의 국가들이 상업과 혁신을 촉진하기 위해 이용한 훨씬 더 중요한 방법은 약해지는 것이었다. 봉건적 관계들로 인해 충성심이 수직적으로든 수평적으로든 쪼개졌고, 이런 상황은 통치자의 주권을 잠식하였다. 이런 맥락 속에서 다양한 공동체의 구성원들은

> 풍습과 관례, 허가서를 통해 자기 군주에 대한 의무의 정의와 그들 자신의 권리 및 특권에 대한 진술을 만들어 내었다. 이는 그들의 직접적인 영주가 봉건적인 위계상 자신의 상급자와 맺는 관계를 규정한 특허장과 유사했다. [43]

12세기에 시작된 지속적인 도시화는 상업의 격화가 낳은 결과인 동시에 그 원인이기도 했다. 유럽의 도시들은 결정적으로 중요한 다수의 인구와 상업 활동, 가용 자본, 통신 수단에 힘입어 권력과 부, 자치권을 얻었다. 흑사병(1347-1351년) 이후 현금에 기초한 농업 경영이 봉건 관계를 대체하면서 권위를 한층 더 분산시켰다. 그 결과로 나타난 -그리고 해외 식민지의 확립으로 인해 증가된- 정치권력의 파편화는 혁신적 사상가와 행동가들에게 실험과 도피의 기회를 거의 무한정으로 제공했다. 심지어 많은 통치자들도 앞 다투어 상인과 무역회사들을 끌어당겨 보호해야 한다고 느낄 정도였다.

정치권력의 파편화 덕분에, 유럽에는 "공업, 무역, 금융, 과학, 정치, 교육, 미술, 음악, 문학, 종교, 언론이라는 상대적으로 자율적인 영역들"을 갖춘 다원적인 사회가 서서히 등장하고 있었다. 그래서 서구 사회에서는 분업과 특화가 제공하는 강력한 이익에 힘입어 생활의 거의 모든 측면에서 효율성과 창조성이 증가했다. [44] 그 결과로 사회적 · 경제적 측면에서 변화에 열린 자세가 나타났고, 이것은 과학혁명, 유한책임회사와 주식회사 같은 대규모 사업 및 금융 제도, 산업혁명, 근대 경제성장, 지난 100여 년 간에 걸친 끊임없는 기술적 · 과학적 진보를 거치며 정점에 이르렀다. 로젠버그와 버젤에 따르면, 혁신은 "그 자체 전통

에 대한 반란의 한 형태이다."[45] 그래서 역사 전체에 걸쳐 대부분의 사람과 정부들이 혁신에 맞서 싸워왔다. 유럽과 결국 더 넓게 보면 서구가 다른 곳과 달랐던 점은, 개인과 집단들이 비교적 자유롭게 혁신을 이룰 수 있게 한 견고하지만 자율적인 여러 제도들이 있었다는 것이었다. 그들은 결론적으로 서구의 흥기에는 필시 기술적 혁신만큼이나 핵심적인 제도들의 발명도 중요했다고 주장한다.

이런 주장에 다른 많은 학자들은 동의하지 않는다. 그들은 기술 혁신이 더 중요했다고 본다. 이런 학자들의 견해를 살펴보기 전에, 제도적 발전이 가진 한 가지 측면을 더 언급할 필요가 있다. 엄청나게 많은 학술 문헌들이 로젠버그와 버젤이 논한 여러 제도들을 검토했지만, 여러 학자들이 다른 모든 제도에 기초를 제공했기에 특별히 주목할 만하다고 여기는 한 가지가 있다. 그것은 바로 재산권이다.

무엇보다도 문제는 재산권이었다(더글러스 노스)

데어드러 맥클로스키의 평에 따르면, 더글러스 노스(Douglass North)[26]는 멋지고 다채로운 삶을 살아온 놀랄 만한 학자였다. 그는 상당한 부를 물려받았고, 젊은 시절에는 마르크스주의자였던 적도 있었다. 제2차 세계대전 동안에 미국 상선 선단에서 항해사로 복무했던 그는 대공황 시기의 작품으로 유명한 사진작가 도로시어 랭(Dorothea Lange) 아래에서 견습 작가로 일하였고, 유명한 발라드 가수 페리 코모(Perry Como)와 함께 심해 낚시에 나서기도 했었다.[46]

그는 또 경제사 분야에서 올린 성과로 노벨상을 타기도 했다. 그와 공저자인 경제학 교수 로버트 토머스(Robert Thomas)는 서구의 흥기에 대한 책의 결론에서 "재산권이 사회적으로 생산적인 활동의 수행을 가

---

26 1920-2015년. 미국 신제도주의 경제학 연구의 대표적인 학자로, 1993년에 로버트 포겔(Robert W. Fogel)과 함께 경제사 연구를 혁신한 공로로 노벨 경제학상을 수상했다.

치 있는 일로 만들면 경제성장이 일어날 것"이라고 주장했다.[47] 그들이 염두에 두는 것은 재산을 소유하고, 계약을 명예롭게 여기며, 강제 징세나 경제 현상에 대한 과도한 정부 개입으로 고통을 겪지 않고, 강탈로부터 안전을 누리며, 이를테면 특허법 같은 것으로 혁신으로부터 배타적인 이익을 누릴 수 있는 권리이다. 실제로 그들은 인류 역사의 대부분 시기 동안 그런 보호가 없어서 진보가 크게 방해받았다고 주장한다. 경쟁자들이 모두 발명의 구상에 직접 접근할 수 있었다면, 그 중 누군가가 무엇인가를 실제로 발명하는 지점은 어디였을까? 이것이 바로, 중세 유럽인들이 다른 곳에서 발명되었고 자신들이 직접 고안한 것은 상대적으로 별로 없는 여러 기술들을 완성했던 이유이다. 노스와 토머스는 주장하기를, "상당한 연구 비용을 수반하는 혁신은 거기서 얻는 소득의 상당 부분을 자기 것으로 할 수 있는", 즉 거기서 이익을 볼 수 있는 "일정한 보호가 없다면 위험을 무릅쓸 만한 가치가 분명 그리 없을 것"이라고 한다.[48] 1500년경이 되어서야 비로소 일부 유럽 국가의 정부들이 —특히 네덜란드 공화국과 잉글랜드의 정부들이— 경제적 혁신과 성장에 진정으로 유리한 조건을 세계에서 처음으로 제도화하기 시작했다. 결론적으로 그들은, 이런 점에서 "1500년과 1700년 사이에 서유럽의 여러 경제들이 올린 성과상의 차이는 주로 막 등장하던 국가들이 만들어낸 재산권의 유형 탓이었다"고 주장한다.[49]

재산권 없이 자유 없다(리차드 파이프스)

나치 독일에서 망명했으며 러시아사 연구자로서 영어권에서 그 주제에 대해 누구보다 광범위하게 글을 썼고 뿐만 아니라 레이건 행정부에서 소련 정치 전문가로도 활동한 리처드 파이프스(Richard Pipes)[27]는 한층

---

27 1923-2018년. 미국의 러시아사, 특히 소련사 전문학자로 강력한 반공주의적 관점을 가지고 있었다. 원래 폴란드 출생의 유대인으로 나치를 피해 미국으로 왔다. 1958년

더 나아갔다. 근대 민주주의와 시민권, 정치적 자유, 개인적 자유, 자유 기업 체제라는 생각과 실천들은 모두 다 재산을 통제할 수 있는 보통 사람들의 권리를 핵심 특징으로 가진 중세 도시에서 기원했다고, 그는 주장한다. [50] 파이프스는 대의제 정부와 정치적 자유의 발전을 위한 유럽사의 여러 전환점들에서 재산권의 옹호(특히 자의적이고 부당한 징세에 대한 거부)가 핵심적인 동기유발 요인이라는 것이 입증되었다고 본다. 그렇게 재산권을 옹호한 행동의 예로서, 그는 잉글랜드 의회의 등장과 찰스(Charles) 1세의 처형, 그 뒤를 이은 영국 혁명, 1688년의 명예혁명, 미국독립혁명을 든다. 파이프스는 자신의 주장을 이렇게 요약한다.

> 17세기 이래 서구의 사상과 실천에서 점점 더 많은 역할을 했던 "양도 불가능한 권리"라는 개념은, 가장 기본적인 권리인 재산권으로부터 성장한 것이다. 그것이 가진 여러 측면 중 하나는 군주가 통치하지만 자기 신민에게 속한 것을 소유할 수 없으며, 그리하여 신민의 소유물을 전유하거나 신민의 인신(人身)을 침해해선 안 된다는 원칙이다. 바로 이 원리가 정치적 권위에 대한 강력한 장벽을 세우고 처음에는 시민권의, 나중에는 정치적 권리의 발전을 가능케 하였다. [51]

그는 주장하기를, 오직 유럽에서만 그리고 근대 서구에서만 사적 재산권이 정부의 강압적 권력을 제약할 만큼 충분히 발전하여 자리 잡았고, 그리하여 개인적 자유와 자유 기업 체제의 등장에 유리한 환경을 제공할 수 있게 되었다고 한다.

　주의 깊은 독자라면, 지금까지 다룬 학자들이 모두 중세에 시작된 유럽 사회의 특출한 창의성과 역동성을 설명하는 방법으로 정부를 제약하는 요소들, 특히 정치권력의 파편화를 크게 강조한다는 것을 알아차릴 것이다. 번성했던 다른 문명들은 대부분, 중국과 비잔틴 제국의 경우처럼, 정치와 문화 모두를 중앙집중적으로 통제했거나 이슬람 세계처럼 정

부터 1996년 은퇴할 때까지 하버드 대학 역사학과 교수였으며, 1970년대에는 CIA에서 소련 문제 분석가 팀(Team B)을 이끌기도 했다.

치적·종교적 권위들을 분산된 형태로나마 통합시켰다. 정치적·경제적 변화는 사회에 이로울 수 있더라도, 보통 기존 권위에 대해 위협적인 것으로 여겨지며, 따라서 기존 권위는 그런 변화에 저항한다. 그런 권위들이 권력을 독점하면, 혁신을 좌절시킬 수 있다. "서구의 기적"이라는 시각을 가진 많은 학자들에 따르면, 유럽의 통치 엘리트들에게 사회 전반에 영향을 미칠 수 있는 그런 응집력이 없었기에 다른 문화의 엘리트들에 비해 기존 상황을 유지할 수 있는 힘이 더 약했던 것이다.

핵심 요소는 정치권력의 파편화였다(존 A. 홀)

위의 이야기는 유럽 국가들이 허약했다는 뜻이 아니다. 오히려 유럽 국가들은 너무 수가 많았고 서로 끊임없이 경쟁하고 있었다. 사실 중세 말에 대부분의 유럽 국가들은 -이슬람 세계의 국가들과 달리- 상업계와 평민 일반을 귀족의 탐욕으로부터 보호할 수 있을 만큼 강력했다고, 비교역사사회학 교수인 존 A. 홀(John A. Hall)[28]은 주장한다.[52] 또한 바로 그 시기에 많은 유럽 사회는 조세 납부를 대가로 사회기반시설 서비스를 국가에 요구할 만큼 -그리고 그런 서비스를 받을 만큼- 충분히 잘 조직되었고 적극적이었다. 그 결과 끊임없는 긴장이, 즉 다수의 사회적 행위자들 사이에 비교적 균형 잡힌 주고받음이 일어나고 있었다. 홀은 이렇게 쓰고 있다. 중국, 인도, 이슬람 문명들에서는

관료의 개입이나 탐욕스런 통치를 통해 강력한 영향력을 행사한 경제 관계들이, 그 나름의 원칙에 따라 작동하는 별개의 "경제" 영역이 있다고 얘기할 정도로까지 대단했다. 그에 비해 기독교 세계는 강하고 자율적인 힘의 원천들이 나타날 여지를 주었다. 놀랍게도 이러한 힘의 원천들은 서로에게 방해가 된 것이 아니라 오히려 같은 방향으로 나아갔다. 자유가 있다는 것이 유기적 정체(政體)의 창출을 보증했고, 그것은 결국 자유주의

28 1949년 출생. 캐나다 몬트리올의 맥길(McGill) 대학의 비교역사사회학 교수. 옥스퍼드 대학을 나왔으며 런던경제대학에서 박사학위를 받았다.

적 통치체제로 전환되었다. 우리는 이런 일이 어떻게 일어났는지를 합리
적으로 복원할 수 있지만, 그렇게 하지 않고 상상하는 것만으로도 무슨
일이 있었는지 아주 쉽게 알 수 있다. 그것은 유럽의 기적이었다.[53]

홀에 따르면, 유럽인들은 다른 문명에 비해 사회적 합의를 통해 더 많은
일을 달성했고 강제를 통하는 경우가 더 적었기 때문에, 더 생산적이고
창의적이었으며 궁극적으로 더 부유하고 강력했다.

　　홀의 분석이 문화를 강조하는 학자들과 제도에 초점을 두는 학자들
의 주요 주장들을 한데 끌어 모은 것이라는 생각이 들 수도 있을 것이다.
그는, 오로지 권위의 중심들 사이에서 특출하게 정치권력이 파편화하고
경쟁이 벌어진 덕분에 그러한 역동적인 문화와 보호 역할을 하는 제도들
이 등장할 수 있었다고 판단한 것 같다.

유럽인은 기술에 더 많은 가치를 두었다(린 화이트)

　　다른 학자들 중에는 문화와 제도보다 도구와 방법, 기계를, 즉 기술
을 더 강조하는 이들도 있다. 바로 인간이 삶을 개선하기 위해 고안하고
이용한 것들이다. 기술 발전이 서구의 흥기를 가장 잘 설명할 수 있다 -
그리고 그 기술 발전이 중세에 시작되었다- 는 것을 처음으로 강력하고
설득력 있게 주장한 학자는 미국의 역사가 린 화이트(Lynn White)[29]이
다.[54] 10여 개의 언어를 자유롭게 구사하고 여러 분과 학문을 섭렵했던
그는 중세 초기부터 유럽인들이 활용 가능한 기술들을 채택하여 개선할

---

29 1907-1987년. 유럽 중세기술사 전공의 미국 역사가. 1958년부터 사망 시까지 캘리포
니아 대학 교수였고, 기술사에 대한 공헌으로 레오나르도 다빈치 메달을 비롯한 여러
상을 수상했으며, 미국역사학회 회장을 지내기도 했다. 그는 종교의 영향이 컸던 중
세 시기에 이미 유럽에서 기술이 발전했음을 밝혀, 중세 신학이 기술발전을 막았다는
통념을 무너뜨리고 기술 발전에서 종교의 역할을 둘러싼 논쟁을 촉발했다. 또한 "오
늘날 생태위기의 역사적 뿌리(The Historical Roots of Our Ecological Crisis)"라는 논
문을 1967년에 발표하여 자연에 대한 인간의 지배라는 관념의 뿌리에 성경이 있다고
주장하며 생태위기에 대한 역사학적 접근을 선도하기도 했다.

자세가 되어 있었고 그렇게 할 수 있었음을 보여준다.

예컨대, 700년대 초에 말 등자가 유럽에 나타났고, 이로 인해 시간이 가면서 정치와 사회의 근본적인 변동이 발생했다. 샤를마뉴의 할아버지인 샤를 마르텔(Charles Martel)은 새로운 기술을 이용하면 기사들이 긴 창을 들고 쉽게 말에 오를 수 있다는 것을 깨닫고서는 광범위한 교회 토지를 빼앗아 부하들에게 나누어주어 봉건제의 기초를 놓았다. 이후 600년이 넘는 기간 동안 봉건 기사들은 유럽의 모든 전장을 지배했다. 화이트는 이렇게 썼다. "고대가 켄타우로스(Centaur)[30]를 상상해" 냈지만, "중세 초기는 켄타우로스를 유럽의 주인으로 만들었다." 즉, 화이트가 이런 생각을 한층 더 발전시켜 말하듯이,

> 등자만큼 간단한 발명도 그리 없을 것이지만, 등자만큼 역사에 그렇게 촉매제 같은 영향을 미친 발명도 그리 없을 것이다. 등자가 가능케 한 새로운 전투 방식의 필요에 의해, 전사들로 이루어진 귀족계급이 지배하는 새로운 형태의 서유럽 사회가 모습을 나타냈다. 그 사회에서는 전사들이 새롭고 고도로 특화된 방식으로 싸울 수 있도록 토지를 부여받았다.[55]

등자 (그리고 종이, 나침반, 화약, 인쇄술) 같은 기술들이 다른 곳에서 발명되었을 수 있지만, 그런 기술들로 인해 유럽만큼 커다란 기술적 변혁을 겪은 문화는 달리 없었다.

또 화이트는 마르크 블로흐(Marc Bloch)가 1931년에 제시한 증거에 기초해, 중세 초기 동안 연속적인 새로운 기술의 발명이나 채택에 힘입어 "농업혁명"이 분출했다는 주장을 지지한다. 그 새로운 기술들이란 중형(重型) 쟁기와 말 편자, 말 목사리,[31] 삼포식 윤작 등이었고, 이는 생산량의 대폭 증가와 극적인 인구 성장, 제조업의 강화, 노동의 분화,

---

30 켄타우로스(그리스어: Κένταυροι)는 그리스 신화에 나오는 수인(獸人)으로, 상반신은 사람의 모습이고 하반신은 말인 상상의 종족이다.

31 말의 목에 두른 굴레로, 마차나 쟁기를 끌 때 말의 목과 어깨 주위로 하중을 분산시키기 위해 사용했다.

도시의 흥기, 상업의 폭발적 성장으로 이어졌다는 것이다. 이것이야말로 우리가 르네상스라고 부르는 문화적 개화를 가능하게 했다.

화이트에 따르면, 중세의 꽤 초기부터 유럽인들은 여러 형태의 동력 발생 장치와 기계화를 혁신적으로 도입했다. 축력(畜力)을 이용한 것이 시작이었다. 고대 세계에 이미 수차가 알려져 있었지만, 중세 수공업자들은 수차를 유럽 대륙 전역에 퍼뜨렸다. 풍차는 12세기 말 북유럽에서 처음으로 광범위하게 사용되었고, 그 뒤 빠르게 확산되었다. 중세 성기[32] 무렵에는 유럽의 정주지 대부분이 이런 복잡한 장치를 적어도 하나씩은 갖추고 있었으며, 이런 장치들은 생산성을 극적으로 증가시켰을 뿐 아니라 무엇보다 기계식 공정에 대한 친밀도를 크게 높였음에 틀림없다. 이런 환경 속에서 한층 더 진보된 장치들이 등장했는데, 그중에는 왕복운동을 원운동으로 전환시킬 수 있게 하는 크랭크(crank)도 있었다. 화이트는 이런 유럽의 발명이 바퀴의 발명 이래 인간이 이룬 가장 위대한 역학적 약진이라고 믿으며, 그것을 중세 유럽인들이 기계 혁신을 강박적으로 추구하여 "중세의 산업혁명"으로 이어졌다는 증거로서 제시한다.[56]

화이트는 또 중세 유럽인들이 물리적 힘을 군사적 역량에 혁명적으로 적용한 것도 살펴본다. 그는 유럽과 중국에서 따로 실험을 통해 화약을 각각 발명했지만, 세계 최초로 실전용 대포 −군사 기술상의 특출한 진보− 를 고안한 것은 유럽인이라고 주장한다. 실제로 몇몇 학자들은 서구의 흥기에서 군사 기술이 한 역할을 강조해 왔다(이에 대해선 아래에서 다룰 것이다).

하지만 화이트는 무엇보다 유럽인의 역동성과 창조적 역량을 어떻게 설명하고 있는가? 그는 기독교 신앙(이 부분에서 화이트가 도슨만큼 기독교에 역점을 두지는 않지만)과 특히 베네딕트회 수도원 체제를 지적한

---

32 The High Middle Ages. 1000년경에 시작하여 1300년경까지 지속된 유럽사의 한 시기를 가리키며, 유럽 중세 사회가 안정되고 경제적으로 성장을 누렸으며 문화적으로 번성했던 시기이다. 특히 인구 성장의 폭이 컸고 이것이 경제에 큰 영향을 미쳤다.

다. 고대에는 육체노동이 노예에게나 맞는 활동으로 여겨졌다. 화이트는 그 실례로서 육체노동을 멸시하고 기계 장치를 비난한 플라톤과 세네카 (Seneca) 같은 고전·고대의 뛰어난 학자들을 몇 명 든다. 그들은 오직 지적 추구만이 자유인에게 어울린다고 생각했다. 그에 비해 성 베네딕트 (St. Benedict)[33]는 그 자신 귀족 출신임에도, 수도승들이 하루 몇 시간 씩 밭과 작업장에서 힘들여 일하도록 요구했다. 실제로, 중세 시기 동안 내내 서구에서 나타난 온갖 형태의 종교적 금욕주의는 모두 다 베네딕트 의 선례를 따라 "열심히 일하는 것이 기도하는 것"이라고 천명했다. 마찬 가지로 중요한 것은, 베네딕트가 ―그리고 그의 뒤를 이은 서구의 거의 모든 수도회 조직자들이― 수도승에게 학습과 지적 훈련에도 헌신하라고 했다는 점이었다. 화이트의 다음과 같은 주장은 아주 인상적이다.

처음으로 실천적인 것과 이론적인 것이 하나의 개별 존재 속에 동시에 구 현되었다. 고대에는 배운 자는 일하지 않았고 일하는 자는 배우지 않았 다. 결국 고대의 과학은 주로 관찰과 추상적인 생각으로 이루어졌다. 실 험 방법은 거의 사용되지 않았다. 손재주 좋은 숙련 기술자는 자연력 및 물질과 관련해 사실에 입각한 방대한 지식을 축적했지만, 고전·고대 시 기의 사회적 간격으로 인해 학자들은 기술이 주는 자극을 느낄 수가 없었 다. 바로 기술에서 얻는 이 자극이 근대 실험 과학의 발전에 한 요소였다 는 것은 너무나 뚜렷한 사실이다. 수도승은 자기 손톱 아래에 때가 낀 최 초의 지식인이었다.[57]

나중에 수도승들은 기술적 지식을 열심히 이용하고 발전시켰는데, 특히

---

33 480-547년. Sanctus Benedictus de Nursia, '유럽의 수호성인'으로 여겨질 만큼 중요한 가톨릭 성인. 그가 세운 수도 공동체에서 서구 수도원이 발생했다고 하며, 그가 제시 한 여러 규칙서들은 중세 교회 공동체의 기본 원리가 되었다고 한다. 특히 『베네딕트 규칙서(Regula Benedicti)』는 서구 기독교의 가장 영향력 있는 규율 가운데 하나가 되 었으며, 수도생활의 초석이 되었을 뿐 아니라, 교회 영성과 서구 문화 진흥에 큰 영향 을 끼쳤다. 이런 이유로 베네딕트를 '서구 수도원 체제의 아버지'라고 부르기도 한다. 베네딕트가 세운 베네딕트회는 수도회처럼 보이지만, 사실은 그가 세운 수도 규칙을 따르는 개개 수도원들의 연합이라고 보는 것이 타당하다.

시토 수도회[34]수사들이 그러했다. 화이트는 일부 수도원들이 수차를 이용해 작업장 네다섯 군데를 가동시켰음을 지적한다. 그는 모든 인간이 소중하며, 특히 기계 덕분에 일하기가 더 쉬워지면 누구도 기계처럼 이용되어선 안 된다는 기독교적 시각이 매우 중요했다고 여긴다.

지속적인 혁신에 힘입어 유럽은 바다를 지배할 수 있었다(카를로 치폴라)

앞서 지적했듯이 일부 학자들에 따르면, 서구의 흥기를 설명하는 데 가장 중요한 기술 중 하나는 군사와 관련된 것이었다. 이 문제를 처음으로 다룬 학자 중에 카를로 치폴라(Carlo Cipolla)[35]가 있다. 그는 이탈리아의 바비아(Pavia) 대학을 비롯한 여러 대학에서 교수직을 수행하고 미국으로 건너가 캘리포니아 대학 버클리에 재직하면서 선구적인 업적을 남긴 유명한 경제사 교수이다. 그는 유럽이 13세기에 몽고의 침략에서 간신히 벗어났으며, 그 뒤 1396년의 파멸적인 니코폴리스 전투(Battle of Nicopolis)[36]에서 1468년의 알바니아(Albania) 침공[37]까지 오스만 투

---

34 1098년 베네딕트회 수사들 중 일부가 베네딕트 규칙서를 보다 엄격하게 따르기 위해 프랑스 중부의 시토라는 마을에 대수도원을 세우면서 시작되었다. 수도회 생활의 역점은 수작업과 자급자족이며, 많은 시토 수도원들은 전통적으로 농업이나 맥주 제조 등의 활동을 통해 자체적으로 경제를 부양한다.

35 1922-2000년. 이탈리아의 경제사 전공 역사가. 학문적 이력은 유럽 중세 경제사에서 시작했지만, 근대 초기와 근대 경제의 흐름과 관련한 광범위한 주제를 다루었다. 이탈리아 파비아(Pavia) 대학을 졸업하고 파리 I 대학과 런던경제대학에서 연구했으며, 1959년부터 캘리포니아 대학 경제학부 교수였다.

36 니코폴리스 전투는 1396년 9월 25일(혹은 9월 28일이란 말도 있다)에 도나우 강변의 니코폴리스에서 오스만 제국의 바예지드 1세(재위:1389-1402년)와 헝가리 왕 지기스문트가 이끄는 유럽연합(참가 세력: 헝가리 왕국, 신성로마제국, 프랑스, 왈라키아, 폴란드, 잉글랜드, 스코틀랜드 왕국, 구스위스 연방, 튜튼 기사단, 베네치아 공화국, 제노바 공화국, 성 요한 기사단)사이에서 일어난 전투이다. 흔히 니코폴리스 십자군이라고 불리며, 중세 최후의 대규모 십자군이었다. 전투 결과는 오스만 제국의 결정적 승리로 끝났고, 바예지드 1세는 카이로의 맘루크 왕조 보호하에 있던 칼리프로부터 높은 평가를 받아 술탄의 칭호를 하사받았다. 오스만 투르크가 중부유럽에 지속적인 위협이 되는 출발점이 되었다.

37 니코폴리스 전투 이후 오스만 투르크의 침략을 막은 주된 역할을 수행한 것은 알바니아

르크인의 침략을 반복해서 겪었다고 지적한다. 그 뒤 15세기 말부터 유럽의 뱃사람들이 바다를 지배하기 시작했고 세계 전역에 식민지를 건설해 나갈 수 있었다. 한 마디로, 이렇게 상황을 완전히 바꾼 것은, 수많은 대포들을 만들어 내고 수세기에 걸쳐 지속적으로 종종 몇 십 년 단위로 대포의 성능을 개선하고 엄청난 대포를 생산해 내며 —특히 대서양을 무대로 한 강대국의 경우— 범선에 대포를 적재하는 방법을 익힌 것이었다. 1500년대 초 무렵이 되면 대포를 적재한 유럽의 범선은 유럽 외 지역의 어떤 강대국도 저항할 수 없는 난공불락의 떠다니는 요새가 되었다. 치폴라는 이렇게 쓰고 있다.

> 인도양에 최초의 유럽인 선박이 도착한지 몇 년 지나지 않아, 비유럽인 선박들에게 유럽의 대포에 폭격을 맞고 싶지 않다면 항해 허가를 얻는 것이 의무가 되었다. 대양이 유럽의 것이 되었다.[58]

게다가 유럽의 군사 기술은 계속해서 빠르게 발달했지만, 그 외 세계 나머지는 갈수록 더욱 더 뒤처지게 되었다. 2세기가 더 지나자 육지에서도 유럽인들을 상대할 자가 없게 되었다.

앞서 다루었던 로젠버그와 버젤은 해양 기술의 발전과 관련해 보다 상세한 설명을 제시하며, 르네상스 시기에 이루어진 해양 기술의 발전이 '대항해시대'를 가능하게 했다고 주장한다. 유럽의 전장(全裝)범선은 3개의 돛대를 갖추고 선수와 선미에 사각돛과 삼각돛을 줄지어 달고 있었다. 이런 배들은 바람의 방향과 60퍼센트 각도로 거슬러 항해할 수 있었다. 이들은 빠르고 작동이 쉬웠으며 대양 항해에 적합했다. 유럽의 뱃사람들은 항해 방법과 장치들을 꾸준히 익혀 나갔다. 그들은 지역에 따른

인들이었다. 1440년대에 알바니아의 민족영웅인 스컨데르베우(Skënderbeu)를 중심으로 알바니아인들이 오스만 투르크의 지배에 맞서 반란을 일으켜 오늘날의 알바니아를 중심으로 한 지역에서 성공을 거두었다. 하지만 1468년부터 오스만 투르크의 본격적인 반격이 개시되어 결국 발칸반도 전체가 오스만 투르크의 영향 하에 들어가게 되었다.

편각차[38]를 연구했으며, 삼각측량만이 아니라 천문항해를 위해서도 사분의(四分儀)와 직각기(直角器), 아스트롤라베(astrolabe) 천문의를 활용했다. 아울러 그들은 수준 높은 지도제작법도 발전시켰다. 이리하여 15세기에는 무역과 해양 기술이 서로 간에 확장과 개선을 촉진하면서 공생적 관계로 진보했다.[59]

유럽의 군사혁명(마이클 로버츠와 제프리 파커)

치폴라가 언급했던 육지전의 점진적인 장악을 주요 논제로 다룬 것이, 마이클 로버츠(Michael Roberts)[39]의 유명한 논문 "군사혁명, 1560-1660년(The Military Revolution, 1560-1660)"이다.[60] 16세기에 시작된 이런 변혁은 네 가지 중요한 변화를 내포하고 있었다. 먼저, 장궁(長弓)과 머스캣 총으로 무장한 고도로 훈련된 보병이 유럽 군대의 주력이 되었다. 이어서, 이런 군대의 규모가 극적으로 커졌다 —1500년과 1700년 사이에 10배로 늘어났다. 세 번째로, 군사 지휘관들이 자신의 전쟁 역량을 극대화하기 위해 복잡한 전략을 고안해 내었다. 마지막으로, 전쟁을 위해 사회 전체가 동원되었다 —그리고 이를 실행하기 위해서는 근대 국가가 등장해야 했다. 로버츠의 논문이 나온 지 20년 뒤에 이

---

38 편각(偏角)은 지구 자기의 3요소 중 하나로, 북반구를 기준으로 지구상의 현재 위치에서 진북극(지리상의 북극점) 방향과 자기북극 방향(나침반의 빨간 바늘이 가리키는 방향) 사이의 각도이며, 따라서 이 차이는 지역마다 다르다. 항해의 방향을 정하는데, 이 차이를 아는 것은 중요한데, 유럽에서 언제부터 누가 이것을 발견했는지는 분명치 않다. 콜럼버스의 항해 기록은 편각차에 대한 정확한 기록을 갖고 있어 이런 기록이 들어간 최초의 기록으로 인정된다. 또 이를 기점으로 지구가 하나의 거대한 자석이라는 인식이 확산되었고, 대양 항해의 안정성과 확실성을 위해 항해술의 발전과 정밀한 나침반이 필요하게 되었다.

39 1908-1996년. 근대 초기 스웨덴 역사를 전공으로 하는 영국의 역사가. 1954년부터 1973년 은퇴할 때까지 벨파스트의 퀸즈(Queen's) 대학 근대사 교수였다. 본문에 나오듯이, 근대 초기 유럽의 '군사혁명' 개념을 도입한 것으로 유명하다.

상의 내용을 기초로 하여, 제프리 파커(Geoffrey Parker)[40]는 이 군사혁명 −파커는 그 개념을 확장하여 축성 및 해전 기술의 발전도 포함시킨다− 덕분에 유럽 강대국들이 1500년과 1800년 사이에 지구 육지 표면의 약 35퍼센트를 장악할 수 있었음을 보여주었다.[61] 그는 유럽이 거둔 성공의 핵심 요소가 국가들 사이에 벌어진 격렬한 경쟁에 있었다고 주장한다. 이 때문에 각 국가들은 기술과 전략·전술을 끊임없이 혁신할 수밖에 없었고 경쟁 세력의 기술, 전략, 전술상의 발전을 모방하여 그에 기초하도록 내몰렸다는 것이다. 유럽 외에 세계의 어느 문명이나 지역도 유럽만큼 역동적으로 군사적 변화에 휩싸이지는 않았다.

새로운 유형의 군사력(윌리엄 H. 맥닐)

저명한 세계사가 윌리엄 H. 맥닐(William H. McNeill)[41]은 『서구의 흥기(The Rise of the West)』라는 책으로 가장 유명하지만, 이에 대해선 2장에서 다룰 것이다. 그런데 맥닐은 유럽의 군사혁명에 대한 논의에도 중요한 기여를 했는데, 그것은 유럽의 군사혁명을 세계사적 시각에서 맥락화하고 아울러 그것을 유럽의 사회적·정치적 발전과정의 풍부한 세부 사실 속에 끼워 넣어서도 맥락화했다는 점에 있다.[62] 그는, 유럽

---

40 1943년 출생. 근대 초기 전쟁사 및 서유럽 역사를 전공으로 하는 영국 역사가. 캠브리지 대학에서 공부했으며, 지도교수가 존 엘리엇(John Elliot)경이었다. 전쟁사만이 아니라 '17세기 위기론' 논쟁에서도 중요한 역할을 했으며, 근대 초기 동서양의 '군사혁명' 논의에서 핵심적인 자리를 차지한다. 주로 미국에서 교수직을 맡았으며 현재 오하이오 주립대학 역사학 교수이다.

41 1917-2016년. 오늘날 이야기하는 '세계사(World History)'의 기초를 놓은 것으로 평가받는 미국인 역사가. 그 대표작인 『서구의 흥기』가 1963년에 나왔다. 여기서 그는 문명 간의 접촉과 교류를 인류 진보의 주요 동력으로 보았지만, 그러면서도 결국 서구의 흥기에 초점을 두었다. 위의 책을 발간한지 25년 뒤에 쓴 글에서 그는 이를 자기비판하면서 월러스틴과 같은 전(全)지구적 시야가 자신에게 없었고 아시아에 대한 지식이 부족했음을 아쉬워했다. 평생 시카고 대학에서 가르쳤으며, 은퇴 후에도 시카고 대학 명예교수였다. 그의 아들인 존 맥닐(John R McNeill)은 오늘날 대표적인 환경사가이다.

의 병사들이 다른 사회의 병사들에 비해 피를 흘리는 것에 대해 덜 예민했다고 주장한다. 그 이유는 유럽인들이 다른 사람들에 비해 가축을 도살하는 데 이골이 나 있었기 때문이었다. 중세 유럽의 상업혁명은 전쟁의 상업화와 전문화에 불을 지폈고, 그러면서 많은 국가들이 전문적인 전사와 용병 부대를 고용하게 되었다 —이것은 유럽 전역에 군사적 혁신을 급속하게 확산시킨 한 요소였다. 화약 무기는 1326년경 유럽에서 처음으로 대포가 배치된 뒤 적어도 1세기 동안 투석기보다 파괴력이 약했다. 그렇지만 맥닐에 따르면, "갑작스럽게 폭발하는 포의 사격 모습이 어찌됐든 유럽의 통치자와 수공업자들을 매료시켰다."[63] 그래서 그들은 대포가 전투에서 결정적인 역할을 하기 시작할 때까지 다른 지역의 누구보다도 열심히 포의 실험에 집중했다. 유라시아는 제2의 "청동기시대"를 겪었다. 화약제국들(gunpowder empires)이 터키와 페르시아, 인도, 러시아, 중국에서 등장했기 때문이다. 이런 강대국들 전부가 유럽에서 화약 기술을 얻어 자신에게 맞게 개선해 나갔다. 비록 그 나라들이 유럽과의 무기경쟁에서 뒤처지지 않으려고 애썼지만, 이런 노력은 적어도 장기적으로 볼 때 대체로 실패했다. 유럽인들이 세계 대양 전역에서 패권을 확립하며 이용했던 해양 상업회사들[42]은 "도처에서 수익성 있는 거래의 한도를 시험하면서 마치 팽창하는 가스의 분자처럼 활동했다. 그리고 한 배의 선장이 보기 드물게 큰 이익을 얻으며 귀항할 때마다 곧 바로 다른 배들이 그 뒤를 이어 출항했다."[64] 30년 전쟁(1618-1648년)이 끝날 무렵 유럽 여러 나라의 군대들은, "발톱과 이빨을 기술적으로 따로 작동시킬 수 있는 중추신경계에 해당하는 것을 발전시킴으로써 고등동물의 수준"에 이르렀다.[65] 체계적인 훈련과 단련 과정에서 병사들은 선사시대부터 내려오는 연대의식으로 재결속되었다. 바로 이런 새로운 종류의 군대를 맥닐은 근대 과학의 탄생만큼이나 주목해야 하는 것으로 보고 있으

---

42 17세기 이래 유럽의 거의 모든 나라들이 설립했던 '동인도회사' 같은 상업회사들을 말한다.

며, 이것이야말로 유럽인들이 세계 전역에서 그들의 적에게 승리를 거둘 수 있게 한 요소였던 것이다.

과학과 기술의 결합에 힘입어 유럽은 날아오를 수 있었다(조엘 모키어)

서구의 기술적 혁신에 초점을 두었던 다른 학자들 중에 꼭 언급해야 할 사람이 한 사람 있다. 린 화이트와 그 외 다른 이들의 뒤를 이어, 노스웨스턴(Northwestern) 대학 경제학 교수인 조엘 모키어(Joel Mokyr)[43]는, 세계사의 모든 문화 중에서 오직 서구만이 기술적 진보를 "연속적인 팽창의 지속적이며 거의 영구적으로 작동하는 메커니즘으로" 전환시킬 수 있었다고 결론짓는다.[66] 모키어의 이 말은 중세 때 시작된 혁신의 흐름들이 서로 간에 기초하여 가속화되었고, 결국 1차 및 2차 산업혁명을 낳은 독창적인 창의력의 폭발로 이어졌다는 뜻이다. 그는 이런 약진을 설명하면서 문화를 강조한다. 중세 유럽인들은 고대 그리스와 로마인들 –거대한 제국을 정복하고 특출한 지적 성취를 달성했던 사람들– 보다 실천적 지식과 혁신을 훨씬 더 가치 있게 여겼고, 지난 역사 대부분에 걸쳐 정치적 중앙집중화로 인해 엘리트들이 혁신을 방해할 수 있었던 중국인들보다 더 이런 관심사를 추구해 나갈 수 있었다. 모키어가 지식을 그렇게 크게 강조하는 이유는 무엇일까?

모키어는 2002년에 나온 세부적인 연구서에서 "경제 성장과 기술 진보에 기초를 둔 서구 경제의 흥기는 근대사의 중심사건"이라고 주장한다.[67] 그는 이런 발전에서 문화와 제도가 가지는 중요성을 인정하면서도, 자신이 "유용한 지식"의 증가라고 부르는 것을 그 무엇보다 강조한

---

43 1946년 출생. 네덜란드 태생의 유대인 경제사가. 이스라엘에서 자랐으며 예일대학에서 경제학 학위를 받았다. 그래서 그는 주로 미국에서 활동하며 노스웨스턴 대학 교수이지만, 이스라엘과 네덜란드에서도 중요 학자로 인정받고 있다. 현재 근대 초기 유럽 경제성장과 영국 산업혁명을 과학사의 입장에서 다루고 있는 가장 영향력 있는 학자 중 한 명이다.

다. 역사의 대부분에 걸쳐 자연을 연구하는 사람들과 상품과 서비스를 생산한 사람들은 서로 다른 사회적 범주였다. 모키어에 따르면, 놀랄 만한 근대 경제 성장이라는 현실은 대부분 이 두 범주들 간의 경계가 흐려진 것에서 발생했다. 르네상스 시기에 인쇄혁명으로 시작하여 이런 발전을 위한 토대가 마련되었지만, 그것이 결실을 맺기 시작한 것은 18세기 때였으며, 모키어가 '산업 계몽주의(Industrial Enlightenment)'라고 부른 것에 힘입어 일어났다. 이 '산업 계몽주의'는 실천적 지식과 이론적 지식을 모두 한데 모았으며 과학자와 기술자의 강력하고 생산적인 공생관계를 창출했다.[68] '산업 계몽주의'의 중요성은 과학과 기술을, 즉 과학혁명과 산업혁명을 결합시킨 데 있었다.

이런 결합을 가능하게 한 것은, 유럽 전역에 걸쳐 나타난 학식의 추구와 정보 획득 · 공유 · 분류 · 보존 · 이용의 추구에 유리한 분위기였다. 번성하던 과학 학회, 교육제도, 학술 저널, 백과사전, 신문, 거의 헤아릴 수 없을 만큼 많았던 출판사들을 통해 과학자들과 공학자들, 수공업자들, 교육자들이 서로에게 배우고 결국 두 가지 주류 지식 ─순수(모키어가 "명제적[propositional]"이라고 부른 것)와 응용("실효적[prescriptive]"이라고 부른 것)─ 을 혼합시킬 수 있었다. 기술적, 즉 실효적 지식의 기초를 파악하려는 노력 속에서, 과학자들은 자연의 작동원리 일반에 대한 이해를 꾸준히 발전시켰고 그리하여 점점 더 명제적인 지식을 구축해 갔다. 동시에 사업가와 발명가들은 보다 효율적이고 강력한 기술을 발전시키려고 노력하면서 명제적 지식의 창고들을 샅샅이 뒤졌다. 서서히 기술적 진보의 추구가 더욱 더 과학적 접근 방법 ─사물의 작동원리만이 아니라 그 원인까지도 이해하는 것을 목표로 한─ 을 통해 이루어지게 되었다. 처음으로 그런 변모를 겪은 기술 부문은 합성화학공업이었다. 1800년대 말 무렵에 이 산업에서 일한 연구원들은 대부분 대학원 과정을 마친 사람들이었다. 다른 많은 기술 부문들도 합성화학공업의 예를 따랐다.

1800년 이전에도 역사의 대부분에 걸쳐 그리고 지구 전역에 걸쳐 당연히 기술적 진보는 있었다. 하지만 1800년 무렵부터 질적 변화가 일어났음을 모키어는 보여주고자 한다. 즉, 과학과 기술이 끊임없이 가속화하는 혁신의 과정 속에서 서로에게 근거하여 발전을 거듭하기 시작했다는 것을 말이다. 산업혁명 이전에는 과학·기술에 기초한 분야들 대부분, 예컨대, 의학, 농업, 야금업에 종사하는 사람들은 자신의 아주 협소한 전문 영역에 대해서만 알고 있었다.

> 유럽에서든 중국에서든, 기술이 왜 작용하는지에 대한 이해가 없었음에도 기술은 작용하고 있었다. 통상 누군가가 얼마간 이용 가능한 규칙성을 알게 되면 그것으로 족하였다. 제철 분야를 보든, 목축 분야를 보든, 산부인과 수술 분야를 보든, 1800년 이전에는 대부분의 기술이 우연한 발견이나 시행착오, 또는 훌륭한 기계론적 직관의 결과로 등장했다. 그리고 누구도 작동 원리와 관련해 실마리라 할 만한 것을 갖고 있지 않았음에도 기술은 흔히 아주 잘 작동했다.[69]

1800년 이후 수십 년 간에 걸쳐, 서구의 점점 더 많은 사람들이 사물이 작동하는 원리와 그 원인을 이해하게 되었고, 수많은 머리들이 한데 결합하여 과학적·기술적 진보의 폭발을 가져왔다.

결론

이 장에서 살펴본 학자들은 유럽의 사회·문화 생활이 가진 핵심 특징들에 힘입어 유럽이 세계 다른 지역들을 제치고 나아갈 수 있었다고 주장한다. 그들이 강조하는 특징들에는, 특출한 역동성, 비할 데가 없는 혁신 의지 및 역량, 유럽 여러 사회들 간의 끊임없는 경쟁, 근본적인 가치 변동, 개인의 권리를 보호하고 조장하는 제도들의 독특한 탄탄함, 전례 없는 과학과 기술의 결합, 획일성을 강요하는 중앙 권위의 부재(不在), 전혀 주저함이 없이 타인으로부터 아이디어와 혁신을 빌리는 데 열심인 심성 등이 있다.

◈ 더 읽을거리 ◈

[문화/종교]

Chirot, Daniel, *How Societies Change*, Tousand Oaks, Calif.: Pine Forge Press, 1994.

Duchesne, Ricardo, *The Uniqueness of Western Civilization*, Leiden & Boston:Brill, 2011.

Ferguson, Niall, *Civilization: The West and the Rest*, London: Allen Lane, 2011. [니얼 퍼거슨, 구세희·김정희 옮김, 『니얼 퍼거슨의 시빌라이제이션: 서양과 나머지 세계』, 21세기북스, 2011]

Huff, Toby E., *Intellectual Curiosity and the Scientific Revolution. A Global Perspective*, New York: Cambridge University Press, 2010.

Jones, Eric, *Growth Recurring: Economic Change in World History*, Oxford: Clarendon Press, 1988.

Macfarlane, Alan, *The Riddle of the Modern World: Of Liberty, Wealth and Equality*, New York: St. Martins, 2000.

Nemo, Philippe, *What Is the West?*, translated by Kenneth Casler, foreward by Michael Novak, Pittsburgh, Pa.: Duquesne University Press, 2006.

Roberts, John M., *The Triumph of the West: The Origins, Rise, and Legacy of Western Civilization*, Boston: Little, Brown and Company, 1985.

Stark, Rodney, *For the Glory of God: How Monotheism Led to Reformations, Science, Witch-hunts, and the End of Slavery*, Princeton, N.J.: Princeton University Press, 2003.[로드니 스타크, 허성식 옮김, 『기독교 승리의 발자취: 기독교는 어떻게 세계 최대의 종교가 되었는가?』, 새물결플러스, 2020]

Stark, Rodney, *The Victory of Reason: How Christianity Led to Freedom, Capitalism, and Western Success*, New York: Random House, 2005.

Van Leeuwen, Arend Th., *Christianity in World History: The Meeting of the Faiths of East and West*, Translated by H.H. Hoskins, New York: Charles Scribner's Sons, 1964.

[제도]

Acemoglu, Daron and James Robinson, *Why Nations Fail: The Origins of Power, Prosperity, and Poverty*, New York: Crown Publishers, 2012.[대런 애쓰모글루·제임스 로빈슨, 최완규 옮김, 『국가는 왜 실패하는가』, 장경덕 감수, 시공사, 2012]

Huff, Toby E., *The Rise of Early Modern Science: Islam, China, and the West*, Cambridge: Cambridge Unviersity Press, 1993.[토비 E. 하프, 김병순 옮김, 『사회·법 체계로 본 근대과학사강의』, 모티브북, 2008]

North, Douglas C., *Institutions, Institutional Change, and Economic Performance*, Cambridge: Cambridge University Press, 1990.[더클러스 노스, 이병기 옮김, 『제도, 제도변화, 경제적 성과』, 자유기업센터, 1997]

Ringmar, Erik, *The Mechanics of Modernity in Europe and East Asia: Institutional Origins of Social Change and Stagnation*, London: Routledge, 2005.

Zanden, Jan Luiten van, *The Long Road to the Industrial Revolution: The European Economy in a Global Perspective, 1000–1800*, Leiden: Brill, 2009.

[기술]

Allen, Robert C., *The British Industrial Revolution in Global Perspective*, New York: Oxford University Press, 2009.
Brady, Thomas A., Jr., "The Rise of Merchant Empires, 1400–1700: A European Counterpoint", in *The Political Economy of Merchant Empires*, ed. James D. Tracy, New York: Cambridge University Press, 1991.
Cipolla, Carlo M., *Before the Industrial Revolution: European Society and Economy 1000–1700*, 2nd ed., New York & London: W.W. Norton, 1980.
Maddison, Angus, *Growth and Interaction in the World Economy: The Roots of Modernity*, Washington, D.C.: The AEI Press, 2005.
Mokyr, Joel, *The Lever of Riches: Technological Creativity and Economic Progress*, New York: Oxford University Press, 1990.
Snooks, Graeme Donald, *The Dynamic Society: Exploring the Sources of Global Change*, London: Routledge, 1996.

[지식과 정보]

Crosby, Alfred, *The Measure of Reality: Quantification and Western Society, 1250–1600*, Cambridge: Cambridge University Press, 1997.[앨프리드 크로스비, 김병화 옮김, 『수량화 혁명』, 심산, 2005]
Goldstone, Jack, *Why Europe? The Rise of the West in World History, 1500–1850*, New York: McGraw-Hill, 2009.[잭 골드스톤, 조지형·김서형 옮김, 『왜 유럽인가 ―세계의 중심이 된 근대 유럽 1500–1850』, 서해문집, 2011]
Mokyr, Joel, *The Enlightened Economy: An Economic History in Britain, 1700–1850*, Princeton, N.J.: Princeton University Press, 2010.

◆ 주 ◆

1) Daniel Callahan et al., "Christopher Dawson: 12 October 1889–25 May 1970", *The Harvard Theological Review* 66 (Apr., 1973): 161–176(인용은 p. 167).
2) Paul Costello, *World Historians and Their Goals: Twentieth-Century Answers to Modernism* (DeKalb, Ill.: Northern Illinois University Press, 1993), 129–131.
3) Christopher Dawson, *Religion and the Rise of Western Culture* (New York: Sheed and Ward, 1950), 12.
4) Costello, *World Historians and Their Goals*, 136–140.
5) Dawson, *Religion and the Rise of Western Culture*, 19.

6) Ibid., 21.

7) Ibid., 27.

8) 엘레우시스 밀교의 비밀 의례는 아주 먼 옛날 고대 그리스에서 기원한 입문 의식이었다.

9) 카롤링 르네상스는 700년대 말에서 800년대 중반까지 이어졌다.

10) Dawson, *Religion and the Rise of Western Culture*, 125-126.

11) Ibid., 152.

12) Ibid., 173에서 재인용.

13) Ibid., 217.

14) David Landes, *The Wealth and Poverty of Nations: Why Some Are So Rich and Some So Poor* (New York: W.W. Norton, 1998).

15) Ibid., 44.

16) Ibid., 51.

17) 영국의 영향력 있는 학자인 토머스 맬서스는 인구 증가란 언제나 더 많은 식량을 생산할 수 있는 인간의 역량을 넘어서게 마련이라고 주장했다.

18) Landes, *The Wealth and Poverty of Nations*, 187.

19) Ibid., 204.

20) Alan Macfarlane, *The Origins of English Individualism. The Family, Property, and Social Transition* (NewYork: Cambridge University Press, 1978).

21) Ibid., 163.

22) Ibid., 196.

23) Alan Macfarlane, *The Making of the Modern World: Visions from the West and East* (Houndmills: Palgrave, 2002).

24) Macfarlane, *The Origins of English Individualism*, 170.

25) Deirdre McCloskey, *Crossing: A Memoir* (Chicago: University of Chicago Press, 1999), 51.

26) Deirdre McCloskey, *The Bourgeois Virtues: Ethics for an Age of Commerce* (Chicago: University of Chicago Press, 2006).

27) Deirdre McCloskey, *Bourgeois Dignity: Why Economics Can't Explain the Modern World* (Chicago: University of Chicago Press, 2010), 1-6, 48-50.

28) Ibid., 24.

29) Ibid., 34.

30) Ibid., 133.

31) Ibid., 321.

32) Ibid., 169.

33) Ibid., 231.

34) Ibid., 210.

35) Ibid., 260.

36) Ibid., 351.

37) Ibid., 370.

38) Ibid., 447.

39) Ibid., 393.

40) Nathan Rosenberg and L.E. Birdzell, Jr., *How the West Grew Rich: The Economic Transformation of the Industrial World* (New York: Basic Books, 1986).

41) Ibid., 128.

42) Ibid.

43) Ibid., 62.

44) Ibid., 183.

45) Ibid., 261.

46) McCloskey, *Bourgeois Dignity*, 296.

47) Douglass C. North and Robert Paul Thomas, *The Rise of the Western World: A New Economic History* (Cambridge: Cambridge University Press, 1973), 8.

48) Ibid., 154-155.

49) Ibid., 97.

50) Richard Pipes, *Property and Freedom* (New York: Alfred A. Knopf, 1999).

51) Ibid., 118.

52) John A. Hall, *Powers and Liberties: The Causes and Consequences of the Rise of the West* (Oxford: Basil Blackwell, 1985).

53) Ibid., 142.

54) Lynn White, *Medieval Technology and Social Change* (London: Oxford University Press, 1962). 뒤에 나온 책인, *Medieval Religion and Technology: Collected Essays* (Berkeley, Los Angeles, London: University of California Press, 1978)에는 유럽의 기술 발전에 대한 더 많은 목록이 제시되어 있다.

55) Ibid., 38.

56) Ibid., 89.

57) Lynn White, Jr., *Machine ex Deo: Essays in the Dynamism of Western Culture* (Cambridge, Mass.: MIT Press, 1968), 65.

58) Carlo Cipolla, *Guns, Sails, and Empires: Technological Innovation and the Early Phases of European Expansion, 1400-1700* (New York: Minerva, 1965), 143.

59) Rosenberg and Birdzell, *How the West Grew Rich*, 81-85.

60) Michael Roberts, "The Military Revolution, 1560-1660", in *Essays in Swedish History* (Minneapolis: University of Minnesota Press, 1967), 195-225.

61) Geoffrey Parker, *The Military Revolution: Military Innovation and the Rise of the West, 1500-1800*, 2nd ed. (Cambridge, New York: Cambridge University Press, 1996).

62) William H. McNeill, *The Pursuit of Power: Technology, Armed Force, and Society since A.D. 1000* (Chicago: University of Chicago Press, 1982).

64) Ibid., 83.

64) Ibid., 104.

65) Ibid., 124.

66) Joel Mokyr, *The Lever of Riches: Technological Creativity and Economic Progress* (New York: Oxford University Press, 1990), 153.

67) Joel Mokyr, *The Gifts of Athena: Historical Origins of the Knowledge Economy* (Princeton, N.J.: Princeton University Press, 2002), 285.

68) Ibid., 35.

69) Ibid., 32. 과학과 산업의 결합에 대해선, Rosenberg and Birdzell, *How the West Grew Rich*, 8장도 보라.

| 2 | 세계사

여러 세기 동안 볼테르 같은 학자들은 인류의 과거를 모두 포괄하고자 하는 "보편사(universal history)"를 시도했다. 크리스토퍼 도슨의 저작도 그런 노력에서 나온 것이었다. 하지만 보편사라는 목적에 최종적으로 가까이라도 갈 수 있으려면, 오로지 수십 년 간에 걸친 체계적인 역사 연구밖에 다른 도리가 없다. 지난 50년간 보편사에 도달하고자 한 학자들이 서구의 흥기에 경탄하기를 완전히 그만 둔 것은 아니었다. 하지만 그들은 유럽을 "탈중심화했고", 최근 수십 년간은 1장에서 논의된 학자들 대부분이 보여준 시각을 "유럽중심주의"라고 단정하며 비난하였다. 근대 세계에서 유럽이 누린 패권적 지위의 내적인 원인 대신에, 그들은 대체로 지리와, 타문화로부터의 영향(특히 문화적 · 기술적 차용), 세계의 모든 문화들 간의 상호 연관성, 타민족 · 인종에 대한 수탈과 식민화 같은 외적인 요소들을 강조한다. 그들은 또한 서구를 훨씬 더 넓은 관점에서 연구한다.

인류의 상호 영향이 진보를 촉진한다(윌리엄 H. 맥닐)

"세계사"의 등장에 기초를 놓는 기여를 한 윌리엄 맥닐의 저작은 그다지 개연성 없는 듯한 제목을 내세우고 있다. 『서구의 흥기』이다.[1] 그 책에서 윌리엄 맥닐은 5,000년간의 기록된 역사를 통해 여러 문명들의 발전을 추적하지만, 서구 자체에는 전체 800쪽 중에 150쪽에 약간 못 미치는 지면을 할애할 뿐이다. 그래도 분명 그는 서구의 흥기가 근대 역사의 중심적인 사실이었다고 믿는다. 그러나 바로 그만큼이나 분명하게 그는 그 사실을 훨씬 더 넓은 맥락 속에 두고자 했다. 시카고 대학 역사학과 학과장이었던 맥닐은 비서구 역사를 전공으로 하는 뛰어난 학자들을 영입하여 교수진을 꾸렸다.[2] 그러므로 그는 오늘날에도 계속되고 있는 미국 역사학 분야의 독특한 경향, 즉 비서구사와 미국사의 교육 및 연구에 대략 똑같은 비중의 주의를 기울이는 경향을 만든 선구자 중 한 명이었다. (다른 나라에서는 역사학 분야가 이런 균형을 유지하는 경우가 그리 없다.)

이 특출한 책에서, 맥닐은 오래되고 잘 알려지지 않은 것부터 1963년 책이 간행될 때에 막 제시된 것까지 주요 유럽 언어들로 된 엄청나게 방대한 학문적 성과들 -인류학, 고고학, 사회학, 역사학, 예술사 등에서 나온- 에 의거하여 유라시아 대륙의 위대한 문화와 문명들이 등장한 과정에 대한 이야기를 들려준다. 맥닐에 따르면, 메소포타니마에서 최초의 도시 문명이 나타났을 때부터 대략 기원전 500년까지 중동(the Middle East)은 인류의 주도적인 발전 중심지였다. 좀 더 뒤에 이집트와 인도, 중국에서 그리고 더 뒤에 그리스에서 등장한 다른 도시 문명들을 충분히 고려하더라도 그러했다. 세상에 가장 일찍 나타난 강력한 사상과 기술, 신앙, 제도들이 그곳에서 등장했고, 많은 경우 아프로 · 유라시아의 여러 지역들로 확산되었다. 그보다 훨씬 동쪽에서, 특히 인도와 중국에서 위대한 문화들이 발전하자, 이런 흐름은 역전되었는데, 그 이유는 지중해 동쪽 연안과 그 외 다른 곳에서 그 위대한 문화들을 열심히 모방했기 때문이다.

사실 맥닐은 역사 전체에 걸친 인류 발전의 상당 부분이 사람과 문화들이 서로 영향을 주고받은 결과였다고 주장한다. 흔히 이런 과정은 발전된 사회들이 그보다 발전되지 못한 사회들로 팽창하는 형태를 띠었다.[3] 다시 말해, 지식과 기술, 작물, 가축, 기예, 제도, 사상, 예술적 모티브들은 때로는 시간의 무게 아래 상실되었고 아마도 그런 일이 흔하게 일어나기도 했겠지만, 그럼에도 그것들은 유라시아 전역에 걸쳐 천천히 쌓여갔고 셀 수 없이 많은 사회들의 문화적 수준을 서서히 상승시켰다. 여기서 맥닐은 지질학적인 비유를 사용한다. 그는 문명을 지질학적 힘에 의해 천천히 침식되고 있는 산맥에 비유한다. 물론 시간적 틀은 전혀 다르다. 그러나 그 결과는 꽤 비슷한 것 같다. 성공한 한 문화가 가장 정점에 오른 뒤 서서히 물러나고 그와 동시에 새로운 문화가 늘 그렇듯 앞선 영광스런 이웃 문화로부터 차용하고 배우면서 상승해 앞의 문화에 그늘을 드리우는 식이다.

다음으로 맥닐은 나아가 문명이 지질학적 시간의 틀 내에서는 결국 시들어버리겠지만, 다른 시각에서 보면 반드시 시들어버리는 것은 아니라고 지적한다. 단기적으로 보면 위대한 문명들은 지속되었다. 기원전 500년을 전후하여 중동 산악지대의 문명들은 다소 침식되었지만 여전히 가장 큰 규모를 자랑했다. 그 문명들에 이어서 보다 들쭉날쭉한 능선들이 한쪽으로는 에게 해와 이탈리아를 향해, 그리고 다른 쪽으로 인도를 향해 뻗어가고 있었다. 그 사이에 동쪽에서는 중국 문명이 여전히 흥기하고 있었다. 다음 2,000년에 걸쳐 유라시아 대륙의 문화 "지리"는 거의 바뀌지 않았다. 다만 주요 "산맥들"이 확대되었을 뿐이었다.[4]

서기 500년에서 1500년까지는 이슬람 문명이 가장 역동적이었다. 그것은 중동을 가로질러 아프리카의 북쪽 반을 장악했으며, 중앙아시아를 거쳐 인도 아대륙으로 팽창하여 동아시아 및 동남아시아 근처에까지 이르렀다. 크게 번성하던 다른 중심지는 중국이었다. 중국은 사방팔방으로 영향력을 넓히고 있었다. 중요하지만 그보다는 못한 문화들이 일본과, 서유럽, 러시아에 등장했다. 유라시아 전역에 걸쳐 무역망이 자리 잡고 번창하였다. 또 중요 문화들과 군소 문화들 사이에 문화 교류 ―특히 거대 종교들의 교류― 도 활발하게 일어났다. 유목민 전사들이 매번 똑같은 경로를 거쳐 누차에 걸쳐 습격해 왔으며, 이는 흔히 정주민들에게 파국적인 결과를 낳았다. 이 1,000년의 시기 동안 유라시아 대륙 전체는 서로 강력하게 연결되었지만, 대체로 힘의 균형 상태에 있었고, 한 문명이 다른 문명들을 압도하는 일이 없었다. 그러는 사이에 문명의 과실은 더욱 더 멀리 밖으로 퍼져 변경 지역에까지 이르렀고, 저발전 상태의 사람들이 중요 문화들 사이에서 다양한 선택을 할 수 있을 만큼 유라시아 대륙 전역에서 여러 문화들이 충분히 번성했다.[5]

1500년에서 1700년 사이에 유럽은 다른 어떤 지역보다 더 빨리 발전하기 시작했고, 그 과정에서 지구상에서 사람이 가장 많이 사는 지역으로 영향력을 넓혀갔다. 단지 위대한 고대 문명들 −이슬람, 인도, 중국− 만이 유럽의 맹습에 맞서 버터 나갈 수 있었고, 일본 같은 다른 문명들은 외부의 영향을 완전히 차단하고자 했다. 그런 노력들은 실패할 수밖에 없었는데, 왜냐하면 유럽 문명의, 특히 그 기술상의 지속적인 변혁으로 서구인들이 너무나도 큰 힘을 부여받아 결국 그 외 다른 어떤 사람들도 서구인에게 맞설 수 없게 되었기 때문이다.[6] 19세기 중반 무렵에는 유럽과 아메리카에서 일어난 산업혁명과 민주주의 혁명들을 거치며 서구인의 에너지와 무력이 엄청나게 증가했으며, 유라시아 대륙의 문명들 사이에 이루어졌던 지정학적 균형은 결정적으로 무너져 흥기한 서구문명이 우위를 차지하게 되었다.

서구가 흥기한 이유는 무엇이었는가? 맥닐은 이에 대한 명확한 설명을 전혀 제시하지 않는다. 물론 그는 서구가 가진 특수성 몇 가지를 지적하기는 한다. 그 중 한 가지를 들면, 다른 위대한 문명들 −중국, 인도, 이슬람− 과 달리 서구는 여러 차례 변혁을 되풀이해서 겪었으며, 이것이 보통 효율성과 역량의 증대로 결과했다는 점이다. 그는 서구가 특출하게 불안정하여 극단에서 극단으로 오고가기 십상이었다고 생각한다. 이런 특정한 성격이 서구문명의 독특성을 이루었을 수도 있을 것이다.[7] 이 점에서 맥닐은 도슨의 시각과 유사하다.

맥닐에 따르면, 지리적 · 역사적 우연들도 중요한 역할을 했다. 서기 1000년 무렵 유럽 문명이 흥기하기 시작하면서, 유럽인들은 고전 · 고대와 비잔틴, 이슬람의 유산에 접근할 태세가 되었지만 자기들 내에서 번성하던 문화가 없기에 그에 따른 부담이 없었다. 같은 시기에 프랑크 왕국의 군사적 역량과 로마 가톨릭 교회의 보편주의에서 자신감을 얻은 그들은 자신의 정체성을 상실하거나 자신의 가치에 손상을 입힐지 모른다는 두려움 없이, 외부 문화들로부터 많은 것을 차용할 수 있었다. 역시 도슨과 마찬가지로, 맥닐은 여러 문화들 −야만인, 그리스 · 로마, 유대 · 기독교− 의 풍요로운 융합을 강조하고, 그 결과로 등장한 유럽적 혼종 내로 유럽인들이 들여온 긴장을 부각시킨다. 이 긴장에는 교회와 국가 간의 긴장, 신앙과 이성 간의 긴장, 폭력과 법 간의 긴장, 한 국가와 기독교 세계 간의 긴장 등이 있었다. 그로 인한 결과는 역사상 독특한 것이었다.

> 십중팔구 서구문명은 양립 불가능한 다양한 요소들을 세계의 다른 어떤 문명보다 더 폭 넓게 자신의 구조로 통합시켰던 것 같다. 그리고 서구의 장기적인 쉴 새 없는 성장은 그 나름의 형식화를 통해 "고전"을 세울 가능성을 누차에 걸쳐 거부하면서 진행되었는데, 이런 성장은 자신의 구조 내에 아주 깊숙이 구축된 모순성과 관련된 것일지도 모른다.[8]

유럽은 뒤늦게 문명을 이루었고, 유라시아 곳곳과 그 너머에서 엄청나게 축적된 기술과 사상, 개념, 제도, 지식을 흡수했다. 아마도 종종 서로 상충하는 영향력들을 이렇게 한 곳에 쌓아둔 것이 서구를 그렇게 놀랄 정도로 쉴 새 없이 움직이게 만들었을 것이며, 그리하여 서구는 끊임없이 자신을 다시 만들고 심지어 스스로를 혁명적으로 바꾸기까지 했던 것이다.

그렇지만, 맥닐에 따르면, 유럽 자체의 쉴 새 없는 운동과 역동성만이 유럽의 성공을 가져온 유일하게 강력한 요소였던 것은 아니었다. 유럽인들이 유라시아 대륙의 다른 위대한 문명들로부터 얼마나 많은 것을 배웠는지가 필시 그보다 더 중요했을 것이며, 그 배움의 정도는 믿기 어려울 정도였다. 아마도 고대 그리스인들이 아시아의 위대한 문화적 성취를 흡수한 것을 제외하면, "문명화의 역사에서 유럽인들만큼 이국의 낯선 유산을 손쉽게 그리고 열심히 전유했던 다른 예는 아마 없을 것"이라고 맥닐은 쓰고 있다. 그는 나아가, 유럽인들이 기존 문화들로부터 차용하고 배우는 데 열심히 집중함으로써, 자신들에 앞서 아시아가 이룬 과학, 기술, 상업, 문화, 그 외 인간 활동상의 성취들을 훨씬 멀리까지 추진해 갈 수 있었다고 주장한다. 그리하여 유럽인들은 인간의 재능과 창조성, 그 외 여러 역량들을 그들보다 더 위계적인 문화에서 살아가는 사람들이 했던 것보다 훨씬 더 많이 동원할 수 있었던 것 같다.[9]

도슨과 1장에서 다룬 여러 학자들처럼 맥닐은 서구의 흥기를 설명하기 위해 유럽 문화의 고유한 성격을 계속 강조하면서도, 유럽이 그다지 대단치 않은 역할을 했다고 여기는 세계사 해석으로 이어질 길을 제시하고 있다. 그런 해석에서는 지리와 외부의 영향에 보다 강력한 역할을 부여하게 될 것이다. 1991년에 『서구의 흥기』의 새로운 판을 발행하면서 쓴 머리말에서 맥닐은 이런 생각을 좀 더 상세히 밝힌다. 우선, 그는 서기 1000년 이후 500년 동안 중국이 유라시아 대륙의 패권을 쥐고 있었음을 이해하지 못한 것을 애석하게 여겼다. (그는 책을 쓸 당시에 활용했던 학문적 성과의 한계로 이를 이루기 힘들었다고 적고 있다.) 나아가 그는 이 시대 중국의 번성이 중동으로부터의 차용에 근거했고, 이는 1500년 이후 유럽이 중국으로부터의 차용에 힘입어 흥기할 수 있었던 것과 마찬가지라고 주장했다. 또 이와 유사하게 1900년 이후 일본의 흥기는 서구의 영향에 입각한 것이었다. 이런 점에서 맥닐은, 자신이 역사의 핵심적인 패턴을 발견했다고 믿는다. 그는 이런 패턴이 자명한 것 같다고 생각한다. 그 이유는 지구상 어느 곳에든 알려진 가장 효과적이고 강력한 도구들을 사용하지 않고서는 [어떤 사람들도 최정점에 오를 수 없기 때문이다]. 그리고 당연히 그런 도구들은 −그것들이 있는 곳이 어디이든 간에− 부와 권력의 세계적 중심지에 있다.[10]

게다가 이런 강력한 상호 영향에는 문화 이상의 것이 담겨있다. 제대로 된 세계사라면, 그것은 또한 인간의 상호 영향을 작물, 가축, 해충, 질병 등 인간을 둘러싼 환경의 모든 요소들과 합치는 것도 필요로 한다.[11]

유라시아가 한발 앞서 나아간 것은 유리한 지리환경 덕분이다(재러드 다이아몬드)

미국의 저명한 생리학자이자 조류학자, 역사가, 지리학자인 재러드 다이아몬드(Jared Diamond)[1]는 퓰리처상을 수상한 자신의 책 『총, 균, 쇠: 무기 · 병균 · 금속은 인류의 운명을 어떻게 바꿨는가(Guns, Germs, and Steel: The Fates of Human Societies)』[12]에서 맥닐의 도전을 이어갔다. 너무나 흥미롭게 이야기를 풀어가는 이 책은 1972년에 작가가 뉴기니(New Guinea)의 한 해변을 거닐면서 나눈 대화로 시작한다. 그는 거기서 몇 년 동안 조류의 진화를 연구하는 중이었고, 그와 대화를 나눈 사람은 얄리(Yali)라는 이름의 현지 정치가였다. 그들은 여러 가지 이야기를 나누었는데, 얄리가 계속해서 그에게 이런저런 질문을 해대고 있었다. 그러던 어느 순간 그가 유럽인 식민자들에 관해 물었다. 200년 전 유럽인들이 도착하기 전에 뉴기니인들이 알던 도구는 석기뿐이었다. 유럽인들은 철제 도구와 약, 서양식 옷 같은 그보다 발전한 기술들을 가져

---

1   1937년 출생. 다양한 학문 분야를 배경으로 한 미국의 논픽션 작가이자 학자. 현재 캘리포니아 대학 LA의 지리학 교수이다. 아쉬케나지 유대인 출신으로 어려서부터 조류 연구를 하여 조류학 관련 책을 냈으며, 하버드 대학을 다니고 캠브리지 대학에서 생리학 박사학위를 받았다. 1968년에 캘리포니아 대학의 생리학 교수가 되었으며, 20대에 조류학과 생태학으로 관심을 넓히고 50대에는 환경사로 확장해나갔으며 지리학 교수를 맡게 되었다. 『총, 균, 쇠』 외에도 『문명의 붕괴』, 『어제까지의 세계』 같은 대작들이 한국어로 번역되어 있다.

왔다. 이렇게 들어온 것들을 뉴기니 사람들은 여전히 "화물(cargo)"이라고 부른다. 그때 얄리는 백인들이 그렇게 많은 화물을 개발하여 뉴기니로 들여왔던 반면 뉴기니 원주민들에게는 그런 것이 별로 없는 이유가 뭔지 물었다.[13)]

다이아몬드는 서둘러 -정반대로- 얄리의 나라에서 자신이 알아온 엄청난 수의 사람들이 서구인에 못지않게 지적이었다고 단언한다. 게다가 얄리의 조상들은 역사상 가장 빨리 약 4만 년 전부터 배를 만들어 능숙하게 사용했다. 그런데 사실, 얄리의 질문에 대한 답은 지적 능력이나 문화와 아무런 관계가 없었다. 실제로 다이아몬드 자신이 과학이나 기술, 자본주의에 초점을 맞추는 설명이나, 심지어 유럽인과 처음 접촉한 아메리카 대륙의 수많은 사람들을 바로 죽음에 이르게 한 세균에 초점을 맞추는 설명에도 만족스러워 하지 않는다. 그러한 것들은 근인(近因)들이라고, 그는 지적한다. 다이아몬드가 그 책을 쓴 목적은, 왜 어떤 민족들은 총과 세균, 쇠를 다른 이들보다 더 발전시켰는지를 설명해주는 궁극적 원인을 밝히는 데 있다. 그가 제기한 주장은 이런 궁극적 원인이 전적으로 지리 환경에 있었다는 것이다.

대략 10만 년 전부터 해부학적 현생 인류[2]가 등장한 이래 그로부터 9만 년 뒤 농사의 가내화가 시작될 때까지 우리 조상은 모두 수렵 · 채집을 하며 살았다. 약 1만 년 전인 그때 농사가 수렵 · 채집보다 더 이로운 일이 되었는데, 이는 야생 식량의 퇴조와 식용 작물의 더 풍부한 생산을 가능케 한 주기적인 기후변화, 낫, 바구니, 빻는 도구 같은 도구의 발명을 비롯한 몇 가지 요소의 수렴 덕분이었다.

그렇지만 식량 생산은 캘리포니아, 아르헨티나, 캐나다, 오스트레일리아 같은 오늘날의 곡창지대에서 나타나지 않았다. 기원전 8500년경에

---

2   anatomically modern humans는 해부학적으로 현대 인류와 일치하는 인체를 가진 호모 사피엔스(Homo Sapiens)를 절멸한 다른 고대 인류와 구분하기 위해 사용하는 용어이다.

농사가 처음 등장하기 시작한 곳은 중동 지역이었다 ―밀, 완두콩, 올리브를 경작하고 양과 염소를 길렀다. 그리고 1,000년 뒤에 중국에서 등장했고 ―쌀과 기장을 경작하고 돼지와 누에를 길렀다―, 5,000년 뒤에는 메소아메리카(Mesoamerica)[3]에도 등장했다 ―옥수수와 콩, 호박을 심고 칠면조를 길렀다. 이어서 지구 전역의 몇몇 지역들에서도 농사가 등장했다. 하지만 독자적으로 농업을 발전시킨 곳은 비교적 소수였다. 대체로 "창시 작물(founder crops)"의 타 지역 확산을 통해 농사가 퍼졌다. 게다가 농사에 적합한 지역에 사는 사람 중에는 최근까지도 수렵·채집에 종사하는 사람이 많았다. 따라서 원래 창시 작물이 자라던 지역의 사람들이나 그런 지역에 가까이 살던 사람들은 "총, 균, 쇠를 향해 이어지는 경로" 상에서 훨씬 더 발전하기 시작했다. "그 결과는 역사 속에서 가진 자와 가지지 못한 자 간의 장기적인 일련의 충돌이었다."[14)]

다이아몬드는 이런 숙명적인 결과의 불평등을 관찰 ―깊지만 자명한 성찰에 기초한― 과 얼마간 특출한 데이터로 설명한다. 뉴기니에서 연구하던 시기부터 그는 수렵·채집에 종사하는 원주민들이 자신의 생태계 내에 존재하는 모든 식물과 곤충, 동물을 어떻게 아는지를 살펴봤다. 원주민들은 그것들의 습성과 용도, 위험성, 잠재력을 잘 알았다. 기를 수 있는 식물이나 동물이 있다면 그것이 무엇이든, 그들은 그에 대해 잘 알고 있을 터였다. 다이아몬드는 이런 관찰로부터 선사시대 사람들이 어디에서나 자신이 사는 환경 내에 살아있는 모든 것에 대해 깊숙이 알고 있었다고 추정해 갔고, 이런 추정은 확실히 반박할 수 없는 것이었다. 하지만 불행히도 지구상에 사는 사람들 중 압도적인 다수는 쉽게 작물화하거나 가축화할 수 있는 다종다양한 식물과 동물에 접근할 수 없었다. 많은 이들이 그 무엇에도 접근하지 못했다. 실제로 "20만 종의 야생 식물 중

---

3 멕시코 중부에서 코스타리카 북부에 이르는 중앙아메리카 지역을 가리키는 용어. 콜럼버스의 도착과 스페인의 정복 이전에 올멕 문명, 마야 문명, 아즈텍 문명 등 독자적인 문명들이 번성한 곳임을 고려한 역사적·문화적 지명.

에서 인간이 먹을 수 있는 것은 몇 천 종밖에 되지 않으며, 이들 중 단 몇 백 종만이 다소나마 작물화되었다." 그런데다가 이 중 실제로 가치가 있는 작물은 몇 종 안 된다. 그렇다. 매년 세계 농작물 생산량의 80퍼센트 이상을 겨우 10여 종의 작물이 차지하고 있는 것이다.[15]

이 10여 종의 작물은 대부분 몇 곳에서만, 특히 '비옥한 초생달지대'[4]에서만 자생했다. 실제로 56종의 가장 생산성 높은 화본과(禾本科) 식물[5](평균보다 10배 더 큰 종자를 가진) 중에서 32종이 근동 —비교적 작은 지역— 토종이었고 단지 6종만이 동아시아 전역의 토종이었다. 4종은 사하라 이남 아프리카 토종이었고, 방대한 아메리카 대륙 토종은 겨우 11종뿐이었다. 게다가 근대에 들어서 새로이 농작물로 편입된 식물종은 하나도 없었다. 다시 말해, 작물을 새로 개발하지 못한 것은 대체로 식물 관련 지식이나 창의력이 없어서가 아니었다. 선사시대 사람들은 이 두 가지 면 모두에서 풍부했던 것으로 짐작된다. 그저 자연이 지구상에 자신의 자원을 하사하는 방식에서 지독하게 불공평했을 뿐이다.

이런 불공평함은 동물을 살펴보면 훨씬 더 확연해졌다. 유라시아 서쪽에는 4종의 대형 포유류도 자생했다. 염소, 양, 돼지, 젖소가 그것들이다. 모두 해서 14종의 가축화된 대형 초식 포유류 중 13종이 원래 고향을 유라시아에 두었다. 지구상에서 유일하게 다른 한 종 —같은 종의 두 품종인 라마와 알파카— 만이 남아메리카에서 나왔다. 불행히도 가축화될 수 있는 동물은 그다지 많지 않다. 육식동물은 너무 많이 먹고 너무 위험하다. 코끼리는 자라는 데 너무 오래 걸린다. 치타와 같은 일부 동물들은 부자유한 상태에서는 생식활동을 멈춘다. 얼룩말과 그 외 여러 동

---

4 Fertile Crescent. 나일 강과 티그리스 강, 페르시아 만을 연결하는 고대 농업 지대를 가리키는 말. 이곳의 농업 발달이 수메르 문명을 비롯하여 메소포타미아와 이집트의 문명들을 낳았다고 본다. 20세기 초 미국 고고학자 제임스 헨리 브리스테드(James Henry Breasted)가 처음 사용했다.

5 식물 분류학에 따라 볏과에 속하는 식물. 종류가 약 4,000여 종에 이르며, 벼, 보리, 옥수수, 사탕수수 따위와 같은 곡류가 많다.

물들은 무리지어 몰이 당하는 것을 거부한다. 사슴은 극심한 공포 상태에 빠져버린다. 고양이 같은 혼자 있기를 선호하는 종은 떼로 모아두는 것이 불가능하다. 영양에게는 사회적 위계가 없으며 그래서 우두머리나 양치기에게 순종하지 않는다. 대형 동물을 가축화할 수 있는 사람들은 영양 공급 상의 이점을 누릴 뿐 아니라 그 동물을 운송 수단과 군사용 탈 것으로 이용하는 이점도 누렸다. 실제로 말과 그 외 역축(役畜)은 운송과 전쟁에 혁명을 가져왔고 인간의 이동과 기술 확산을 촉진했다. 가축이 유라시아 사람들에게 부여한 마지막 ―그리고 가장 불공평한― 특성은 질병이었다. 유럽인들이 아메리카 대륙에 도착하자, 그들이 가지고 간 '구세계'의 질병이 무방비 상태의 원주민들을 절멸시켰다.

유라시아에게 매우 유리했던 또 한 가지 다른 지리적 특징은 유라시아에는 동·서 축이 있다는 점이었다. 아메리카 대륙은 북쪽 끝에서 남쪽 끝까지 9,000마일에 이르지만, 동·서로는 가장 폭이 넓은 지점도 겨우 3,000마일에 불과하다. 아프리카도 남·북 축이 더 길다. 이에 반해, 태평양에서 대서양까지 유라시아를 가로지르는 길이는 8,000마일에 이른다(지도 2.1을 보라). 선사시대와 근대 이전 시대에는 동물과 인간이 ―기술과 지식을 짊어지고 퍼뜨리면서― 여러 기후대를 가로질러 가는 것보다 여러 기후대 내에서 길을 따라 과감하게 나서는 것이 훨씬 쉬웠다. 따라서 근대 이전의 유라시아인들은 작물화된 식물과 가축화된 동물에게서 특출한 혜택을 누렸을 뿐 아니라, 더 쉽게 서로 만나고 서로로부터 배울 수 있었던 것이다. 예컨대, 콜럼버스가 도착하기 이전 시대에 아메리카 대륙에는 주요 인구 중심지들을 연결하는 교역로들이 상대적으로 그리 많지 않았다. 긴밀하게 서로 연결된 유라시아와는 달리 말이다. 그리고 이문화간 접촉이 인간 진보의 주요 원인 중 하나였다는 맥닐의 주장이 옳다면 ―아마도 그의 이런 주장은 옳은 것 같다―, 이것은 큰 이점이었다.

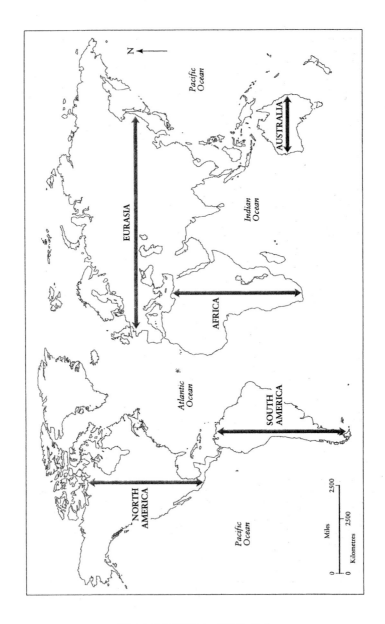

지도 2.1. 주요 대륙의 남·북 및 동·서 축

상품, 사상, 사람들이 남·북 축보다 동·서 축을 따라 훨씬 더 쉽게 순환한다.

역사적으로 말해서, 유라시아는 다른 대륙보다 엄청나게 많은 인구를 자랑했다. 이는 또 다른 이점이다. 다이아몬드는 이렇게 주장한다.

더 큰 권역이나 더 많은 인구는 창의력을 가질 가능성이 있는 사람이 더 많은 것을 뜻하며, 서로 경쟁하는 사회의 수가 더 많고 채택 가능성 있는 혁신의 수가 더 많음을 뜻한다 ―그리고 혁신을 채택하고 유지하지 못하는 사회는 사회들 간의 경쟁을 통해 제거되기 십상일 것이기 때문에 혁신을 채택하고 유지하는 압력 역시 더 강하다는 것을 뜻한다.[16]

물론 수천 년 동안 유라시아에서 문화와 사람의 집중도가 단연 가장 컸다. 아메리카는 크기가 방대하지만 근대 이전에는 여러 별개 지역들로 나누어져 있었고 그 지역들 사이에는 거의 소통이 없었다. 그러므로 그런 지역들의 문화들은 대개 각자가 이룬 약진으로부터 크게 이익을 얻을 수 없었다.[17] 여기서 다이아몬드의 주된 논점은 인류와 인류가 이룬 사회들이 모두 창의성과 재능, 혁신성 면에서 **평균적으로** 높은 수준에 있다는 것이다. 다만 그 사회들의 인구가 더 많고 사회들 간의 상호 연결이 더 긴밀하면 할수록, 자연이 선물한 이런 것들을 실현할 가능성이 더 크다는 것이다.

전반적으로 유라시아의 여러 민족들이 지리적 조건으로 인해 여러 가지 이점을 더 가졌고, 그리하여 그곳에서 필연적으로 문명이 먼저 등장하게 ―그리고 퍼지고 번성하게― 되었던 것이다. 다른 문화와 문명들은 다른 대륙에서 발생했고, 그리하여 불가피하게 유라시아의 앞선 문화와 문명들에 비해서 만성적인 후진성으로 고통을 겪게 되었던 것이다.

다이아몬드는 또 급속하고 강력한 진보를 이룰 가능성을 가진 앞선 후보들 중 왜 유럽만이 ―'비옥한 초생달지대'나 중국이나 인도가 아니라― 놀랍게도 나머지를 제치고 나아갔는지 그 이유를 설명하려는 시도도 한다. 다이아몬드는 '비옥한 초생달지대'로 논의를 시작한다. 이 지역의 생태 환경은 무너지기 쉬웠고, 수천 년에 걸쳐 그 지역에 등장한 인간

사회들이 그 대부분을 파괴해 버렸다. 유럽인과 중국인들은 그저 아주
운 좋게도 그보다 튼튼한 생태 환경의 혜택을 누렸을 뿐이었다. 중국은
아마도 역사상 기술적으로 가장 혁신적인 나라였을 것이고, 서기 1000
년경부터 1500년까지 세상에서 가장 부유하고 가장 강력한 나라였다는
것은 분명하다. 1400년대 초에 중국은 400피트 길이의 대형 선박인 보
선(寶船)을 중심으로 한 대규모 선단을 출범시켜 인도양 구석구석으로
파견했다.[6] 다이아몬드는 왜 중국인들이 희망봉을 돌아 계속 전진하여
대서양으로 진입하지 않았을까 궁금해 한다. 중국인들의 엄청난 부와 힘
을 보면, 바스쿠 다가마(Vasco da Gama)의 작은 배들이 인도양에 도착
하기 거의 한 세기 전에 중국인들이 유럽을 식민지화할 수도 있었을 것
이다. 또 그들은 왜 태평양을 횡단하여 아메리카 대륙을 발견하지 않았
을까? 다시 말해, "중국이 자신의 기술적 우위를 이전에 그렇게 후진적이
었던 유럽에게 빼앗긴" 이유는 무엇일까?[18]

다이아몬드는 정치권력의 파편화라는 유럽의 특성을 지적한다.

중국의 유명한 보선은 황제의 칙령에 따라 파견되었다. 그래서 황제
가 원정을 중단하기로 결정하자, 감히 나서 원정을 계속하게 할 만한 다
른 권위가 전혀 없었다. 반면에, 크리스토퍼 콜럼버스는 4명의 군주들에
게 거절을 당했고, 그 후에야 스페인 왕과 여왕으로부터 그의 항해에 재
정 지원을 하겠다는 동의를 얻었다. 다이아몬드에 따르면, 그 이후에 유
럽에서 일어난 기술적 진보도 똑같은 과정을 거쳤다고 한다. 주요 혁신
을 이룬 사람들이 모두 다 몇 차례 거절을 겪었지만 결국에는 자신의 새
로운 생각을 후원하거나 용인할 의향을 가진 장소나 사람을 만날 수 있
었다는 것이다. 이것을 도식적으로 표현하면, 중국은 지나치게 통일되어
있었고, 인도는 통일성의 정도가 불충분했으며, 유럽의 통일성 정도가
딱 적당했다는 것이다.

---

6 명초 영락제(永樂帝)시기 1405년에서 1433년 사이에 7차에 걸쳐 행해진 정화(鄭和)
   의 대원정을 말한다.

여기서 또 다이아몬드는 지리 환경이 유럽의 정치권력의 파편화와 중국의 통일성을 설명하는 데 도움을 준다고 믿는다. 첫째, 유럽의 해안선은 매우 들쭉날쭉하며 여러 큰 반도와 섬들이 자리 잡고 있다. 또한 유럽에는 수많은 강과 큰 산맥들이 있어 장벽 역할을 한다. 중국에는 2개의 거대한 강을 중심으로 하천 체계가 이루어져 있고, 해안선이 비교적 완만하며, 큰 섬이나 장벽 역할을 하는 큰 산맥이 있지도 않다. 그래서 2,000년 동안 중국은 중앙집중적 권위를 지속적으로 겪어왔고, 반면에 유럽은 그렇지 않았다.

수로에 대한 접근성이 더 컸기에 유럽의 흥기가 가능했다(다비드 코장데)

서구의 흥기를 설명하고자 하는 거의 모든 학자들이 지리 환경을 부각시켜 왔지만, 다비드 코장데(David Cosandey)만큼 그것을 강조하는 이도 드물 것이다. 코장데는 스위스 은행의 재무위기관리 부문에서 일하고 있는 이론물리학자로서,[7] 『서구의 비밀(Le Secret de l'Occident)』이라는 아주 흥미롭지만 그리 널리 알려지지 않은 연구서를 발간했다.[19] 이 책은 불행히도 아직 영어로 번역되지는 않았다. 하지만 유럽의 해안선에 대한 다이아몬드의 주장과 연관되는 중요한 주장을 한 가지 제기하고 있기에 여기서 잠시 그의 책을 살펴볼 가치가 있다. 그는 -"서구의 기적" 진영과는 정반대로- 유럽 사람들과 관련해서 그 자체로 그들이 좀 더 쉽게 성공에 이를 수 있게 만든 것은 전혀 없다는 말로 책을 시작한다. 종교든 문화든, 민족성이든 유럽이 이룬 성공과는 무관하다는 것이다. 대신에 절묘하게 시너지 효과를 거둔 정치권력의 파편화에 모든 것이 의존했는데, 이런 파편화는 유럽의 수로에 대한 접근성이 너무나도 풍부했기 때문

---

7 코장데는 '서구의 흥기'라는 제목의 웹사이트를 운영하고 있다. 그의 책과 주장의 요지를 좀 더 알려면, 이 웹사이트를 방문할 것을 권한다. www.riseofthewest.net/index.htm.

에 가능했다. 물은 사람과 물건을 −통치자나 그 외 다른 엘리트들의 간섭을 덜 받으면서− 더 싸고 더 빠르고 더 쉽고 더 자유롭게 이동할 수 있게 했다. 그는 근대 이전에 수로로 여행하는 것이 흔히 육로로 여행하는 것보다 시간과 금액 면에서 10배 내지 40배 비용이 덜 들었다는 점을 그 증거로 든다. 또한 수운 수단이 더 많다는 것은 이문화간 소통 및 교류와 상업적 교환이 더 많다는 것을 뜻하기도 했다.

코장데는 경제성장과 유익한 정치적 분할에 가장 큰 이점을 가진 대륙의 윤곽이 어떤 모습이어야 하는지를 묻고는, 자신의 질문에 이렇게 답한다.

> 상업 활동을 촉진하려면, 이상적인 대륙은 주변 바다에 문자 그대로 "흠뻑 빠져"야 한다. 즉, 그것은 "두텁지 않아야" 하고, 각 지역이 가능한 바다와 가까워야 한다. 게다가 그것은 많은 인구를 담을 만큼 거대해야 한다. 그것은 별개의 지역을 할당하여 여러 항구적(恒久的) 국가를 낳을 수 있어야 하고 바다로 충분히 나누어져 있어야 하면서도, 지협들을 통해 상호 연결성을 유지하여 서로 조우할 수 있어야 한다. 이런 다소 모순적인 기준들을 충족하려면, 그것은 셀 수 없이 많은 반도와 만, 곶, 섬들로 인해 뒤틀리고 구불구불한 모습을 가진 연안을 필요로 한다. 우리는 이런 유형의 해안선을 **연결 해양학(*articulated thalassography*)**이라고 부를 것이다.[20]

"해양학(thalassography)"이라는 말은 영어이며 만과 항구, 큰 만과 같은 소규모 해역들에 대한 연구를 가리킨다. 코장데는 요컨대 가장 들쭉날쭉한 모양의 해안선을 가진 대륙이나 지역이 자동적으로 다른 대륙이나 지역보다 더 발전에 성공할 것이라고 주장하고 있는 것이다. 그는 정확하게 이런 특징으로 인해 수많은 유럽 국가들이 중세 성기 이래 매년 수천 톤의 상품과 원료를 교역할 수 있었고, 그 양은 세기를 거듭하며 늘어났다고 믿는다. 또 항해가 가능한 10여 개의 주요 하천들도 중요한 교통 및 운송 수단을 제공했고 −수많은 산맥과 함께− 특정한 지리 지역들의 경계를 명확히 하는 데 도움을 주었다(지도 2.2를 보라).

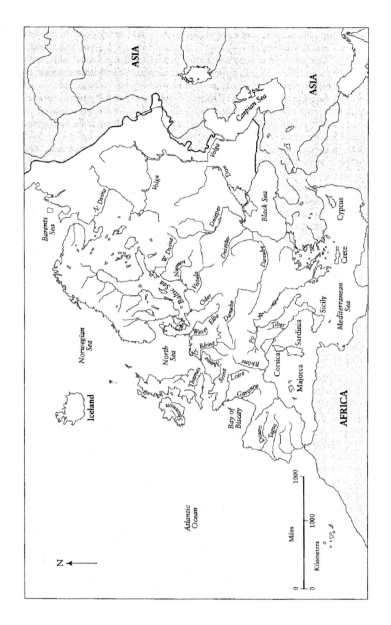

지도 2.2. 유럽의 해안선과 주요 하천

세계에서 가장 긴 해안선이 빼어난 내륙 수로와 결합하여, 유럽의 발전을 크게 자극했다.

코장데는 계속해서 세계의 다른 대륙과 지역들의 경계들이 유럽에 비해 훨씬 들쭉날쭉하지 않다고 설명한다. 그는 이슬람의 "황금기"가 스페인, 시칠리아, 그리스와 같은 충분히 연결된 해안선을 가진 유럽 지역에 대한 지배와 같은 시대였던 것은 우연이 아니었다고 주장한다. 인도와 중국의 해양 접근성은 그보다 훨씬 더 나빴고 결국 치명적인 결과를 낳았다. 일본은 유럽 외 지역 중 예외적인 사례였고, 코장데가 주장하는 규칙을 증명하는 것이었다. 비서구 나라들 중에서 일본만이 연결 해양학을 누렸고, 따라서 일본만이 20세기 전에 서구 기술을 흡수하여 성공적으로 이용할 수 있었다.

코장데는 자신의 주장을 뒷받침하기 위해 엄청나게 많은 데이터를 제시한다. 데이터가 보여주는 수치는 주목할 만하다. 서유럽의 경우 전체 영토에서 반도와 섬이 차지하는 비율이 56퍼센트를 넘었지만, 인도, 중국, 이슬람 세계의 경우 4퍼센트가 안 되었다. 서유럽의 육지 영역은 바다로부터 800킬로미터 이상 떨어진 곳이 전혀 없지만, 이에 반해 다른 세 경우 내륙 경계가 가장 가까워도 바다로부터 1,200킬로미터나 떨어져 있다. 마지막으로 서유럽의 해안선 길이는 다른 곳의 해안선들을 무색하게 만든다 —이슬람 세계(인도네시아를 포함하여)의 해안선보다 2배 더 길며, 인도보다는 거의 4배 더 길고, 중국보다는 4배 이상 더 길다.

코장데는 결론적으로 지형학적 특징이 근대 과학을 발전시킬 수 있었던 유럽의 성공과 그러지 못한 인도의 "실패"를 미리 결정한 것이 아니라, 그럴 수 있을 가능성을 더 늘렸을 뿐이라고 지적한다. 인간은 예측 불가능한 온갖 종류의 방식으로 행동하지만, 지리 환경은 인간이 행동하고 제도를 발전시키고 발명하고 사회 조직을 창출하는 매개 변수를 정한다. 따라서 "유럽이 하나의 블록으로 결합된 거대 영토와 극히 거칠고 들쭉날쭉한 해안선을 둘 다 갖고 있는 유일한 대륙"이라는 것은 중요했다.[21]

유럽의 자연 자원이 발전에 유리했다(에릭 L. 존스)

코장데의 책보다 더 일찍 나온 중요한 저작에는 영국계 오스트레일리아인 경제사학자 에릭 L. 존스(Eric L. Jones)[8]의『유럽의 기적(The European Miracle)』이 있다.[22] 이 저작은 지리 환경적 지향성이 강한 연구들에 강력한 영향을 주었을 뿐 아니라 또 세계사의 경계를 중요한 방향으로 밀고 나간 것이기도 했다. 1장에서 다룬 학자들과 마찬가지로 존스도 서구의 흥기를 근대 세계의 중심적 사실로 여기지만, 그들과 달리 그는 그런 흥기를 유럽인들의 고유한 문화적 특징이 아니라 지리 환경 때문이라고 여긴다.

존스는 유럽이 단연 가장 혜택 받은 대륙이었음을 보여준다. 그는 유럽의 항해 가능한 풍부한 수로를 논하고 그 뒤 유라시아의 가장 서쪽 끝에 있는 유럽의 입지도 이상적이었다고 주장한다. 유럽은 대부분의 거대한 제국 문명들로부터 멀리 떨어져 있었고 그런 문명들보다 유목민 전사들의 침략에 노출되지 않았다. 또 유럽은 고전·고대의 위대한 중심지들과 아주 가깝고 동방의 위대한 문화 중 하나인 이슬람에 인접해 있다는 이점을 누리기도 했다. 특히 이슬람 문화는 인도와 중국의 중요한 기술과 사상을 종합하였다. 따라서 유럽인들은 역사상 등장한 모든 위대한 문명들이 이룬 업적들을 수용하여 자신에게 맞게 바꿀 수 있었다.

게다가 유럽은 다른 문명들보다 자연 재해를 훨씬 겪지 않았다. 존스는 이 주장에 대한 통계학적 증거를 풍부하게 제시한다. 예컨대, 1400-1799년의 시기 동안 중대 지진으로 유럽인 1명이 사망할 때 아시아인은 30명이 사망했다.[23] 마찬가지로 유럽에서보다 아시아에서 발생한 홍수

---

8   1936년 출생. 옥스퍼드 대학에서 경제사로 박사학위를 받았으며, 미국에서 활동하기도 했다. 오스트레일리아의 라트로브(La Trobe) 대학의 경제학 및 경제사 교수였고, 현재는 명예교수이다. 그는 유럽 경제사만이 아니라 특히 아시아·태평양 지역의 경제 현상 및 국제정치도 연구했으며,『유럽의 기적』을 통해 유명해졌고 저 용어를 대중화시켰지만, 동시에 유럽중심적이라는 비판도 받고 있다.

와 가뭄이 훨씬 더 파괴적이었다. 기근도 유럽보다 아시아에서 더 빈번하게 일어나 더 파국적인 결과를 낳았다. 예컨대, 1911년 이전의 1,800년 동안 중국에서는 거의 매년 하나 이상의 지역들에서 기근이 발생했다. 이런 재앙들은 때로는 수백 만 명에 이르는 사람들의 목숨을 앗아갔는데, 1769-1770년의 벵골 기근이 대표적이다. 그때 그 지역 전체 인구의 3분의 1에 해당하는 1,000만 명이 사망했다. 여러 세기에 걸쳐 반복해서 유럽에 타격을 준 기근들 중 이런 정도의 사망자를 발생시킨 경우는 전혀 없었다. 전염병 -흑사병과 같은- 의 경우 대부분 아시아에서 유럽으로 퍼졌고, 아시아에서 시작된 원인은 중국의 높은 인구밀도와 관개농업, 인분(人糞)의 비료 활용, 아주 집약적인 돼지사육 때문이었다. 존스는, 보다 정확한 평가를 위해선 연구가 더 진전될 필요가 있다고 하면서도, 페스트의 경우 사망률이 아시아보다 유럽에서 더 높았다고 믿는다. 하지만 아시아에서는 메뚜기로 인한 피해가 그보다 훨씬 더 컸다. 그는 1200년대부터 유럽인들이 점점 더 석재와 벽돌, 기와로 집을 짓기 시작하면서 화재로 인한 피해도 유럽에서 더 적었을 가능성이 많다고 생각한다. 마지막으로, 전쟁 -저 끊임없이 계속되는 재앙- 은 유럽에서 더 빈번했지만 파괴의 정도 면에서는 중국이 더 심했다. 명·청 교체기에만 만주족의 침략으로 약 2,500만 명이 죽었다.

재난이 발생할 때마다 많은 생명이 죽고 자본 -건물, 사회기반시설, 가축, 농업 개량 등- 이 파괴되었으며, 그리하여 그 재난에서 살아남은 이들은 더욱 빈곤하게 되었다. 만약 생활수준과 기술발전 그리고 문명의 진보에 자본 -물질적 자본과 아울러 인적 자본의- 축적이 필요하다면, 다른 모든 것이 동등한 경우 자연재해와 인간이 유발한 재난에 영향을 덜 받은 지역이 진보에 성공할 가능성이 더 크다는 것은 명백하다.

중국과 인도는 강수량이 많고 생육 기간도 더 길어 작물 수확량이 당연히 유럽보다 훨씬 더 많았고, 그 결과 엄청난 인구를 갖게 되었다 -여러 세기 동안 지구상에서 가장 인구가 많았다. 유럽 전체를 다 합쳐도 둘 중 어느 하나에 비할 바가 못 되었다. 물론 이런 결과를 정한 것이 전적으로 지리와 기후에만 있지는 않았다. 확실히 문화와 정치도 중요한 역할을 했다. 비록 높은 생식(生殖)활동을 지향하는 '동방'의 문화적 성향도, 필시 얼마간은 자연 재해로 인한 필연적 인명 손실을 메우려면 그런 활동이 필요하다는 인식에서 비롯되었을 테지만 말이다. 이유가 무엇이든, 인구 규모와 밀도는 중요한 결과를 낳았다. 존스에 따르면, 인도와 중국에서는 특히 홍수가 빈번한 하천을 따라 제방을 건설하고 인력을 배치하는 일 같은 대규모 공공토목사업이 필요할 때, 사람을 동원하여 조직하기가 쉽지 않았다는 점이 그런 결과 중 가장 중요했다.

유럽은 아주 다르게 발전했다. 유럽은 거대한 아시아 제국들에 비해 훨씬 더 가난했고 여러 세기 동안 인구밀도도 낮았다. 대륙의 대부분이 숲으로 덮여있었고, 강을 빼고는 여러 장소들을 연결할 손쉬운 교통수단이 거의 없었다. 존스는 맥팔레인이 제기한 어려운 문제, 개인주의가 잉글랜드에서 등장한 이유가 무엇인가라는 질문에 답하려고 노력한 고고학자들의 연구를 인용한다. 그들은 소규모 가구가 규모가 큰 가구보다 생존 가능성이 더 많았다고 결론짓는다. 이 해석에 따르면, 핵가족들이 여기저기에 흩어진 채 고립되어 정착했고, 이것이 바로 근대 초기 유럽인들에게 아주 뚜렷한 특성들 ―탈중심적인 통치, 개인적 자율성, 호전적 공격성― 을 발전시켰다.

또 유럽에서 핵가족이 일찍 등장한 것으로, 근대 초기에 나타난 결혼 지연 방식의 채택을 설명할 수도 있다. 근대 이전 사회들 중 유럽에서 독특한 이런 관행은 아이를 돌보거나 육아를 뒷받침할 수 있는 대가족이 없었던 것에서 비롯되었을 수도 있는 것이다. 원인이 무엇이든, 존스는 유럽 전체에서 보이는 인구수를 낮게 유지하고 가축 개체수를 높게 유지하려는 정책이 서구의 흥기에서 중요한 한 요소였다고 생각한다. 결혼을 늦게 함으로써 유럽의 가족들은 자본과 경험, 기술을 더 많이 축적하고 그리하여 더욱 생산적으로 될 수 있었다. 그들은 생식 활동(reproducing)보다 생산 활동(producing)에 더 공을 들였던 것이다. 존스의 생각을 그대로 표현하면, 아시아인들은 주로 자연재해와 다른 재앙으로부터 스스로를 지키기 위해서 "상품보다 짝짓기를 더 선호"[24]했던 것이다.[25] 이런 아시아인들과 달리 유럽인들은 상품을 "더 선호"했고, 그 결과 삶을 안락하게 하는 것들을 더 많이 만들고 자본 축적을 더 빨리 달성했다. 존스는 재차 환경이 가하는 조건을 강조하면서 유럽의 농민들도 아시아의 환경 같은 곳에 살았다면 마치 아시아인들처럼 행동했을 것이라고 주장한다.

존스는 계속해서, 선사시대 유럽의 균일하지 못한 다채로운 지형 경관이 지속되어 아래와 같은 중요한 결과를 낳았다고 주장한다.

> 산악지대나 습지대, 황야로 분리되었던 핵심 지역들에서 다양한 정체(政體)들이 나타나 각자 나름의 영양 및 부를 공급하는 기초를 다졌다. 엄청난 규모의 토지가 한참 뒤인 16세기까지도 여전히 개간되고 있었다. 근대의 지도는, 사이사이의 공간들이 개간되고 간척되어 그 곳에 사람이 살며 농사를 짓고 있음을 보여준다. 그러나 산업화 직전 시기까지 유럽은 숲과 황야의 바다에 떠 있는 사람이 사는 섬들이 연속해서 이어져 있는 모습이었다.[26]

여기서 존스의 의도는, 많은 학자들이 서구의 흥기를 설명하면서 강조한 정치권력의 파편화를 지리적 측면에서 설명하는 것이다. 그는, 14세기가 되어서도 유럽은 1,000개 정도나 되는 정체 비슷한 것들로 분열되어 서로 이익을 놓고 경쟁하면서 국가운영 및 경제생활 상의 변화무쌍한 창의성과 실험을 집단적으로 추구하고 있었다고 지적한다. 역사적으로 볼 때, 제국이 더 "정상적"이다. 제국은 훨씬 더 많은 자원을 끌어 모을 수 있다. 그러나 제국은 다양한 방식으로 이루어지는 최선의 실천들을 동시에 추구하지 않기 때문에, 자원의 낭비가 더 심하다. 게다가 중앙집중적인 국가에는, 위협을 가하는 이웃이 없는 경우 혁신을 유발할 자극이 전혀 없다. 그런 지역에선 "국가 체제" −여러 정체들 간의 세력 균형이 신중하게 유지되고 사상과 기술의 확산이 빠르게 이루어지는− 가 등장하는 일은 드물며, 심지어 기적에 가까운 일이다. 유럽이 엄청난 지리적 다양성을 가졌다는 것은, 유럽의 여러 나라들이 저마다 다른 나라에게 필요한 산물을 생산했다는 뜻이다. 그리하여 그것은 결국 유럽의 활발한 역내 무역을 자극했다.

존스는 유럽에게 크게 유리했던 지리적 특징 한 가지를 더 검토한다. 그것은 유럽이 다른 어떤 주요 문명보다 아메리카 대륙에 훨씬 더 가까웠다는 점이다. 게다가 일단 첫 횡단 항해를 성공하고 보니, 대서양이 지중해 내의 여러 바다와 유럽에 인접한 다른 바다보다 사실 더 위험하지 않다는 것이 입증되었다. 뱃사람들이 '신세계'로 가는 항로를 열어젖히자, 유럽인들은 아메리카의 엄청난 자원에 접근할 수 있게 되었다. 엄청난 양의 귀금속 광맥과, 거대 대구어장을 비롯한 아시아의 어느 곳보다 풍부한 단일종 어장들, 모피를 제공하는 여러 동물로 가득한 북부한대 수림대, 엄청난 규모의 열대 · 아열대 토지들, 아주 비옥한 초원들. 갑자기 유럽인이 이용할 수 있는 토지의 양이 일인당 24 에이커에서 146 에이커로 급증하였다 −존스를 비롯한 일부 학자들이 "환영처럼 나타난 토지"라고 부르는 이 땅 덕분에 6배나 늘어난 것이다. 소위 "콜럼버스적 교환(Columbian exchange)"도 일어났는데, 거기서는 유럽에 감자를 이식(移植)한 것과 유럽의 가축을 거의 다 아메리카로 옮긴 것이 가장 중요했다(그림 2.3을 보라).[27] 당연히 유럽 내에서 유럽인들이 석탄 −산업혁명에 동력을 공급한 연료− 을 찾아 땅 속으로 깊이 파고 들어간 것도 아주 중요했다. 이러한 방법을 모두 동원하여, 유럽 −그리고 더 넓게 말해 서구− 은 강력한 경제 활황과 교역 혁명을 가져올 기초를 놓았고, 이런 활황과 교역은 모든 대륙을 하나의 거대한 시장으로 한데 결합시켰다.

존스는, 이런 모든 진보를 통해 유럽인의 특별한 탐욕 같은 것이 모

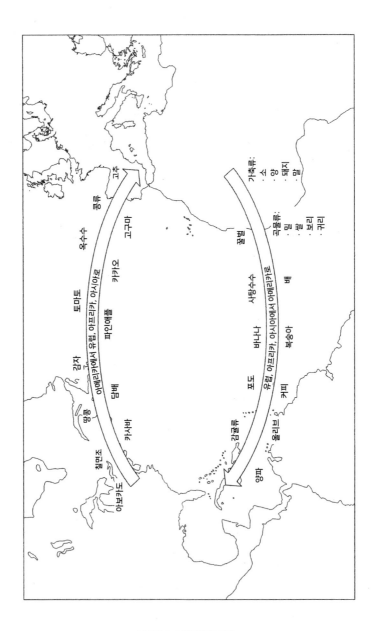

지도 2.3. 콜럼버스적 교환
유럽인의 아메리카 대륙 발견으로 '구세계'와 '신세계' 사이에
자연이 제공하는 값비싼 상품의 교환이 전례 없는 규모로 시작되었다.

습을 드러내었다는 주장을 인정하지 않는다. 그는 유럽인들이 가한 환경파괴가 이전에 본 적이 없는 수준에 이르렀던 것은 아니라고 지적한다. 아시아에서 전개된 산림파괴와 토양침식의 끔찍한 역사가 그런 생각이 완전히 거짓임을 보여준다. 새롭고 독특했던 것은, '신세계'에서 발견한 엄청난 생태학적 노다지를 거머쥘 수 있었던 −그리고 효율적이고 강력하게 이용할 수 있었던− 유럽의 역량이었다. 그는 이렇게 단언한다. "뜻밖의 횡재와 기업가적 진취성이 이렇게 결합하는 일은 역사상 단 한번 일어났다."[28] 수많은 학자들이 존스의 이런 해석에 이의를 제기했다 −이에 대해선 뒤에 다루겠다.

존스는 자신의 책 뒷부분 3분의 1정도를 아시아의 주요 문화들에 대한 설명에 할애하는데, 이는 아시아가 서구에 앞서 흥기하지 못하거나 서구와 같이 흥기하지 못한 이유를 제시하기 위해서였다. 그는 19세기 말이 되었는데도 농업 외 다른 직업에 종사하는 중국인이 전체 인구의 겨우 2퍼센트에 불과했다는 것을 증거로 내놓는다. 이에 비해 프랑스와 독일, 영국에서는 이미 1300년대에 전체 인구의 15퍼센트가 농업 외의 다른 직업에 종사했다. 추정컨대, 유럽의 고차원적 분야들에서 펼쳐진 이런 역량은 모두 생산성과 혁신을 키웠을 것이다. 이것은 또 유럽에서 아시아의 거대 문화들보다 훨씬 낮은 수준의 빈부격차가 나타났던 이유이기도 했다. 이에 대해선 아시아를 방문한 유럽인들이 흔히 지적했었다. 중국이나 인도에서는 부유층의 규모가 작아 부를 집중한 소수가 대규모 사치품 교역을 자극했지만, 유럽에서 나타난 와인, 소금, 목재, 어류, 곡물, 그 외 완제품 및 원료의 [즉, 일용필수품의 −옮긴이] 대규모 교역 같은 것은 전혀 일어나지 않았다(역시 4장에서 다루는 학자들이 이런 주장을 반박한다).

유럽은 그 자체로 하나의 세계로서, 풍부한 다양성을 지녔으면서도 언어(라틴어, 이탈리아어, 프랑스어)와 문화, 종교, 사상 및 기술의 지속적인 공유를 통해 통일된 아(亞)대륙이었다. 아시아의 거대 국가들 사이에는 공통점이 거의 없었다. 서아시아의 오스만 제국에서 동아시아의 청 제국에 이르기까지, 아시아의 거대한 나라들은 군사적 전제국가였다. 이 것이 그 나라들이 가진 거의 유일한 공통점이었다. 그들 사이에는 인종적 특징이나 민족적, 문화적, 종교적 특징 면에서 공유하는 바가 전혀 없었다. 존스는 이렇게 쓰고 있다. "아시아는 아대륙들을 모아놓은 것으로, 그 자체로 분열되어 있다."[29]

게다가 유럽과 달리, 아시아의 핵심부 지역들 사이에는 명확한 경계가 없이, 불명확하고 흔히 저개발 상태이며 지속적으로 분쟁이 벌어지는 경계지대가 있었다. 존스의 주장은, 유럽의 특출한 다양성과 의미심장한 통일성이 끊임없는 실험과 경쟁 그리고 아울러 협력도, 즉 아마도 이러한 것들의 "완벽한 결합" 같은 것을 촉진했을 수 있다는 것이다. 유럽이 가진 한 가지 독특한 특징은 유럽이 다른 문화로부터, 특히 아시아의 거대 문명들로부터 기술적 지식을 지속적이고 집약적으로 받아들였다는 점이었다. 유럽은 다양한 여러 지역들로 분열되었긴 했지만, 아시아와는 반대로, 그 지역들 모두가 하나의 지적·기술적 혁신 공동체로 통일되었고, 그 공동체의 구성원들은 열정적으로 끊임없이 협력하고 서로로부터 배웠다. 경쟁적인 국가 체제 자체도 활용 가능한 진보와 업적들을 온 힘을 다해 모방하고 흡수하려는 노력들을 자극했다. 유럽 어디에서나 사상가와 실천가들은 어떤 문제든 한 곳에서 해결이 되면 다른 모든 곳에서도 극복할 수 있을 것이라는 가정 위에서 행동했다.[30]

유럽은 다른 문화들이 놓은 기초 위에 흥기했다(마셜 호지슨)

시카고 대학에서 맥닐의 동료였고 저명한 이슬람 역사 전문가인 마셜 호지슨(Marshall Hodgson)[9]은, 유럽의 흥기가 다른 문화들, 특히 이

9 1922-1968년. 미국의 이슬람사 연구자로서, 원래 오리엔탈리즘 연구로부터 시작하여

슬람 문화로부터 받은 영향에 힘입은 것이라고 주장했다. 약 3,000년 동안 중요한 새로운 기술과 사상은 모두 아프로·유라시아의 많은 사회들이 받아들일 수 있을 만큼 느린 속도로 대륙 전역에 걸쳐 스며들었다. 이지리적 연속체에 펼쳐진 지역과 문화들은 모두 점진적으로 발전했고 문명의 확산도 점진적으로 이루어졌다. 한 사회가 무엇인가 업적을 이루었다면, 그것은 아프로·유라시아의 모두가 참여하여 이룬 것이었다.

> 상호 연결된 지대의 완전한 크기는 어떤 한 시기에 전체 인간 자원의 이용도를 결정짓기에 그 자체로 중요했다. 그러나 훨씬 더 중요한 것은 ··· 아프로·유라시아 대륙 발전의 역사적 구성요소들이 몇 배로 늘어난 것이었다. 그런 확장 전체가 그 구성요소 하나하나보다 훨씬 더 큰 영향을 미쳤다.[31]

어떤 사회도 급속한 기술 혁신을 통해 전면적으로 다른 사회를 제치고 나아갈 수 없었기 때문에, 주요 문명들의 지위는 대체로 동등했다.

이따금 강력한 기술적·문화적 변동이 상호 연결된 선진 세계를 휩쓸기도 했다. 그런 변동 중 가장 중요한 것으로는, 기원전 1000년 이후의 철기시대와 위대한 철학적·종교적 체계들이 거의 모두 등장했던 기원전 500년경에 시작된 시대 ―독일철학자 칼 야스퍼스(Karl Jaspers)[10]

시카고 대학에 미국 최초로 이슬람 역사 강좌를 열었으며, 그의 사후에 간행된 『이슬람의 모험(The Venture of Islam)』(전3권)은 미국에서 처음으로 간행된 이슬람 연구서로 사실상 미국에서 제대로 된 이슬람 역사 연구의 시작을 알렸다. 46세에 일찍 사망한 그는 지금도 이슬람 역사 및 세계사 분야에서 개척적인 역할을 한 것으로 높이 평가받고 있다. 실천적 퀘이커교도였던 그는 자신의 종교적 신념에 입각해서 제2차세계대전에서 양심적 병역거부자였고, 향후 자신의 연구 시각과 방법, 방향에도 큰 영향을 받았다.그래서 그는 칼 마르크스에게서 영향 받아 역사에서 물질의 중요성을 인정했지만, 그럼에도 인간의 재능과 창의성이 미치는 영향도 중시했고 이를 통해 세계사의 흐름에 접근하고자 했다.

10 1883-1969년. 현대 철학, 신학, 정신의학에 깊은 영향을 미친 독일의 철학자. 흔히 독일 실존주의의 주창자 중 한 명으로 여겨지지만, 그 자신은 이렇게 불리는 것을 거부했다. '축의 시대'는 야스퍼스가 자신의 책 『역사의 기원과 목적(Vom Ursprung und Ziel der Geschichte)』(1949)에서 제시한 개념으로, 기원전 8세기에서 3세기 사이를 가리킨다. 야스퍼스에 따르면, 이 시기에 페르시아, 인도, 중국, 그리스·로마를 비롯

는 이를 "축의 시대(Axial Age)"라고 불렀다— 를 들 수 있다. 이런 변혁들은 주요 문화들을 한층 깊이 규정지었지만, 또한 거기에는 이 문화들 간의 극적인 상호 영향도 수반되었다. 호지슨은 개별 문명이나 문화보다 이런 상호 연결성에 더 집중할 것을 촉구한다.

이런 맥락에 딱 들어맞으면서 아울러 맥락 자체를 근본적으로 바꾼 것이 이슬람의 등장이었다. 기원 후 첫 번째 천년기 동안 크든 작든 유라시아의 여러 문화들에 속한 모든 사람들은 보편 종교의 힘과 설득력을 신뢰했다.

> 이런 문화적 환경 속에서 이슬람이 분출되어 나와, 스스로 보편 종교의 정점임을 자임하며 곧바로 지중해와 인도양의 세력 균형을 변모시켰다. 아울러 그것은 중국의 영향력이 미치는 경계지대였던 유라시아 스텝지대에서도 세력 균형을 바꾸었다.[32]

이슬람은 유라시아 대륙 거의 모든 곳에 스며든 종교적 이상을 낳았고, 기존의 크고 작은 문명들에 정치적이면서 동시에 문화적으로 피할 수 없는 강렬한 도전을 제기했다. 이런 도전에는 평등주의와 코즈모폴리터니즘, 보편적 합법성, 도시 및 상인 생활의 가치에 대한 존중 같은 강력한 관념들이 포함되었다. 바로 그만큼 이슬람이 역사상 처음으로 이전의 지적, 문화적, 제도적, 기술적 성취들을 이것저것 가리지 않고 종합해 낸 것도 중요했다. (앞서 지적했듯이, 맥닐은 호지슨이 말하는 이런 특별함이 고대 그리스에 있다고 주장했다.)

이슬람의 도전은 유럽의 응전 —다시 말해 응전의 연쇄 또는 물결, 즉 십자군— 을 가져왔고, 이런 응전 속에서 기독교 세계는 거꾸로 이 위대한 문명에 대한 탐구에 빠져들었다. 호지슨은, 이슬람이 유럽에 미친

한 유라시아의 여러 문화들에서 철학과 종교상의 새로운 사유 방식이 발생했으며, 이들 사이에 아무런 문화적 접촉이 없었음에도 이런 발전이 동시에 일어났다. 이에 대한 세부적인 논의는, 카렌 암스트롱, 정영목 옮김, 『축의 시대: 종교의 탄생과 철학의 시작』(교양인, 2010)을 보라.

가장 큰 영향은 서구의 시야와 상상력을 확장시킨 것이라고 주장한다. 십자군 운동이 끝날 무렵 몽고군이 바그다드와 그 외 다른 문명 중심지들을 파괴했고, 이것을 호지슨은 사방에서 닥쳐오는 도시 정주 문화의 잠식을 막기 위한 유라시아 유목 민족의 마지막 노력이라고 생각했다. 하지만 아이러니하게도, 이 유목민 군대는 1세기 이상 동안 여러 지역들이 서로 활발하게 교섭을 행하는 데 유리한 조건을 창출했고, 그리하여 정주 사회들이 한층 더 발전해 나갈 수 있게 해주었다. 1300년대 중반의 흑사병은 몽고와 그 외 아시아 제국들을 약화시켰고, 후발주자인 서구가 '동방(Orient)'의 부를 거머쥘 수 있게 하였다.[33] 그럼에도 유럽의 르네상스는 근대 세계를 촉발시키지 않았다. 그것은 그저 유럽의 문화 수준을 유라시아의 다른 위대한 문화들이 가진 수준으로 끌어올렸을 뿐이었다. 실제로 호지슨은 "근대"의 시작을 1500년으로 두는 맥닐의 연대 설정을 거부한다. 유럽인의 대서양 항해에는 중요한 기술 진보가 수반되지 않았고, 모든 다른 위대한 문명들도 우월하지는 않지만 유럽과 비슷한 수준의 기술을 지니고 있었다고 그는 주장한다.

역사상의 위대한 문화들은 −유럽을 제외하고− 모두 아시아에 있었다. 그러므로 세계사는 인간의 문화적 자원 대다수가 처음으로 등장했던 아시아에 초점을 두어야 한다. 특히 이슬람 세계에 강조를 두는 것은 유럽을 탈중심화하고 보다 글로벌적이고 다양하고 상호 연결된 세계사 개념을 발전시키게 만든다. 학자들이 '암흑기'라고 부르곤 했던 시기(5−8세기)로부터 서서히 등장한 유럽은 그 후 여러 세기에 걸쳐 아프로·유라시아 대륙 전역의 다른 문화들과 아주 천천히 연결되었다. 이런 연결과 그로 인해 발생한 차용 덕분에, 유럽은 이전에는 이룬 적 없는 무엇인가를 성취하게 되었다. "오래된 문화적 핵심 지역들의 문화가 그저 약간 확장된 것이 아니라, 거대한 새로운 지역이 낡은 핵심 지역들과 나란히 풍부하고 세련되며 독창적인 문화를 독자적으로 펼쳤던 것이다."[34]

유라시아 대륙 전역의 모든 주요 사회가 꾸준히 그리고 지속적으로 사상과 기술을 공동으로 비축해 두었다가 거기서 여러 요소들을 서서히 채택해 갔다. 호지슨은 이렇게 썼다. 여러 시대에 걸쳐,

> 그리스인, 인도인, 이슬람교도들이 각각 영광의 나날들을 누렸지만, 장기적으로 보면 결국 그 모두가 대체로 동등한 지위에 있었다. 이는 수천 년에 걸쳐 일어난 새로운 발전들이 진정으로 기초적인 것이라면 그것이 무엇이든 어디에서나 4, 5세기의 시간차를 두고 −화약 무기와 같은 경우 훨씬 더 빨랐지만− 서서히 채택되었기 때문이다.[35]

즉, 그 이후 유럽인들이 "서구의 대변환(Great Western Trans-mutation)" −호지슨의 표현− 을 통해 게임의 규칙을 바꾸었던 것이다. "서구의 대변환"이란 표현은 유럽 사회 모든 영역에서 기술적 분화가 전개되어 이전에는 상상조차 할 수 없을 수준으로 효율성을 끌어올릴 수 있었던 것을 말하며, 이는 산업혁명으로 이어졌다. 그 결과로 얻은 패권을 통해 유럽을 비롯한 모든 전통 사회의 문화들이 파괴되었고, 역사적 변화가 가속화되었다고 그는 주장한다. 여러 세기가 아니라 단 몇 십 년만에 중요한 새로운 발전들이 전개되었다. 따라서 지구상의 어떤 문화도 자신의 패권적 지위에 만족하여 안주하거나 새로운 기술의 발명이나 차용의 속도를 늦출 수가 없었다.

> 곧바로 −적어도 17세기 말 무렵에는− 비서구인들 전체가 국외자로서 '서방(Occident)'에서 등장하고 있던 새로운 문명화된 생활 질서에 대처하는 문제에 직면했다.[36]

그때부터 비서구인들은 과거에 그들이 누렸던 각자 나름의 독자적인 발전 경로를 더 이상 따라갈 수가 없었다.

　　이런 변혁은 위대한 세계 문명들 전체에 파국적인 결과를 낳았다. 상대적이든 절대적이든 그런 문명들의 쇠퇴는 내부의 원인에 의한 것도, 필연적인 것도 아니었다. 쇠퇴의 원인은, 유럽이 기술 발전에 대한 새로운

기준을 세워 그에 접근할 장벽을 높였기 때문이었다. 비서구인들은 그저 유럽의 불가항력적으로 거대한 기술력에 직면하여 그것을 따라갈 수가 없었을 뿐이었다. 16세기는 여전히 이슬람 세계의 절정기에 속했지만, 2세기가 지나자 이슬람 세계는 극적으로 무너졌고, 19세기 초 무렵에는 이슬람 세계에 대한 서구의 대규모 무력간섭이 시작되었다.[37] 비서구 문화들은 수천 년 동안 뛰어난 성취를 이루어 번성할 수 있었다. 그럼에도 이 문화들 중 어느 것도 근본적인 변혁을 이룬 '서방'의 전례 없는 무력과 영향력을 이겨낼 수가 없었다. 어떻게 하여 서구가 세계 나머지보다 훨씬 앞서 나가게 되었는가라는 질문이 중요한 시점에, 특별하게 이슬람 세력이 뒤쳐진 이유가 무엇인가라고 묻는 것은 아무런 의미가 없다.[38]

그렇더라도 '서구의 변환'과 관련하여 필연적인 것은 전혀 없었다. 어쨌든 일어날 일이라면, 이런 기술 역량의 가속화는 어디선가 반드시 일어났을 것이다. 호지슨은 "왜 유럽인가"라는 질문에 답하기 위해 여러 가지 유럽에 유리한 지리적 특징을 거론한다. 그러나 그는 더 나아가 '서구의 변환' 같은 일이 제한된 한 지역에서만 일어날 수 있었다는 생각을 부정했다. 최초의 문명에 속한 문자를 가진 도시 사회들은 습관과 관습, 기술, 사상, 전통의 점진적인 구축이 없었다면 절대 등장하지 못했을 것이다. 이와 마찬가지로, '서구의 대변환' 역시 동반구 전역에 걸쳐 퍼져있던 사람들과 문화들이 숨결을 불어넣은 진보와 발견에 기초하지 않았다면 일어날 수 없었을 것이다.[39]

이어서 호지슨은 중국의 송(宋)나라와 지중해 연안의 주요 사회들을 특별히 거론한다. 그는 이런 사회들의 기여가 없었다면 서구는 절대 흥기할 수 없었다고 주장한다. 여기서 그는 한 걸음 더 나아간다. 근대에 이슬람 세계가 어떤 성취든 이룬 것이 있는가 여부보다, "[근대에 대한 − 옮긴이] 인간의 필사적인 대응으로서 그리고 그 무엇도 대신할 수 없는 인간의 노력으로서 이슬람 세계의 질적 탁월함"을 묻는 것이 훨씬 더 중요한 질문이다.[40] 다시 말해, 위대한 비서구 문명들은 근대세계의 등장에 분명 중요한 영향을 주었고 아울러 특출한 성공을 거둔 문화들로서 본질적인 가치를 지니고 있기에, 그 문명들은 소중하며 응당 연구되어야 하는 것이다.

게다가 호지슨은 '변환'이 다른 곳에서 일어났을 수도 있었다고 믿는다. 예컨대, 송나라의 경우 특출한 기술적·문화적 진보를 이루었지만 몽고의 침략으로 인해 가로막혔다. 또 근대성도 사실 이슬람 세계에서 먼저 등장했을 수도 있었다. 호지슨에 따르면, 그랬을 경우 국민국가가 아니라 초-울라마(super-ulama)[41]가 다스리는 국제적인 집단체 같은 것이 발전하여 초월적인 이슬람 법전 같은 것에 기초하여 산업사회를 조절하고 있을 수도 있는 것이다. 세계 질서가 그런 식으로 이루어졌다면 이슬람의 보편적이고 평등주의적인 원리들이 아주 뚜렷하게 퍼졌을 것이다.

호지슨은 비서구 문화의 쇠퇴를 서구의 식민화나 제국주의 탓으로 돌리는 것을 거부했다. 근대에 벌어진 저개발 세계의 비극은 전반적인 역사적 맥락 속에서 등장한 것이고, 그 맥락 속에서 서구 국가의 정부들은 대단치 않은 역할을 했을 뿐이었다.[42] 하지만 다른 많은 학자들은 식민주의 강대국들에 대해 그렇게 너그럽지 않았다. 이에 대해선 3장에서 살펴볼 것이다.

결론

이 장에서 다룬 학자들은 외적 요소가 유럽의 흥기에 핵심적이었다고 본다. 특히 대부분이 유럽의 흥기를 비롯해 거의 모든 인간 진보를 설명하는 데 다른 무엇보다 중요한 것이 사람들 사이의 상호 연결과 상호 영향이라고 보고 있다. 또 대부분이 아프로·유라시아적 차원의 풍부한 문화, 사상, 기술, 제도를 강조하면서 이를 기초로 유럽인들이 자신의 문명을 건설했다고 생각한다. 한편 지리 및 기후상의 우연이 주도적인 역할을 부여했다고 보는 학자들도 있었다. 그들은 일반적으로는 유라시아, 그리고 특수하게는 유럽이 세계에서 가장 유리한 자연 조건을 부여받은 곳이었다고 주장한다. 그들 주장의 주된 요점은 유럽과 서구만이 특출하게 창조적이거나 혁신적이었던 것은 아니라는 것이다. 이 학자들 중 누구도 유럽 밖에서 이루어진 자원과 인간에 대한 수탈이 서구의 흥기에 얼마간 기여했음을 부정하지 않는다. 하지만 그들 중에는 그런 수탈을 자기 해석의 중심에 두는 이도 없다. 이와 달리, 3장에서 다룰 학자들은 수탈이라는 문제에 중점을 두는 이들이다.

◈ 더 읽을거리 ◈

[세계사의 등장]

Jones, Eric, *Growth Recurring: Economic Change in World History*, Oxford: Clarendon Press, 1988.

Marks, Robert B., *The Origins of the Modern World: A Global and Ecological Narrative*, Lanham, Md.: Rowman & Littlefield, 2002.[로버트 B. 마르크스, 윤영호 옮김, 『다시쓰는 근대세계사 이야기 – 세계화와 생태학적 관점에서』, 코나투스, 2007]

Snooks, Graeme Donald, *The Dynamic Society: Exploring the Source of Global Change*, London: Routledge, 1996.

Stavrianos, L.S., *The World to 1500: A Global History*, Englewood Cliffs, N.J.: Prentice Hall, 1970.

Stearns, Peter N., *Western Civilization in World History*, New York and London: Routledge, 2003.

Van Leeuwen, Arend Th., *Christianity in World History: The Meeting of the Faiths of East and West*, translated by H.H. Hoskins, New York: Charles Scribner's Sons, 1964.

[지리]

Chirot, Daniel, *How Societies Change*, Thousand Oaks, Calif.: Pine Forge Press, 1994.

Crosby, Alfred, *The Columbian Exchange: Biological and Cultural Consequences of 1492*, Westport, Conn.: Greenwood Press, 1972.[앨프리드 W. 크로스비, 김기윤 옮김, 『콜럼버스가 바꾼 세계』, 지식의숲, 2006]

Morris, Ian, *Why the West Rules –For Now*, New York: Farrar, Straus & Giroux, 2010.[이언 모리스, 최파일 옮김, 『왜 서양이 지배하는가 –지난 200년 동안 인류가 풀지 못한 문제』, 글항아리, 2013]

[세계 문화들 간의 상호 연결]

Clark, Robert P., *The Global Imperative: An Interpretive History of the Spread of Humankind*, Boulder, Colo.: Westview Press, 1997.

McNeill, J.R., and William H. McNeill, *The Human Web: A Bird's-eye View of World History*, New York: W.W. Norton, 2003.[존 맥닐 · 윌리엄 맥닐, 유정희 · 김우영 옮김, 『휴먼 웹 –세계화의 세계사』, 이산, 2007]

Phillips, J.R.S., *The Medieval Expansion of Europe*, Oxford: New York: Oxford University Press, 1988.

Thompson, William R., *The Emergence of the Global Political Economy*, London and New York: Routledge, 2000.

◈ 주 ◈

1) William McNeill, *The Rise of the West: A History of the Human Community* (Chicago: University of Chicago Press, 1963).
2) 그는 『서구의 흥기』를 "1933년에서 1963년까지 시카고 대학을 구성한 학자 공동체에게" 헌정했다.
3) McNeill, *The Rise of the West*, 253.
4) Ibid., 249.
5) Ibid., 480.
6) Ibid., 652.
7) Ibid., 411−412.
8) Ibid., 539.
9) Ibid., 558−559.
10) Ibid., xxviii.
11) Ibid., xxiv.
12) Jared Diamond, *Guns, Germs, and Steel: The Fates of Human Societies* (New York: W.W. Norton, 1997).
13) Ibid., 14.
14) Ibid., 103.
15) Ibid., 132.
16) Ibid., 407.
17) Ibid., 407−408.
18) Ibid., 412.
19) David Cosandey, *Le Secret de l'Occident: Du miracle passé au marasme présent*(Paris: Arléa, 1997).
20) Ibid., 271−272. 강조는 원저자의 것이다.
21) Ibid., 314.
22) E.L. Jones, *The European Miracle: Environments, Economies, and Geopolitics in the History of Europe and Asia* (London and New York: Cambridge University Press, 1981).
23) Ibid., 27.
24) Ibid., 15.
25) 그는 또 아시아의 오래된 남아선호관습도 같은 방식으로 설명한다. 남자아이가 더 튼튼해서 재앙 이후의 재건 작업에 더 도움이 될 수 있다는 것이다.
26) Jones, *The European Miracle*, 106.
27) 세계를 바꾼 이 조우에 대해선, Alfred Crosby, *The Columbian Exchange: Biological and Cultural Consequences of 1492* (Westport, Conn.: Greenwood Press, 1972)를 보라.
28) Jones, *The European Miracle*, 84.
29) Ibid., 161.
30) Ibid., 45.

31) Marshall G.S. Hodgson, *Rethinking World History: Essays on Europe, Islam, and World History*, ed. Edmund Burke, III (Cambridge: Cambridge University Press, 1993), 19.

32) Ibid., 23.

33) Ibid., 25.

34) Marshall G.S. Hodgson, *The Venture of Islam: Conscience and History in a World Civilization*, vol. 2, *The Expansion of Islam in the Middle Periods* (Chicago: University of Chicago Press, 1974), 334.

35) Hodgson, *The Venture of Islam*, vol. 3, *The Gunpowder Empires and Modern Times*, 200.

36) Ibid.

37) Hodgson, *Rethinking World History*, 125.

38) Ibid., 215, 217.

39) Ibid., 67-68.

40) Ibid., 77.

41) '울라마'는 이슬람 율법학자 및 성직자 집단을 가리키는 말이다

42) Hodgson, *Rethinking World History*, 217.

| 3 | 제국주의와 수탈

　유럽 전역에 걸쳐 제1차 세계대전이 벌어지던 중인 1916년에 러시아의 볼셰비키 지도자 블라디미르 레닌(Vladimir Lenin)은 지구 전체에 대한 경제적 · 정치적 지배를 둘러싸고 유럽 선진 강대국들 사이에 벌어지던 치열한 경쟁을 명료하게 설명하는 책자를 내놓았다. 중립국 스위스에 망명 중이던 그는 마르크스의 잉여가치이론 −자본가들은 오로지 서로 간에 경쟁하기 위해서 이용 가능한 노동으로부터 끊임없이 생산물을 짜낼 수밖에 없다는 생각− 에 입각하여 그런 설명을 제시했다. 이런 생각에도, 서론에서 지적했듯이, 서구의 흥기에 대한 설명이 담겨있었다. 근대 초기 유럽의 기업가와 투자자들은 오로지 소모할 수 있을 뿐인 가치의 원천 −노동− 으로부터 점점 더 많은 부를 추출할 수 있는 방법을 알아냈다. 그저 무엇인가를 만들거나 행하는 데 노동을 이용하는 것이 아니라, 무엇인가를 만들거나 행할 수 있는 무엇인가를 만드는 데 노동을 이용할 수 있었던 것이다. 마르크스는, 기계와 그 외 기술이 "축적된" 자본, 즉 부라고 결론지었다. 따라서 획득 가능한 부의 양은 더 이상 인간의 생식에 의해, 예컨대, 플랜테이션이나 장원에서 태어나거나 그런 곳으로 들여온 노예나 농노의 수에 의해 제한되지 않았다. 자본가들은 노동 자체를 훨씬 더 창조적인 형태로 재생산할 수 있었다.

　레닌은 또한 당시 아시아와 특히 아프리카에서 주요 유럽 강대국이 수행한 영토 팽창을 설명한 학술적인 글과 언론 기사들을 주의 깊게 읽었다. 레닌은 『제국주의, 자본주의의 최고 단계(*Imperialism, the Highest Stage of Capitalism*)』(1917년)의 결론에서, 가장 선진적인 경제들에서 기업이 독점과 카르텔을 창출함으로써 규모와 범위의 최대 효율을 달성한다고 하였다. 그는 더 나아가 오로지 발전도상국들을 수탈함으로써만 유럽 자본가들이 이윤 및 잉여가치를 지속적으로 증가시킬 수 있다고 주장했다. 이런 수탈을 발생시키는 전형적인 수단은 투자와 자본 수출, 이자 상환을 조건으로 한 대부였다. 후진국에서는,

> 자본이 부족하고 토지 가격이 비교적 싸며 임금이 낮고 원료 가격이 싸기 때문에 보통 이윤이 높다. 그곳에서는 주요 철도가 건설되었거나 건설되고 있는 중이며 산업 발전을 위한 기본 조건들이 마련되어 있는 등, 수많은 후진국들이 국제 자본주의적 교류 속에 편입되어 있다는 사실로 인해 자본을 수출할 가능성이 창출된다.[1]

자본가들은 당연히 투자에 대한 막대한 보상을 받았다. 또 그들의 정부는 흔히 외교적이거나 경제적이거나 군사적인 양보를 얻었다. 예컨대 항구에 대한 접근권이나 무기구매협정 같은 것들이다. 발전도상국들 전체에 걸쳐 있는 방대한 은행망의 지원을 받아 끊임없이 확장하는 산업 회사들이 세계 대부분을 자신들 사이에 나누었다고 레닌은 주장했다.

마르크스는 사회의 약한 요소들 ―해외 식민지들을 비롯하여― 을 착취한다고 자본가들을 경멸했지만, 그럼에도 이런 경향성을 진보적인 것이라고 여겼다. 결국 자본주의적 효율성은 역사상 가장 폭발적인 거대한 부의 창출로 이어지고, 그렇게 축적된 부에 힘입어 선진국의 가장 가난한 계급은 궁극적으로 마르크스가 볼 때 굉장히 공명정대한 경제 체제인 사회주의를 가져올 터였다. 마찬가지로 레닌도 서로 다투는 제국주의 강대국들을 다만 경멸할 뿐이었고, 그 역시 미친 듯한 강대국들의 패권 다툼이 필연적으로 사회 발전의 보다 높은 단계를 향해 이어지고 있다고 믿었다.

역전된 로빈 후드 경제학[1]

마르크스와 레닌이 자본주의적 수탈과 제국주의의 원인들에 초점을 맞추었던 반면, 다른 이론가들은 1960년대 이래 발전도상국들의 지속적인 후진성과 빈곤에 대한 설명들을 발전시켰다. 이런 이론들에 따르면, 발전도상국들이 가난해지고 여전히 가난한 이유는 그 나라들을 종속적으로 만들어 자신들의 완전한 가능성에 도달할 수 없게 하는 제국주의적 식민 정책 때문이었다. 이에 반해 그 나라들이 가진 부와 자원의 큰 부분은 가장 선진적인 경제들에게 전용되었고 여전히 지금도 그러하다. 다시 말해, 바로 발전도상국들에 대한 수탈이 선진국들을 부유하게 만들었고, 바로 그만큼 발전도상국들은 가난한 것이다.

서구는 다른 곳들을 계속 가난하게 만듦으로써 부유해졌다(안드레 군더 프랑크)

최초의 가장 유명한 "종속이론가"로는 안드레 군더 프랑크(Andre Gunder Frank)[2]가 있다. 독일계 미국 경제학자인 그는 3개 대륙의 15개

---

1 Reverse Robin Hood economics. 로빈 후드는 부자에게서 빼앗아 가난한 자에게 나누어 주었다. 경제 활동의 결과로 소득이 재분배되어 경제적 불평등이 줄어드는 것을 '로빈 후드 효과(Robin Hood effect)'라고 한다. 반면에 화폐 발행이나 통화 팽창 등 경제 활동의 결과로 가난한 자에게서 빼앗아 부자에게 나누어 주는 현상을 가리켜 이렇게 표현한다. 즉 '부익부 빈익빈' 현상을 말한다. 현대 경제학자들은 특히 오늘날 금융 기능의 상당 부분이 이런 결과를 가져온다고 한다.

2 1929-2005년. 독일계 미국인 사회학자 및 경제사가. 1970년대에 종속이론을 주창하고 1984년 이후에는 세계체제 논의에 참여하여 자기 나름의 독특한 세계체제론적 시각을 제시했다. 독일에서 유대인으로 태어났지만 곧 나치를 피해 스위스로 옮겨 교육을 받았다. 1941년 미국으로 왔고, 1957년 시카고 대학에서 소련 농업을 주제로 경제학 박사학위를 받았다. 1970년대에 칠레 아옌데 정부 하의 칠레 대학에서 사회학 및 경제학 교수로 있으면서 라틴아메리카의 '종속적 현실'을 직접 조사하고 연구했다. 아옌데 정부 붕괴 후 유럽으로 도피하여 1984년부터 은퇴할 때까지 암스테르담 대학 발전경제학 교수였다. 그는 마르크스의 정치경제학 개념을 활용했지만, 역사발전단계론이나 경제사 이론은 거부했다고 한다. 제3세계 경제 연구에 큰 영향을 미쳤지만, '종속의 재생산'을 영속화한다는 비판을 받았으며, 세계체제론의 경우 '5,000년 세계

대학에서 여섯 가지 언어를 사용하여 사회과학의 모든 분야를 가르쳤다. 1967년부터 쏟아져 나온 책과 논문들에서 그는, "제3세계"의 저발전이 이 나라들의 내적 결함이나 낮은 제도 또는 자원 및 자본의 부족 때문이 전혀 아니고 "주로 저개발 위성 국가와 현재의 선진 본국 사이에 과거와 그 후 계속된 경제 및 여타 관계들의 역사적 산물"이었고 지금도 그렇다는 생각을 밝혔다.[2] 국제 자본주의의 등장은 전(全)지구적인 분업관계를 창출하여, 제국주의 "본"국들이 자신의 "위성"(식민지들)로부터 잉여 부를 뽑아낼 수 있게 하였다. 이런 과정은 식민자들의 부를 늘렸지만 식민지들을 "저발전"의 지위에 머물게 만들었으며, 이는 이 식민지들이 발전에 성공할 수 없거나 선진 세계를 절대 따라 잡을 수 없다는 것을 뜻했다.

그런 위성 국가들 내에서는 토착민 엘리트들이 지방에 이류나 삼류의 지위를 부여하여 착취를 수행하면서 수탈 메커니즘의 자기 복제가 일어났다. 따라서 이런 엘리트들의 부 자체는 대다수 민중을 희생하면서 늘어났지만, 이들은 의도적이든 아니든 유럽이나 미국에 기반을 둔 주요 식민자들의 대리인 역할을 했다. 이런 나라들의 부가 대부분 결국에는 유럽이나 미국으로 들어갔기 때문이다. 더 나아가 프랑크는 발전도상 세계 내에 소위 "이중" 경제 —자본주의 이전 상태의 지역과 자본주의 지역이 함께 공존한다는— 가 존재한다는 생각을 거부한다. 반대로 대다수의 민중이 최저생계 수준에서 살아가는 최빈국의 가장 외딴 시골조차도 자본주의 경제에 편입되어 있으며, 바로 이런 이유로 이런 곳들도 여전히 가난하다. 실제로 종속과 수탈의 연쇄 고리는 자본주의 세계의 가장 부유한 중심과 가장 고립된 농촌 지역을 연결하고, 이윤의 대부분이 그 고리를 타고 위로 흘러가게 만든다. 프랑크의 시각에서 볼 때 자본주의 세계가 인류의 "궁극적인 적"이라면, 저발전 국가의 엘리트들은, 그의 책의 부제가 보여주듯, "직접적인 적"인 것이다.

'체제론'을 통해 역사의 발전을 부정하고 강력한 '중국중심주의'를 보여주었다는 비판도 받는다.

프랑크는 칠레와 브라질을 대상으로 세부적인 연구를 수행했는데, 이 두 나라는 모두 1960년대 말에 아주 종속적이고 비교적 저발전 상태에 있었다. 비록 오늘날 이 두 나라의 경제는 라틴아메리카에서 가장 성공적이지만 말이다. 프랑크는 근대 세계의 비서구 국가 중 가장 성공적인 나라인 일본을 하나의 반증(反證)으로 드는데, 일본이 성공한 이유는 그 나라가 서구의 위성 국가가 된 적이 없었기 때문이라고 그는 믿었다. 이에 비해 식민지 시기에 자본주의적 중심에 가장 많은 재화 ─예컨대, 서인도제도산 설탕이나 페루와 볼리비아 고지대산 은─ 의 흐름을 제공했던 그런 나라나 지역들은 그 어느 곳보다 궁핍하고 저발전 상태인 지역이 되었다.

그 이후 다른 많은 학자들이 이런 마르크스주의적 해석에 기초를 두면서도 그를 더 발전시켜 일부 나라들이 부유해지는 반면 다른 나라들은 여전히 가난한 이유를 설명하고자 했다.

아프리카인의 노동이 서구의 흥기에 불을 지폈다(조지프 E. 이니코리)

18세기로 거슬러 올라가고 19세기에 칼 마르크스에게도 영향을 주었던 또 다른 논법은 '신세계'의 노예무역과 식민지 플랜테이션 경제에서 얻은 엄청난 이윤을 지적하여 영국의 산업혁명을 설명하려는 것이다. 일찍이 그런 설명을 학술적으로 제기한 이 중 가장 유명한 사람은 에릭 윌리엄스(Eric Williams)[3]였다. 그는 1944년 자신의 연구서 『자본주의와

---

3 1911-1981년. 저명한 카리브 해 역사가이자 정치가. 영국령 트리니다드에서 흑인과 크레올인 부모 아래에서 태어났다. 트리니다드에서 계속 교육받은 후, 카리브해 식민지 출신에 대한 특별 전형을 통해 옥스퍼드 대학에 들어가 1938년 박사학위를 받았다. 그 박사학위를 간행한 것이 바로 『자본주의와 노예제』이다. 이후 1950년대에는 정치 활동을 시작하여 트리니다드토바고의 독립에 힘썼고 독립 이후 초대 수상이 되기도 했다. 1960년대 말과 70년대 초에는 '블랙파워' 운동에도 적극 참여했다. 그의 학술적 영향은, 무엇보다 유럽 자본주의 발전과 노예제 및 노예무역의 관계를 처음으로 문제시한 데 있다. 오늘날 그가 『자본주의와 노예제』에서 제시한 세부적인 주장은 윌리엄스가 절대 볼 수 없었던 풍부한 통계를 동원한 여러 학자들, 특히 유럽 및 미국인

노예제(*Capitalism and Slavery*)』에서 이런 견해를 제시했고 나중에 서인도제도의 독립국 트리니다드토바고(Trinidad and Tobago)의 첫 번째 수상이 되기도 했다. 윌리엄스 이후 이런 주장을 제기하는 연구서들이 급격하게 늘어났는데, 그 중 학술적인 면에서 가장 최근에 가장 강력한 기여를 한 이는 나이지리아 태생의 로체스터(Rochester) 대학 경제사 교수인 조지프 E. 이니코리(Jeseph E. Inikori)[4]이다.

이니코리는 『아프리카인과 잉글랜드 산업혁명(*Africans and the Industrial Revolution in England*)』에서,[3] 방대한 학식과 인상적인 깊은 연구를 통해 대외무역이 영국의 산업화에 중심적인 역할을 했고 이 과정에 아프리카인들이 이전에 인정되던 것보다 훨씬 더 많은 기여를 했음을 입증한다. 그는 영국 내 경제적 수요의 증가와 산업 기업이 활용할 자본 축적에 인구 성장과 활발한 국내 시장이 가진 중요성을 부정하지 않는다. 또 그는 기술 혁신의 역할을 간과하지도 않는다.[4] 대신에 이니코리는, 잉글랜드 중부와 북부에 처음 들어선 근대적 산업 중심지들에서 수많은 발명가와 기업가들이 이룬 극적인 일련의 약진들을 자극한 것에는 제조업 상품에 대한 국외 수요도 있었다고 주장한다. 그리고 아프리카인의 노동과 노예무역, 그리고 이와 관련해 발생한 대서양 경제 전역에 걸친 경제적 투입이 산업화 과정의 성공적인 완수에 반드시 필요했다고도 주장한다.

이니코리의 정치한 논증과 그를 위해 드는 증거는 몇 마디 구절로 요약될 수 있다. 우선, 그는 산업혁명으로 잉글랜드의 기업가와 상인들이 "수입대체" -수입품을 대체하기 위해 국산품을 생산하는- 정책을 따라

학자들에 의해 강한 비판을 받고 있지만, 그럼에도 그가 제기한 기본 문제 설정은 여전히 무너지지 않았고 지금도 유럽 경제사의 가장 뜨거운 논쟁대상 중 하나이다.

4 1941년 출생. 나이지리아 출신의 영국 경제사가. 1973년 런던경제대학에서 경제학 박사학위를 받았다. 대서양 노예무역의 양적 추정, 노예무역이 영국만이 아니라 아프리카 서부에 미친 경제적 영향 등, 노예제와 노예무역 연구에 가장 큰 공헌을 한 학자로 평가받는다.

갈 수 있었다고 주장한다. 이것은 이런 정책으로는 역사상 최초의 성공 사례였다. 게다가 이런 과정은 거의 전적으로 자본재 ―공산품 제조에 쓰이는 기계와 원료― 의 국내 생산을 통해 일어났다. 이 과정은 또한 임금 상승을 가져옴으로써 제조업 상품에 대한 수요를 한층 더 자극했으며, 이는 발전의 선순환으로 결과했다.

그렇지만 이런 발전에 핵심적인 전제조건은 그에 앞선 대외무역의 팽창이었다. 즉 수입대체를 하려면 그에 앞서 높은 수준의 수입이 있어야 하는 것이다. 실제로 18세기까지 영국에는 모직물을 제외하면 대량 생산 제조 상품이 별로 없었다. 이니코리는 1663년에서 1724년까지 해외무역과 관련된 서비스 부문이 제조업 상품 수출이나 공업 투자보다 훨씬 더 빠르게 성장했음을 보여준다. 이것은 해외무역이 어떤 다른 요소보다 영국의 경제를 자극하고 있었음을 시사한다. 따라서 1734년의 "플라잉셔틀(flying shuttle)" 개발로 시작하여 직물 제조업에 혁명을 가져온 특출한 일련의 기술적 진보를 크게 촉진한 것은 대외무역이었다고 보는 것이 타당한 것 같다. 실제로 영국에서 산업화를 추동한 몇 안 되는 지역들 ―웨스트미들랜즈(West Midlands), 랭커셔(Lancashire), 요크셔(Yorkshire)의 웨스트라이딩(West Riding)― 은 런던과 번성하던 남동부 지역을 비롯한 영국의 나머지 지역보다 해외 시장과 더 직접적으로 연결되었고, 부의 성장이 더 빨랐다. 그리고 영국의 상품 ―처음엔 철물류였고 나중엔 직물류― 시장 중 가장 빨리 성장한 곳은 영국령 카리브해와 서아프리카, 북아메리카였다. 의미심장하게도, 위에서 언급한 잉글랜드의 여러 지역들은 이전에는 잉글랜드 남동부보다 훨씬 빈곤했으며, 반면 남동부 지역은 산업화 과정 동안 상대적으로 쇠퇴했다. 예컨대, 잉글랜드에서 처음으로 산업화를 추동한 주요 지역인 랭커셔는 값싼 노동력과 해항(海港) 리버풀을 활용하여 강력한 이점을 누렸다(지도 3.1을 보라). 바다를 통한 상품 운송 비용이 훨씬 더 쌌기 때문에, 이런 산업화 지

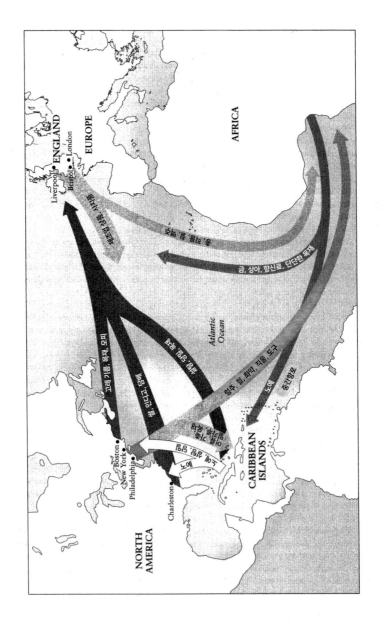

지도 3.1. 대서양 삼각무역

영국은 18세기에 유럽과 아프리카, 아메리카 사이에 전개된 "삼각무역"을 지배했다.

역들은 적어도 철도가 발달할 때까지는 영국 국내보다는 해외 무역에 더 많이 힘을 기울였다.

수십 년 동안 역사가들은 잉글랜드에서 발생한 산업혁명이 일련의 기술적 약진 덕분이라는 데 대부분 동의해 왔다. 하지만 그들은 그런 약진을 야기한 것이 무엇인지에 대해선 의견이 일치하지 않았다. 일부는 과학적 발견과 긴밀하게 결부된 창조적인 발명 과정이 그런 약진을 가능하게 했다고 주장한다. 다른 이들은 시장 수요를 강조하며, 이들 중 대부분은 국내 교역에 초점을 둔다. 그렇지만 이니코리를 비롯한 그 중 일부는 대외 무역이 사상가와 기업가로 하여금 경쟁자들보다 더 많이 생산하고 더 많이 팔 수 있는 생산 방법을 발견하는 데 시간과 에너지를 열정적으로 투자하도록 자극했다고 믿는다. 이니코리는 그들이 매우 실용적인 문제를 해결한 사람들이라고 지적한다. 예컨대, 에이브러햄 다비(Abraham Darby)[5]는 주철 냄비 생산에서 비용 효율을 더 높이기 위해 코크스를 연료로 철을 제련하는 혁명적 방법을 고안했다. 마찬가지로 매튜 볼턴(Matthew Boulton)[6]이 세계를 탈바꿈시킨 증기엔진을 개발하게 자극한 것도 시장의 힘이었다. 실제로 영국에서 가장 발명에 앞장선 이들은, 바로 기계 장치의 필요성이 가장 컸던 가장 빠른 경제성장 지역들의 기업가들이었음이 입증되었다.[5]

그러나 어떤 무역의 영향이 컸는가? 국내 교역인가 해외 무역인가? 이니코리가 제시하는 증거는 해외 무역을 가리킨다. 그리고 18세기 대부분 동안 이 무역의 주요 대상은 서아프리카와 아메리카였다. 이 두 곳이

---

5 1678-1717년. 코크스제련법을 발명한 것으로 유명한 영국의 발명가이자 기업가. 퀘이커 교도 가문 출신으로 잉글랜드 웨스트미들랜즈의 우드세턴(Woodsetton)에서 태어났다. 브리스틀에서 사업을 하기도 했으며 1709년 역시 웨스트미들랜즈의 코얼브룩데일(Coalbrrokdale)에서 본격적인 제련업을 하면서 코크스제련법을 발명했다.

6 1728-1809년. 웨스트미들랜즈의 주요 도시 버밍엄(Birmingham) 출신의 사업가이자 엔지니어. 제임스 와트의 동업자이기도 했다. 와트와 함께 기존 증기기관을 개선해 제조업의 발달에 공헌했을 뿐 아니라 화폐 제조의 기술 혁신도 이끌었다.

잉글랜드 제조업 상품의 70퍼센트 이상을 소비했고, 이는 동인도 지역과 유럽으로의 수출량이 전체의 30퍼센트도 되지 않았던 것과 비교된다.

잉글랜드에서 산업혁명을 추동한 것이 대외 무역과 특히 대서양 세계와의 무역이었다면, 1500년에서 1850년까지 이 지역에서 상업의 급속한 팽창을 야기한 것은 무엇이었는가? 이니코리의 연구는 다음의 요소를 주요한 이유로 제시한다.

> 인구학적 · 사회경제적 · 정치적 조건들이 독립적인 자유 생산자들의 소규모 생계형 생산에 유리했던 시기에, 노예가 된 아프리카인과 그 후손들을 아메리카의 대서양 교역용 대규모 상품 생산으로 강제로 특화시킨 것.[6]

아프리카인의 노동이 16세기에서 18세기에 걸쳐 스페인 식민지에서 나온 수출품 —금과 은을 비롯해— 의 40 내지 50퍼센트 정도를 생산했다는 것은 명백하다. 같은 시기에 브라질과 카리브해의 광업 및 상품 생산에 아프리카인의 노동이 제공한 기여는 그보다 훨씬 더 높았고 —100퍼센트이거나 그에 가까웠다—, 영국령 아메리카에서는 위의 두 수치 사이의 어느 지점에 해당했다. 이니코리는 총수출품 중 아메리카 전역에서 아프리카인들이 생산한 상품의 비중이 16세기 전반의 54퍼센트에서 18세기 전반의 83퍼센트로 꾸준히 성장했다가 19세기 중반 무렵 하락하여 69퍼센트 정도가 되었음을 보여주는 데이터를 제시한다. 그리고 그는 말투를 완전히 바꾸어 이렇게 지적한다. "대서양 교역을 위한 수출 상품 생산과 관련해 1650–1850년의 아메리카는 사실상 아프리카의 연장이었다."[7] 이런 수출은 대부분 결국 유럽에 이르러 경제 활동을 크게 자극했다. 특히 금 · 은 지금(地金)의 경우 16세기 가격혁명을 촉발했고 유럽인들이 막대한 양의 아시아산 상품을 소비할 수 있게 만들었다. 게다가 담배와 설탕 같은 아메리카산 상품의 가격이 크게 하락하여 1600년대 말에는 그런 상품들이 유럽의 일반 서민들도 즐기는 기본 식료품이 되었다.

아프리카인 노예의 노동을 이용함으로써 노예소유자들은 그 지역 전역과 그 이상에서 경쟁자들에 비해 이점을 누렸다. 영국은 어떤 다른 식민 세력보다 이런 이점에서 이익을 보았다. 영국의 식민지들에서는 1780년 무렵 아메리카의 수출상품 전체의 약 3분의 1이 생산되었고, 그 이후 20년 동안에는 반 정도가 생산되었으며, 19세기 중반 무렵에는 61퍼센트 이상이 생산되었다. 게다가 포르투갈 및 스페인과 체결한 영국에 유리한 조약들 덕분에, 브라질과 심지어 어느 정도는 스페인의 아메리카 식민지들도 "영국령 대서양 교역에 기여하는 영국령 아메리카의 일부"였다.[8] 마찬가지로 뉴잉글랜드 식민지의 기업가들도 가공할 해운 역량을 발전시킴으로써 아프리카인이 자극한 대서양 교역에서 이익을 보았다 ―이에 힘입어 그 지역의 투자자들은 19세기 초 수십 년 동안 '신세계' 최초의 산업화를 추동하기에 충분할 만큼 자본을 축적할 수 있었다.

노예무역과 그와 결부된 금융 및 운송 서비스들은 잉글랜드와 그것의 북아메리카 식민지들에서 발생한 부에 엄청난 기여를 했다. 이니코리는 광범위한 증거와 세심한 계산에 근거해, 18세기 영국이 1807년 의회가 노예무역 관행을 폐지할 때까지 노예무역을 지배했으며 거의 400만 명에 이르는 사람들을 아프리카에서 주로 영국령이 아닌 아메리카로 운송한 것에 책임이 있다고 결론짓는다. 이 수치는 식민주의 세력들이 모두 참여했던 이 음울한 사업에서 가장 큰 비중을 차지한다.

더 나아가 이니코리는 노예무역이 영국의 해운 및 조선업의 발전에 크게 기여했다고 주장한다. 이런 발전은 이어서 산업화가 전개되는 데 기본 요소로 기능했던 것들이다. 이니코리는 1663년에 전체 영국인 소유 선박의 약 30퍼센트가 서아프리카 및 아메리카와의 무역에 이용되었지만, 그 수치가 꾸준히 상승하여 1836년에는 거의 60퍼센트에 이르렀음을 보여주는 통계 수치를 제시한다. 유럽행 선박의 대부분에 적재한 화물이 아메리카로 재수출되거나 아메리카에서 재수출되는 것이었기에, 대서양 세계에서 영국 해운이 차지하는 실제 비중은 사실상 훨씬 더 컸을 것이다. 게다가 아프리카인 노예의 운송은 공식 수치에 포함되지 않았다. 또 공식 수치에는 대서양 무역에서 훨씬 더 빈번하게 발생했고 비용이 많이 들었던 선박의 수리와 교체가 반영되어 있지 않으며, 유럽 해역과 그 주변에서 항해하는 것보다 대서양 항해가 해적과 난파의 위험이 훨씬 더 컸다는 점도 반영되어 있지 않다. 다시 말해, 정확한 통계를 밝히는 것은 불가능하지만, 아프리카 및 아메리카와의 무역은 분명 다른 지역과의 무역들을 모두 합친 것보다 훨씬 더 영국 해운업의 성장을 자극했을 것이다.

관련된 무역량을 고려하면, 대서양 세계 전역의 상업과 결부된 금융 서비스들 역시 다른 곳의 상업 관련 금융 서비스들보다 아주 두드러져 보이는 것이 당연하다. 해상보험의 경우 이니코리가 모아놓은 통계를 보면, 노예무역을 비롯해 대서양 해상교역 전체에 지급된 보험료 가치가 18세기 말 영국의 보험료 전체의 적어도 3분의 2에 해당했다.[9]

이니코리에 따르면, 영국의 은행업 발전이나 환어음 할인, 주식 거래의 경우에도 상황이 유사했다. 금융 발전의 이런 요소들은 한 국가의 엄청난 자본 자원을 수익성 있는 투자, 특히 산업 기업체들로 이어주는 역할을 했기 때문에 산업화 과정에 결정적으로 중요했다. 아울러 이런 요소들은 전체 국민소득을 끌어올려주고 보다 고임금의 취업 기회를 창출하기도 했다. 게다가 아프리카에서 노예를 선별·구매한 뒤, 연안지역의 교역 거점에 오랫동안 가두어 두었다가 그보다 훨씬 오랫동안 대서양을 횡단해 운송하고, '신세계'에서 (흔히 외상으로) 판매한 후 그 수익의 일부를 잉글랜드로 송금하는 것은, 투자자들 —그리고 그들의 채권자들—이 아주 여러 달 동안 참을성 있게 기다려야 하는 엄청난 일이었다. 신용 제도들의 고도로 정교한 네트워크만이 그렇게 긴 기간에 걸쳐 작동하는 엄청나게 펼쳐진 대륙간 거래 행위들을 감당할 수 있었다. 그 이전에 잉글랜드나 그 외 다른 곳에서 발생한 어떤 교역 사업도 18세기 노예무역과 플랜테이션 경제의 규모에 이른 것은 없었기에, 그것들만이 그런 네트워크의 등장을 자극할 수 있었다는 것은 의심할 여지가 없다.

이어서 이니코리는 아프리카인과 그 후손들이 18세기에서 19세기 중반까지 아프리카와 아메리카에서 생산한 원료들이 잉글랜드의 산업화 과정에 얼마나 기여했는지를 평가한다. 그가 펼쳐놓은 통계는, 18세기 말부터 아프리카와 아메리카에서 들여온 원료가 북유럽을 제외하고 세계의 다른 어떤 지역에서 들여온 원료보다 많았으며, 19세기 초부터는 영국 제조업에서 사용된 전체 수입 원료의 절반 정도에 이르렀음을 보여준다. 그보다 더 중요한 것은, 잉글랜드 산업화 과정의 추동 부문인 면직업이 "18세기 태동기부터 19세기 중반 완숙기에 이르기까지 그 원료를 거의 전적으로 아메리카에서 일하는 아프리카인들에게 의존했다"는 점이다.[10] 서아프리카에서 들여온 기계 윤활용 야자유와 염료 제조용 물질의 수입은 잉글랜드의 산업 관련 전체 수입에서 작은 부분을 차지했지만, 직물업 발전에 결정적으로 중요했다.

마지막으로 이니코리는 1700년대 말과 1800년대 전반에 아프리카와 아메리카의 아프리카인들이 잉글랜드 모직물 수출의 대부분과 면직물 수출의 대다수를 소비했고, 아울러 아마포 수출의 압도적인 부분도 소비했음을 보여준다. 더욱이 이니코리에 따르면, 영국 산업화에서 면직물 생산이 차지했던 중심적 위치를 고려한다면, "영국 면직업의 기술 발전은 해외 무역, 특히 대서양 교역에 의해 추동된 것이지, 그 반대일 수가 없었다."[11] 이니코리는 그 외에 18세기와 19세기 전반 영국의 금속 제품류 수출의 대다수도 서아프리카와 아메리카를 대상으로 이루어졌음을 보여주는 증거도 제시한다.

영국과 서아프리카 및 아메리카의 해외 교역 상대 간의 상업 관계에 관한 모든 증거를 고려하면서, 이니코리는 대서양 교역의 발전이 다른 어떤 것보다 잉글랜드의 산업화를 가능하게 했다고 주장한다. 그렇지만 나아가 아프리카인과 그들 후손들의 노동이 없었다면 근대 초기 대서양 교역의 성장도 불가능했을 것이기에, 이 노동이 "잉글랜드의 산업혁명에 가치를 헤아리기 힘든 기여를 했다"는 결론을 내릴 수밖에 없다고 그는 생각한다.[12] 물론 이런 기여를 수치화해서 제시하거나 질적인 면에서 정확하게 평가하는 것은 불가능하겠지만, 이니코리는 아프리카인의 기여가 매우 컸음을 보여준다.

유라시아의 동 · 식물상이 유럽의 흥기를 추동했다(앨프리드 크로스비)

세계 패권을 향한 유럽의 흥기가 수탈하고 지배하려는 의도적인 노력보다는 역사적 우연으로부터 발생했다고 주장해온 학자들도 있다. 역사가 앨프리드 크로스비(Alfred Crosby)[7]는 유럽의 정복자들이 저발전 상태에 있던 엄청나게 거대한 영토들 몇 곳 ―특히 아메리카와 오스트레일리아― 에서 어떻게 그곳의 원주민들을 절멸시키고, 그 후에 수많은 사람들을 이런 땅으로 이주시켜 번성하는 사회를 건설했는지를 조목조목 얘기해 나간다. 이런 곳에 속하는 6개 정도의 나라가 오늘날 세계 농산물 시장에서 팔리는 전체 농작물의 30퍼센트 이상을 재배하고 있다.

크로스비는 이런 곳들을 '네오 유럽들(Neo-Europes)'이라고 부르는데, 이 '네오 유럽들'은 어떻게 그런 높은 수준의 부와 물질적 성공에 오를 수 있었는가? 크로스비는 이에 대한 대답을 얼마간은 "생물 지리학"에서 찾아야 한다고 믿는다. 원래 유라시아에서 나던 작물과 가축을 오

---

7 1931-2018년. 미국의 대표적인 환경사가. 역사와 지리, 생물학, 의학을 학제적으로 활용한 연구자로서, 유럽인의 대양 팽창과 패권 획득 과정을 대륙간 · 지역간 · 문명간 생태환경적 접촉과 전이의 과정과 연결해 설명하여 세계사 이해와 해석에 새로운 전기를 마련한 것으로 평가받는다. 보스턴 대학과 하버드 대학에서 공부했으며, 하버드 대학, 예일 대학, 헬싱키 대학에서 가르쳤고, 텍사스 오스틴 소재 텍사스 대학에서 은퇴했다. 과학 및 기술사에 대한 관심도 높아 『수량화혁명(The Measure of Reality)』 등을 저술했는데, 생태환경사 저술과 달리 과학기술사 저술에서는 유럽중심주의적 성향을 강하게 드러낸다.

늘날 세계에서 가장 많이 수출하는 곳에는, 500년 전에는 밀도 염소도 보리도 소도 돼지도 호밀도 양도 없었다. 이어서 그는 나아가 유럽인들이 총, 균, 쇠 덕분에 승리했을 가능성을, 또 아마도 유럽인들의 협동 작업 능력이나 강력한 결단력 때문에 승리했을 가능성도 인정한다. 하지만 "그러나 민들레의 제국(empire of dandelion)[8]에 태양이 절대 지지 않은 이유는 도대체 무엇인가?"라고 그는 묻는다.[13]

2장에서 다룬 재러드 다이아몬드가 자신의 베스트셀러 책에서 주장했듯이, 오늘날 필수 농작물과 가축의 대부분은 중동에서 기원했고 거의 모두가 유라시아 대륙에서 나왔다. 크로스비에 따르면, 이런 생명체들 - 그리고 그 외 온갖 종류의 풀을 비롯한 수많은 다른 생명체들- 은 유럽인 탐험가와 정복자들이 무력으로 '신세계'와 오스트레일리아, 뉴질랜드를 접수할 때, 일거에 이 땅들을 근본적으로 장악했다.

유럽인 이주자들은 바다를 건너면서 말과 황소 같은 강력한 운송 수단, 암탉과 암소 같은 재생 가능한 식량 공급 동물, 쥐와 벼룩 같은 온갖 질병 운반체, 엄청나게 많은 치명적 미생물을 싣고 왔다. 유럽인들은 우연히도 유아기 이후에 우유에 내성을 가지는 몇 안 되는 사람들에 속했다. 그래서 뱃사람과 탐험가들에게 염소가 얼마나 요긴한지가 입증되었고, 그들은 믿을 만한 영양 공급원으로서 염소를 가장 낯선 기후 지역에까지 가져갈 수 있었다.

그렇지만 최초의 유럽인 정복자들은 대부분 그런 노력에서 실패했다. 1,000년 전부터 노르웨이인 항해자들은 그린란드와 현재의 뉴펀들랜드 동부에 정착했고, 십자군 기사들은 근동에 여러 왕국을 세웠다. 이런 정착지는 모두 사라졌지만, 그 이유는 저마다 다르다. 노르웨이인 항

---

8 크로스비는 유럽인들이 아메리카로 진출하여 정복해 가는 과정에 유럽에서 나던 민들레도 같이 확산되어 갔음을 지적하면서, 유럽 제국주의를 생태적 측면과의 관련성을 강조하기 위해 "민들레의 제국"이라고 부른다.

해자들은 중세 온난기(Medieval Warm Period)[9]가 끝나면서 사람이 살기 힘들게 된 기후에 맞닥뜨려야 했고, 반면 근동 지역에서는 토착민이 유라시아의 한쪽 끝에서 유럽인들이 누렸던 것만큼이나 자신에게 이로운 동·식물상과 질병의 생태계 속에서 여러 세대 동안 번성했다 ―실제로 근동의 풍토병이 십자군이 가져간 어떤 질병보다 더 치명적이었기 때문에 더욱 그러했다.

다음에 전개된 유럽인의 이주 물결은 대항해시대에 시작되었는데, 이전과는 크게 달랐다. 최초의 이주 물결은 포르투갈에 가까운 대서양 섬들 ―아조레스제도, 마데이라제도, 카나리아제도― 에 이르렀다. 그런 섬들의 기후는 유럽처럼 온화했다. 처음에는 지나가는 배들이 그런 곳들에 가축의 "씨를 뿌렸다." 양과 소, 염소가 급속하게 늘어나 나중에 들어온 정착민들이 먹을 식량을 제공했다. 유럽인들이 도착했을 때 원주민이 있던 곳은 카나리아제도뿐이었다. 관체족(Guanches)이라는 카나리아 원주민은 사나운 전사들이었지만, 결국 그들보다 훨씬 수가 많고 기술적으로도 앞선 침입자들에게 굴복했다. 크로스비가 지적하듯이,

> 유럽인의 거친 [카나리아제도 ―옮긴이] 정복 과정이 1402년에 시작되었는데, 우리는 이때를 유럽 근대 제국주의가 탄생한 해로 볼 수 있을 것이다. 무어인들이 이베리아 반도 남부를 여전히 장악하고 있었고, 오스만 투르크는 발칸반도로 진군하고 있었지만, 유럽은 세계 패권을 향해 행진을 ―또는 항해를― 시작하고 있었던 것이다.[14]

인간의 여느 이주와 마찬가지로, 유럽인 정착자들도 자신의 생물상(유럽 현지 생태계에 살던 생물체)을 얼마간 지니고 여행했다. 크로스비에 따르면, 유럽인이 지니고 간 생물상이 번성하면 유럽인 정착자 자신도 증식했다. 특히 말과 유라시아의 질병이 유럽인의 성공을 도왔다.

---

9 950년경에서 1250년경까지 지속된 북대서양 지역의 이상 기후 현상. 열대 태평양 같은 다른 지역의 기후가 낮았던 반면에 이곳은 유난히 따뜻했다.

유럽인 탐험가와 정복자들은 이런 최초의 조우들로부터 소중한 경험을 얻었다. 크로스비에 따르면, 근대 초기 유럽 제국주의는 대서양 동부의 이런 섬들에서 탄생했다. 이런 곳에서 유럽인 식민자들은 세계사의 흐름을 틀 지웠던 유력한 교훈을 얻었던 것이다. 첫째, 그들은 유럽인이 자신의 동·식물상과 함께 이전에는 자신들이 살지 않던 곳에서 번성할 수 있다는 것을 알았다. 둘째, 그런 섬들의 원주민들은 얼마나 수가 많고 얼마나 호전적이든 간에 아무리 원래 조건이 그들에게 유리하더라도 유럽인들의 맹공에 버틸 수가 없었다. 셋째, 원주민이 정복자들과의 접촉으로 인해 사라지게 되더라도, 유럽과 아프리카에서 그보다 더 힘센 노동자를 데려올 수 있었다.[15] 다시 말해 이런 소규모 정복들을 통해 세계역사에서 가장 특출한 정복 사업의 청사진을 얻을 수 있었던 것이다.

크로스비는 유럽인 정복자들을 남들과 다르게 만든 것은 세 가지라고 주장한다. 첫째, 그들은 유럽과 대략 유사한 기후와 지리를 가진 외국 땅에서만 번창했다. 둘째, 이런 땅들은 질병과 포식자들이 유럽인과 그들의 생물상을 먹이로 삼도록 진화한 유라시아 대륙에 위치하지 않아야 했다. 셋째, 유럽인이 정복한 사람들에게는 말과 소 같이 유럽인들이 자연스레 이용할 수 있었던 일련의 유력한 가축이 없어야 했다. 이런 가축을 크로스비는 유럽인이 가진 군사 기술보다 더 큰 이점이라고 여긴다. 다시 말해 유럽인의 맹공에 취약했던 것은 원주민만이 아니었던 것이다 -토종 동·식물도 비슷한 이유로 취약했던 것이다. 유럽인들은 가장 크고 가장 많은 사람이 사는 대륙에서 발전해 왔고, 그래서 오랜 시기 동안의 상호 접촉 덕분에 너무나도 다양한 기술과 혁신들 -유라시아 외부의 원주민들이 가진 역량을 훨씬 넘어서는- 에 접근할 수 있었다. 마찬가지로 유라시아에서 진화해온 동·식물상은 다른 대륙의 온대 기후에서 살아온 동·식물상의 역량을 넘어서는 생존 능력을 발전시켜 왔던 것이다.

유라시아, 특히 유럽에서 온 엄청난 수의 곡물과 풀, 질병, 새, 가축,

기생동물들이 '네오 유럽들'에서 결국 번성하게 되었다. 반면에 반대 방향으로 생존에 성공한 생물상은 몇 개 되지 않는다. 크로스비는, 19세기 과학자들이 유럽과 식민지 사이에 비교적 동등한 풀의 교환을 예상했다고 지적한다. "예컨대, '구세계'의 바랭이 풀이 아메리카의 돼지풀과 교환되는 것이다." 그러나 실제로는 엄청난 수의 '구세계'산 풀이 '신세계'에서 번성했지만, 반대 방향으로 이식을 진행한 풀은 거의 없으며, 런던 서남부의 큐(Kew) 왕립식물원 같은 곳에서 온 정성으로 키운 것들만이 남아있다.[16] 왜 이렇게 되었는가는 여전히 과학의 미스터리로 남아있지만, 크로스비는 식민자들이 ―그리고 그들이 도입한 동물들이― 환경을 마구 파괴해 유럽의 풀들이 침략해 들어갈 깨끗한 공간을 마련했기 때문에, 그 풀들이 '네오 유럽들'에서 번성했다고 주장한다.

'구세계'의 동물상에 대해서도 상당히 비슷한 얘기를 할 수 있다. 크로스비는 유럽인과 함께 건너간 번식력이 높은 짐승들 ―고양이와 쥐에서 개와 말에 이르는― 이 인간이 만든 어떤 기계보다 더 빨리 아메리카 대륙의 환경을 근본적으로 바꾸어 버렸다고 잘라 말한다. 예컨대 돼지는 사실상 무엇이든 먹을 수 있고, 그래서 식민자들의 힘든 초기 정착 단계 동안 그들에게 핵심적인 도움을 주었다. 아르헨티나의 대초원지대(pampas)와 같은 환경에서는 (1700년 이래) 150년 정도 만에 4,800만 마리의 소가 야생 상태로 돌아다닐 정도로 소의 개체수가 급속하게 늘어났다. 말의 경우에도 대초원지대나 북아메리카에서 그와 비슷하게 늘어났다고 할 수 있다. 실제로 유럽의 가축은 원래 본고장보다 '네오 유럽들'에서 훨씬 더 번성했다. 식민자들에게 얼마나 다행스런 일이었겠는가. 물론 쥐 같이 유럽인의 배에 몰래 탄 동물은 반갑지 않은 것들이었지만, 그런 것들도 번성했다. 하지만 식물과 마찬가지로, '신세계'의 동물 중 유럽에 이식되어 번성한 것은 거의 없었다. 회색 큰다람쥐와 아메리카 사향쥐만이 어느 정도 번식했을 뿐이었다.

전염병도 사정은 마찬가지였다. 유럽인 탐험가와 식민자들이 종종 치명적인 수십 종의 미생물을 '신세계'와 오스트레일리아로 부지불식간에 가져갔던 반면, '신세계'에서 발전한 병원균 중에는 '구세계'의 사람들에게 치명적으로 위험한 것이 별로 없었다. 다시 또 교환이 일방적으로 진행되어, "판게아(Pangaea)[즉, 대양]의 양안 중 패배한 쪽에 조상 전래의 고향을 두고 있던 사람들"에게 압도적으로 불리했다.[17] 비극적이게도 이런 격차의 결과로 '네오 유럽들'의 원주민 수천 만 명이 때아니게 죽음에 이르게 되었다.

이런 교환 -식물, 동물, 질병의- 전체는 원주민에게 대재앙이었다. 식민자와 함께, 그것들은 "홍적세 말의 대멸종[10]이래 이 지구상에서 일어난 어떤 것보다 더 극단적인 혁명을 이루었고, 패배한 이들이 그것을 역전시키려면 오로지 엄청난 기적을 꿈꿀 수밖에 없었다."[18]

크로스비는 바로 이어서, 인간의 이주란 언제나 재래종을 대체하기 십상인 동·식물상을 동반했으며 그런 일이 일어나는 어디에서든 대파괴를 초래했다고 덧붙여 말한다. 크로스비는 폴 S. 마틴(Paul S. Martin)[11]이 제기한 이론을 지지하는 것 같이 보이는데, 그 이론은, 마지막 빙하기 말기에 석기시대의 사냥꾼이 아메리카로 이주하여 비교적 빨리 (기껏해야 몇 천 년 만에) 대형 동물을 대부분 절멸시켜 버렸으며, 그 이후 그런 양상이 약 4,000년 전에 오스트레일리아에 타격을 가했고 그보다 훨씬 이른 시기에는 유라시아 대륙에서 벌어졌다고 주장한다. 이 이

---

10 지금으로부터 약 13,000년 전에서 10,000년 전 사이에 해당하는 홍적세(Pleistocene)에서 완신세(Holocene)로의 전환기에 일어난 사건으로, 전 세계에 걸쳐 다양한 거대 포유동물이 급속하게 멸종하였다. 이 사건의 원인을 둘러싸고 인류의 과잉사냥설과 기후변화설 등 다양한 논의가 이루어지고 있으며, 최근에는 전염병이 원인이었다는 주장이 강하게 제기되고 있다.

11 1928-2010년. 애리조나 대학의 미국인 지구과학자. 홍적세 시기 전(全)지구적으로 벌어진 대형동물의 멸종이 인간의 지나친 사냥 행위로 인해 발생했다는 이론을 전개했다. 최근의 연구는 맘모스나 말 같은 동물이 멸종했지만 반면에 살아남아 번성한 동물도 많다는 것을 입증하여 인간의 과잉사냥설을 부정하는 분위기이다.

론에 의거하면, 유럽인 정복자들은 길게 이어진 파괴적인 이주 포식자의 계보 상에서 마지막 것에 불과한 것으로 보일 것이다. 실제로 크로스비는, 두 번의 이주 물결을 은유적으로 "똑같은 종의 두 번의 침략 물결로서 첫 번째는 두 번째 물결을 위해 길을 마련하는 돌격대 역할을 했고 두 번째 물결에는 보다 복잡한 경제와 보다 많은 수의 생명체가 수반되었다"고 생각한다.[19]

개념적 도구들이 유럽 제국주의를 촉진했다(존 위버)

유럽인 식민자들의 보다 높은 문화 수준과 개념화도 그들의 성공적인 식민지 획득에 기여했다. 캐나다 온타리오 주 해밀턴(Hamilton) 소재 맥마스터(McMaster) 대학의 역사학 교수인 존 위버(John Weaver)는, 크로스비의 '네오 유럽' 개념에 기초해서 유럽인 식민자들이 주요 정착민 사회 전역에서 어떻게 원주민들로부터 땅을 빼앗고 구입하고 훔치고 속여서 갈취했는지를 이야기한다. 토지에 대한 욕망으로 인해 농장주와 목장주 사이에, 정착민과 원주민 사이에, 정부 관리와 투기꾼들 사이에 충돌이 빈번하게 발생했다. 위버가 설명하듯이,

> 경계지대에서 얻는 부의 추출은 반항적인 민간 주도권과 국가가 뒷받침하는 질서정연하고 확실한 재산권 간의 주목할 만하고 숙명적인 긴장으로부터 혜택을 보았다.[20]

원주민들은 대부분 몰랐던 재산권이 유럽인들의 자기 인식에는 중심적이었다. 고도로 발전된 유럽인의 법 개념이 재산권을 견고하게 받쳐주었다. 위버에 따르면,

> 길고 광범위한 랜드러쉬(land rush)[12]의 기초에 놓인 여러 태도 속에서,

---

12 원래 19세기 후반 미국에서 소유를 제약하던 땅을 처음 도착한 정착민들에게 구매 권리를 부여하며 열었던 것을 말한다. 1889년의 오클라호마 랜드러쉬가 가장 유명하며,

잉글랜드에서 처음 꽃피웠던 토지를 소유하고 바꾸려는 공격적 의지의 유산을 찾아낼 수 있다. 영국 정주 식민지들에 가장 빨리 그리고 가장 강하게 심어진 이런 풍조는 물질 세계를 정돈된 자산으로 조직하는 혁신을 추동했고, 원주민들을 구석으로 몰아넣었으며, 규칙을 무너뜨리는 공격성을 조장했다. 그리고 그것은 소농에 대한 토지분배 문제와 관련한 논쟁들로 이어졌고, 오늘날 사람들이 재산권을 우선시하는 태도의 기초를 놓는 데 도움을 주었다.[21]

재산권을 통해 토지와 다른 자연자원을 매매의 대상으로 ─즉, 상품으로─ 변형시킬 수 있게 되었다는 점이 가장 중요했다.

선진 유럽 사회의 정부 관리들과 그들이 식민지로 보낸 정착민들은 토지와 자연자원이 개발되고 이용되기 위해 존재한다는 믿음을 공유했다. 위버는 이렇게 주장한다.

토지의 개량이나 개선은 땅 탐색과 무단점유, 투기와 결부되었다. 흔히 그것은 또한 정부가 원주민으로부터 토지를 인수하는 데 기초로도 작용했고 정부의 토지 재분배 방식에 지침 역할을 하기도 했다. 넓은 의미에서 토지개량은 공식적 · 비공식적 점유 과정들에 공통적인 근거였다. 토지개량이란 토지의 재배 역량을 끌어올리고, 그리하여 토지의 시장 가치를 끌어올리기 위해 노동과 자본을 가한다는 의미를 가졌다.[22]

영국 정주 식민지들의 방대한 자연자원을 획득하여 이용하려고 몰려든 수많은 식민자들은 "처녀"지를 번성할 가능성이 있는 가장 좋은 땅으로 만들어야 한다고 믿었다.

불행히도 원주민에게는 '구세계' 주민들이 이용했던 만큼의 풍부하고 다양한 작물과 가축이 없었고, '구세계' 주민들은 그런 원주민들을 게을러서 우연히 자신에게 주어진 특출한 자연자원을 제대로 이용하지 못하는 이들로 잘못 생각하곤 했다. 위버에 따르면,

---

특히 인디언 구역이 있던 오클라호마에서 1890년대에 여러 차례 이루어졌다. 위버는 랜드러쉬를 이미 식민지 초기 정착민들이 처음 들어올 때부터 시작된 것으로 보고 논의를 전개한다.

이런 합리주의적 −하지만 잘못된− 이해 속에서, 많은 원주민들에게 토지란 때로는 겹치는 복잡한 용익권 부여과정을 통해 사회적 배치 속에 내포된 것이라는 사실은 무시되었다. 게다가 원주민들에게는 흔히 토지조성과정이 신화와 신앙 체계 속에 깃들어 있는 것이기도 했다.[23]

반면에 특히 북아메리카에서 오리건 산길(Oregon Trail)[13]과 같은 유명한 개척로를 통해 쇄도한 유럽인 정착민들은 많은 경우 조상 전래의 자부심을 발전시키기도 했지만, 토지를 주로 생계수단으로 인식했다. 무엇보다도 정착민들은 서서히 정착민 사회들(크로스비가 "네오 유럽들"이라 부르는 것)의 기본 토대가 되었던 것을 자기 것이라 주장하면서 다양한 수단을 동원해 서로 간에 그리고 원주민들과 경쟁하였다.

정착민 사회의 관리들은 대개 거래를 규칙화하여 원활하게 하고, 법적 규범을 확실히 준수하게 하려고 노력했다. 또 그들은 토지소유권 기록을 세심하게 유지하고 원주민에 대한 공정한 대우 같은 것을 보장하고자 했으며, 광대한 토지에 대한 국민주권을 내세우고, 상충하는 이해관계에 올바른 판결을 내리고자 했다. 19세기 동안 이런 통치관할 단위들은 토지관리국, 공매제도, 표준좌표체계, 토지등기소, 삼각측량법, 토지저당법의 개선과 같은 여러 기술과 제도들을 발전시켰다. 이를 통해 토지 구입과 매각에 드는 거래 비용이 극적으로 낮아졌다. 한때 거래 한 건이 완료되는 데 여러 주가 걸렸지만, 이제는 겨우 30분이면 거래가 끝났다. 하지만 과열되고 서둘러 진행되던 정착 과정 속에서 문명이 가진 이점들과 법치가 상실되는 일이 흔했다. "땅 사냥꾼(landhunters)과 가축 방목업자들, 무단점유자들"이 법의 틈새를 찾아 이용하면서 그런 일이 발생했고, 또 "관할 단위들의 적의와 신중함, 과잉 개입, 복지부동에 맞서 사적 재산권을 앞세우며 집행된 수많은 공동 행동들을 통해서"도 그런 일들이 일어났다.[24] 그 후 19세기 후반에는 정착민 관할 단위들이 홈스테드 법[14]의

---

13 미주리 주에서 오리건 주에 이르는 산길. 19세기 초 개척민들이 많이 이용했다.
14 Homestead Act. 1862년에 제정된 연방법으로 5년간 정주한 서부 개척민에게 각각

제정을 통해 수백만 에이커의 토지를 분배하고 원주민을 점점 더 작은 보호구역으로 몰아넣으면서, 거의 전적으로 "토지개량"의 편을 들었다.

위버가 말하고자 하는 점은, "대규모 랜드러쉬"를 이끈 기초적인 체계나 지도력 같은 것이 전혀 없었다는 것이다. 오히려 그것은 수백만에 이르는 독자적인 행위자들이 추구한 수십 가지 이해관계들이 충돌하며 만들어낸 혼돈의 결과였다. 그로 인한 성과는 불완전했고 대체로 착취적이었으며 부당한 경우가 흔했지만, 그 무질서한 표면 아래에서 파악할 수 있는 보다 깊은 의미가 전혀 없었다.

서구에 중심을 둔 전(全)지구적 분업이 서구의 흥기를 설명해준다 (이매뉴얼 월러스틴)

다른 학자들은 서구의 흥기를 특정한 어느 한 대륙의 수탈과 제국주의가 작동한 결과가 아니라, 전 세계에 걸친 수탈 **체제**로서 착취와 제국주의가 작동한 결과로 해석해 왔다. 이런 학자 중 단연 눈에 띄는 인물은 이매뉴얼 월러스틴(Immanuel Wallerstein)[15]이다. 현대 아프리카를 전공으로 연구한 유명한 사회학자인 월러스틴은 1952년 세네갈의 다카르(Dakar)에서 열린 국제청년회의에 참여하는 동안 자신이 해야 할 역할을 찾았다. 뒤에 그는 이렇게 쓰고 있다.

아프리카 연구를 한 덕분에 나는 현대 세계의 중차대한 정치적 이슈들에 눈을 떴고 아울러 근대 세계체제의 역사를 어떻게 분석할 것인가라는 학술적 쟁점들에도 눈을 떴다. 내가 하는 교육에 사람을 더욱 멍청하게 만

---

160 에이커의 공유지를 불하한다는 내용이다.

15 1930-2019년. 세계체제론을 창안한 미국의 사회학자이자 경제사학자. 폴란드계 유대인 이민자의 자식으로 태어나 1959년 컬럼비아 대학에서 박사학위를 받았다. 68혁명 시에 컬럼비아 대학 조교수로 있으며 학생들의 운동을 지지한 것으로 유명하며, 이후 캐나다 맥길 대학에 있었다. 1973년부터 뉴욕주 빙엄턴 소재 뉴욕주립대학의 페르낭 브로델 센터의 소장으로서 1999년 퇴직 때까지 세계체제 연구를 주도했다. 2000년부터 사망 시까지는 예일 대학의 시니어 연구학자로 있었다.

드는 요소가 있다는 의문이 들게 만든 것은 바로 아프리카였다.[25)]

월러스틴은 교수라는 직업 덕분에 존중받으며, "유럽, 아시아, 아프리카, 라틴아메리카, 카리브해 지역 등 각 대륙에 있는 모든 나라의 4분의 3"을 돌아다녔고, "그 중 많은 나라에는 여러 차례" 다녀갔다. 그렇게 얻은 사람과 삶에 대한 풍부한 경험이 "자신의 학술 작업에 엄청난 영향"을 주었다고 그는 말한다.[26)] 월러스틴이 마르크스주의적 분석에서 영감을 얻어 제시한 이론의 핵심적인 측면은, 역사 분석의 주된 단위가 제국이나 국민국가, 혹은 이런저런 국가가 아니라 역사적으로 진화하는 문화 · 경제 · 사회들이 상호 연결되어 구성했던 체제들(systems)이라는 것이다. 1만 년 전 문명이 탄생한 이래 초기부터 그것들은 여기저기서 자족적인 소형-체제들(mini-systems)로 발전했고, 뒤에는 그보다는 흔하지 않았지만 세계제국들(world-empires)로 발전했으며, 훨씬 더 뒤에는 보다 완전하게 통합된 세계경제들(world-economies)로 발전했다. 보다 복잡한 이런 체제들은 몇 번이고 몰락을 거듭하거나 서로 흡수되기를 반복했다. 그의 주장에 따르면, 하지만 "1500년경에"

> 그런 세계경제 하나가 이런 운명에서 벗어날 수 있었다. 설명이 필요한 여러 이유로 하나의 세계경제가 공고화되면서 "근대 세계체제(modern world-system)"가 탄생했다. 이로부터 그것이 자본주의 체제로서 완전히 발전하는 데는 시간이 걸렸다. 자신의 내적 논리에 따라, 이 자본주의 세계경제는 팽창하여 지구 전체를 덮게 되었고, 그 과정에서 기존의 소형-체제와 세계제국들을 모두 흡수했다. 그리고 19세기 말 무렵에는 역사상 처음으로 지구상에 단 하나의 역사적 체제만이 존재하게 되었다. 우리는 오늘날에도 여전히 그런 상황 아래 있다.[27)]

그러므로 자본주의의 등장이 유럽을 흥기시켜 근대 세계를 지배할 수 있게 했던 것이다.

월러스틴은, "학자들이 정치와 무관하다고 주장할 때 그들은 자신이 어떤 상황과 구조에 놓여있든지 간에 그저 그것을 수동적으로 지지하고 있을 뿐"이라고 주장한다.[28] 따라서 안드레 군더 프랑크처럼, 월러스틴도 자신의 학술 작업을 정치 행동에 대한 기여이고 지적 책임 같은 것이라고 생각한다. "세계체제 분석은 도덕적 저항이자 그 가장 넓은 의미에서 정치적 저항으로서 탄생했다"고 그는 쓰고 있다.[29] 프랑크처럼 그도 고도로 형식적인 사회과학적 모델을 제시했지만, 그는, 이니코리처럼, 철저한 역사 연구에 기초하여 자신의 세계체제론을 전개하는 것을 목표로 삼았다.

월러스틴이 상정했던 소형-체제들은 단일한 문화적 모체를 가졌지만 분업 관계를 지니고 있었다. 그것들은 단순한 농업 사회나 부족 사회들 사이에 존재했고, 그보다 큰 실체와는 아무런 관계가 없었다. 그것들은 보다 큰 정치체에 종속적인 존재가 되자 곧 자족적 실체이기를 멈추었고, 전반적으로 지구상의 어느 곳에서도 더 이상 존재하지 않게 되었다. 시간이 가면서 세계체제들이 등장하기 시작했고, 그들 각각은 단일한 분업관계와 복합적인 문화 양상들을 지니고 있었다. 그런 세계체제 중 단일한 정치 체제를 가진 것을 월러스틴은 세계제국이라고 부르며, 그렇지 않은 것은 세계경제라고 부른다. 과거의 거대 세계제국들 −이집트, 중국, 로마− 은 안정된 세계경제들로부터 발전했으며, 공물 수집에 의거해 생존했고 교역에 의존한 정도는 얼마 되지 않았다. 그는 이렇게 주장한다.

시장거래의 완전한 발전과 경제적 우세를 목격하게 된 것은 오로지 16세기 유럽에서 근대 세계경제가 등장하면서였다. 이것은 자본주의라고 불리는 체제였다. 자본주의와 세계경제(즉, 분업관계는 단일하지만 정치체 및 문화들은 다양한)는 같은 동전의 양면이다. 하나가 다른 하나의 원인이 아니다. 우리는 그저 분리할 수 없는 같은 현상을 다른 특징들로 정의하고 있을 뿐이다.[30]

『근대세계체제(The Modern World-System)』라는 제목의 너무나도 영향력 있는 여러 권으로 된 저작(1974년과 2011년 사이에 차례로 4권을 간행했고 총 6권으로 계획되었다)[16]에서, 월러스틴은 유럽 세계경제라는 특정한 세계경제가 공물을 모아 재분배하는 세계제국이 아니라 지금도 여전히 지구를 지배하고 있는 자본주의 세계경제로 발전한 이유가 무엇인가를 탐구하여 설명한다.

그는 『근대세계체제』 제1권을 시작하며 유럽의 놀랄 정도로 독창적인 발전이라는 근본 문제를 이렇게 간결하게 제시하고 있다.

> 15세기 말과 16세기 초에 유럽 세계경제라고 부를 수 있는 것이 존재하게 되었다. 그것은 제국이 아니었지만, 대제국만큼 광활했고 그와 함께 몇 가지 특징을 공유했다. 그러나 그것은 달랐고 새로웠다. 그것은 이전에 사실상 세상에 알려진 적이 없는 일종의 사회적 체제였고, 이는 근대세계체제의 독특한 특징이다. 그것은 경제적 실체이지만, 제국, 도시국가, 국민국가와 달리 정치적 실체는 아니다. 사실 정확히 말하면 그것은 자신의 영역(경계라고 하기는 어렵다) 내에 제국과 도시국가, 막 등장하던 "국민국가"를 포괄한다. 그것은 "세계"체제인데, 그 이유는 그것이 세계 전체를 포괄하기 때문이 아니라 그것이 법적으로 정의된 어떤 정치 단위보다 더 크기 때문이다. 그리고 그것은 "세계경제"인데, 그 이유는 그 체제를 이루는 부분들 간의 기본 연계가 경제적이기 때문이다. … 유럽은 당시 유일한 세계경제가 아니었다. 다른 세계경제들도 있었다. 그러나 유럽만이 자본주의 발전의 경로에 올랐고, 이를 통해 유럽은 이런 다른 세계경제들을 앞지를 수 있었던 것이다. [31]

다시 말해, 유럽의 엘리트들이 나머지 주민들로부터 이전에는 상상조차 할 수 없을 정도의 커다란 잉여를 추출할 수 있게 한 자본주의가 서구의 흥기의 이유였던 것이다.

자본주의는 어떻게 등장했는가? 월러스틴은, 농업 기술이 인구 성장을 따라가지 못한 점과 농업 생산자들에 대한 조세 부담이 한계치에 이른 것, 기후 악화와 흑사병의 충격 등, 일련의 이유들로 인해 봉건적 수탈 체제가 14세기에 무너지기 시작했다고 주장한다. 인구가 심하게 줄어들자, 봉건 영주들은 일부 토지를 부농들에게 임대했고, 다른 보유지들

---

16 2011년에 간행된 4권에서는 프랑스혁명 이후 제1차 세계대전까지의 시기를 다루었다.

을 통합 정리했다. 이런 새로운 배치는 효율성 증대와 잉여 확대로 이어졌고, 그렇게 늘어난 잉여는 시장으로 향하게 되었다. 그렇지만 보다 시장 지향적인 경제 체제가 세계경제로 발전하기 위해서는 다른 요소들이 작동해야 했다. 첫째, 유럽 세계체제가 팽창해야 했고, 당연히 대항해시대 동안 그렇게 되었다. 둘째, 노동생산성이 늘어날 필요가 있었고, 전문화와 노예에 기초를 둔 플랜테이션, 노동 시장이 이를 보장하였다. 마지막으로 사업상의 이익을 촉진할 수 있는 중앙집중적 국가가 요구되었다. 그리고 월러스틴에 따르면, 근대 초기 동안 실제로 그런 국가들이 등장하여 정확히 그런 방식으로 행동했다.

포르투갈 뱃사람들은 금과 향신료만이 아니라 어류와 설탕이나 식량을 생산할 땅, 그리고 땅에서 일할 노동력을 찾아서 대서양으로 활동 영역을 늘려가기 시작했다. 그리고 흔히 영지가 없는 귀족의 차남 이하 자식들이 영예를 찾아서 해외 정복의 개척자들로 나섰다. 단언컨대, 아메리카에서 발견한 매우 뛰어난 영양 공급원들이 유럽인의 생활수준을 극적으로 상승시켰고 이는 부자에게만 해당되는 일이 아니었다. 또한 귀금속의 엄청난 유입도 자본주의 발전에 필수적이었다.

1500년대 말 무렵 유럽 세계경제는 영국제도에서 중앙 유럽에 이르는, 그리고 발트 해에서 이베리아 반도에 이르는 방대한 지역을 한데 묶었다. 아울러 누에바 에스파냐(멕시코)에서 칠레에 이르는, 그리고 파나마 지협에서 앤틸리스 제도와 브라질에 이르는 '신세계'의 거대한 영토까지 한데 묶었다(지도 3.2를 보라). 이 세계경제 내에서 분업과 합리화가 서서히 속도를 높이고 꾸준히 강화되면서 역내 교역 관계도 가속화하고 강화되었다. 북서유럽의 노동자들은 생산성이 가장 높았고 임금도 가장 많이 받았다. 그들은 동유럽과 아메리카와 같은 그다지 발전하지 못한 지역들에서 들여온 원료에 기초하여 제조업 상품을 생산했다. 월러스틴 식으로 표현하면, 북서유럽(과 남유럽의 보다 선진적인 지역들)은 세계체제

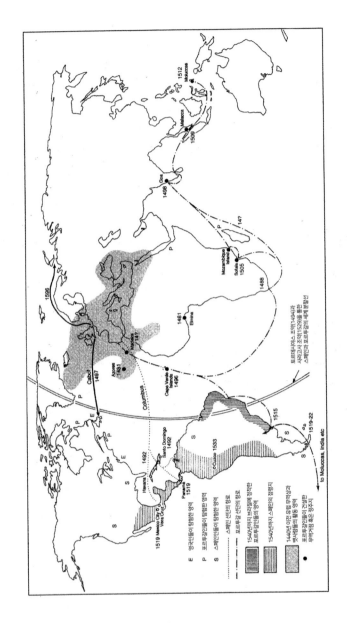

지도 3.2. 유럽의 대항해시대
1500년대 초 무렵 유럽에 중심을 둔 세계경제가 등장하기 시작했다.

의 핵심부가 되었고, 그곳에 동유럽과 남유럽의 그보다 저발전된 반주변부가 원료와 식량, 그리고 무엇보다 값싼 미숙련 노동을 제공했다. 이런 지역들보다 훨씬 더 발전되지 못한 지역들은 이 두 지역 모두에 봉사했는데, 특히 핵심부에 기여하는 바가 컸다. 이 마지막 지역들이 주변부이며, 아메리카 대륙과 대서양의 여러 섬들, 아프리카 연안을 따라 배치된 무역 거점들, 좀 더 뒤에는 훨씬 먼 곳에 있는 영토들이 이에 해당했다.

이 세계체제가 담고 있는 지배·종속 관계는 핵심부-반주변부-주변부라는 세 가지 구분 자체가 연상시키는 것보다 훨씬 더 다양했다. 월러스틴은 이렇게 쓰고 있다.

> 그래서 구체적으로 말하면 16세기에 유럽 세계경제의 핵심부와 그 주변부 지역 간의 격차와, 유럽 핵심부 내의 국가들 간의 격차, 국가들 내의 지방들 간의 격차, 지방 내의 도시와 농촌 간의 격차, 그리고 궁극적으로 보다 국지적 단위들 내부의 격차가 있었다.[32]

이런 해석은 프랑크의 해석과 유사하지만 그보다 복잡하고 좀 더 설득력을 지닌다. 지배적인 여러 지역들은 주변부와 반주변부를 그저 아무 이유 없이 착취만 한 것은 아니었다. 오히려 핵심부 지역이 역사상 그 어느 것보다 더 경제적으로 번성할 수 있었던 것은, 바로 노동의 전문화를 통해 달성한 특출한 효율성 때문이었다.

노동의 전문화는 노동을 통제하는 다양한 방법들로 모습을 나타냈다. 수준 높은 기예와 기술이 주로 발달한 핵심부 내의 도시 지역에서는 대체로 노동에 대한 구속이 없었고, 그것이 개인적 진취성과 독창성을 조장하였다. 반면에 대부분의 주변부에서는 노예노동이 이용되거나, 다른 형태의 강제노동이나 반(半)강제노동이 이용되었다. 동유럽과 다른 반주변부 지역에서 노동은 핵심부보다는 강제적이었지만, 주변부보다는 강제성이 덜하였다. 유럽 세계체제 전체에 걸쳐 고용주들 -자신의 투자 및 재산에 비해 가능한 가장 큰 수익을 추구하는 수완 좋은 기업가들-

은 그런 여러 노동자 집단을 강요하거나 허용하여 가장 큰 효율성 및 생산성 증가를 끌어내었다. 생산업자들은 자신들 사이에 벌어지는 격심한 경쟁으로 인해 끊임없이 가장 이익이 되는 배치를 추구하게 되었다. 예컨대 잉글랜드에서는 많은 토지소유 귀족들이 자신의 보유지를 매우 효율적인 대규모 농장들로 통합 정리했지만, 다른 귀족들은 자신의 땅을 비교적 자유로운 요먼(yeoman) 농부들에게 매각하거나 임대했다. 이런 과정은 그만큼 성공하지 못한 소농들을 도시 지역으로 몰아넣는 경향이 있었고, 그들은 도시에서 값싼 공업 노동력을 제공했다. 역시 노동자로부터 인간의 능력으로 할 수 있는 한 많은 이윤과 효율성을 짜내고 있었던 것이 핵심이다.

수탈과 지배가 도처에 퍼졌고, 핵심부와 주변부의 관계 경우에 그것들이 모습을 드러내는 방법은 자명했다. 그렇지만 매우 규모가 컸던 핵심부 자체 내에서는 어떠했는가?

> 제노바 상인과 은행가들이 스페인을 이용했는가, 아니면 스페인 제국주의가 이탈리아의 일부를 흡수했는가? 피렌체가 리옹을 지배했는가, 아니면 프랑스령 롬바르디아(France Lombardy)를 지배했는가? 혹은 그 둘 다를 지배했는가? 안트베르펜(뒤에는 암스테르담)과 잉글랜드 간의 실재 연결성은 어떻게 서술해야 하는가?[33]

월러스틴은, 이런 관계를 이해하는 핵심적 요소가 상인과 기업가의 이해관계를 촉진할 수 있는 여러 유럽 국가들의 능력과 의지에 있었다고 주장한다. 핵심부 지역의 국가가 보다 강하고 중앙집중적일수록 그런 이해관계에 제공하는 지원이 더 컸고 따라서 상업적 성공의 크기도 더 컸으며 얻는 이익의 크기도 더 컸다. 그리고 궁극적으로 자본주의의 등장을 더 많이 뒷받침했던 것이다.

핵심부 지역의 유럽 국가들은 어떻게 강하게 되었는가? 그것들은 관료제를 세워 영토를 관리하고 세금을 징수했으며, 군사력을 늘리고 지속적인 개혁을 추구했다. 또 그런 국가들은 (절대주의 개념과 "왕권신수설" 같은) 정치적 정당성을 확보할 철학과 관행을 발전시켰고, 자신의 신민(臣民)들을 (예컨대, 유대인과의 경쟁에 분노했던 기독교계 사업가들의 압력 하에 유대인들을 축출함으로써) 동질화했다. 전반적으로 볼 때, 강한 국가는 흔히 경제적·정치적 지배 세력들이 그렇지 않았으면 민중운동이나 민중적 전통의 반대에 부닥쳤을 수도 있는 목표를 달성할 수 있게 해주었다.

최초의 강하고 안정된 유럽 국가로서 자기 역내의 상업적 이해관계를 촉진할 수 있었고 그럴 의지를 가졌던 나라는 포르투갈이었다. 이 나라를 통해 유럽은 15세기에 역외 땅의 발견과 수탈 과정의 닻을 올렸다. 그 뒤 또 다른 강하고 중앙집중적인 국가였던 스페인이 제노바 금융업자 및 항해자들의 도움을 받아, 대서양 세계의 지배적 지위에 올랐다. 16세기 전체에 걸쳐 스페인이 수행한 대서양횡단 무역의 양은 11배나 늘어났다. 그렇지만 스페인은 막대한 부를 끊임없는 전쟁에 다 써버렸고 유럽 내에 제국을 건설하는 데 실패했다. 유럽의 스페인-합스부르크 제국은 이탈리아 도시국가 중 가장 중요한 4개 중 3개와 독일 남부의 엄청나게 부유한 상업 및 은행업 가문들, 그리고 당시 세계에서 가장 큰 금융 중심지인 안트베르펜을 지배했음에도 파산했다. 스페인은 번성하던 유럽 세계경제를 카스티야(Castille)에 중심을 둔 세계제국으로 변모시키고자 했기 때문에 실패했다. 근대 초기에는 전쟁 비용이 그야말로 너무나 커서, 어떤 한 지역이 경제적으로 성장하는 여러 국가와 지역으로 가득 찬 대륙을 모두 자신에게 종속시킬 수가 없었다. 그에 더해 스페인의 부유한 자산가들은 토지 소유 외에는 공업이나 다른 생산 활동에 자신의 부를 거의 투자하지 않았다.

스페인의 몰락은 북이탈리아와 남부 독일을 비롯한 스페인과 결부된 대여섯 개의 나라와 지역들을 함께 몰락시켰고, 그 뒤를 이어 세계체제

는 근본적인 구조조정을 겪었다. 월러스틴에 따르면,

그때 이래 지금까지 지배를 이어갈 체제가 새로이 등장한 것이다. 즉, 핵
심부 국가들이 주변부 지역을 수탈하는 특권을 둘러싸고 경쟁하고, 일부
정치적 실체들에게 반주변부 세력으로서 전문적인 매개 역할을 하도록
허용하면서 끊임없는 경제적·군사적 긴장 상태 속에 서로 뒤얽혀 있게
되었던 자본주의 세계경제이다.[34]

유럽의 이 새로운 체제 속에서 처음으로 성공을 거둔 핵심부 지역은 네
덜란드였다.

이와 관련하여 저지대(Low Countries)[17]의 성공을 어떻게 설명할
것인가? 가장 중요한 것은, 스페인의 몰락으로 네덜란드인들이 1581년
에 자신의 식민 지배자[18]로부터 독립을 획득할 수 있었다는 점이다. 그
뒤 네덜란드 상인들은 유럽의 다른 중요 정체들이 가진 거추장스런 국
가 장치 없이 지방 정부들의 비교적 격식에 매이지 않고 비위계적인 연
방체를 세웠고, 그리하여 그 나라의 부르주아들이 늘 그렇듯이 국가를
이용하여 자신의 이익을 극대화할 수 있게 하였다. 종교적 관용 정책으
로 유대인과 급진적 프로테스탄트들을 끌어들였고, 이들 중 많은 사람
들이 노련하고 부유한 국제적 기업가들이었다. 이미 네덜란드인들은 중
요한 발트 해 곡물 무역에서 주도적인 역할을 하고 있었다. 이제 동유럽
산 곡물이 급성장하던 네덜란드 도시들에 공급되었고, 발트 해 무역을
통해 공급되는 목재와 다른 물자들에 힘입어 조선업이 극적으로 성장했

---

17 유럽 북서부 저지대 연안 지역을 가리키는 용어로, 대략 오늘날의 네덜란드와 벨기
에, 룩셈부르크, 프랑스 및 독일의 일부 지역이 해당된다. 시기적으로는 주로 중세 말
과 근대 초기를 대상으로 사용하는데, 특히 16-18세기의 상황과 관련해서는 네덜란드
와 동일시해서 이해해도 무방하다.
18 스페인-합스부르크 왕가를 말한다. 네덜란드는 원래 신성로마제국에 속했는데, 합스
부르크 왕가의 칼 5세가 신성로마제국 황제의 자리에서 물러나면서 스페인 왕위를
둘째 아들 펠리페에게 넘겨주고 그와 함께 네덜란드 지역도 넘겨주었다. 이에 따라
프로테스탄티즘이 우세한 네덜란드는 사실상 가톨릭 스페인의 식민지와 같은 처지가
되었다. 이것이 네덜란드가 스페인에 맞서 독립을 추진한 주요 이유 중 하나였다.

다. 이에 따라 네덜란드의 발트 해 및 국제 교역 역량이 한층 더 발전했다. 하지만 또 다른 요소도 있었다. 이전에 스페인 제국의 일부였던 시절 네덜란드인들은 스페인령 아메리카 제국의 방대한 권역과 중요한 재정적 연계를 맺었고, 독립 후에도 이것을 계속 유지했다. 1590년경부터 암스테르담은 네덜란드인의 손을 거쳐 흐르는 부를 활용하여 유럽의 상품 및 자본 시장과 전(全)지구적 해운업에서 지배적인 역할을 수행했다. 네덜란드는 상대적으로 낮은 임금의 숙련 노동력과 비교적 비싸지 않은 원료 및 식량의 확보 능력에 힘입어, 여전히 번성하던 이탈리아 북부의 도시국가들보다 앞서 나갔다. 이런저런 식으로 비용을 절약할 수 있었기에, 국제 금융과 무역에서 네덜란드인과 경쟁할 수 있는 이는 지구상에 어느 누구도 없었다.

또 16세기 후반에는 북서유럽 ―주로 잉글랜드, 스코틀랜드, 네덜란드 공화국― 에서 산업이 급속히 그리고 집중적으로 발전하기 시작했다. 가장 크게 성공한 곳은 잉글랜드였다. 그곳은 중세 때는 원료와 곡물을 수출했는데, 근대 초기에는 직물업 수출로 특화되었다. 잉글랜드에는 중요한 경제적·정치적 이점이 있었다. 잉글랜드의 공업 부문은 네덜란드만큼 파편적이지 않았고, 조세 부담은 플랑드르나 북부 이탈리아보다 더 가벼웠다. 그리고 당시로서는 최첨단을 달리는 기술이 잉글랜드에 있었다. 통치 체제는 유럽에서 가장 통일되어 있었지만 제한적이었고 효율적이었다. 그리고 상비군이 없어도 ―종교 전쟁의 시대에― 왕국은 내부적으로 안정되어 있었다. 또 지주들은 (네덜란드처럼) 농지 대부분을 단순한 상품으로 바꾸어 마음대로 사고 팔 수 있었다. 그리하여 농지는 결국 가장 효율적이고 생산적인 경작자의 수중으로 들어가게 되었고, 경작자들은 당연히 생산량을 늘리면서 또한 미숙련이고 따라서 값싼 노동력을 토지로부터 방출하여 공업에서 활용할 수 있게 하였다. 그리고 바로 이 시기에 공업과 공업 기술이 잉글랜드에서 급속도로 발전하였다. 1620년경부터 경제 불황이 유럽 전체에 타격을 가했을 때, 잉글랜드는 (그리고 그보다 훨씬 더 크게 네덜란드도) 불황의 전면적인 충격을 피하였다. 그 이유는 무엇인가? 얼마간은 잉글랜드 기업가들이 새로운 공업 부문과 급증하던 재수출 무역을 발전시켰기 때문이었다.

잉글랜드가 네덜란드를 따라 유럽 세계체제의 신흥 핵심부로서 발돋움하기 시작할 때, 세계의 나머지 지역은 유럽 세계체제의 영역 밖에 있었고, 그래서 이런 곳들을 월러스틴은 "역외 무대"라고 부른다. 여기에는, 예컨대, 러시아와 아프리카 거의 모두, 그리고 −가장 중요한 곳으로− 아시아가 포함되었다. 아시아에서는 이러했다.

> 포르투갈인들은 [아시아에 −옮긴이] 도착하여 번창하는 세계경제를 발견했다. 그들은 그 세계경제의 조직을 이전보다 약간 더 개선했고, 그런 노력에 대한 보상으로 약간의 상품을 본국으로 가져왔다. 경제의 사회적 조직과 아울러 정치적 상부구조도 대체로 … 원래 상태 그대로 남았다. 그리하여 아시아 대부분의 입장에서 볼 때, 한 세기 간의 포르투갈 지배란 주로 아랍인 대신에 포르투갈인이 이익을 본다는 것을 뜻했다.[35]

유럽인이 '동방'을 보다 직접적으로 지배하는 데 주된 장애가 된 것은 그곳에 강한 국가들이 존재한다는 점이었다. '신세계'에서의 상황은 이와 정반대였다.

> 한편으로 아메리카의 식민화는 어떤 의미에서 보다 더 큰 보상을 제공했다. 다른 한편 아시아의 식민화는 그보다 훨씬 더 어려웠다. 두 가지를 결합하면, 아메리카는 16세기에 유럽 세계경제의 **주변부**가 되었던 반면 아시아는 **역외 무대**로 남게 되었음을 뜻했다.[36]

핵심적인 차이는 이러했다. 아시아 무역에는 유럽인이 바라 마지않던 아시아산 상품의 수입이 포함되었지만, 이것을 유럽인은 통제할 수 없었다. 반면에 아메리카는 나름대로 설탕 및 담배와 같은 수요가 높은 상품과 함께 엄청나게 풍요로운 귀금속과 목재와 놀라운 작물들(감자와 같은)을 제공했다 -이 모든 것들이 유럽인들의 직접 생산과 전반적인 통제 하에 있었다.

월러스틴은 1권에 이은 다음 세 권의 책에서 유럽 세계체제가 이어지는 몇 세기에 걸쳐 어떻게 발전했는지를 보여준다. 그는 이렇게 쓰고 있다.

> 자본주의 세계경제는 (a) 지리적으로 팽창하여 지구 전체를 뒤덮게 되었고, (b) … 팽창과 수축의 주기적 패턴과 경제적 역할의 지리적 소재의 변동(헤게모니 세력의 성장과 몰락, 특정 핵심부와 주변부 지대, 반주변부 지대의 상하 운동들)을 보여주었으며, (c) 기술 진보와 산업화, 프롤레타리아화를 비롯한 장기적 변혁 과정과 체제 자체에 대한 구조적인 정치적 저항의 등장 -이는 오늘날에도 여전히 계속되고 있는 변혁이다- 을 겪었다.[37]

다시 말해 지배하는 지역과 수탈당하는 지역들은 -비록 아주 느리게이지만- 이리저리 바뀌었지만, 수탈 체제는 지속되고 확장되었다. 마르크스주의자로서, 월러스틴은 자본주의 세계체제의 최종 몰락을 상정한다(그는 "내가 그때까지 버틸 수 있다면" 6권에서 이 몰락을 분석할 수 있기를 기대한다.[38])[19] 하지만 그는 이 세계체제가 가진 적응 능력을 인정한다. 그는 이 세계체제가 빈번하게 노정하는 비인간성을 개탄해 마지않지만, 이 세계체제가 전문화와 지역별 분업을 통해 노동 효율성의 특출한 증가를 이룸으로써 성공했음을 인정한다.

상업에 대한 국가 지원이 유럽의 중단 없는 흥기를 가능케 했다(에릭 밀랜츠)

세계체제론의 틀 내에서 작업하면서도 그것을 수정하거나 재해석하거나 전혀 다른 방향으로 연구하는 학자들도 여럿 있다. 그중에는 코네티컷 주 페어필드(Fairfield) 대학 사회학 부교수이자 파리 인문과학고등연구원(Maison des Sciences de l'Homme)의 연구원인 에릭 밀랜츠

---

[19] 2019년 월러스틴이 사망함으로써 그의 이런 기대는 실현될 수 없게 되었다.

(Eric Mielants)가 있다. 그는 월러스틴의 지도 하에 박사학위를 받았는데도, 몇 가지 핵심적 논점에서 자신의 스승에게 도전하고 있다.[39] 첫째, 그는 유럽이 12세기에 이미 자본주의로의 이행을 시작했다고 주장한다. 그는 그 예로서 12세기 동안 플랑드르 직물업이 철저하게 전문화되었고, 13세기 중반 무렵에는 고리대금업에 대한 가톨릭의 금지 조치에도 불구하고 상인들이 정식으로 대부를 하거나 임대를 하며 이자를 지급했다는 점, 그리고 다음 세기 동안에는 유럽의 금융 상품 및 제도가 활발하게 기능하고 있었다는 점을 든다. 랜즈와 마찬가지로, 그도 14세기 기계식 시계의 확산이 가진 기술적 중요성을 강조하지만, 그에 더해 그런 시계들의 주요 기능이 노동을 통제하는 데 있었다고 주장한다.

게다가, 밀랜츠는 주장하기를, 12세기부터 중동에 십자군 국가들을 세우고 레콩키스타(Reconquista) 동안에 이슬람교도를 스페인에서 조직적으로 축출하며 유럽인 전사들이 수행한 "팽창과 정복, 지배, 수탈은 규모는 작았지만 스페인의 '신세계' 정복과 **동일한** 형태"였다고 한다.[40] 마찬가지로 1150년과 1350년 사이에 이탈리아 도시국가들은 원료의 추출 및 수출을 통제하기 위해 비잔틴 제국의 상당 부분을 식민화했다. 이런 도시국가들은 상업적이면서 동시에 군사적이었는데, 이들은 식민지의 기존 제조업 기업들을 의식적으로 약화시키기도 했다. 다시 말해 주변부화 과정 -수탈 가능한 주변부의 창출- 은 월러스틴이 주장한 것보다 3, 4세기 더 이른 시기에 이미 진행 중이었던 것이다.

밀랜츠에 따르면, 중세 유럽 정치경제의 가장 중요한 특징은 유럽 도시국가간 체제(European inter-city-states system)였다. 상인 귀족계급이 통치하는 유럽 도시들의 높은 수준의 자율성은 다른 문명의 도시들에 비해 유럽 도시들만이 가진 차별성이었다. 지역 간에 그리고 도시들 사이에 벌어진 치열한 경쟁이 끊임없이 기업가들을 압박하여, 그들은 비용 절약 목적의 조치들을 도모할 수밖에 없었다. 대부분이 이런 압박에 대응하여 노동 비용을 하락시키고자 애썼고, 그 방법은 아동 및 여성을 고용하는 것과 교외와 시골 같이 도시 길드의 통제 밖에 있는 장소로 기업을 이전하는 것이었다. 이런 노력 속에서 그들은 도시 정부와 협력했는데, 많은 경우 그들 자신이 도시 정부의 구성원이었기 때문에 협력을 얻기가 쉬웠다. 중세 유럽의 상대적으로 자율적인 도시들에 자리한 상업 부르주아지가 점차 시골 -그들의 주변부- 에서 법적·정치적·사회경제적 권력을 행사하게 되었다. 중세 유럽 도시국가는

> 본질적으로 상호간에 혼인으로 맺어진 상인과 부유한 수공업자들, 소수 귀족들의 과두정이 지배하는 사회경제적·사법적 실체였다. 이들의 이해관계는 배후지(도시 외곽에 바로 인접한 농촌 지역이든 해외의 식민지나 관할 지역이든)에 사는 사람들과 도시국가 내에 사는 프롤레타리아트에 대한 수탈의 성공 여부와 깊숙이 연결되어 있었다.[41]

그렇게 하여 중세 유럽의 도시국가는 유럽이 세계 패권적 지위에 오르는 데 주요한 엔진 역할을 했다고, 밀랜츠는 결론짓는다.

밀랜츠는 비록 유럽의 발전에 미친 다른 문화의 상당한 영향을 인정하고 유럽이 오로지 내적 발전에 힘입어서만 흥기했다는 생각을 거부하지만, 그러면서도 그는 "서기 1000년과 1500년 사이에 유럽 대륙에서 발생한 질적 전환에 기여했던 특징들을 정확히 파악하려면 얼마간 유럽 중심적일 필요가 있다"고 주장한다.[42] 그는 유럽의 흥기가 가진 특수성을 정확히 규명하려는 노력에서 자신의 책 대부분을 유럽과 다른 주요 문명들 간의 세심한 비교에 할애한다.

11·12세기에 중국은 상업혁명을 겪었으며, 그 시기 동안 주로 원료를 수입하고 제조업 상품을 수출했다. 13세기 몽고의 정복은 유라시아 동부의 상당 부분을 폐허로 만들었고, 사상과 기술 -예컨대, 화약-을 서쪽으로 흐르게 하고 유럽 상인들이 자유롭게 '동방'으로 여행할 수 있게 했던 무역로를 열었다. 1368년에 몽고 통치자들(원[元])이 무너지

고 명(明)이 들어서자, 중국은 다시 내향적으로 바뀌었다. 1400년대 초에 인도양으로 파견된 보선(寶船)을 중심으로 한 대규모 함대가 가진 의미는, 원정의 대상 권역 내에서 명의 위신을 내세우는 데 있었지 장거리 교역을 촉진하는 데 있지 않았다. 실제로 일반적으로 중국 황제가 조공 체제를 통해 제공하는 재화는 조공으로 자신에게 바치는 것보다 더 가치가 높았다. 반면에 유럽 도시국가들은 중세 초기부터 "구성된 주변부로터 끊임없이 자본을 축적하기 위해 직접 정복과 정치적 지배, 상업적 수탈의 대외 정책을 체계적으로 마련하여 실행하였다."[43]

유럽 대부분 지역에서 상인들이 정부를 지배하거나 적어도 정부에 강력한 영향력을 행사했고 왕들조차도 종종 국제적인 은행가와 대출업자에게 의존했던 반면, 중국에서는 정부가 경제 발전을 억누르고 국내 및 대외 교역 상인들을 괴롭히는 일이 빈번하게 발생했다. 황제는 농민반란 − 몇 번이나 왕조를 무너뜨렸던− 을 두려워했지, 사대부(士大夫)의 권력에 조금도 위협이 되지 않았던 상인층을 전혀 신경 쓰지 않았다. 중국의 황제는 토지세라는 지속적인 수입원을 향유했고, 따라서 유럽의 군주들과 달리, 특히 명 왕조의 수립 이후에는 상업을 촉진할 필요가 없었다. 밀랜츠는 중국이 치밀한 도시 교역망과 막대한 상품 흐름, 분업 구조, 대도시를 갖춘 고도로 상업화된 지역이었음을 부정하지 않는다. 그러나 그는 중국에서는 국가가 사(私)기업의 지지 세력이기보다는 경쟁자로서의 성격을 더 갖고 있었다고 강조한다.

남아시아의 상황도 다소 비슷했다. 11세기부터 인도는 급속한 공업화와 상업 발전을 겪었고 수준 높은 신용 및 은행 제도를 갖추고 있었다. 인도의 직물업자들은 그 지역 전역을 지배했다. 그들은 막대한 자본을 축적했지만, 자본주의는 등장하지 못했다. 이유가 무엇인가? 역시 또 밀랜츠는 상인들에게 자신의 이익을 한층 더 심화시키기 위해 기계와 국가 관리를 이용할 수 있는 역량이 없었다고 주장한다. 그들은 직물업 내의 노동이나 생산 과정에 대한 통제조차 행사할 수 없었다. 그는 이렇게 요약한다.

바로 이런 변수 ―상인들의 힘― 가 궁극적으로 서유럽을 팽창하는 전(全) 지구적 분업 구조 내의 핵심부 지역으로 변모시킨 것이다. 서유럽에서는 국가와 부르주아지 간의 매우 특별한 동맹에 힘입어 프롤레타리아트에 대한 상인들의 힘이 점점 더 증가한 것과 **그 이후에** 해외의 ―처음에는 지중해에서의 그리고 결국에는 '신세계'에서의― 식민 정복이라는 재정적 횡재로부터 얻은 수입이 더욱 더 늘어난 것이 결합하여, 서유럽의 특정 정체들이 결국 세계를 지배할 수 있게 된 원인이 되었던 것이다. 이렇게 설명한다고 해서, "활기차고 역동적이며 따라서 지배적인 '서방'에 대한 대척점으로서의 영원한 '동방' 이미지"를 되풀이하고자 하는 것은 아니다. 그러나 이런 설명은 남아시아의 상인들에게는 내부적으로 노동자들을 효과적으로 프롤레타리아화하고 인도양 권역 내의 다른 지리 지역들을 효과적으로 주변화할 수 있는 제도화된 정치권력이 없었다는 사실을 강조한다.[44]

유럽의 경우와 달리, 인도의 귀족과 관료 집단은 상인들을 강제하여 손쉽게 돈줄로 활용할 수 있었다. 인도의 성읍(城邑)과 도시들이 누리던 자율성은 중국보다 더 컸지만 유럽에 근접한 정도의 자율성을 누린 곳은 전혀 없었고, 이 또한 같은 원인 ―상인의 힘― 때문이었다.

결국 인도의 엘리트들은 (바로 중국과 마찬가지로) 가용 가능한 군사적 자원을 모두 유목민들과 싸우는 데 써버렸고, 해군력에 사용할 자금을 거의 남겨두지 않았다. 이 점이 유럽의 상인이자 식민자들에게 제공된 국가의 지원과 다른 점이었고, 그 때문에 유럽인 상인이자 식민자들은 인도 상인들을 쉽게 부차적인 역할로 몰아내고 결국 인도를 식민화할 수 있었다.

밀랜츠는 북아프리카와 오스만 제국에 대해서도 똑같은 결론을 내놓는다. 전반적으로 볼 때, 이슬람 도시들은 유럽 도시들처럼 인접한 농촌 지역을 식민화하지 않았고, 또 도시간 교역도 유럽처럼 집약적이지 않았다. 유럽의 발전이 가진 결정적인 차별성은 어느 곳이든 값싼 노동이 있으면 그것을 통제하고 활용하기 위해 국가를 이용한 유럽 상인들의 자본주의적 역동성에 있었다. 이슬람 세계에서 혁신을 방해한 것은 그 세계 전역에 광범위하게 퍼져있던 노예제였다. 밀랜츠는 이렇게 쓰고 있다.

> 수많은 임노동자가 존재하는 자본주의 체제에서는, 필연적으로 사적 자본 −자본주의적 기업가들이 지배하는− 이 임금 비용을 상쇄하기 위해 기술 설비 및 혁신에 투자할 수밖에 없다. 이런 동기가 노예제 경제에는 없다. 노예제 경제의 경우에는 노예를 감독하고 강제하는 데 더 많은 에너지가 할애될 것이다.[45]

엄격하거나 도덕적인 의미를 아무리 이렇게 저렇게 갖다 대어도 유럽의 임노동이 "자유로웠던" 것은 아니었다. 다만 유럽의 임노동은 세계의 다른 발전된 사회들보다 더 효율적으로 강제되었을 뿐이었다.

유럽은 5,000년 간의 인류 발전에 기초하여 흥기했다(프랑크와 길스)

안드레 군더 프랑크와 영국의 정치학자 베리 K. 길스(Barry K. Gills)[20]도 유럽 자본주의가 가진 수탈적 성격에는 동의할 것이다. 하지만 그들은 유럽 자본주의가 일부를 이루는 세계체제가 유럽에서 처음 등장한 것이 아니며, 월러스틴이 (또는 밀랜츠도) 믿었던 것보다 엄청나게 오래되었다고 주장한다. 그들은 적어도 5,000년 동안 단일한 세계 경제 체제가 발전해 왔고 따라서 "이 세계체제 내에서" 유럽이 패권적 지위로 올라선 것은 "그저 최근의 −그리고 아마도 일시적인− 사건일 뿐"이라고 주장한다. "그러므로 우리의 테제는 유럽 중심주의에 대한 보다 인간 중심적인 도전을 제기한다."[46]

그들이 가설로서 제기하는 세계체제는 −월러스틴의 논의에서처럼− 지속적인 자본 축적과, 중심과 주변의 관계, 헤게모니적 통제력을 둘러싼 계속되는 경쟁 관계, 경제 성장 및 하락의 주기를 내포했다. 또 그들의 세

---

20 1956년 출생. 영국인 사회학자로 헬싱키 대학 발전연구 전공 교수. 런던정경대학에서 국제관계 연구로 학위를 받았고, 세계체제론만이 아니라 글로벌화(Globalization) 연구에서도 탁월한 업적을 인정받고 있다.

계체제가 의거한 것은,

아주 먼 과거 약 5,000년 전에도 전(全)지구적인 분업이었다. 그 분업의
형태는 반드시 근대적 형태와 같을 필요가 없다. 왜 그런가? 고대 아프리
카니스탄의 청금석(青金石)을 캐는 노동자와 수메르의 도시에서 일한 직물
노동자의 노동은 기원전 4000년 내지 3000년에도 하나의 "세계" 경제/체
제 내에서 분명 서로 연결되어 있었던 것이다.[47]

그런 노동자들은 모두 다, 설령 간접적일지라도, 하나의 거대한 상업적
연계 속에서 연결되어 있었다. 다시 말해, 상호 연결된 세계 경제체제는
문명 자체만큼이나 오랫동안 존재해 온 것이다. 그 이유는 도구와 인간
자본에 대한 인간의 투자는 끊임이 없었고, 인간 상호간의 교역과 경쟁
은 인간이 지구 위를 걸어 다닌 것만큼이나 오래되었기 때문이다.

　프랑크와 길스의 핵심 논점은, 겨우 500년 전에 유럽인들이 현재 계속
되고 있는 세계체제에 참여한 이래 그들이 이룬 성취는 상대적으로 말해서
그다지 크지 않았다는 것이다. 이런 재평가는 "서구" 역사 전체의 인식 방
식을 바꾸어 버린다. 그들이 주장하듯이, "하나의 세계체제라는 틀에서 보
면 '고전' 고대의 역사를 비롯한 세계사의 대부분 시기 동안 유럽이 언제나
'주변적'이었고 서아시아가 언제나 '중심적'이었음이 명확하게 된다."[48]

아시아에 중심을 둔 경제 호황이 유럽의 흥기를 추동했다(재닛 아부-루고드)

　월러스틴의 폭넓은 모델에 기초하면서도 근대 이전의 세계체제에
대한 생각을 심화시킨 이로는 역사사회학자 재닛 아부-루고드(Janet
Abu-Lughod)[21]가 있다. 그녀는 1250년 이후 한 세기 동안 유라시아

---

21 1928-2013년. 미국의 여성 사회학자이자 세계체제론 연구자. 원래 카이로 도시연구
　와 이슬람 여성 연구를 수행했으며, 그런 연구를 통해 얻은 통찰력에 힘입어 13세기
　세계체제론을 제시하였다. 매사추세츠 대학에서 학위를 했으며 노스웨스턴 대학을
　거쳐 1987년부터 뉴욕시 소재 사회연구 뉴스쿨(New School for Social Research)에서
　사회학 및 역사학 교수로 있다가 퇴임했다. 팔레스타인 출신의 유명한 학자인 이브라

전역에 걸쳐 여러 문화들이 동시에 번성했다고 설명한다. 유라시아 전역에 걸쳐 약 100년 동안 이전 어느 때보다 더 큰 경제적, 기술적, 사회적 진보가 이루어졌다는 것이다. 1300년을 전후한 수십 년 동안 유럽과 중국 사이에도 중요한 상업 관계가 확립되었다. 대륙 전역에 걸쳐 일어난 이 13세기 르네상스는 단순한 경제 발전을 훨씬 넘어선 것이었다. 실제로, "'구세계'의 그렇게 많은 지역들이 동시에 문화적 성숙 상태에 이른 적은 이전에 결코 없었다"고 그녀는 주장한다.[49] 유라시아 도처에서 발생한 문화적 · 지적 진보는 거의 모든 곳에서 일어난 경제적 팽창과 기술 혁신, 경제 통합의 증대에 힘입어 가능했다.

아부-루고드에 따르면, 13세기 "세계경제"의 중심은 그녀가 중동의 심장부라고 부르는 곳에 있었다. 그런 상황에서 유럽은 조연에 불과했다. 실제로 유럽이 월러스틴이 비정했던 세계체제의 핵심부 지역으로서 세계의 패권적 지위에 오를 수 있었던 것은, 오로지 이와 같이 그 이전에 '구세계'가 훨씬 더 발전한 아시아 문명들을 통해 방대한 공동 시장으로 결합되었던 덕분이었다. 이런 다중심적인 교환 체제(지도 3.3을 보라)에는 막대한 양의 원료와 제조업 상품들이 연루되었고, 아주 수준 높은 상업 관행과 특히 야금업과 직물업의 기술적 방법들이 포함되었다. 이렇게 번성하던 일련의 상호 연결된 세계경제들에 유럽이 결합한 것은 "암흑기"로부터 벗어나는 데 도움을 주었다. 실제로 그 시점까지 유럽은 주요 문명 중 가장 발전이 더딘 문명이었기에 그런 접촉에서 얻을 것이 단연코 가장 많았다. 아부-루고드는 결론적으로 서구가 이후에 패권적 지위에 오를 수 있었던 것은 유럽 내의 어떤 구조적 이점 때문이 아니라, 아시아가 일시적인 혼란 상태에 있었던 반면 유럽의 경제는 계속해서 성장한 덕분이었다고 단언한다.

아부-루고드는 자신의 책을 3부로 나누어 13세기 세계체제의 주요

힘 아부-루고드(Ibrahim Abu-Lughod)가 배우자이다.

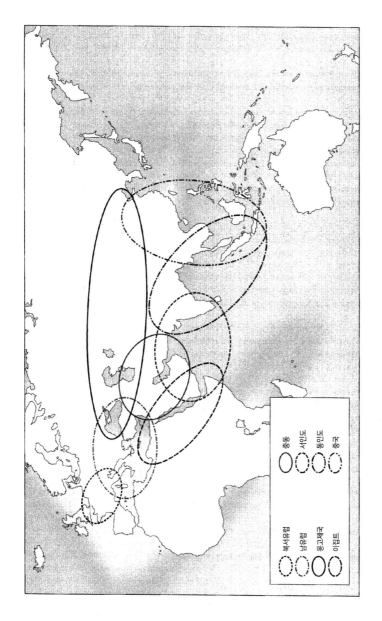

지도 3.3. 13세기 세계체제의 8개 순회로
13세기에는 아시아의 주요 나라들이 다중심적인 교환 체제를 형성했다.

참여지역 세 곳 −유럽, 이슬람 세계, 인도에서 중국에 이르는 아시아−에 초점을 맞춘다. 그녀는 여러 가지 면에서 유럽이 열외적 존재이고 지체되어 있다가 갑작스레 출세했음을 보여준다. 사업 방식, 신용제도, 국가 구조, 통화 안정 등, 모든 면에서 중동 및 아시아가 유럽보다 훨씬 더 정교하고 효율적인 모습을 보여주었다.

아부−루고드에 따르면, 로마제국의 붕괴 이후 동떨어져 있던 북서유럽을 처음으로 세계체제로 다시 편입시킨 것은 십자군이었다. 그때 유럽인들은 무수히 많은 진기한 사치품들 −향신료, 도자기, 실크, 면직물−을 알게 되었다. 유럽인들에게는 유라시아 나머지 지역의 상인들이 원하는 상품이 거의 없거나 그것을 생산할 능력도 없었기 때문에, 그들은 매혹적인 세계시장에 참여하려고 제조업 역량 증대에 박차를 가했다. 이탈리아인들은 세계시장과의 접촉을 끊은 적이 없었고, 실제로 그들은 결정적으로 중요한 금융 상품과 관행들을 보통 이슬람 교역 상대로부터 습득하여 유럽 나머지 지역에 소개하는 역할을 했다. 그리하여 이것이 유럽 중세의 상업 활황을 뒷받침했다. 그들은 이런 기교들을 −자본, 중동에서 그들이 행하는 무역 거래의 "상품 목록(Rolodex)",[22] 사업 기술과 함께−북유럽으로 들여왔고, 그럼으로써 플랑드르의 대규모 상업 중심지들 −겐트(Ghent), 브뤼헤(Bruges), 안트베르펜− 이 등장할 수 있는 기초를 마련했다.

아부−루고드는 중세 초기부터 플랑드르에서 직물업이 발전했음을 상술한다. 이 지역은 바다와 가까웠고 인구밀도가 높았다. 이 때문에 대부분의 사람들이 농업에서 얻는 수입을 보완하기 위해 가내 수공업에 종사했다. 그러다가 십자군에 참여했던 플랑드르의 기사들이 중동 시장

---

22 Rolodex는 1950년대 말 덴마크계 미국회사인 제피어 아메리칸(Zephyr American)에서 발명한 회전식 카드 인덱스 장치이다. 단어 자체는 회전(rolling)과 인덱스(index)를 합쳐 만든 조어이다. 아부−루고드는 이탈리아 상인들이 중동에서 거래한 상품 목록을 북유럽에 소개하여 시장의 활성화를 가져왔음을 부각하기 위해 이 말을 비유적으로 사용한 것으로 보인다.

의 흥미로운 상품들에 눈을 떴다. 다음 200년에 걸쳐 직물 생산이 급등하여 1300년대 초에 정점에 이르렀다. 이를 가리켜 산업혁명이라고 하는 학자도 일부 있을 정도이다. 아부-루고드 자신은 이렇게 주장한다.

> 여러 모로 보아 그것은 (비록 당시에도 여전히 브뤼셀의 유명한 레이스 제조업에서 현재 볼 수 있는 것과 같은 초기 수공 기술을 사용하고 있었지만) 산업혁명이었고 더욱이 자본주의적인 산업혁명이었다.[50]

그녀가 말하고자 하는 바는, 유기적으로 서로 맞물려 돌아가는 봉건적 위계의 사회관계가 서서히 해체되어 가고 그 대신에 이제 보다 엄격하게 분화된 계급 배치가 등장하고 있었다는 것이다. 그 배치 속에서는 생산 수단을 지배하는 부유한 귀족이 꼭대기를 차지하고 자신의 노동을 팔아야만 살 수 있는 노동자 집단이 맨 밑바닥에 자리했다. 사업계의 엘리트들은 자기 딸을 토지 없는 귀족들에게 결혼시키는 일이 흔했는데, 그리하여 그들은 정치 체제도 지배했고, 이에 따라 한 지역의 정치 체제는 사실상 그 지역의 상업적 이해관계의 연장선상에 놓이게 되었다.

한편 유럽 전역에서 상인들이 유럽 주위와 '동방' 세계에서 온 상품을 찾아서, 또 돈을 빌리고 교환하고 태환하려고 브뤼헤로 몰려들고 있었다. 14세기 무렵 브뤼헤의 사업 방향은 무역보다는 금융 서비스에 더 집중하게 되었다. 그곳의 특정 주거지역에 상주하는 외국인 금융가와 상인들은 "네이션(nations)"[23]을 형성해 자신의 이해관계를 옹호하기 시작했다 ─유럽 전역에서 온 16개의 "네이션"들이 있었다. 이탈리아의 회사들은 특히 회사를 대표해 활동하는 수십 명의 대리인들을 파견했다. 이런 회사들이

---

23 '네이션'이란 말은 원래 중세 대학에서 같은 언어를 사용하고 같은 가족 법률의 관할 하에 있던 동료 학생들을 지칭하기 위해 사용되었다고 한다. 중세 말이나 근대 초기에는 상업의 발달과 함께 동향 출신의 외국 거주 자본가 집단을 가리키기 위해 사용되는데, 이것은 단순한 집단 호칭이기보다는 특히 외국 거주 금융업자들의 일종의 (초국적) 사업 조직이었다. 근대 자본주의 체제 형성과 관련해 가장 중요한 역할을 한 것은 이탈리아 도시 출신 상인·금융업자들의 '네이션'들이었다.

점점 더 복잡하고 광범위한 범위에 걸치게 되면서, 정확한 회계처리 -예컨대, 복식부기 같은- 가 필요하게 되었다. 회사가 처리하는 자본도 점점 더 늘어났고 따라서 자본 시장도 필요했다. 브뤼헤는 유럽 최초의 주요 자본 시장이었다. 이탈리아인들은 플랑드르에서도 특히 환어음의 발행과 같은 국제 금융 서비스 사업을 지배했다. 게다가 13세기에 잉글랜드의 성장으로 인해 브뤼헤에서 제조업이 쇠퇴하기 시작하자, 이탈리아인 금융업자들은 쉽게 안트베르펜으로 옮겼고, 이 도시가 유럽의 다음 국제 사업 중심지로 되었다. 자본이 고도로 유동적이었던 것이다.

이탈리아의 양대 해양 도시국가인 제노바와 베네치아는 서로 간에 격렬하게 경쟁하면서, 아시아에 대한 침투를 심화시키며 더 많은 자본을 축적하고 사업 효율성의 증대를 도모했다. 또 이들은 비잔티움(Byzantium)과 이슬람 도시들에 교역 거류지를 확보하고 항해 및 전쟁 기술도 발달시켰다. 이 두 도시는 지중해 동부 전역에 걸쳐 열심히 교역 식민지들을 세우기도 했다. 13세기 말 무렵 이 두 도시는 함께 성장하던 유럽 세계경제를 지배했고, 그것을 중앙아시아 세계경제와 중동 및 북아프리카를 잇는 세계경제와 연결시켰다. 그리고 그에 이어 '동방'의 가장 큰 세계경제와도 연결시켰다. 제노바와 베네치아의 상선대는 지중해와 흑해를 누비면서, 수많은 항구들에서 엄청나게 많은 화물을 선적하고 하역했다. 1300년대 초기 동안 아프로·유라시아 대륙 전역에 걸쳐 보다 발달한 사회들이 경제적으로 번창하고 있었다. 그 당시 통찰력 있는 관찰자가 있었다면, 그는 점점 더 고립에서 벗어나는 이 세계경제들이 상호 연결된 하나의 세계체제로 가는 출발점에 있다고 느꼈을 수도 있었다. 하지만 실제로는 여기에 참여한 유럽은 계속 번성해 나갔지만 유럽의 상대인 아시아와 북아프리카는 쇠퇴하게 되었다.

아부-루고드는 자기 책의 나머지를 할애하여 아시아의 선진 사회들이 이전 여러 세기 동안 어떻게 번성했고 그 뒤 그 사회들이 어째서 쇠퇴하게 되었는지를 설명한다. 이 설명에서 중심적인 것은 몽고 제국이다. 그것은 중국에서 중동에 이르는, 그리고 인도에서 러시아에 이르는 아시아 대부분을 통일했다. 그리하여, 몽고족이 지나간 자리에는 종종 끔찍한 파괴가 이어졌지만, 몽고 제국은 그때까지 세계 역사에서 가장 고도로 발전되고 안전한 교역로들을 창출했다. 유라시아 전역에 걸쳐 수없이 많은 부족 집단과 정체들을 통일시킨 것은 놀랄 만한 업적이었다. 비록 그런 통일된 체제가 대체로 수탈적인 성격을 가졌기 때문에 장기적으로는 계속 유지될 수 없었지만 말이다. 팽창을 계속하는 것만이 그 체제를 유지시킬 수 있었지만, 어떤 제국도 무한정으로 팽창할 수는 없다.

중앙아시아 전역과 그 이상의 지역에서 무역을 지배한 이들은 이슬람 교역상들이었고, 그보다 한참 못하지만 유대 상인이 그 뒤를 이었다. 이슬람 상인들은 매우 수준 높은 회계 방법 및 도구, 금융 관행과 상품, 상거래 관련 관행 및 도구들을 사용하였다. 실제로, 아부-루고드에 따르면,

"자본주의적" 생산 및 교환에 자금을 대고 그것을 관리하는 데 필요한 법적·제도적 전제조건들을 이용해 유럽인들이 이익을 보기 오래 전에, 그런 전제조건들 전부가 이슬람 세계에서 가동 중이었다.[51]

이슬람이라는 종교 자체가 상업 활동을 고취했으며, 유라시아에서 발생한 거대 종교와 공적 철학들 중 유일하게 상인을 존중했다.

유럽인들은 사실 1240년대에 이슬람에 맞선 십자군의 동맹 세력을 찾아서 교황이 사절을 파견하고 마르코 폴로(Marco Polo) 같은 상인들이 동쪽으로 가기 시작할 때까지, 유라시아 동부나 그곳의 사람들에 관해 아는 것이 아무것도 없었다. 즉, 유럽인들은 '동방'에 엄청난 부가 쌓여있다는 전설 같은 이야기를 가장 늦게 들은 사람들이었다. 마르코 폴로는 베이징에서 "온갖 나라"에서 온 상인들을 만났다. 그러나 그 상인 중에 유럽인은 없었다. 폴로가 자신과 자기 가족만이 거기에 간 유일한 유럽인이라고 반복해서 말하는 것을 보면 알 수 있다. 그러면 그 상인들

은 누구였는가? 그가 말하고 있는 온갖 나라는 이슬람 나라였음이 분명한 것 같으며, 실제로 이슬람 상인들이 여러 세기 동안 유라시아 대부분에 걸쳐 국제 무역을 지배했다. "그 상인들에게 칸(Kahn)의 영토는 새로 알게 된 곳이 전혀 아니다. 그들은 그 세계의 자연스럽고 완전한 일부이다."[52] 전반적으로 볼 때 유럽인들은 분명 번창하던 경제 권역에 아주 늦게야 들어온 사람들이었다.

몽고 제국이 유라시아의 사방팔방을 서로 연결함으로써 발생한 비극적 결과는, 치명적인 질병이 몽고 제국의 대상로를 따라 확산된 것이었다. 그 중 가장 파국적인 것은 1331년에 중국을 강타했고 1347년에는 유럽에 휘몰아친 흑사병(Black Death)이었다. 그것을 퍼뜨린 것이 몽고 병사들인 것은 확실했다. 게다가 서로 다투는 몽고 씨족들 간의 내분과 중동에 대한 파괴적인 정복으로 인해 유라시아의 주요 경제 중심지들이 대부분 손상을 입었다. 특히 몽고군이 1258년에 자행한 잔혹한 바그다드 약탈은 최근에는 정체되었지만 한때 번성하던 저 거대 도시를 쇠락하게 만들었다. 이로 인해 페르시아 만을 경유하여 진행되던 인도 및 중국과 지중해 세계 간의 장거리 무역이 축소되었다.

실제로 유라시아의 서쪽에서는 유럽과 새로운 이슬람 술탄국가의 중심지인 이집트만이 힘을 유지했다. 이탈리아 무역상들은 맘루크(Mamluk)[24]전사 계층의 유지에 필수적인 노예를 지속적으로 이집트 엘리트들에게 공급함으로써 그 체제가 힘을 유지하는 데 도움을 주는 한편, 이제는 거의 전적으로 홍해를 경유했던 유럽 · 아시아 간 무역에 접근할 권리

---

24 맘루크는 아랍어로 '소유 노예'라는 뜻으로, 9세기 압바스 왕조 때 주로 중앙아시아와 발칸 지역의 젊은이들을 노예로 사들여 근위군대로 양성하면서 시작되었다. 이들은 이슬람 왕조들의 역사에서 핵심 무력으로 자주 이용되었는데, 그만큼 자체 권력을 길러 지배세력을 무너뜨리는 일이 종종 있었다. 특히 1250년에서 1517년까지는 몽고의 침입을 저지하면서 이집트를 중심으로 레반트 지역을 지배한 술탄국가를 세우고 인도양 및 홍해를 통한 무역을 중개하여 이익을 보았다. 본문에서 말하는 맘루크는 이 술탄국가를 가리킨다.

를 확보했다. 이집트와 시리아 모두를 통치한 맘루크 체제 하에서 쌍둥이 도시 푸스타트(Fustat)[25]와 카이로는 1300년대 초에 둘이 합쳐서 약 50만 명의 주민이 살던 세계에서 두 번째나 세 번째로 큰 도시 중심지였다. 가장 중요한 것은, 그 도시들이 몽고의 침략과 유럽인의 공격을 모두 막았으며 13세기 무렵에는 "세계체제의 선봉"에 있었다는 점이었다.[53] 게다가 흑사병이라는 재앙으로부터 이집트가 살아남았기 때문에, 이집트의 가장 가까운 교역 상대였던 베네치아도 계속 번성할 수 있었다. 푸스타트는 특히 직물업을 비롯한 주요 제조업 중심지로서 그리고 아울러 국제 교역의 중추로서 번성하였다. 이집트의 나일강 상류 지역 역시 막대한 양의 정제 설탕과 직물을 생산했다.

하지만 서서히 이집트 경제도 침체에 빠졌다. 유럽의 직물 제조업이 이집트보다 낮은 가격에 상품을 공급했고, 이집트로부터는 아마와 원면, 사탕수수 같은 미가공 원료의 수출량이 점점 더 늘어났다. 1300년대 말부터 맘루크 체제의 통치는 이전보다 억압적 성격을 띠게 되었고, 유럽 및 아시아로 가기 위해 환적되는 상품에 대한 세금과 관세를 급등시켰다. 포르투갈 뱃사람들이 '동방'으로 가는 대양 항로를 필사적으로 찾아 나섰던 것 -그리고 물론 발견했다- 은 바로 이런 비용 증가를 피하기 위해서였다. 유럽 무역상들이 아시아의 값비싼 향신료와 실크, 도자기를 얻을 수 있는 새롭고 비용이 덜 드는 수단을 확보하자, 장거리 무역의 허브로서 이집트의 지위는 크게 쇠퇴해 버렸다.

여러 세기 동안, 그리고 심지어 한참 거슬러 올라가 선사시대부터 인도는 세계의 가장 중요한 상업 허브였다. 인도를 통해 유라시아의 거대 문명들 -메소포타미아, 이집트, 중국, 동남아시아, 나아가, 그리스, 로

---

25 641년 이슬람의 이집트 정복 직후 건설된 도시로, 이슬람 지배 하 이집트의 첫 수도였다. 12세기에 전성기를 맞아 인구가 20만 명에 이르렀고, 이집트의 행정 중심지였다. 969년에 도시 북쪽에 카이로를 건설했고, 1168년 십자군에게 파괴당한 후 카이로와 사실상 합쳤다. 오늘날에는 그 흔적이 거의 남아있지 않다고 한다.

마, 이슬람 세계, 훨씬 뒤에는 유럽 기독교 세계- 이 모두 연결되었다. 상주하는 외국 상인 공동체들이 인도 서부 연안을 따라 자리를 잡았는데, 처음에는 아랍 상인과 유대 상인들이 거류지를 이루었고 나중에는 이탈리아 상인들도 거류지를 이루었다. 인도 출신의 무역상들과 동아시아 및 동남아시아 출신의 상인들이 인도양의 양쪽 끝을 끊임없이 오갔고, 인도 상인들은 고대부터 아프리카 동부와 이집트에 그리고 심지어 로마에도 정기적으로 드나들었다. 13세기 말 말라바르(Malabar) 연안의 캘리컷(Calicut)은 맘루크 이집트의 교역 상대로서 번성하였다. 이슬람 상인과 유대 상인, 구자라트 상인들이 항구도시 캘리컷으로 모여들었다. 이런 상인들이 인도양 교역의 대부분을 지배했다 -이슬람 상인들이 인도양의 서쪽 반을 지배했고, 동쪽 반은 인도 상인과 중국 상인들이 지배했다.

인도 남부에선 효율성 높은 직물 제조업이 번성하여 13세기에 급속한 도시화를 이끌었다. 그렇지만 인도는 원료와 농산물, 제조업 상품을 대체로 자급자족하고 있었기 때문에, 세계경제에서 다소 수동적인 역할을 하였다. 아부-루고드가 지적하듯이, 세계경제에서 인도가 수동적 역할을 한 것은 인도에 물질적 재화가 부족했기 때문이 아닌 것이다. 오히려 인도 경제 전반의 자립적 성격이 강했기 때문에 그랬던 것이다. 실제로 인도의 제조업 상품이 점점 더 통합되는 세계체제로 끌려 들어가면 갈수록, 인도 상인들이 세계체제 내의 무역 처리 과정에서 하는 역할은 더 작아졌다.[54] 기본적으로 인도 상인들은, 인도양 서쪽의 해상 교역은 이슬람 상인들에게 맡기고 동쪽의 해상교역은 중국 상인들에게 맡겼다.

13세기 무렵 중국의 농업은 세계에서 가장 수준이 높았고 생산적이었다. 중국에는 고도로 발전되고 많은 인구에 기초한 역내 경제가 발달했고, 강한 국가가 존재하여 통화(지폐를 비롯한) 안정을 유지하고 적절한 신용 시장의 기능을 보장하며 정교한 교통 인프라를 건설하여 유지하고 소금 생산과 같은 핵심 경제 부문에 대한 독점권을 행사했다. 중국의 수공업은 그 시기까지 역사상 가장 넓은 분야에 걸쳐 기술적 약진을 이루어내었다. 중국인들은 약 2,000년 전에 종이를 발명했고, 700년 뒤에는 목판인쇄술을 발명했으며, 11세기 중반에는 가동활자 인쇄 공정을 고안해 냈다. 몇 십 년 뒤 중국의 금속 직공들은 높은 수준의 제련 기술을 사용하여 철과 강철을 생산하고 있었는데, 이때 제련에서 적용한 비율은 산업혁명 때까지 세계 어느 곳에서도 이룬 적이 없는 것이었다. 하지만 이런 높은 수준의 제련 방식은 그 이후 1세기 반 동안에 걸쳐 진행된 유목민의 침략으로 인해 종식되었다. 중국의 화학기술자들은 7세기에 화약을 발명했으며, 500년 뒤에는 강력한 화약 무기류도 발명했다. 마지막으로 중국의 수공업자들은 세계에서 가장 아름다운 실크와 도자기 제품을 제조하는 기술을 보유했고, 이렇게 생산된 상품 중 일부에 대한 수요는 세계에서 가장 높은 수준을 자랑했다.

게다가 마르코 폴로가 경탄해 마지않았던 원의 수도 항저우는 단연 세계에서 가장 큰 도시였다. 100만 명의 주민이 살았던 그 도시는 유원지, 운하, 소방서, 이루 헤아릴 수 없을 정도로 많은 찻집과 식당 같은 온갖 편의시설을 갖추고 있었다. 그리고 적어도 10개의 시장이 있어 엄청나게 많은 제품과 물건들을 팔고 있었다. 외국 상인과 사절들 -주로 이슬람교도- 이 거주하는 넓은 거류지들이 있었고, 이런 거류지들이 도시 전체의 4분의 1을 차지했다.

송·원대에 중국의 해군은 그 권역에서 가장 강력했다. 그렇지만 겉보기엔 경쟁하는 듯한 뱃사람들은 서로의 배를 존중했고 약탈이나 해적질에 의존하는 일은 드물었다. 그러나 중국 정부는 1300년대 말에 중국 해항도시들의 문을 닫아 외국 상인들의 접근을 차단했고, 1433년 이후에는 명이 파견한 거대한 정화 함대의 대원정이 중단되었다. 이로 인해 인도양 세계 전역에 걸쳐 거대한 힘의 공백 상태가 나타났고, 결국 몇 십 년 뒤 포르투갈 상인들이 그곳을 "자신의 잔혹한 화력(火力)으로 채웠다."[55] 1400년대 말에 그곳에 이르렀던 포르투갈인들은 인도양 시장으로 진출하기 위해 중무장 선박을 이용했다는 점에서 그저 폭력적이기만 한 것은 아니었다. 그들은 이웃 무역상들을 공격함으로써 아시아 바다에 존재하던 명예로운 불문율도 침해했다. 그들은 또 인도양 권역 전체에 대해 강제적인 교역 체제를 강요하기도 했다.

아부-루고드는 세계체제로부터 중국이 물러난 주요 원인을 반복해서 제시한다. 유교가 가진 반(反)상업적 성향과 정부 정책에 상인들이 영향을 미치기 어려웠던 점을 강조하는 것이다. 반면에, 원대의 몽고 통치자들은 중국을 이전 어느 때보다 더 국제 관계와 상업적 팽창으로 이끌었다. 아부-루고드는 1368년에 권력을 잡은 명의 한인 통치자들이 중국을 원과는 정반대의 방향으로 이끄는 것을 목표로 삼았다고 추정한다. 유교 윤리의 제약이 이런 움직임을 정당화한 것은 분명하다. 게다가 1300년대 초부터 중국에 전염병이 반복해서 발생했고, 반원(反元) 반란으로 발생한 파괴에서 나라를 재건하기 위해선 자원을 내부 영역에 집중하는 것이 필요했다. 그런 과업이 1400년대 초에 대략 완수되자, 중국 정부는 대외 정책으로 눈을 돌렸다. 인도양 세계 전역에 중국의 위대함을 입증하려는 의도로 몇 차례에 걸쳐 대규모 정화 대원정이 엄청난 재원을 소모하면서 진행되었다. 그러다 15세기 중반 경제적 붕괴를 겪으면서 중국의 통치자들은 다시 역내 문제로 정책의 방향을 재설정했다.

많은 중국사가들은 이 경제 붕괴의 원인으로 부패와 정치적 내분, 조세 수입의 하락 같은 내적 요인을 강조한다(5장을 보라). 아부-루고드는 이에 세계체제론적 해석을 덧붙인다. 중국 경제는 몽고 정복자 티무르(Timur)[26]가 중앙아시아를 가로지르는 실크로드를 막았기 때문에 침체 상태에 빠졌고, 인도양의 상업적 번영도 위축되었기 때문에 정화 대원정

---

26 1336-1405년. 중앙아시아의 몽골인 군사 지도자이며, 티무르 제국의 창시자. 이슬람을 믿은 탁월한 군사지도자로서 강력한 무력을 행사했으나, 국가 내부의 기반 구축이나 지배 체제 확립을 소홀히 하여 본인 사후 제국은 쇠퇴했다.

이 기대만큼의 이익을 올리지 못했던 것이다. 1433년의 원정이 마지막이 되었다. 아부-루고드는 정화 대원정이 경제적인 면에서 수익성이 없었고 얼마간 이 때문에 중국의 황제들은 초점을 역내 사안으로 돌리기로 결정했다고 지적한다. 그들은 또 해항도시들을 "외국 상인들과 그들의 '진정성 없는' 상업적 추구가 만연한" 곳으로 여겼다. 그리하여 200년간에 걸쳐 "남부 항구가 경제에 중심적 역할"을 하는 이례적 상황이 종식되었고, "그와 함께 세계 헤게모니를 획득할 기회도 사라졌다"고 그녀는 쓰고 있다.[56] 따라서 유럽 탐험가들이 주요 대항을 횡단하는 항로를 개척했을 때는 그들과 경쟁할 만한 해양 세력이 전혀 없었다.

아부-루고드에 따르면, 16세기 유럽인 항해자와 정복자들은 13세기의 이슬람 세계나 중국을 능가할 만한 재정 도구 및 제도나 항해 기술을 가지고 있지 않았다. 그 이전의 세계체제는 다양한 문화를 간직하고 다양한 경제 수준에 처하고 다양한 종교를 믿는 여러 민족들을 통합했다. 어느 정도는 이것이 그 체제가 가진 힘이었다. 바로 이런 다양한 민족들이 100년이 넘는 시기 동안 일제히 경제적 번영을 이루었기 때문에 그 체제가 등장했던 것이다. 불행히도 이런 식의 통합 자체가 그 체제가 붕괴하는 원인이 되었다. 즉, 전염병으로 인해 유라시아 전역의 인구 수준이 크게 줄어들고 '팍스 몽골리카'(Pax Mongolica)가 무너지자 그 세계체제도 붕괴한 것이다.

그러면 유럽이 "흥기"하고 다른 문명이 그러지 못한 이유는 정확히 무엇인가? 아부-루고드는 유럽이 패권적 지위에 오르는 데 '동방'의 극적인 쇠퇴가 결정적이었다고 생각한다. 그렇지만 서구의 흥기는 그저 기존 체제의 단순한 "접수"도, 유럽 문화가 가진 일정한 특수성 덕분에 이룬 필연적인 승리도 아니었다.[57] 오히려 유럽은 자신의 흥기에 기존 교역로의 네트워크를 이용하였다. 유럽은 기존 네트워크에 "성장해 들어갔고" 그것을 자신의 이해관계에 따라 재구성했던 것이다. 또 유럽인들은 정복자와 약탈자의 심성을 가지고 이 네트워크에 참여했다. 그들이 참여한 체제는, 참여자들이 상대적으로 힘의 균형을 이루고 있는 체제였다. 반면에 유럽인들은 특히 중국의 쇠퇴 이후 다른 어떤 민족보다 훨씬 강력한 군사력을 과시했다. 유럽인들이 아메리카 대륙을 자신의 새로운 세계체제로 통합시키자, 당연히 체제의 중심은 아시아에서 서쪽으로 이동했다. 그렇지만 4장에서 다룰 학자들이 충분히 밝혔듯이, 유럽이 패권을 쥐기 전 오랫동안 아시아가 우위를 차지하고 있었다.

결론

이 장에서 분석한 학자들의 연구 성과들은 서구의 흥기가 유럽인들이 가졌다고 주장되는 미덕이나 역사적 우연 덕분이 아니라, 주로 대양 너머의 사람과 자원을 유럽인들이 지배할 수 있게 만든 그들의 정책과 실행 덕분이라고 여긴다. 이런 학자들 중 많은 이들이 북서유럽에 중심을 둔 전(全)지구적 분업 구조와 경제적 지배의 위계를 강조하는데, 그 속에서 북서유럽이 먼저 자본주의와 산업화를 발전시켰고 아프리카인과 라틴 아메리카 사람들, 더 뒤에는 아시아인들이 북서유럽에 자신의 노동과 자원을 넘기게 되었다고 설명한다. 그 체제가 언제 어떻게 등장했는가에 대해서, 또 유럽 외의 사람들이 체제의 등장에 정확히 어떤 기여를 했는지에 대해서 모두가 의견이 일치하는 것은 아니다. 어떤 이는 유라시아의 동식물상이 크게 기여했음을 강조한다. 다른 학자는 재산권 사상 같은 개념적 도구에 초점을 둔다. 또 다른 학자는 유럽의 흥기가 시작된 시점을 중세로 잡기도 한다. 한편 5,000년간에 걸친 세계 전체의 경제 성장을 상정하고 그 속에서 유럽이란 그저 국외자에 불과했다고 상정함으로써 유럽의 흥기가 가진 중요성을 격하시키는 학자들도 있다. 이런 학자들이 모두 동의하는 한 가지는, 서구의 흥기에는 이례적인 폭력과 침략, 수탈이 수반되었다는 것이다.

◈ 더 읽을거리 ◈

[역전된 로빈 후드 경제학]

Adelman, Jeremy, ed., *Colonial Legacies: The Problem of Persistence in Latin American History*, New York: Routledge, 1999.

Aston, T.H., and C.H.E. Philpin, *The Brenner Debate: Agrarian Class Structure and Economic Developmet in Pre-industrial Europe*, Cambridge and New York: Cambridge University Press, 1985.[R. 브레너 외 지음, T.H. 이스톤 · C. H.E. 필핀 엮음, 이연규 옮김, 『농업계급구조와 경제발전 -브레너 논쟁-』, 집문당, 1991]

Blackburn, Robin, *The Making of New World Slavery: From the Baroque to the Modern, 1491-1800*, London and New York: Verso, 1997.

Frank, Andre Gunder, *Capitalism and Underdevelopment in Latin America: Historical Studies of Chile and Brazil*, New York: Monthly Review Press, 1967.

Frank, Andre Gunder, *World Accumulation, 1492-1789*, New York: Monthly Review Press, 1978.

Frank, Andre Gunder, *Dependent Accumulation and Underdevelopment*, New York: Monthly Review Press, 1979.

Galeano, Eduardo, *Open Veins of Latin America: Five Centuries of the Pillage of a Continent*, translated by Cedric Belfrage, New York: Monthly Review Press, 1973.

Moulder, Frances V., *Japan, China and the Modern World Economy: Towards a Reinterpretation of East Asian Development ca. 1600-ca. 1918*, Cambridge and New York: Cambridge University Press, 1977.

Stein, Stanley J., and Barbara H., *The Colonial Heritage of Latin America: Essay on Economic Dependence in Perspective*, New York: Oxford University Press, 1970.

Wolf, Eric, *Europe and the People without History*, Berkeley: University of California Press, 1982.[에릭 R. 울프, 박광식 옮김, 『유럽과 역사 없는 사람들 -인류학과 정치경제학으로 본 세계사 1400-1980』, 뿌리와이파리, 2015]

[환경 제국주의]

Anderson, Terry L., and Peter J. Hill, *The Not So Wild, Wild West: Property Rights on the Frontier*, Stanford, Calif.: Stanford Economics and Finance, 2004.

Blaut, James, *The Colonizer's Model of the World: Geographical Diffusonism and Eurocentric History*, New York and London: Guilford Press, 1993.[제임스 M. 블라우트, 김동택 옮김, 『식민주의자의 세계모델 -지리적 확산론과 유럽중심적역사』, 성균관대학교 출판부, 2008]

Chew, Sing C., *World Ecological Degradation: Accumulation, Urbanization, and Deforestation, 3000 B.C.-A.D. 2000*, Walnut Creek, Calif.: Altamira Press, 2001.

Ponting, Clive, *A Green History of the World: The Environment and the Collapse of Great Civilizations*, New York: Penguin Books, 1993.[클라이브 폰팅, 이진아 ·

김정민 옮김, 『클라이브 폰팅의 녹색 세계사 ―위대한 문명의 붕괴로 보는 환경과 인간의 역사』, 2019]

[세계체제론]

Amin, Samir, *Accumulation on a World Scale: A Critique of the Theory of Underdevelopment*, 2 vols., translated by Brian Pearce, New York and London:Monthly Review Press, 1974.[사미르 아민, 김대환 · 윤진호 옮김, 『세계적 규모의 자본축적』 전2권, 한길사, 1986]

Arrighi, Giovanni, *The Long Twentieth Century: Money, Power, and the Origins of Our Times*, London and New York: Verso, 1994.[조반니 아리기, 백승옥 옮김, 『장기 20세기 ―화폐, 권력, 그리고 우리 시대의 기원』, 그린비, 2008]

Chase-Dunn, Christopher, and Thomas D. Hall, *Rise and Demise: Comparing World-systems*, Boulder, Colo.: Westview Press, 1997.

Sanderson, Stephen K., ed., *Civilizations and World Systems: Studying World-Historical Change*, Walnut Creek, Calif.: Altamira Press, 1995.

Smith, Alan K., *Creating a World Economy: Merchant Capital, Colonialism, and World Trade*, 1400–1825, Boulder, Colo.: Westview Press, 1991.

◈ 주 ◈

1) V.I. Lenin, *Imperialism, the Highest Stage of Capitalism; a Popular Outline* (New York:International Publishers, 1939), 63.

2) Andre Gunder Frank, *Latin America: Underdevelopment or Revolution: Essays on the Development of Underdevelopment and the Immeiate Enemy* (London: Monthly Review Press,1970), 4.

3) Joseph E. Inikori, *Africans and the Industrial Revolution in England: A Study in International Trade and Economic Development* (Cambridge: Cambridge University Press, 2002).

4) 이러한 것들이 중요하다는 주장은, David Eltis and Stanley L. Engerman, "The Importance of Slavery and the Slave Trade to Industrializing Britain", *The Journal of Economic History* 60 (March 2000):123–144와 같은 연구 문헌들에서 제기되었다.

5) Inikori, *Africans and the Industrial Revolution in England*, 142.

6) Ibid., 157.

7) Ibid., 197.

8) Ibid., 214.

9) Ibid., 361.

10) Ibid., 381.

11) Ibid., 451.

12) Ibid., 486.

13) Alfred Crosby, *Ecological Imperialism: The Biological Expansion of Europe, 900-1900* (Cambridge: Cambridge University Press, 1986), 7.

14) Ibid., 81.

15) Ibid., 100.

16) Ibid., 165.

17) Ibid., 216.

18) Ibid., 271.

19) Ibid., 280.

20) John C. Weaver, *The Great Land Rush and the Making of the Modern World, 1650-1900* (Montreal and Kingston: McGill-Queens University Press, 2006), 4.

21) Ibid., 43.

22) Ibid., 81.

23) Ibid., 150.

24) Ibid., 264.

25) Immanuel Wallerstein, *The Essential Wallerstein* (New York: The New Press, 2000), xiv-xv.

26) 2011년 9월 28일 필자와의 개인적 이메일 교환에서 월러스틴이 한 말.

27) Wallerstein, *The Essential Wallerstein*, 140.

28) 2011년 9월 28일 필자와의 개인적 이메일 교환에서 월러스틴이 한 말.

29) Wallerstein, *The Essential Wallerstein*, 129.

30) Ibid., 75-76.

31) Immanuel Wallerstein, *The Modern World-System I. Capitalist Agriculture and the Origins of the European World-Economy in the Sixteenth-Century* (New York: Academic Press, 1974), 15, 17.

32) Ibid., 86.

33) Ibid., 129.

34) Ibid., 197.

35) Ibid., 333.

36) Ibid., 336.

37) Immanuel Wallerstein, *The Modern World-System II. Mercantilism and the Consolidation of the European World-Economy, 1600-1750* (New York: Academic Press, 1980), 8.

38) Immanuel Wallerstein, *The Modern World-System IV. Centrist Liberalism Triumphant, 1789-1914* (Berkeley, Los Angeles, and London: Unviersity of California Press, 2011), xvii.

39) Eric H. Mielants, *The Origins of Capitalism and the "Rise of the West"* (Philadelphia: Temple University Press, 2007).

40) Ibid., 27. 강조는 원문의 것이다.

41) Ibid., 157.

42) Ibid., 43.

43) Ibid., 61.

44) Ibid., 101. 강조는 원문의 것이다.

45) Ibid., 131.

46) Andre Gunder Frank and Barry K. Gills, eds., *The World System: Five Hundred Years or Five Thousand?* (London and New York: Routledge, 1993), 3.

47) Ibid., 299.

48) Ibid., 22.

49) Janet L. Abu-Lughod, *Before European Hegemony: The World System A.D. 1250-1350* (New York: Oxford University Press, 1989), 3-4.

50) Ibid., 84-85.

51) Ibid., 224.

52) Ibid., 167.

53) Ibid., 242.

54) Ibid., 285.

55) Ibid., 259.

56) Ibid., 347.

57) Ibid., 361.

| 4 | 아시아의 위대함

　지금까지 검토한 학자들 모두에게 분명한 사실 하나는, 인류 문명이 처음 출현한 곳은 아시아와 아프리카 북동부라는 것이다. 또 역사의 대부분 동안 유럽은 세계의 위대한 문명들에 비해 발전이 훨씬 처져있었고, 유럽인들은 자신이 흥기하는 동안 그런 문명들부터 많은 것을 배웠다는 것에도 모두가 동의한다. 진지한 서구 학자라면 누구나 한 세기 이상 동안 이런 시각을 견지해 왔다. 예컨대, 1890년대에 건설된 시카고 대학의 해스켈 홀(Haskell Hall)의 주춧돌에는 이렇게 새겨져 있다. "빛[즉, 문화]은 동쪽에서 온다(Lux ex Oriente)." 그 대학에서 학자로서의 삶을 보낸 마셜 호지슨은 수십 년 전에 역사상 모든 위대한 문화는 -유럽 문화를 제외하고- 아시아에 있었고 따라서 세계사는 아시아에 초점을 맞추어야 한다고 주장했다. 인류의 문화 자산이 대부분 아시아에서 처음 등장했다는 것이다. 동시에 이 책에서 지금까지 다룬 학자들은 거의 모두 서구의 흥기를 기적 같은 것 -역사상 다른 문화가 이룬 모든 것을 훌쩍 넘어서는 성취- 이라고 생각한다. 아부-루고드는 가장 선진적이었던 아시아 문화들이 다 같이 그런 성취를 미리 보여주었고 실제로 그것을 이룰 수 있었다고 명확하게 주장한다. 그렇지만 그녀조차, 그럼에도 결국 16세기에 시작된 서구의 흥기가 세계 역사에서 가장 특출한 단일 사건이며 그때 이래 지금까지 세계의 틀을 형성해 왔다는 견해를 밝힌다.

　반면에 이 장에서 다루는 학자들은, 유럽이 이룬 모든 것이 아시아 때문에 가능했다는 주장이나 위대한 아시아 문화들이 19세기에 한참 들어서까지 유럽의 경제와 사회보다 앞섰다는 주장을 제시하는 이들이다.

이런 방향에서 제시된 주요 저작 중 첫 번째 것은 영국의 저명한 사회인류학자인 잭 구디(Jack Goody)[1]로부터 나왔다. 그는 중세시기에 중국이 인간 활동의 많은 측면에서 유럽보다 앞섰다고 지적한다. 그렇지만 그는 서구가 결과적으로 패권적 지위에 오른 것에 대해 일반적으로 인정되는 설명들에 의문을 제기한다. 그는 서구가 유일하게 혁신을 이룰 수 있었다는 생각을, 즉 여러 세기 동안 다른 곳에서 기술을 받아들여 개조할 수 있는 특수한 역량을 서구가 가졌다는 생각을 거부한다. 또 한동안 유교가 발전에 대한 장애로 간주되더니, 이제는 사람들이 유교를 발전을 촉진한 힘으로 여긴다. 요컨대, "유럽의 독특함"이라고 단정되던 모든 것이 시간에 따라 형태를 계속 바꾸는 이동 표적임이 드러난다.

구디는 먼저 서구 사회의 사람들이 다른 문명의 사람들보다 더 강력한 논리 형태를 활용했고 더 높은 수준의 합리성에 도달했다는, 적어도 막스 베버 이래로 광범위하게 퍼진 시각이 틀렸음을 밝히고자 한다. 아리스토텔레스가 특정 형태의 삼단논법을 발전시킨 것은 사실이다. 그렇지만 지구상의 모든 사람들이 다양한 방식으로 논리적 사유를 수행했음을 밝히는 많은 연구들이 존재한다. 그런 연구들은 논리적 사유의 일정 측면이 보편적으로 나타나며, 유럽 외의 다른 위대한 문명들도 그들 나름의 수준 높은 형식적 논리 도구들을 고안해 냈으며, ─아마도 가장 중요한 것일 텐데─ 아리스토텔레스 논리학이 그보다 앞서 중동 지역에서 나타난 논리학으로부터 유래했음을 밝힌다. 결국 전형적인 논리적 추론 방식은 유럽이든 아시아든 아주 유사했다고 구디는 주장한다. 논리적 추론 방식이 모두 메소포타미아에서 기원했을 수도 있다. 구디 자신이 문

---

1 1919-2015년. 영국 캠브리지 대학 사회인류학 교수. 고고학과 인류학을 공부했고, 북부 가나 지역에 대한 연구를 통해 사회인류학으로 전환하여 이후 유럽, 아시아, 아프리카의 비교연구를 주로 수행했다. 2005년 사회인류학에 대한 공헌을 이유로 기사작위를 받았다. 그는 주로 농업, 도시화와 관료제, 커뮤니케이션 수단을 통해 사회구조와 사회변화를 설명하고자 했다.

자 체계의 발전에서 수준 높은 사유가 어떻게 등장했는지를 입증했었고,[1] 그에 입각해 구디는 메소포타미아에서 전개된 문자 체계의 발전이 유라시아 전역에 공통적인 논리 패턴의 기원일 가능성이 아주 높다고 믿는다. 하지만 설령 논리적 사유가 그리스에서 이곳저곳으로 퍼졌다고 할지라도, 논리적 사유 자체는 서유럽에 앞서 인도에서 나타났을 것이다. 따라서 그는, "그리스인들이 달성한 이런 업적에 대해, 나중에 산업 자본주의와 '근대' 지식 체계 발전의 본고장이 될 서구만큼이나 '동방'도 자기 것이라고 주장할 권리를 가졌다"고 쓰고 있다.[2] 이런 부분에 대한 논의를 끝맺으면서, 구디는 삼단논법 방식의 고도로 인위적인 증명 형태가 ―혹은 사실상 무슨 특정 사유방식이든―, 말하자면, 예전에 누구도 이론적이 없던 것인 유럽 과학혁명의 독특하면서도 동시에 직접적인 원인으로 보여야만 했던 것이라고 단언한다.

그가 인정할 의향이 있는 최대치는 이러하다. 아마도 많은 유럽인들은 근세 초기에 어떤 새로운 형태의 합리성을 발명하지는 않았지만, 여러 인간 사회에, 즉 인간의 모든 사안에 공통적인 합리적 접근을 단순히 확장시키기는 했을 것이다. 하지만 그는, "서구적 합리성" 같은 것은 절대 없었고, 모두 지극히 합리적인 다양한 분야의 학식과 이해만이 있었다고 주장한다. 이런 분야들 내에서 르네상스 시기까지 중국이 서구를 단연 앞섰다. 그러므로 "합리성"이란 역사적으로 진화하는 것으로 생각해야지, 문화적으로 고정된 것으로 여겨선 안 되었다.[3] 역사적으로 보았을 때, 서구 사람들이 그 존재 기간 전체에 걸쳐 다른 곳의 사람들보다 더 합리적이거나 더 미신을 따르지 않았다고 생각할 수가 없다는 것이다.

이어서 구디는 복식부기 방법을 분석하는데, 이것은 역시 베버를 비롯해 많은 중요 학자들이 특별히 "과학적인" 재무계산 형태로 여겨온 것이다. 구디는 복식부기에 대한 이런 추정에 의문을 제기한다. 유럽인들이 이루었다는 이 발명은 얼마나 독특했는가? 그리고 그것이 자본주의의 등장에 어떻게 기여했는가? 먼저 한 가지만 말하면, 마치 알파벳 −저 강력한 의사소통 기술− 이 "제도의 구속을 받는 중심이 아니라 오히려 분화되지 않고 군더더기 없는 주변에서"[4] 처음 등장한 것처럼, 상업상의 일부 중요한 혁신들이 일어난 본고장은 보다 후진적인 유럽이었다. 그렇지만 그 혁신들의 뿌리는 다른 곳에, 특히 이슬람 세계에 있었음을, 구디는 고대 시기까지 거슬러 올라가 추적한다.

중세 이탈리아 상인들은 은행업과 항해술, 상법, 해상보험 면에서, 그리고 복식부기를 비롯해 사업에 매우 유용한 다른 실행 방식들 면에서 유럽에 커다란 혁신을 가져온 자들이었다. 복식부기의 경우, 거래가 있을 때마다 그 내용을 한번은 차변에, 다른 한번은 대변에 두 차례 기록하는 것이다. 하지만 구디는 그리스인도, 로마인도, 중국인이나 인도인이나 이슬람교도도 −교역에 능숙한 모든 사람들이− 그런 회계방식을 이용하지 않았고, 또 유럽의 회사들도 대부분 19세기 바로 직전까지 그런 방식을 사용하지 않았음을 보여준다. 게다가 고대 근동의 상인들은 1,000년 동안은 아니지만 수백 년 동안 합리적인 회계방식을 이용했다. 예컨대, 지극히 사업 활동에 호의적인 경전인 코란에는 상인들에게 부채와 수령액을 주의 깊게 기록해야 한다고 명시적으로 권하는 내용이 있다. 실제로 13세기에 복식부기가 발명되기 전에도 유라시아 전역의 상인들은 문자활용능력을 갖고 있었고, 공들여 진행한 상거래를 지극히 합리적으로 꼼꼼히 기록하는 수준 높은 회계 방식을 사용했다. 구디는 뒤에 유럽 중세 때 그런 기술들이 탄생한 것이 아니라 다시 회복되었다고 강조한다. 물론 이 회복이란 단순한 모방이 아니라 점점 더 경직되고 비효율적으로 되었던 회계 방식에 대해 재검토했음을 뜻한다.[5]

잭 구디는 유럽에 혁신을 가져온 자들이 이중적인 면에서 최상의 혜택을 누렸다고 주장하고 있다. 한편으로 그들은 이를테면 무수히 많은 사상과 기술들을 차용해 올 수 있는 이웃[이슬람 세계 −옮긴이]이 바로 옆에 있었다. 다른 한편 그들이 가진 문화는 새롭게 출발하며 무엇이든 새겨 넣을 수 있을 만큼 빈 석판과 같은 상태였다.

유럽인의 회계 방식을 높은 수준으로 끌어올릴 수 있게 한 것은 무엇보다 아라비아 숫자 −인도로부터 수입한− 였다. 실제로 사업과 관련해 중세 이탈리아인들은 합자회사(즉 '코멘다[commenda]'[2]), 수표, 은행업, 증권거래, 보험 등과 아마도 복식부기까지도 포함하는 여러 혁신을 이루었다고 하는데, 이런 혁신들은 거의 모두 근동과 유라시아의 다른 지역에서 그 전에 이미 행해진 것임이 명백하다. 그러나 설령 복식부기가 순전히 유럽인이 발명한 것이라고 할지라도, 구디가 보건대, 유럽 중심적 시각을 가진 학자들은 그 점을 지나치게 침소봉대해서 말해왔다. "과학적"이니 "합리적"이니 하는 거창한 말로, 유럽의 복식부기가 오로지 유럽인이 가진 외견상 독특한 문화적이거나 정신적인 특징에 힘입어서만 가능했던 극적인 약진의 표시였다는 의미를 내비치고 있는 것이다. 모든 회계 방식들이 적어도 3,500년 전에 근동에 처음 등장한 방법에서 유래했을 가능성이 훨씬 더 높으며, 어떤 회계 방식이든 그것을 발전시키고 사용하는 사람들에게서 합리화를 지향하는 경향성을 높여왔다고 보는 것이 옳다. 필시 그런 발전은 지적·경제적 상황이 맞는다면 어디서나 가능했을 것이다.[6] 달리 말하면, 일단 누군가가 회계와 같은 합리적 방식을 발명하면, 자연스럽게 다른 이들은 외부로부터 "과학"을 들여올 필요 없이 그 방식을 한층 더 발전시킬 것이다. 복식부기는 고도로 상업화된 문화들 중 어디서든 등장할 수 있었고, 유럽에서 복식부기가 처음 등장

---

2 '코멘다'는 무역 거래를 위해 맺는 일종의 위탁계약으로, 일반적으로 합자회사의 초기 형태라고 본다. 중세 이래 이탈리아 상인들이 주로 활용한 이 코멘다에는 2명의 파트너가 참여했는데, 한 명은 자본을 대고 본점에 머물렀고, 다른 한 사람은 물품을 옮겨 거래를 책임지며 무역현장을 다니는 일을 했다. 무역을 하던 도중에 초래된 손실은 출자한 자본 비율에 따라 부담했고, 이익의 경우 계약 내용에 따라 분배했다. 코멘다는 이탈리아 상인이 활용하기 전에 이슬람 상인을 비롯해 지중해 동부 지역의 여러 상인들이 수행한 다양한 출자방식들에서 기원했다고 한다.

한 것은 그저 우연일 뿐이었다.

구디는 2개의 장에 걸쳐, 인도 상인들이 정기적으로 바빌로니아와 교역했던 가장 이른 시기부터 시작하여 인도의 상업 발전을 상세히 설명한다. 그 얼마 뒤에는 로마 무역상들이 직물과 보석, 향신료를 얻으려고 인도 동부 연안에 식민지를 세우기도 했다. 1,500년 뒤에 상업적 이윤을 노린 유럽인 탐험가들이 인도에 도착했을 때, 그들은 그곳에서 뛰어난 수공업과 시장 판매용 상품 생산, 약동하는 거대 도시, 고도로 집중화된 무역회사들, 전업으로 방직에 종사하는 마을들, 선물거래, 화폐경제가 번성하고 있는 것을 보았다. 인도 상인들의 부에 그들은 크게 놀랐다. 화사하게 채색한 인도산 직물은 유럽 소비자들의 마음을 단번에 사로잡았고, 이것이 다시 인도 아대륙의 제조업 활황에 기름을 부었다. 실제로 인도 현지에서 유럽인들이 이점을 누린 것은 그들의 배와 대포뿐이었다.

학자들과 평자들은 힌두 문화의 카스트 제도가 인도의 상업 발전에 장애가 되었다는 전제를 깔고 말해왔다. 하지만 이슬람과 불교, 자이나교도 번성했고 실제로 경제활동을 뒷받침하기도 했다. 게다가 사실 힌두교는 수많은 상업 활동과 양립 불가능한 것이 전혀 아니었음이 밝혀졌다. 인도가 유럽 몇몇 나라들과의 무역에서 막대한 이윤을 올렸음은 분명하다. 이런 유럽 나라의 정부들이 인도산 수입품에 대해 고관세를 부과한 것을 보면 알 수 있다 ―수입을 전면 금지한 경우도 있었다. 물론 이런 고관세 정책도 소용이 없었다. 유럽 기업가들이 경제적 식민화를 피하기 위해 취할 유일한 방법은 직물 생산을 기계화하는 것뿐이었다. 그리고 산업혁명이 시작된 뒤 얼마 되지 않은 1854년에 인도 제조업자들은 영국의 공업 설비를 채용한 직물 공장을 세우기 시작했다. 그래서 1900년 이후 영국산 직물의 대(對)인도 수출은 하락했고 인도산 직물의 대(對)유럽 수출은 다시 급증했다.

인도가 결국에는 경제 불황에 빠졌는데, 이 초기 동안 인도는 어떻게 산업화를 성공적으로 진행시킬 수 있었는가? 구디는 산업화 이전에 유럽과 아시아 주요 나라들의 경제는 칼 마르크스나 막스 베버, 그 외 다른 사회 이론가들이 생각했던 것보다 훨씬 더 유사했다고 주장한다. 여기서 그는 경제사가 프랭크 펄린(Frank Perlin)[3]의 연구를 인용한다. 펄린은 유럽과 마찬가지로 인도도 1500년대 이래 경제적으로나 정치적으로나 급속하게 발전하고 있는 중이었다고 주장한다. 물론 유럽보다 더 오래 발전하지는 않았지만 말이다. 인도의 이런 발전이 가진 한 가지 핵심적 특징은 일종의 상업 자본주의의 등장이었다. 이것은 유럽에서 발생한 상업 자본주의와 유사했으며, 전(全)세계적으로 전개된 상업의 격렬한 화폐화를 비롯해 유라시아 전역이 공유한 사회·경제적 환경 변화에 힘입은 것이었다.[7] 이에 더해 구디는 인도 제조업의 쇠퇴 원인이 유럽 정부와 기업가들이 적극적으로 "저발전"을 촉진한 데 있는 것이 아니라, 인도 상업계가 직면한 "특별한 어려움들" 때문이었다고 주장한다.[8] 이런 구디의 주장은 펄린의 주장과 다른 것이며, 당연히 종속이론 학자들의 주장과도 다른 것이다.

인도 상업계가 처했다고 하는 그런 어려움에는 인도 가족관계의 위압적인 성격이 포함되지 않았다. 구디는 이와 관련해 다음 장에서 베버와 같은 학자들이 제기한 추정이 틀렸음을 입증한다. 베버와 같은 학자들은 카스트와 씨족의 영향력이 지속되어 개인주의가 등장하기 어려운 아시아에서는 자본주의가 제대로 발전할 수 없다고 주장했다. 구디는, 실제로는 그와 반대로 가족 유대가 확장되어 서로 알고 신뢰하는 사람들 사이에서 장기적인 자본 투입과 가족 회사의 지속성, 상업 지식의 전수,

---

3 1939년 출생. 영국인이지만 네덜란드에서 연구한 인도 및 남아시아 전공 경제사학자. 2004년 은퇴할 때까지 로테르담 에라스무스 대학에서 강의하였다. 1993년에 나온 『비가시적 도시(The Invisible City)』에서 화폐사를 중심에 두고 인도 및 남아시아의 화폐경제의 발달과 그에 대한 행정 및 제도적 뒷받침을 상세히 논한 것으로 유명하다. 이것은 식민지 이전 인도 및 남아시아에 화폐경제가 발달하지 않았다는 유럽인의 편견을 깨었다는 평가를 받는다.

재정 자원의 통합을 가능케 함으로써 상업 활동과 경제적 성공을 촉진했다고 주장한다. 실제로 타이완과 홍콩 같은 빼어난 상업 문화를 갖춘 지역에서는, 전체 사업체의 압도적인 부분이 처음부터 가족 소유와 가족 경영으로 운영되었으며 지금도 여전히 그러하다. 그런 사회에서는 유교적 "가족주의"가 서구에서 프로테스탄티즘적 개인주의가 했던 것과 비슷하게 사업에 유리한 역할을 했을 수도 있다. 또 일본의 경우, 가족 회사들은 메이지 유신 이전부터 결정적이고 역동적인 역할을 하기도 했다. 다시 말해, 자본주의 발전으로 가는 다르고 평행하지만 효과 면에서는 똑같은 경로들이 있었던 것이다. 실제로 뒷부분의 한 장에서 구디는 서구의 성공한 사업에서 가족 관계가 흔히 수행했던 중심적 역할을 보여주는 풍부한 실례들을 제시한다.

뛰어난 사회 이론가와 평자들이 그렇게 많이 아시아 경제 발전의 성격을 명백히 잘못 이해했다는 사실을 고려할 때, 구디는 그런 이들이 자민족중심주의에 빠져 서구의 성과를 과대평가하고 따라서 '동방'의 방식이 서구의 그것과 얼마나 유사한지를 과소평가했을 수도 있음을 보여준다. 구디는 아시아 사회에 대한 이런 편향된 해석이 서구 사회 이론 전체에 깊은 영향을 미쳐 온 것이 아닌가 의혹을 제기한다.[9] 구디는, 그런 잘못된 해석의 핵심적 원천이 근대 가족에 대한 분석은 사회학자들이 맡고 근대 이전 가족(특히 친족관계)에 대한 분석은 인류학자가 맡는 지적 작업상의 분화에 있다고 본다. 그 결과 어느 쪽에서도 진정한 비교 연구가 이루어지지 못하게 되었다고, 그는 주장한다.

구디는 유럽과 세계 나머지 지역의 가구(家口) 규모가 역사적으로 볼 때 크게 다르지 않았지만 친족 간 유대는 보통 유럽에서 훨씬 더 약했음을 보여주는 데이터를 인용한다. 구디는 이런 차이가 주로 서구의 기독교 교회 때문에 발생했다고 생각한다. 교회 지도자들이 "타고난 친족 관계"의 유대를 영적 친족 관계로 대체하고자 했다는 것이다. 또 다른 증거는, 그럼에도 심지어 현대 미국에서도, 그 나라가 개인주의를 그렇게 강조함에도, 친족 간 유대가 무시할 수 있을 정도가 아니라는 것을 보여준다. 따라서 유럽에서도 가장 초기로 거슬러 올라가면 친족 간 유대가 중요한 역할을 했다고 추정할 수 있다. 마찬가지로 구디는 자식에 대한 강한 애착과 관련해 역사사회학자들 사이에 널리 인정되는 생각이 잘못되었음을 밝힌다. 역사사회학자들은, 빅토리아 시기[4]가 되어서야 부모가 자식 대부분이 아동기에 살아남는 것을 기대할 수 있었고 그때 비로소 유럽에 자기 자식에 대한 강한 애착이 등장했다고 생각한다. 이에 반해, 상당한 학술적 연구 성과들은 인간이 그런 애착을 가지는 것이 유아 사망의 위협과 무관함을 보여준다. 근대가 되어서야 유럽에서 부부애가 등장했다고 단정하는 것에 대해서도 똑같이 반박할 수 있다. 다시 말해, 유럽의 가족관계나 부모의 양육 태도, 자녀 양육, 교제 방식, 결혼 패턴 등과 관련해 근본적으로 독특한 것은 전혀 없었다.

실제로 비서구 나라들의 사회학적 · 인구학적 특징과 비슷하지만 가장 성공한 비서구 나라들 중 일부에서 보이는 특징들과는 다른 그런 특징들을, 유럽 여러 나라에서 쉽게 찾을 수 있다. 서구에서 상업 자본주의와 산업혁명 그리고 근대 사회 자체를 탄생할 수 있게 했다고 생각되는 특징들을 추려내기 위해서, 마르크스는 변하지 않고 비효율적인 아시아적 생산양식 개념을 제시했고, 베버는 아시아 사회의 전통적 성격이라고 단정한 것을 강조했다. 그렇지만 아시아의 몇몇 사회들이 근대적인 사회 · 경제 형태들을 발전시켰기에, 그런 사회과학적 분석들 ―종속이론과 가족 발전의 개념화 같은― 은 이에 따라 진화해 가야 한다. 예컨대, 일본 가족이든 서구 가족이든 가지고 있는 잠재력은 비슷했으며, 또 서구 가족에 특유한 특징들이 근대 사회 · 경제적 발전과 아무런 관계가 없었다고 결론 내려야 한다.[10] 구디가 제시하는 해석에서 한층 더 아이러니하

---

4 영국의 빅토리아 여왕의 치세기로 1837년에서 1901년의 기간이다. 이 시기는 영국 제국이 가장 번성했던 때이기도 하고 근대 유럽의 완성기로 여겨지기도 한다.

게 보이는 것은, 종속이론가들과 유럽 중심주의자들이 똑같은 방식으로 오류를 범하고 있다는 점이다. 식민지로서 수탈을 겪은 칠레와 브라질의 과거가 그 나라들이 오늘날 성공하는 것을 방해하지 않았고, 또 뚜렷하게 비서구적인 중국과 인도의 문화가 그 나라들이 오늘날 성공하는 것을 막지도 않았다는 것이다.

요컨대, 구디는 유라시아의 여러 문화들이 모두 "똑같은 도가니에서 구워 만들어졌고 그것들이 가진 차이는 공동의 토대로부터 분기한 것으로 여겨져야 한다"고 믿는다.[11] 그 공동의 토대는 청동기 시대에 마련되었고, 거기에는 농업과 도시 정주지, 문자활용능력, 수학, 자연현상에 대한 비교적 수준 높은 설명, 야금업, 바퀴 등이 포함되었다. 또 그 토대에는 결국 여러 세기 동안 유라시아 전역에서 번성했던 "자본주의 정신" - 위험을 감수하려는 성향, 기업가적 태도, 부를 얻고 축적하려는 욕망-도 포함되었다. 따라서

> 어떤 특별한 "역동성"을 기독교 유럽의 속성으로 돌리면서, 근대 세계를 만들어 내기 위해 연속적인 "기적적" 상황을 필요로 하는 유럽의 독특성에 관한 어떤 가설도 우리는 훌쩍 넘어선다. 또 그런 변화의 뿌리가 유럽 기업가들의 도덕적 우수함에 있었다는 어떤 관념도 우리는 훌쩍 넘어선다.[12]

유럽은 좀 더 앞서 발생한 상업 자본주의 시기에 분기한 것이 아니라 나중에 18세기 말에 시작된 산업 자본주의 시기에야 분기했던 것이다.

그러면 '동방' 대신에 서구가 흥기한 이유는 무엇인가? 구디는 이탈리아 르네상스 시기에 번성하기 시작했고 15세기 인쇄 혁명 덕분에 탄력을 얻어 과학혁명과 계몽주의 시기에 정점에 이른 "지식 체계"를 강조한다. 따라서 서구를 특별하게 만든 것은 강력한 지식의 확장이었는데, 이것은 얼마간 아시아가 앞서 이룬 성취를 서구가 따라잡아 흡수한 것에 힘입었고 또 얼마간은 교통수단을 근본적으로 개선한 덕분이기도 했다. 우월한 무기와 항해 역량이 가능케 했던 유럽의 '대항해시대'는 그러한

진보를 자극하는 도움을 주었고, 그 결과 거대한 식민 제국의 확립과 훨씬 더 진보된 기술적·지적 약진으로 이어졌다.[13] 다시 말해, 유럽과 유라시아의 다른 주요 사회들 간에 뿌리 깊은 구조적 차이 같은 것은 전혀 없었던 것이다. 비록 구디는 약 500년 전에 유럽이 유라시아의 나머지 지역으로부터 상당히 분기하기 시작했다고 믿고 있지만 말이다.

게다가 지식 면에서 근대 유럽이 보여준 진보는 아주 멀리 고대부터 계속 반복되어 온 진자운동 중 가장 극적인 것에 불과했다. 그 진자운동 속에서, 지금은 유라시아의 어느 문화 하나가 학식의 실천적이거나 이론적인 이런 측면에서 뛰어나다면, 다음엔 다른 문화 하나가 학식의 저런 측면에서 뛰어나곤 했던 것이다. 따라서 구디의 견해에 따르면, 아주 진지한 학자들 중 일부가 주장하듯이, 중세 유럽에서 "수학의 탄생"이 발생했다고 일방적으로 주장하는 것은 터무니없는 일이다. 왜냐하면 유라시아 전역의 사람들이, 그리고 까마득한 옛날 고대 메소포타미아 시기부터 살아온 사람들이 이 분야와 그 외 수많은 분야에서 인상적인 진보를 이루었기 때문이다. 구디는, 조지프 니덤의 학문적 성과에 의거해, 중국이 2세기에서 15세기까지 수학과, 천문학, 그 외 여러 과학 분야에서 유럽을 앞섰다고 지적한다.

구디는 자신의 책을 끝맺으면서, 서구문명의 독특한 특징이라고 단정되는 몇 가지 다른 측면들 −예컨대, 법치주의나 경제 및 정치적 자유 등− 이 합리성이나 가족, "과학적" 회계에 적용한 것과 같은 비판적 분석의 대상이 되어야 하고 그런 대상이 될 수 있다고 주장한다. 그를 통해 유럽과 그보다 넓은 서구가 흔히 학자들이 인정하는 것보다 더 아시아와 유사한 방식으로 발전했다는 것을 입증할 수 있다는 것이다.

아시아가 동력을 제공하여 유럽이 흥기했다(안드레 군더 프랑크)

안드레 군더 프랑크는 구디의 주장에 동의하지만 그보다 한 발짝 더 나간다. 그는 『리오리엔트: 아시아 시대의 글로벌 경제(*Reorient: Global Economy in the Asian Age*)』(1998년)에서, 적어도 1400년 무렵에는 아시아 상인과 이슬람 상인들이 "인도양 세계"에 중심을 둔 글로벌 경제를 지배했다고 주장한다(지도 4.1을 보라). 그 이후 4세기에 걸쳐 아시아 나라들이 세계 경제 총생산의 대다수를 산출했다 ─그리고 거기서 생산된 상품은 유럽에서 만든 상품보다 질이 더 높았고, 상품 생산 비용도 유럽보다 낮았다. 게다가 아시아 시장에는 유럽에서 생산한 상품에 대한 소비 수요가 거의 없었다. 유럽의 식민주의 세력들은 남아메리카의 풍부한 은광 및 금광을 차지하고서야 비교적 대등한 기초 위에 아시아 시장에 진입할 수 있었다. 유럽의 노동 비용이 높았고 유럽보다 효율적인 아시아 경제는 노동 비용을 계속 낮게 유지했기 때문에, 결국 유럽 나라들이 아시아 나라들과 경쟁할 수 있는 유일한 방법은 생산을 기계화하는 것뿐이었다. 역설적으로 말해, 유럽의 흥기는 오로지 아시아의 물질적 성공, 특히 중국의 물질적 성공 때문에 가능했다. 프랑크의 표현을 빌려 달리 말하면, "'서양의 흥기'는 뒤늦게 발생했으며 그 기간도 짧았다."[14]

프랑크는 책의 서두에서 16·17세기 동안 유럽인들은 호기심에 차서 탄성을 자아내며 아시아에 관한 수많은 책을 간행했다고 지적한다. 한참 뒤인 1776년에도 자유주의적인 고전경제학의 창시자인 애덤 스미스는 중국을 유럽의 어떤 나라보다도 훨씬 부유하다고 적었다. 하지만 그로부터 겨우 몇 십 년 뒤에 유럽의 평자들은 노회한 중국의 후진성과 정체에 대해 말하기 시작했다. 무엇이 바뀌어 그랬던 것일까? 산업혁명에 힘입어 유럽은 유라시아의 나머지보다 앞서 나갈 수 있었고, 그리하여 유럽인 사상가들의 머리를 유럽 중심적 오만과 편견으로 채울 수 있었다.

프랑크에 따르면, 최근의 학자들은 거의 모두 근시안적 견해를 가졌거나 유럽 중심주의에 눈이 멀었거나 지나치게 전문화되어, 세계사를 그저 단편적으로만 보아왔다. 그 대신에 프랑크는 이렇게 제안한다.

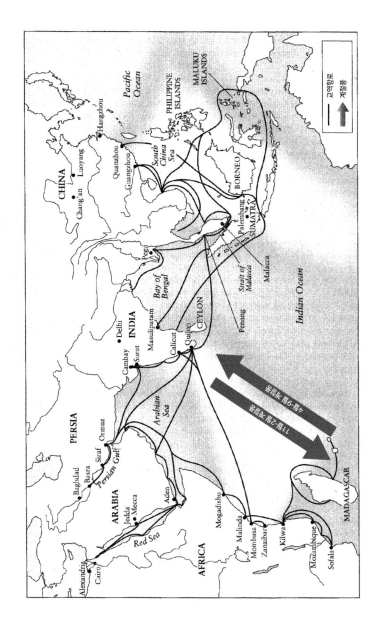

지도 4.1. 인도양 세계의 주요 교역로
근대 초기 세계 경제 발전에 주된 동력을 제공한 것은 아시아였다.

그 자체 우리 모두의 "가능성"을 제공하는 동시에 그것을 한정하기도 하는 전(全)지구적인 사회문화적 · 생태-경제적 · 문화적 체제 전부를 전체론적 시각에서 보아야 한다. 전체는 부분의 합 이상이고 전체 자체가 자신의 구성 부분들을 틀 짓기 때문에, 부분들을 아무리 많이 연구하거나 조립하더라도 아니면 그 둘 다를 하더라도 전체 세계경제/체제의 구조와 기능, 변형을 결코 드러낼 수가 없다.[15]

프랑크에 따르면, 불행히도 페르낭 브로델과 월러스틴 같은 위대한 학자의 경우에도 유럽 중심적인 태도에서 벗어나는 것은 불가능한 것으로 드러났다. 두 사람 모두 -좌우 양쪽의 많은 다른 학자들처럼- 유럽이 최근 생겨난 유일한 세계경제의 중심이라고 주장하고, 유라시아 나머지 지역이 유럽의 발전에 미친 기여를 간과하는 오류를 범했다.

첩첩이 쌓인 유럽 중심적 학술 성과들에 맞서 프랑크는 자신이 최초의 진정한 글로벌 세계경제사라고 여기는 것을 제시하는데, 그 역사는 대략 1400년에서 1800년까지에 걸쳐 있다. 그는 이렇게 주장한다.

> 광범위하게 의문을 품고 부정함에도 불구하고, 1500년 이래 전 세계적 범위의 분업구조와 다자간 무역을 갖춘 단일한 전(全)지구적 세계경제가 존재했다. 이 세계경제에는 그 자체의 체제적 성격과 역학이라고 확인할 수 있는 것이 있었으며, 그 기원은 아프로 · 유라시아에 뿌리를 두면서 1,000년 전에 시작되었다. 바로 이런 세계 정치 · 경제적 구조와 역학이야말로, 유럽인들에게 십자군 운동 이래 줄곧 경제적으로 지배적인 아시아에 좀 더 강하게 접근하고자 하는 동기를 부여한 것이었다.[16]

프랑크가 자신의 책에서 줄곧 주장하듯이, 이 세계경제는 아시아에 중심을 두고 있었고, 사실상 중국 중심적이었다. 즉, 중국의 경제가 단연코 세계에서 가장 역동적이고 생산적이었으며 강력한 경쟁력을 갖추고 번성했기에, 중국이 그 중심에 있었던 것이다.

서구 학자들이 이미 근대 초기 유럽의 경제 발전에 대해 다량의 연구를 수행해 왔기에, 프랑크는 이 발전에 관련해서는 "글로벌 무역"을 다루는 장에서 한쪽 반이 채 안 되는 분량만을 할애한다. 그러나 그는 그에 이어 지금까지 유럽에 비해 무시되었던 아시아 경제에 관련해서는 41쪽 반의 분량을 할애한다. 그는 유럽이 이 세계경제에 참여한 중요치 않은 세력 중 하나였고, 아메리카에서 귀금속을 발견하고서야 유럽은 이 세계경제에 얼마간 의미 있게 참여할 수 있게 되었다고 결론짓는다. 하지만 그때도 유럽은 성숙한 아시아 나라들과의 무역에서 지속적인 적자상태를 면치 못하고 있었다. 반면에 아시아 전체는 오스만 제국과 페르시아, 중앙아시아에서 동남아시아 전역과 일본, 그리고 당연히 그 무엇보다 인도와 중국에 이르는 세계경제에 역동적으로 기여하고 있었다. 프랑크는 책의 곳곳에 당대의 무역로와 은의 흐름을 제시하는 여러 지도들을 싣고 있는데, 이런 지도들은 위에서 제시된 그의 주장을 요약해서 보여주고 있다. 프랑크는 특히 학술적인 면에서 그동안 무시당한 동남아시아와 중앙아시아 같은 지역들에 대한 연구를 보완하고자 한다. 그는 이런 지역들이 아시아 중심의 세계경제에 완전히 통합되어 있었음을 밝힌다. 예컨대, 그는 자바(Java)가 "13세기에 지구상에서 가장 거대한 곳이라는 명성을 얻었다"고 지적한다.[17] 또 1400년을 전후하여 동남아시아 전역에 경제 활황이 시작되었는데, 그것은 그곳에 풍부하게 자라던 향신료와 여타 상품에 대한 강력한 수요에 힘입은 것이었다고도 한다.

화폐를 다루는 그리 길지 않은 장에서 프랑크는 세계경제에서 귀금속이 수행한 역할을 분석한다. 그는 결론으로서 이렇게 주장한다. '신세계'에서 은을 채굴하여 배분하는 것이

> 세계경제에서 유럽인이 하는 주된 사업이었고 사실상 거의 유일한 사업이었다. 유럽인들은 번창하던 아시아 시장에서 그 외 다른 어떤 것도 팔 수 없었다 ─특히 유럽 자체에서 생산한 경쟁력 없는 상품은 더욱 그랬다. 아시아인들은 아메리카의 식민지에서 유럽인이 얻은 은 외에 다른 어떤 것도 유럽으로부터 구입하려 하지 않았다.[18]

그런 은의 대부분은 아니지만 −시기 설정에 따라서 대부분이기도 했다−, 상당 부분이 최종적으로 중국으로 들어갔다. 그에 더해 세계 다른 지역에서 생산된 은도 결국 중국으로 들어갔는데, 특히 일본에서 생산된 은이 대량으로 중국으로 유입되었다.

프랑크는 데이비드 흄과 애덤 스미스에서 월러스틴에 이르는 많은 학자들이 견지해온 시각에도 이의를 제기한다. 이런 학자들은, 귀금속이 대체로 아시아, 특히 중국에서는 적어도 유럽에서 경제 활동을 자극한 만큼의 효과를 발휘하지 못했고 대신에 비축되어 주로 장식용으로 이용되었다는 견해를 밝혔다. 그는 이를 반박하며, 막대한 지금 및 주화 유입을 흡수할 수 있는 아시아 경제의 역량이 15세기 후반 시작된 엄청난 물가 급등인 소위 "가격혁명"을 겪은 유럽 경제보다 훨씬 더 뛰어났다고 주장한다. 프랑크에 따르면,

> 유럽인들이 아메리카에서 가져온 새로운 화폐는 필시 유럽 자체에서보다 아시아의 여러 지역에서 더 생산을 자극하고 인구 성장을 촉진했을 것이다. 이런 결론은 적어도 두 가지 경험적 사실로 뒷받침된다. 하나는 새로운 화폐가 아시아에서보다 유럽에서 더 물가 인상을 추동했다는 점이다. 유럽에 반해 아시아에서는 생산을 증가시켜 새로 유입된 화폐가 발생시킨 구매력 증가에 보조를 맞출 수 있었던 것이다. … [두 번째는] 유럽에 비해 아시아에서 인구가 **더** 성장했다는 [점이다.] 유럽의 인구가 정체 상태(세계 인구의 약 20퍼센트)에 머물렀던 것에 비해, 세계 인구에서 아시아 인구가 차지하는 비중은 약 6퍼센트 정도 증가했다. 하지만 1750년에 아시아 인구는 세계 인구에서 여전히 66퍼센트에 못 미치는 비중을 차지했는데도, 세계 총생산량의 80퍼센트를 생산하고 있었다.[19]

이런 사실들은 아시아 경제가 유럽 경제나, 아프리카 경제, 아메리카 경제보다 더 생산성이 높았음을 보여준다.

더 나아가 프랑크는 비교를 통해 물질적 성공을 보여줄 가능성 있는 다른 지표들을 거의 모두 분석한다. 그는 근대 초기 전체에 걸쳐 아시아의 −그리고 특히 중국과 같이 가장 역동적인 나라들의− 인구가 유럽보

다 훨씬 더 빨리 증가했다는 증거를 제시한다. 마찬가지로 유럽 상인들이 아시아에 오기 한참 전부터 아시아 전역에 걸쳐 무역이 번성하고 있었다. 프랑크는 유럽 무역상들이 18세기에 세계 상업을 지배했음을 가리키는 통계를 인용하지만, 곧바로 다른 증거를 들어 그것을 반박한다. 그는 초기 중국의 과학에 대한 조지프 니덤의 선구적인 연구와 한참 뒤인 1644년에도 중국과 서유럽의 과학은 크게 다르지 않았다는 니덤의 주장을 높이 평가하며 인용한다. 그 외에 다른 권위자들의 연구도 프랑크는 자신의 논거로 활용하는데, 이런 권위자들 중에는 근대 초기 이슬람 세계와 인도의 과학이 계속해서 발전하고 있었음을 강조한 이도 있고, 유럽에서 과학이 기술 발전을 촉진하기 시작한 것은 19세기부터였다고 주장한 이도 있다. 따라서 설령 오래된 위대한 문명들이 과학 분야에서 유럽에 뒤처졌다는 것이 사실일지라도, 이런 사실이 그런 문명들이 이룬 경제적 성과에 조금이라도 영향을 주었을 것 같지는 않다는 것이다.

그 외의 다른 증거는 화약무기와 선박, 항해 기술 면에서 아시아의 주요 나라들이 유럽과 대등하거나, 효율성 측면에서 오히려 유럽보다 뛰어났다는 것을 보여준다. 프랑크는 중국이 유럽 나라들보다 훨씬 앞서 인쇄술과 직물 제조업, 야금 기술, 운송 기술을 뛰어난 수준으로 발전시켰고, 이런 높은 수준을 여러 세기 동안 유지했음을 보여주는 데이터를 제시한다. 그는 인도와 이슬람 세계의 여러 나라들의 경우에도 몇 가지 측면에서 똑같이 말할 수 있다는 것을 보여준다. 그리고 나서 프랑크는 유럽만의 기술 같은 것은 전혀 없었다고 주장한다. 그는 이렇게 쓰고 있다.

경쟁적인 세계 경제 하에서 세계 전역에 걸쳐 구성된 분업 구조 내에서는, 국가나 지역 또는 특정 부문의 기술적 우위가, 적어도 현실적이거나 잠재적인 다른 경쟁 상대들도 그런 기술을 확보하기에 충분한 이해관계와 역량을 가지고 있는 한, 유지될 수 없었다. 즉 기술 발전이란, 세계경제/체제 자체 내에서 그리고 그것 자체 때문에 발생하는 **세계경제적 과정**이었던 것이다. 이 세계경제/체제가 구조적으로 불균등하고 시간적으로도 고르지 않았다는 것은 사실이며, 지금도 여전히 그러하다. 하지만 기술 "발전"이든 그 외 어떤 다른 "발전"이든 모두 본질적으로 국지적 요소나 지역적 요소나 민족적 요소나 문화적 요소를 결정 인자로 삼고 정해졌다고 하는 것은 틀린 말이다. 또 이런 세계경제/체제 내에서 어떤 한 장소나 민족이 어쨌든 핵심적인 "독점권"이나 심지어 "우위" 같은 것을 갖고 있었다고 하는 것도 잘못된 것이다.[20]

프랑크는 많은 증거를 들어, 상업과 금융 기법 및 제도 면에서도 근대 초기부터 근대에 들어서까지 유라시아의 주요 문화들이 상호간에 영향을 주고 있었고 그 수준들이 비교적 균등했다고 주장한다.

이어서 프랑크는 유럽 거의 전체(황금기의 네덜란드를 제외하고)를 격심한 경제 불황상태에 빠뜨렸던 "17세기 위기"를 둘러싼 논쟁을 다룬다. 그는 이 위기가 아시아에도 큰 영향을 미쳤다고 주장하는 학자들과 이런 주장을 반박하는 학자들을 모두 거론한다. 프랑크는 후자의 학자들이 제시하는 증거가 아시아의 거대 경제들이 글로벌 상업에 더 중요하고 중심적이었고 그래서 유럽의 경제 흐름과 별개였음을 한층 더 입증한다고 주장함으로써 결국 후자의 학자층에 가담한다. 아시아 경제는 1640년을 전후한 10년 동안만 침체기를 겪었는데, 그것은 세계 전반의 은 생산량 하락 때문이었지 특별히 유럽의 영향을 받아서 일어난 것이 아니었다.

프랑크는 콘드라티에프 곡선(Kondratiev waves)을 한층 더 폭넓게 다루는 속에서 이런 논의를 제시한다. 러시아 경제학자 니콜라이 콘드라티에프(Nikolai Kondratiev)[5]는 대략 50년을 주기로 하여 경제적 상승과 하강이 반복된다고 인식하여 그것을 이론화했다. 여기서 이름을 따 경제적 상승과 하강의 중·장기적 주기를 보여주는 파동을 "콘드라티에

---

5 1892-1938년. 소련 경제학자. 볼셰비키 혁명 이후 소련의 경제 발전을 추동하기 위해 수행된 소위 '신경제정책(New Economic Policy)'의 주창자이기도 하다. 본문에 나오듯이, 경제 주기를 파악하는 콘드라티에프 곡선을 제시한 것으로 유명하다. 이 콘드라티에프 곡선 자체는 장기적인 거시 역사를 추구하는 역사가들이 이 곡선을 통해 역사적인 장기적 경제 흐름을 상승과 하강의 연쇄로 파악할 수 있다고 생각하여 적극 채택하면서 알려졌다. 앞서 나온 '콩종크튀르' 개념도 이 곡선의 분석과 관련이 있다.

프 곡선"이라 부르는데, 일부 사회과학자들은 이것을 장기적인 역사 흐름을 설명해 주는 것으로 본다(그러나 경제학자 중에는 그런 사람이 그다지 없다). 이런 주기를 수백 년을 거슬러 추적해 갈 수 있다고 주장하는 학자들도 일부 있다. 프랑크도 그런 식의 분석을 수행하면서, 대부분의 경제 성장 시기 이면에는 아시아 나라들이 있어 그들이 성장을 추동했다고 역설한다. 그는 서기 930년 송대 초기부터 시작하여 19개의 콘드라티에프 곡선을 제시하면서 1190년부터 세계경제의 주도권이 유럽으로 옮겨갔다고 주장하는 학자들을 거론하지만, 그는 이런 시각을 거부한다. 그는 이런 논의 부분을 끝맺으면서 몽고와 유럽을 비교한다. 프랑크는 이렇게 말한다.

몽고인과 유럽인의 구조적 유사성은 둘 다가 (준)변경이나 (반)주변 지역의 사람들로서 "핵심부" 지역들과 그 경제들에 유인되어 침략해 들어왔다는 점에 있다. 그런 "핵심부" 지역들은 주로 동아시아에 위치했고 그 다음으로는 서아시아에 있었다. 실제로 중국은 … 둘 다를 유인한 주된 힘이었고 첫째가는 표적이었다. … 의미심장하게도, 길스(Gills)와 프랑크가 수행한 세계체제 전반에 걸친 장기 주기에 대한 분석과 관련해 보면, 동아시아와 서아시아에 대한 주변적인 몽고인과 유럽인의 침략은 모두 이러한 아시아의 이전 경제적 "핵심부들"에서 장기적인 경제적 하강의 "B" 국면이 발생한 시기 동안 (상대적이고 일시적으로?) 성공했다.[21]

프랑크가 말하는 "B" 국면이란, 장기적인 콘드라디에프 곡선 상에서 하강 국면으로 여겨지는 시기를 뜻한다. 여기서 프랑크는 아부-루고드와 유사하게, 오로지 역사적으로 세계를 주도한 곳 -아시아- 이 일시적으로 침체 상태에 빠졌기 때문에 유럽이 흥기할 수 있었다는 주장을 하고 있다.

콘드라티에프 곡선에 더해, 프랑크는 장기적인 경제 주기들도 상정하고 있다. 이 주기들은 600년에 이르는 지속 기간을 가지며 팽창기와 수축기로 구분된다. 그리고 팽창기와 수축기는 각각 200 내지 300년의 기간 동안 지속된다. 특히 가장 최근의 장기 주기는 1400년을 전후해 아시아 대부분 지역에서 시작되었고 그 뒤 1750년 이후 "B"의 하강 국면에 진입했다고 그는 믿는다. 장기 주기 속에 진행된 이 하강으로 그때까지 여전히 주변적이었던 서구가

> 세계경제와 체제 내에서 자신이 차지하던 상대적 · 절대적 지위를 개선할 수 있는 최초의 실질적인 기회를 [얻었다. ─옮긴이] 그 이후에야 서구는 계속해서 나아가 (일시적인?) 지배의 시대에 도달할 수 있었다.[22]

바로 이어서 프랑크는 유럽의 흥기를 최근 발생한 동아시아 나라들의 흥기와 비교하는데, 이들 역시 "현재 세계경제의 주변에" 위치했던 나라들이기 때문이다.[23]

아시아의 크고 작은 경제들이 18세기부터 쇠퇴한 이유가 무엇인가라는 질문에 확실하게 답하기가 어렵다는 점을 프랑크는 인정한다. 이 질문과 관련해 여러 학자들이 제시하는 증거들을 광범위하게 살펴본 이후, 프랑크는 유럽의 진보와 식민지 수탈이 아시아의 침체를 가져오지는 않았다고 결론짓는다. 유라시아의 동쪽 편에서 주요 유럽 제국주의 세력의 침략이 시작되기 **전에** 이미 아시아의 침체는 분명 진행 중이었던 것이다.

그러나 서구가 흥기할 수 있게 ─그런 침략을 행할 수 있게─ 한 것은 무엇이었을까? 프랑크는 이 질문에 은유를 사용해 이렇게 답한다.

> 그 대답은, 그야말로 한 마디로 말해, 유럽인이 아시아라는 열차에 자리 하나를 샀고 나중에는 열차 전체까지 **사들였다는** 것이다. 어쨌든 ─문자 그대로─ 가난했던 유럽인이 3등 칸일지라도 아시아라는 경제 열차에 탈 수 있는 승차권 값을 어떻게 감당할 수 있었을까? 그러니까 유럽인들은 돈을 구했거나, 아니면 훔치든지 빼앗았든지 벌었든지 하여 어떻게든 승차권 값을 치를 돈을 마련해 있었다는 얘기다.[24]

이어서 프랑크는 유럽인이 아메리카의 은광과 설탕 플랜테이션, 대서양 횡단 노예무역에서 돈을 마련했고, 또 아시아에서는 경쟁력이 없고 수요도 없었던 자신의 제조업 상품을 아메리카에서 팔아서도 돈을 마련했다

고 한다. 아울러 유럽인의 자금줄에는 어디서든 수요가 높은 아시아산 상품을 구해와 세계 전역에서 재판매한 것도 있었다.

그러나 거듭 말하지만, 아메리카산 은이 유럽의 번영을 가져온 원천이었고 또 그 번영의 결과로 발생한 유럽의 흥기를 가져온 원천이기도 했다. 프랑크는 이렇게 지적한다.

> 저 은이 없었다면 ─그리고 부차적으로 은이 유럽 자체 내에 발생시킨 분업 구조와 이윤이 없었다면─ 유럽인은 자신을 지탱해 아시아 시장에 나가 경쟁할 수 있게 해줄 발 하나, 아니 발가락 하나도 구하지 못했을 것이다. 오로지 그들이 아메리카에서 얻은 자금 덕분에, 유럽인은 아시아라는 경제 열차에 탑승하여 3등 칸 좌석에라도 앉을 수 있는 승차권을 얻을 수 있었고, 애덤 스미스가 이미 1776년에 깨달았듯이, 아시아의 수준에 훨씬 못 미쳤던 "예외적인" 유럽의 "특성들"은 어느 것도 이와 무관했다.[25]

유럽 상인들이 거의 무한정으로 은을 활용할 수 있었다는 것이, 아시아 상인들에 비해 그들이 가진 경쟁적 이점 중 하나였던 것이다.

프랑크는 이니코리와 다소 비슷하게, 세계경제에 유럽이 참여한 것이 ─돈이 되는 아시아라는 파이를 한 조각이라도 얻을 수 있는 유일한 방법으로서─ 유럽인의 창의적 발명과 기업가적 역량을 자극했다고 주장한다. 예컨대, 그는 개량 증기엔진의 발명가 매튜 볼턴의 동업자인 제임스 와트(James Watt)가 그 장치를 단지 몇몇 나라에서만이 아니라 전 세계의 시장에 내놓아야만 공을 들일 만하다고 말한 것을 인용한다. 프랑크는 또 유럽의 노동 비용이 높았던 것이 유럽에서 혁신이 일어나는 데 중요했다는 것도 강조한다. 유럽의 농업 및 제조업 체계는 아시아의 주요 나라들보다 훨씬 효율적이지 못했고 생산적이지도 않았다. 따라서 유럽의 기업가들은 노동절약적 장치(기계)를 개발하지 않는 한 아시아인과의 경쟁을 꿈도 꿀 수 없었다. 유럽인들에게는 식민지에 대한 수탈과 노예무역에 힘입어 자본이 많았고, 그들은 그것을 투자하여 기계화 및 목탄에서 석탄으로의 전환을 이루어내었던 것이다.

유럽의 흥기는 19세기 초입에 시작된 콘드라티에프 곡선 상의 새로운 상승 국면이 뒷받침했다. 그때

> 나폴레옹 전쟁이 수송 장비를 비롯한 이런 새로운 기술에 대한 투자 증대를 가져왔고 새로운 기술의 확대를 야기했다. 또 그것은 이전보다는 훨씬 더 구하기 쉬웠지만 여전히 비교적 높은 비용이 들었던 노동을 "공장제"로 결합시키게 되었다. 생산이 급속하게 늘어났고, 실질 임금 및 소득은 줄었다. 그리고 "세계의 공장"이 "자유무역"을 통해 외국 시장들을 정복했다.[26]

사실 그럼에도 영국 정부는, 수십 년 동안 여전히 영국산 제품보다 더 경쟁력 있던 인도산 상품의 자유로운 흐름을 계속 금지했다. 마찬가지로 중국에 아편을 대량으로 수출하고서야, 영국은 중국의 여전히 강력한 경제를 상대로 한 무역수지 적자를 역전시킬 수 있었다.

석탄과 식민지가 유럽의 흥기를 설명해 준다(케네스 포메란츠)

프랑크는 자신의 책에서 다른 학자들 중 오로지 한 명만이 자신과 비슷한 결론에 이르렀다고 인정한다 −그는 자신과 그를 "전통적인 학식에 맞서고 있는 두 사람의 소수파"라고 부른다.[27] 그 학자는 바로 케네스 포메란츠(Kenneth Pomeranz)[6]이다. 시카고 대학의 중국 근대사 교수인 포메란츠는 유럽이 중국에 비해 열악한 위치에 있다가 어떻게 흥기할 수

---

6 1958년 출생. 미국의 중국 및 글로벌 경제사학자. 1988년 예일 대학에서 미국의 가장 뛰어난 중국사학자인 조너선 스펜스(Jonathan Spence)의 제자로서 박사학위를 받았다. 20여 년간 캘리포니아 대학 어빈에서 교수로 있다가 2012년부터 시카고 대학 대학특임교수로 재직 중이며 미국사학회 회장직을 맡기도 했다. 본문에서 다루는 『대분기(The Great Divergence)』로 단순한 중국경제사 전공자에서 글로벌 비교경제사학자로서의 명성을 굳혔으며, 안드레 군더 프랑크, R. 빈 웡(Bin Wong), 리차드 폰 글란(Richard Von Glahn) 등과 함께 소위 '캘리포니아 학파'로 불리었다. 최근에는 생태환경의 변화를 통해 경제현상을 설명하는 비교 연구를 주로 수행하고 있어, 환경사 분야에서도 중심적인 역할을 하고 있다.

있었는지를 보여주고자 한다. 그의 견해에 따르면, 유럽의 흥기는 특히 영국에서 거대 석탄층이 운 좋게 발견된 것과 해외 식민지의 부를 수탈한 것에 힘입었고, 그 외에 유럽 내부의 활력과 혁신을 비롯한 다른 요소들도 작용하여 가능했다.[28]

포메란츠는 유럽이 흥기한 세계는 단 하나의 경제 강대국에 좌우되지 않는 다중심적인 세계였다고 주장한다. 게다가 유럽은 중국의 강력한 은 수요와 같이 예기치 않게 전개된 전(全)지구적 흐름에 의존했다. 하지만 그가 다른 학자들과 핵심적으로 다른 점은, 중국의 선도 지역들 -특히 양쯔 강 델타지역- 과 유럽의 가장 선진적인 나라들을 비교하는 것이다. 왜냐하면 그는 그 두 지역들이 경제 발전의 측면에서 유럽 전체나 중국 전체보다 훨씬 더 비슷한 양상을 보여줬음을 알았기 때문이다.

이니코리처럼, 포메란츠도 유럽이 대서양 경제에 참여함으로써 큰 이익을 보았다고 강조한다. '신세계'에서 벌어진 정복과 인구 감소 그리고 특히 아프리카인 노예노동을 활용한 개발이 엄청난 재원을 낳았고, 이것은 '구세계' 내에서 행하던 국가간 상업 활동에서 얻을 수 있는 정도를 훨씬 넘어섰다. 이런 막대한 재원이 유럽으로 흘러들어온 것이다. 대서양을 매개로 한 이런 상업 방식은 대서양 서쪽에 원료 추출을 배치하고 동쪽에 완성품 제조를 배치하는 매우 수익성 높은 분업 구조를 창출했다. 그 결과 그곳에서 근대 세계 최초의 "핵심부"와 최초의 "주변부"가 등장했다. "그리고 그것들 모두에 힘입어 서유럽은 기존의 사회적·경제적 요소들을 한데 끌어 모아서 독특한 상업 체제를 만들어 낼 수 있었다."[29] 따라서 맥닐처럼, 그도 유라시아 전역만이 아니라 그 밖의 지역까지도 아우르는 연결성과 상호작용이 그 무엇보다 중요했다고 본다.

포메란츠는 책의 첫 장에서 근대 초기 유럽과 아시아의 물질적 복지를 가리키는 통계지표를 비교한다. 그는 가축이 유럽에 더 많았고 이것이 더 많은 단백질을 유럽인에게 공급했음을 인정한다. 그러나 가축에서 얻은 거름으로 곡물 수확량이 아시아의 주요 나라들보다 훨씬 높은 수준으로 늘어나지는 않았다. 가축 덕분에 육상 수송이 용이했지만, 중국에는 그보다 효율성 높은 수운(水運)체계가 있었다. 주거 부분에서는 유럽인들의 사정이 훨씬 나았을지도 모르지만, 중국인과 일본인, 동남아시아인들이 마시는 식수는 유럽보다 훨씬 더 안전했고 그 외 다른 공중위생 상태도 유럽보다 훨씬 더 나았다. 두 지역의 일반인들이 먹던 식사가 제공하는 칼로리 양은 상당히 비슷했지만, 유럽인들이 동물성 단백질을 더 많이 섭취했다. 일반인들의 기대수명도 대략 비슷했다. 그는 유럽인들이 의도적으로 아이를 적게 가졌다는 주장도 의문시한다. 비록 그가 중국인과 일본인의 자녀가 적은 것을 주로 유아살해 때문인 것으로 보고 있지만 말이다.

기술 및 혁신의 경우, 포메란츠는 유럽에서 나타난 학술단체와 학술지들이 아마도 중국의 대중적 서신교환의 전통보다 더 효율적으로 지식 확산에 도움을 주었을 것이라고 인정한다. 그렇지만 그는 또 중국에서 과학과 수학이 계속 발전하였고, 중국과 인도의 직물 제조 기술은 유럽보다 더 선진적이었다는 것도 지적한다. 또한 중국의 수공 장인들은 독창적으로 제작된 효율성 높은 화목(火木)난로와 건조한 계절에도 면방적에 맞게 습도를 유지하며 원면을 저장하는 지하저장고도 고안해 냈다. 이 둘은 유럽의 산업 기술이 도입될 때까지 계속 사용되었다.

여기서 포메란츠는 역사적 우연이 가진 중요성을 지적한다. 중국에서는 1,000년 전에 탄광업과 철 제련업이 첨단 산업 부문으로서 아주 광범위하게 전개되었다. 이는 18세기 영국에서 진행된 그런 산업 부문의 발전보다 훨씬 앞선 것이었다. 하지만 그 이후 일련의 침략과 자연 재해가 이어지면서 이런 산업 부문들은 심각한 손상을 입었고, 결코 완전히 회복되지 못했다. 더욱 묘한 ─그러나 그만큼 우연적인─ 것은 중국의 석탄층이 대부분 매장되어 있는 화북 지방의 탄광업과 영국의 탄광업이 직면한 장애가 달랐다는 점이었다. 중국에서는 탄갱 내의 자연 발화 현상이 빈번하여 탄광 노동자들이 안전하게 일하기가 힘들었다. 그래서 중국의 수공업자들은 그 문제를 해결하기 위해 수준 높은 환기장치를 고안해 냈다. 반면에 영국의 탄갱에서는 지하수가 유입되는 일이 잦았고, 그 때문에 탄광이 문을 닫는 경우가 많았다. 따라서 기술 좋은 수공 장인들은 그 문제를 해결하기 위해 증기 동력 펌프를 개발했다. 당연히 환기장치로는 공기를 돌게 할 수밖에 없지만, 증기기관으로는 길게 이어진 화물 열차가 달릴 수 있고, 그리하여 산업혁명에 동력을 공급할 수 있었던 것이다. 게다가 거대 석탄층과 철광석층이 기술 발달의 주요 중심지들에 아주 가까이 위치했다는 것도 영국의 발전에 실제로 도움이 되었다. 이와 달리 중국에서는 그런 광맥층이 양쯔 강 델타지역으로부터 아주 멀리 떨어져 있었다.

포메란츠는 또 프랑크를 비롯해 많은 학자들이 제기한 주장, 즉 유럽 및 아메리카 노동자들의 임금이 높았기 때문에 발명가와 기업가들이 노동 절약을 위한 장치를 발명했다는 주장도 반박한다. 그는 반박의 근거로 한편으로 중국과 일본, 그리고 동아시아의 다른 지역들에서 평균 임금이 유럽만큼이나 높았다고 주장하고, 다른 한편으로 노동 비용이 높다는 것은 기업가들이 검증되지 않은 기술에 투자할 여유 자본을 구하기 힘들게 한다는 점을 든다. 또 그는 유럽의 새로운 기술 추구가 흔히 노동의 질을 개선하는 것을 목표로 두었지 노동 비용의 하락을 목표로 두지는 않았음을 보여주는 여러 연구들도 인용한다. 하지만 포메란츠는, 유럽 기업가들이 제공하는 것보다 훨씬 더 낮은 가격으로 고급 직물을 생산하는 아시아 직물업자들과 경쟁하던 직물업이라는 경제 분야에서는 노동절약 장치의 개발이 실리적인 측면에서 가장 의미가 있었다는 점을 인정한다. 그러함에도 그는, 유럽 기업가들이 아메리카에서 낮은 비용을 들여 생산하는 원면과 그것을 수확할 값싼 노동력 ―아프리카인 노예―

을 얻지 못했다면, 18세기에 아무리 뛰어난 발명을 이루었다고 해도 그 모든 것이 다 헛된 일이 되었을 것이라고 주장한다.

18·19세기에 유럽인들이 생태학적 이해를 심화시킨 것은, '구세계'의 모든 지역들에 영향을 미쳐 온 산림 및 환경 파괴의 장기적 흐름을 역전시킬 수 있었다. 이런 지식은 뉴턴 역학의 진보에서 −따라서 유럽 내부의 발전에서− 비롯되었다. 그러나 그것은 빠르게 진화하는 열대 지역에서 과학자와 식민지 관리들이 얻은 경험과 인도와 중국을 속속들이 아는 전문가들의 지식에서 비롯된 것이기도 했다. 여기서도 또 유럽인들은 커다란 진보를 이루었지만 혼자 힘만으로 그렇게 했던 것은 아니었다.

유럽인이 우월했다고 포메란츠가 인정하는 한 가지 영역은, 시간을 재고 사물을 확대해 관찰하고 사물의 치수를 재는 도구들의 제작 분야였다. 당시에는 이런 도구들의 소비자 가치가 그리 크진 않았지만, 이런 도구들의 제작 덕분에 유럽의 숙련 기술자들은 정밀 공학 작업을 능숙하게 할 수 있었고, 이는 증기기관과 그 외의 것을 개발하는 데 아주 실질적인 도움을 주었다. 하지만 이런 분야의 발전을 인정하면서도, 포메란츠는 대규모 석탄층이 유럽에서 기술력의 집중도가 가장 높은 곳 중 하나에 아주 가까이 위치하지 않았다면 그곳에서 일어난 뛰어난 혁신들은 모두 별 다른 가치가 없었을 것이라고 주장한다. 그는, 주로 지구 전역에 걸친 유럽인의 정복 덕분에 "일부 다른 자원 문제 역시 해결되지 않았다면, 에너지 분야에서 이룬 이런 약진도 18세기 말과 19세기에 유럽에서 일어난 인구 급등으로 인해 무색하게 되었을 수 있다"고 한다. 석탄이든, 식민지든, 그 외 유럽의 기술 혁신이든, 혼자서는 임박해 오던 인구와 자원 위기를 막을 수 없었을 것이고, 그렇게 되면 토지의 투입량을 늘리지 않고도 무한정으로 경제성장을 계속할 수 있는 근대 세계의 등장도 불가능했을 것이다.[30] 따라서 포메란츠가 볼 때, 유럽에 유리한 다른 요소들이 있음에도 "석탄과 식민지"는 같이 발생했다는 점에서 유럽의 흥기에 결정적으로 중요한 요소였던 것이다.

포메란츠는 이어서 유럽과 동아시아에 존재한 경제 시장들의 성격을 검토한다. 그가 내린 결론은, 중국의 농업이 유럽의 농업보다 더 시장 주도적이었다는 것이다. 그는, 양쯔 강 델타 지역에는 친족이나 같은 마을 사람에게 우선적으로 토지를 임대하거나 판매해야 하는 관습이 있었다는 것을 인정한다. 하지만 그러함에도 대체로 잉글랜드를 비롯한 유럽 대부분보다 그곳에서 농경지의 양도가 훨씬 더 잘 이루어졌다(마음대로 판매도 가능했다). 사실 이미 17세기에 네덜란드와 롬바르디아, 스웨덴에는 거의 완전히 자유로운 토지 시장이 있었지만, 이들은 유럽 대륙의 작은 일부에 불과했다. 그래서 1800년 무렵에도 유럽 농민 중 소수만이 새로운 ―그리고 더욱 생산적인― 농법에 따라 농사를 짓고 있었다. 또 늪지의 물을 빼고 관개시설을 설치하는 것과 같은 농업 개량과 관련해서는, 아시아 주요 나라보다 유럽의 관례적 규칙이 더 제약이 많았다. 따라서 전반적으로 볼 때 유럽의 토지 시장은 중국이나 일본에 비해 효율성이 떨어졌다.

그러면 노동 시장은 어땠는가? 포메란츠가 제시하는 증거에 따르면, 중국에서는 유럽보다 훨씬 더 많은 주민들을 대상으로 더 일찍 농노제와 다른 예속 노동형태들이 사라졌다. 또 근대 초기 동안 주민 수가 적은 농촌 지역으로의 대량 이주가 중국에서 훨씬 더 광범위하게 전개되었다 ―그리고 사실 정부가 이런 대량 이주를 조장했다. 길드 같은 동업 조직의 제조업에 대한 통제력은 대체로 중국보다 유럽에서 더 강했고, 유럽에서는 이런 조직이 농촌의 경쟁자들을 차단할 수도 있었다. 게다가 그와 반대로, 노동 시장의 통합 면에서는 유럽보다 중국이나 일본이 더 나았던 것 같다. 하지만 그는 일거리를 찾아 도시로 가는 사람 ―남자든 여자든― 은 유럽이 훨씬 많았다고 인정한다. 중국에서는 정부와 관습이 여자 혼자 여행하는 것을 금지했기 때문에, 그만큼 이런 경우가 잦지 않았던 것이다.

그렇지만 포메란츠는, 여자들이 집밖에서 일하는 경우가 거의 드물었기 때문에 가족 내에서 여자의 노동을 무가치한 것으로 보는 경향이 있었다고 주장하는 연구나, 유럽 가족들의 경우 가족 내 여자들을 가사일에서 벗어나서 가내 제조업에 종사할 수 있도록 가정용품에 더 많은 돈을 쓰는 경향이 있었다고 주장하는 연구들에 의문을 던진다. 또 그는 여성의 노동인구 참여에 대한 비교 분석들을 통해 유럽이 더 "혁명적"이었고 중국은 더 "내권적(內卷的; involutionary)"[7]이었음이 드러났다고 단정적으로 말하는 주장도 거부한다. 문화적인 이유에서 중국의 여성들이 집밖에서 일하는 경우가 더 적었지만, 그들은 집안에서 유럽인 여성들만큼이나 많은 -그 이상은 아니지만- 시장 판매용 상품을 제작했다. 더욱이 유럽에서는 문화적 규범 때문에 여자들이 시장 판매용 물건을 생산할 수 없고 가정용 물건만 만들어야 했던 경우가 흔했다. 그러한 규범들은 "적어도 중국인의 편견만큼이나 여성의 경제활동에 적대적일 수 있었다. 하지만 중국인의 편견은 여자가 되도록 가족의 집단 주거지 내에 머물러야 한다고 보았지만, 여자가 가족 주거지역 내에서 시장 지향적 생산에 종사하는 것에는 아무런 문제가 없다고 보았다."[31] 실제로 포메란츠는 중국의 황후가 여성의 노동 -뽕을 수확하는- 을 축복하는 관행을 유럽에서는 상상조차 할 수 없었다고 지적한다. 다시 말해, 여성의 지

---

7 '내권(內卷)'은 영어 involution을 옮긴 것으로 revolution의 상대 개념이다. involution은 총생산량과 토지 단위면적당 생산량은 증가하나 노동력의 단위당 생산량은 오히려 감소하는 현상, 즉 질적 발전 없는 양적 성장을 가리킨다. 이 용어를 처음 쓴 사람은 인류학자 클리포드 기어츠(Clifford Geertz)로서, 인도네시아 자바 농민에 대한 연구에서 사용했다. 캘리포니아 주립대학 로스엔젤레스의 경제학교수였고 현재 중국 런민대학(人民大學)에 재직하고 있는 황쭝주(黃宗智; 영어 명 Philip C. Huang)는 역사적으로 토지에 비해 인구가 과다했던 중국 농촌경제 전반에 involution 현상이 일어났다고 보고, 이를 "내권" 또는 "내권화"로 옮겼다. 그는 경우에 따라 이 말을 "과밀" 또는 "과밀화"로 옮기기도 한다. 전자의 경우 노동 투입 대비 산출에 중심을 둔 것이고, 후자의 경우 노동 투입 측면에 중심을 둔 표현이다. 포메란츠의 중국 농촌경제에 대한 시각은 황쭝주의 '내권화' 개념과 상충된다. 『대분기』의 간행 이후 두 사람은 이 문제를 둘러싸고 논쟁을 벌였다.

위가 더 높았기 때문에 유럽이 흥기했다는 주장은 말도 안 되는 얘기인 것이다.

이어서 포메란츠는 대중적인 일상적 사치품 −차, 커피, 설탕, 코코아, 그 외 "중독성 식품(drug food)"− 소비로 관심을 돌린다. 그는, 1800년대 중반 바로 직전까지 중국인 전체의 일인당 설탕 소비량이 유럽인들보다 더 많았으며, 차의 경우에는 훨씬 더 많았음을 밝힌다. 비록 잉글랜드의 경우, 그보다 몇 십 년 전부터 일인당 설탕 소비와 차 소비에서 중국을 추월했지만 말이다. 하지만 1800년부터 중국인의 일인당 소비량이 하락했는데, 그 이유는 보다 가난한 지역에서 인구가 급등했기 때문이다. 먹여야 할 입이 늘어나면서, 중독성 상품작물 재배가 밀려나고 곡물 경작이 증가했던 것이다. 반면에 유럽인들은 엄청나게 넓은 '신세계'의 땅을 얻었고, 거기에서 설탕과 커피, 담배를 재배했다.

마찬가지로, 최근의 학술성과는 근대 초기에 책, 우산, 향, 보석, 고급 의류, 실내 가구 같은 자질구레한 사치품의 과시적 소비도, 그것들을 어떻게 구하고 진열하는지를 알려주는 안내책자와 함께 유럽만큼이나 중국과 일본에서도 유행했음을 보여준다. 다만 동남아시아나 중동에서는 아마도 그만큼 유행하지는 않았던 것 같다. 물론 유럽만큼 이와 관련한 문서 증거를 구할 수 있는 곳이 세계 어디에도 없지만 말이다. 부유한 유럽인들의 주택에 대한 투자가 중국인들보다 더 컸다는 것은 분명하지만, 그것은 얼마간은 동아시아 사람들이 전통적으로 목조 주택을 선호했기 때문이었다. 유럽에서는 집이 개인적 성취와 기호의 표현인 반면, 중국에서는 세대간 연대의 표현이었다. 그러나 그러한 차이가 반드시 유럽인의 생활수준이 더 높았음을 입증하는 것은 아니다. 근대 초기의 중국과 일본에는 상업화된 여가 활동 −예컨대, 여행과 외식− 이 널리 퍼져 있었고, 그런 현상은 유럽인들도 잘 알고 있었다.

학자들이 유럽과 동아시아 사회들 간의 차이로 파악해온 한 가지는 복식 유행의 변화 속도와 관련된다. 중국에서는 일단 1700년을 전후하여 청나라가 확고히 자리를 잡자 의복 양식이 바뀌는 속도가 전보다 훨씬 느려졌다. 반면 유럽에서는 유행을 따르는 풍조가 분명 근대 초기부터 10년을 주기로 고조되었다. 포메란츠는 이런 차이를 정치적 불안의 크고 적음과 함수관계에 있다고 설명한다. 그는 청나라가 정당성을 다시 획득하면서 유행을 선도하는 엘리트들에게 사회적 지위에 대한 규범을 엄격하게 세울 권한을 다시 부여할 수 있었고, 그리하여 시장 주도의 유행 흐름을 약화시켰다고 주장한다.[32] 일이 이렇게 진행된 이유는 무엇일까? 포메란츠의 주장에 따르면, 그 이유는 얼마간 중국 정부가 소비 지향적 시장에 의지하지 않고 사회 내에서 일반 민들의 지위와 위치를 정한 전통적인 지방제도와 친족 네트워크의 강화를 통해 안정을 찾았기 때문이다. 반면에, 유럽에서는 정반대의 현상이 일어났다. 국가가 친족간 유대를 약화시켰던 것이다.

포메란츠는 이상의 논의를 마무리하면서, 대부분의 학자들이 당연시해온 중요한 논점을 다룬다. 즉, 중국인들은 유럽에서 온 상품이나 공산품에 관심이 없었다는 점이다. 그는 우선, 실제로 근대 초기 중국에는 유럽산 안경과 일부 유행 상품, 이국적인 모피를 다루는 시장이 존재했다고 지적한다. 그러나 그는 그런 상품들이 왜 아시아산 실크나 면직물이 유럽 문화에 미친 것과 같이 동아시아 문화에 변화를 가져오는 영향을 전혀 미치지 못했는지, 그 이유를 질문한다. 그는 여러 학자들이 제기한, 유럽인들이 원래 호기심이 더 많았거나 소유욕이 더 많았다는 식의 생각을 거부한다. 한 가지만 말하면, 중국인들은 동남아시아와 중동, 태평양의 여러 섬들로부터 다량의 이국적인 물건들 −상어 이빨이나 새 둥지 같은− 을 수입했다. 그렇지만 그런 상품의 양은 한정되었고, 그래서 카리브 해에서 노예노동을 이용하여 산업적 규모로 생산되던 설탕이나 담배처럼 유행의 대상이 될 수 없었다. 다른 학자들은 은을 오로지 교환 수단

으로만 보는 오류를 범하고 있다. 포메란츠에 따르면, 사실 은은 상품이
었고, 우연히도 다른 어떤 곳보다 중국에서 훨씬 더 가치가 높았던 물건
이었다. 그래서 당연히 유럽 상인들은 중국에서 팔 다른 물건을 구할 필
요가 전혀 없었다. 이것은 또한 이국적인 상품들이 왜 그렇게 많이 유럽
으로 유입되었는지도 설명해 준다. 유럽인들은 세계에서 가장 큰 은 공
급지들을 강제로 지배했던 것이다.

이어서 포메란츠는 유라시아의 양쪽 끝에서 나타난 자본 시장과 금
융 제도들, 재산권, 상업 회사, 재산 축적, 공·사 무역 사업들을 검토한
다. 그는 대체로 모든 발전된 사회들에서는 자본 총액이 사업에 투자된
자본액보다 더 많았다는 것을 발견했다. 또 회사의 지속 기간이 유럽보
다 중국에서 인상적으로 더 길었다. 중국에서는 개인이나 회사가 더 이
상 정부 몰수의 대상이 되지 않았을 수도 있지만, 그들의 자본은 분명 여
전히 정부의 몰수에 희생되었다. 하지만 유럽의 상인들이 통치자에게 융
통해 주는 자금이 훨씬 더 컸고, 따라서 정부의 채무 불이행으로 유럽의
상인들이 피해를 볼 가능성은 더 컸다. 또 친족간 유대를 통해 중국의 상
인 가문들도 아마도 유럽 상인들이 모을 수 있었던 만큼의 자본을 모을
수 있었을 것이다. 비록 이런 친족간 유대가 자본의 투자 방식을 얼마간
제한했지만 말이다.

포메란츠에 따르면, 유럽과 동아시아의 상업 회사들 사이에 보이는
핵심적인 차이는 해외 무역을 위한 활동상에 있었다. 유럽 상인들이 다
른 상인들보다 훨씬 더 해외 무역에 열심이었던 것이다. 그는 동업회사
나 주식회사와 같은 보다 크고 복잡한 사업 조직이 유럽에서 등장한 것
은 주로 엄청난 해외 무역 사업을 운영하기 위해서였다고 논한다. 규모
가 더 큰 이런 회사들은 자연스레 투자자와 사주를 분리하는 경향이 있
었고 대량의 자본을 쉽사리 모을 수가 있었다.[33] 반면에 중국의 사업가
들은 선주로부터 빌린 배를 타고서 상품을 싣고 여행하곤 했다. 왜냐하

면 계절풍이 부는 패턴에 따라 배가 여러 항구에 여러 달 동안 계속 정박해야 했고, 그래서 그들은 대서양을 다니던 상인들이 하던 것처럼 자신들을 위해 일할 상근 선원을 고용할 수가 없었기 때문이다. 그렇지 않은 경우 중국 상인들은 자신들의 사업에 불필요했던 유한책임을 배제하고 매우 정교한 사업 기법을 활용했던 것 같다.

에릭 밀랜츠도 강조했듯이(3장을 보라), 사업 활동에 대한 관리들의 간섭은 중국보다 유럽에서 더 잦았다. 그러나 그러하기에 중국의 관리들은, 유럽의 관리가 했듯이, 시장의 이곳저곳을 지배할 기회를 상인에게 제공하는 일이 드물었다. 공적·사적 기업 활동은 유럽보다 인도에서 더 빈번했지만, 그런 기업 활동이 경제 전반에 미치는 영향은 유럽보다 더 적었던 것으로 보인다. 아마도 중국의 상인들은 공식적으로 드러난 것보다는 더 여러 사업에 연루되었던 것 같다. 그들은 보통 부도덕한 행동으로 보이는 것을 피하기 위해 그런 활동을 감추었기 때문이다. 전반적으로 보아, 포메란츠는 정부의 간섭 —또는 불간섭— 이 근대 초기나 근대에 사업이 성공을 거두는 데 주된 요소가 아니었던 것으로 믿고 있다.

포메란츠는 북서유럽의 자본 시장이 필시 세상 어느 곳보다 더 효율적이었을 것이라고 인정한다. 이는 기업 대출에 대한 이자율이 단연 더 낮다는 사실이 입증한다. 그렇지만 이에 더해 그는 중국의 담보 재산이 유럽보다 훨씬 더 안전했다고 한다. 유럽에서는 채무불이행의 경우 채권자가 담보 재산을 압류하기가 중국보다 훨씬 더 쉬웠다. 반면 중국의 채무자는 자신의 투자가 실패하더라도 모든 것을 잃을 가능성이 거의 없었다. 따라서 중국의 채무자는 더 높은 이자율로 기꺼이 지불하고자 했을 것이다. 포메란츠는 또 —비록 투기성이 짙다고 생각하지만— 유럽의 낮은 이자율이 위험도가 높은 해운 사업을 통한 해외 상품의 수입을 더욱 쉽게 만들었을 수도 있음을 인정한다. 하지만 전반적으로 포메란츠는 이런 차이가 결정적인 역할을 했을 수 있다고 보지는 않는다.

이 단락의 마지막 부분에서 포메란츠는 유럽이 패권적 지위에 오르는 데 해외 자원의 수탈과 노예무역이 한 기여를 분석한다. 그는 18세기 말에 이 두 가지로부터 얻은 소득이 사업 투자 총액의 7퍼센트에 불과했다는 한 학자의 계산을 인용한다. 그렇지만 근대 초기 유럽이 처한 상황 속에서는 자본 축적 규모에서 그 정도 증가한 것도 큰 차이를 낳을 수 있었다고 포메란츠는 주장한다. 그에 따르면, 중국의 은 수요 덕분에 스페인 식민지들은 수익을 올릴 수 있었다. 중국의 은 수요가 없었다면, "'신세계'의 광산들은 십중팔구 몇 십 년 만에 스페인 제국이 계속 기능하는 데 쓰인 대출금을 갚으면서 동시에 이익을 올리는 역할을 중단했을 것이다."[34] 실제로, 은에 기초를 둔 거대한 중국 경제가 추동한 국제 은 무역은 글로벌 수준에서 일어난 질적·양적 상업 발전을 뜻했다. 그렇지만 포메란츠는 유럽의 아시아산 상품 수요 문제와 관련해 프랑크의 견해에 동의하지는 않는다. 프랑크가 세계경제에서 유럽이 어떤 의미 있는 역할도 하지 못했다는 것을 강조하는 데 지나치게 몰두하는 것 같다고 지적하면서, 포메란츠는 유럽의 다소 특출한 소비 수요가 세계경제에서 의미 있는 역할을 했음에 틀림없다고 인정한다.

그런 유럽의 수요를 채운 것은 정부의 지원을 받는 초기 식민지 회사들이었다. 이런 회사들을, 그는 근대 초기 유럽 경제가 가진 진정으로 독특한 한 가지 측면이라고 본다. 그는 그런 회사들의 경제적 효율성이 대체로 높지 않았다고 보지만, 그것들이 독점권에 기반을 둔 해외 무역 제국들을 건설하고 운영하는 데 매우 적합했다고 주장한다. 상업 회사이자 동시에 군사 기업이었던 이런 회사들은 거의 끊임없이 전쟁을 벌여온 한 문명에서 성장했다.

포메란츠는, 수많은 학자들이 제기한, 유럽 국가들 사이의 무장 경쟁이 기술 발전이나 경제 성장, 재산권 및 정치적 권리의 확보를 촉진했다는 주장에 동의하지 않는다. 기술 발전이나 경제 성장과 관련해선, 그는 끊임없이 지속된 군비 경쟁 때문에 아마도 많은 재원이 민간 부문에서 빠져나갔을 것이라고 주장한다. 군사적 목적으로 세입을 확보하기 위해 유럽 국가의 정부들이 사회의 엘리트 구성원들에게 정치적·경제적 양보를 하도록 강요했다는 생각에 대해선, 포메란츠는 흔히 이런 과정을 통해 유럽에서 대의제 정부와 재산권이 등장했다고 인정한다. 하지만 표현의 자유와 그 외 다른 시민권은 일반적으로 다른 과정을 거쳐 시민들이 획득했다.

사실, 유럽의 식민지 팽창 과정이 가진 가장 중요한 특징은 그 과정 자체에 있었다. 그것은, 예컨대 중국이 전통적으로 동남아시아 전역과 가졌던 관계와 뚜렷하게 달랐다. 중국과 동남아시아의 관계에서는 정부의 자금 지원과 군사 지원이 전혀 없었고 정부의 반대로 인해 대량 이주를 발생시킬 수도 없었다. 근대 초기 동안 중국에서 해양 상업제국이 번성한 적은 딱 한 번 있었고, 그것도 오로지 중국이 왕조 교체의 위기 상태에 있었던 덕분이었다.[8] (중국 국가 권력은 중앙아시아로의 영토 확장은 지원했지만 해양 팽창은 지원하지 않았다.) 무엇 때문에 이런 차이가 나타났는가? 차, 설탕, 실크, 담배 같은 일상적 사치품들이 거의 전적으로 중국 내에서 생산되었기 때문에, 관리들은 그런 상품들에 대해 관세를 부과할 수 없었고, 따라서 그들은 유럽 관리들처럼 그런 상품의 소비를 조장할 이유가 전혀 없었다. 게다가 인접한 지역들에 비해 중국인들이 전염병에 대한 특별한 면역력을 지닌 것도 전혀 아니었기에, 아메리카의 유럽인 정복자들처럼 중국인들이 전염병에 힘입어 인접 지역들을 장악하는 일도 있을 수 없었다.

바로 이런 이점이 ―그리고 전반적인 면에서 광대한 식민주의 제국의 건설이―, 유라시아의 다른 주요 사회들보다 경제적인 면에서 생산적이

---

8 아버지 정지룡(鄭芝龍)과 그를 이은 정성공(鄭成功)이 17세기 중반 명·청 교체기에 타이완을 중심으로 중국 동남부 연안지역에 구축한 강력한 해상세력을 가리킨다. 1662년 정성공이 사망한 후 청에 의해 진압되었다.

지도 효율적이지도 않았던 유럽을 산업화를 향해 나아갈 수 있게 한 것이었다. 그래서 포메란츠는 근대 초기의 다른 선진 경제들을 "실패한 유럽들(failed Europes)"로 보아선 안 된다고 주장한다. 그것이 아니라, 서유럽은 당시 발전도상의 많은 지역들 중 단지 한 곳에 불과한 상태에서 출발하여 오로지 역사적으로 불가피한 에너지와 자원에 대한 구속에서 벗어날 수 있는 매우 드문 상황에 놓인 덕분에 "운 좋은 변종(a fortunate freak)"으로 나아갈 수 있었던 것이다.[35] 여기서 포메란츠가 말하고 있는 것은, 산업혁명에 불을 붙인 영국의 막대한 석탄 매장층과 산업혁명에 필요한 자금을 얼마간 제공한 방대한 식민지 네트워크이다.

책의 마지막 단락에서, 포메란츠는 근대 이전의 사회들이 근대적 경제 성장으로 약진해 나가는 것을 막았던 생태학적·지질학적 제약들을 조심스레 분석한다. 간단히 말해, 사람들은 공급량이 아주 제한적이었던 자연자원에서 끌어낸 재료 ―비료를 비롯한― 와 물과 바람, 인간의 육체, 나무, 그리고 약간의 석탄에서 끌어낸 에너지로 버텨 나가야 했다. 중국의 토지 공급량은 특히 부족했지만, 일본과 유럽의 경우에도 마찬가지였다. 눈에 띄는 기술적 진보가 없다면, 이 세 지역 모두는 인구학적 파국에 이를 수밖에 없었다.

18세기에 유럽의 유휴토지 보유고는 동아시아보다 훨씬 더 높았고, 농업 경영 방식 면에서도 유럽 쪽에 개선이 이루어져야 할 부분이 더 많았다. 그래서 유럽인들에게는 자신의 식량 생산량을 한층 증가시킬 가능성도 더 많았다. 하지만 섬유작물 부분에서 유럽은 유라시아의 나머지 지역에 비해 운이 좋지 않았다. 면직 의류가 한창 인기를 얻고 있을 때 유럽인들은 스스로 면화를 재배할 수 없었기 때문이다. 게다가 맬서스가 말한 네 가지 필수요소[9] 중 마지막 두 가지 ―연료와 건축자재― 의 공급을 자체적으로 쉽게 확대할 수 있는 사람들은 유라시아 대륙 어디에

---

9 맬서스는 자신의 『인구론』에서 인간의 생존에 꼭 필요한 4대 필수품으로 식량, 섬유(의복), 연료, 건축자재를 제시한다.

도 없었다. 요리용 연료의 경우 대부분의 유럽인들이 더 풍부하게 구했을 수도 있었을 테지만, 특히 중국인들이 사용하는 요리 방법의 연료 효율성은 유럽보다 더 높았다. 그리고 중국의 겨울도 대체로 유럽보다 더 따뜻했다. 난방용 연료 목록에 석탄이 들어간 것은 더 없이 반가운 일이었을 테지만, 유럽 대부분이 그렇게 된 것은 1850년 이후의 일이었다. 그리고 유럽의 몇몇 지역들에서는 산림 보유고가 한 자리 숫자로 떨어졌다. 이는 동아시아의 여러 나라들에 비해 훨씬 낮은 수치였는데, 동아시아에서는 날씨가 더 따뜻하여 나무가 유럽보다 더 빨리 자랐고 그곳 사람들은 산림 자원을 보다 효율적으로 절약하며 사용하는 경향이 있었다. 하지만 전반적으로 볼 때, 수자원 면에서는 더 풍부한 수자원을 가진 유럽이 동아시아보다 약간 우위에 있었을 가능성이 많다.

그런데 역설적이게도 동아시아에 비해 유럽이 가진 가장 큰 이점은 유럽의 후진성에서 나온 것이었다. 보다 집약적인 노동 투입을 통해 식량과 의류, 연료의 필요에 대처했던 동아시아의 방식은 결국 파국적인 막다른 길에 이르게 마련이었는데, 동아시아의 방식을 따를 역량이 없었던 유럽인들은 스스로 채울 수 없는 이런 자원들을 밖에서 들여오기 시작했다. 그리고 이로부터 모든 차이가 발생했다고 포메란츠는 주장한다. 1800년경에는 중국에게 불리한 강력한 요소들이 작동하고 있었다. 첫째, 섬유제품의 자체 공급에 의존하고 원료를 수입할 식민지가 없다는 점이, 중국을 생태학적으로 취약하게 만들었다. 둘째, 농업 개량과 사회기반시설의 개선이라는 점에서 중국에게는 선택지가 그다지 없었다. 중국에서는 이런 측면에서 산업혁명을 통해 얻을 수 있다고 생각되는 것들이 거의 모두 이미 발견되어 시행되었기 때문이다. 셋째, 해외 식민지 획득을 추구하지 않는 상태에서 중국의 영토 확장은 더욱 힘들어지고 있었다. 이상의 불리한 요소들을 감안하면, 중국과 유럽 간의 급속한 경제적 분기(分岐)는 아마도 불가피했던 것 같다. 물론 석탄의 이용과 식민지 수탈로부터 끌어낸 특출한 이익을 빼고 계산하면, 유럽이 받은 생태학적 압박도 대체로 중국에 못지않았지만 말이다. 마찬가지로 연속적으로 이루어진 긍정적인 발전들 —새로운 기술, 아시아로부터 얻은 새로운 지식, 그리고 '신세계'에서 얻은 뜻밖의 횡재— 이 없었다면, 유럽이 중국처럼 결국 생태학적 측면과 발전적 측면에서 막다른 길에 이르렀을 것이라는 점은 거의 확실하다고 포메란츠는 주장한다.[36] 역시 또 유럽에 일어난 변혁의 원인은 석탄과 특히 식민지였으며, 이 변혁이 포메란츠의 책 제목에서 제시된 "대분기(great divergence)"로 이어졌다.

포메란츠에 따르면, 세계체제 분석은 유럽을 구한 것이 동유럽이라고 믿고 있지만, 두 가지 이유에서 그런 일은 일어날 수 없었다. 첫째, 동유럽에 존재한 관습과 지주 집단의 이해관계로 인해 그곳의 소작농들에게 서인도 제도의 플랜테이션에서 사용한 것과 같은 무자비한 강제 노동 방식을 적용하기는 힘들었다. 둘째, 동유럽 지역에 존재한 제조업 상품 시장은 협소했다. 이것은 동유럽이 무역상대로는 여전히 내실이 없는 곳이었고, 서유럽이 그곳과 무역을 하면 이익을 얻기 힘들다는 것을 뜻했다. 포메란츠의 말을 빌리면, "적어도 장기적으로 보면, 단지 '자기에 비해 발전이 뒤쳐진' 무역 상대를 찾는 것만으로는 핵심부가 가진 어떤 문제도 해결하지 못했던 것이다."[37] 그렇다, 오로지 아메리카에서 뜻밖에 얻은 자원만이 한계에 처한 난관을 뚫고 나가 생태학적 재앙으로부터 유럽을 구할 수 있었던 것이다.

포메란츠는 책의 마지막 장에 "새로운 종류의 주변부로서의 아메리카"라는 부제를 달았다. 그곳에서는 노동력의 대부분이 획일적인 강제 노동에 투입되었고, 자신의 경제적 생계수단조차 스스로 공급할 수 없는 상태였다. 그리하여 아메리카는 유럽 제조업 상품의 전속시장(a captive market)[10]이 되었다 —이 전속시장에 대한 유럽 제조업 상품의 장악력은

10 captive market은 잠재적 소비자들이 극히 제한된 수의 경쟁 공급자들과 만나는 시장을 말한다. 이곳에서 소비자가 선택할 수 있는 것은 주어진 상품을 사거나 아니면 아예 사

아시아나 유럽의 인접 배후지에서 볼 수 있었던 어떤 전속시장들보다 단연 컸다. 실제로 플랜테이션 노동자들이나 광산 노동자들은 설탕이나 은과 같은 수출 상품의 생산에 완전히 특화되었고, 그들이 생산한 수출 상품은 그 지역의 다른 유럽인 사업가들이 생산한 식량이나 아시아에서 들여온 상품의 대금으로 지불되었다. 그 외 다른 방식으로는 실크와 날염 면직물, 이국적인 향신료, 고급 도자기 같은 제품들을 절대 구할 수 없었고, 이후 이런 제품들은 아프리카에서 흑인 노예와 교환되거나 아니면 결국에는 유럽의 생활수준을 상승시키는 역할을 했다. 따라서, 포메란츠가 주장하듯이, '신세계' 식민지의 플랜테이션에 기초한 경제는, 동쪽으로 이동하는 원료와 서쪽으로 이동하는 완제품, 식량, 노예 간의 끊임없는 교환에 힘입어 핵심부와 상대적인 무역 균형을 유지할 주변부를 이루었다. "(흔히) 플랜테이션의 부채가 더 많아서 다음 해에 가격이 어떠하든 더 많은 설탕을 판매해야" 했던 사실은 말할 필요도 없을 것이다.[38] 이런 교역 체계 전체는, 사업가들이 자신에게 드는 비용을 줄이고자 힘쓰면서 점점 더 효율성을 높여갔다. 그러함에도, 포메란츠에 따르면, 유럽인들이 자신의 경제를 결합시킨 전(全)지구적 상업 네트워크들은 여전히 다중심적이었다.

유럽은 또 특정 작물의 도입에 힘입어서도 생태학적 재앙을 피할 수 있었다. 1 에이커의 땅을 기준으로 거기서 생산되는 사탕수수는 밀보다 4배나 많은 칼로리를 공급했고, 감자는 9 내지 12배 많은 칼로리를 공급했다. 유럽인들이 설탕을 더 많이 소비하게 되면서, 더 많은 토지와 특히 노동자들이 농업 외의 다른 경제 활동으로 전환될 수 있었다. 물론 감자의 높은 칼로리 양은 '신세계'가 유럽인의 생활수준 향상에 기여한 것 중 하나에 불과했다. 아메리카산 원면을 수입하여 면직물 가격이 떨어지면서, 유럽인들은 추위를 이길 만큼 옷을 제대로 입을 수 있었고, 그리하여

지 않는 것뿐이다. 따라서 독점이나 과점이 존재하는 시장을 이렇게 부를 수 있다.

칼로리 소비량도 더 줄일 수 있었다. 이것은 또한 차와 커피, 담배, 코코아의 소비로 인해 가능했던 일이기도 했다.

이런저런 수입 상품에 대한 관세는 1670년과 1810년 사이에 영국 정부의 수입을 약 50퍼센트 정도 증가시켰다. 이 증가분은 대부분 주로 식민지와 공해(公海)를 감시하는 데 필요한 군사력 증강에 사용되었다. 그리고 식민지 지배를 통해 1815-1900년 시기 동안 설탕 수입은 11배, 원면 수입은 20배 증가했고, 19세기 들어 미국이 수출주도 세력이 되면서 점차 커져가던 대(對)미국 무역적자를 보완할 수 있었다. 말할 필요도 없이, 석탄 생산량의 엄청난 증가도 무엇보다 증기선을 통해 이런 발전을 부채질 했다.

따라서 막대한 석탄 매장층을 활용할 수 있다는 점과 엄청나게 풍요로운 해외 식민지들을 확보했다는 점이 유럽의 흥기를 가장 잘 설명할 수 있다. 중국과 유라시아의 다른 발전된 나라들처럼, 유럽의 국가들도 사회경제적·인구학적 위기가 발생할 잠재적 가능성에 직면해 있었다. 바로 그때 유럽 국가들은 기존의 노동 및 자본을 "주로 유럽 외적이고 비시장적인 요소들"과 결합하여 대서양을 가로지르는 상업 관계를 경제성장을 추동하는 자립적인 엔진으로 변모시켜 갈 수 있었다. 그런 요소들이 없었다면, 경제적 팽창이 계속 되었더라도 아주 허약했을 것이고, 그런 팽창은 가능성 있는 몇 가지 장애들에 부닥치고 말았을 것이다. 그런 장애로는, 과도한 인구 증가와 원료 구입 비용의 급속한 상승 같은 것을 들 수 있을 것이다. 혹은 그렇지 않으면 그런 장애들을 피할 방법은 오로지 노동집약적 농업 밖에 없었을 것이고, 그럴 경우 산업혁명은 불가능했을 것이다.[39] 포메란츠가 볼 때, 유럽 외부의 요소들과 역사적 우연이야말로 유럽이 세계에서 단연 가장 높은 생활수준을 가진 가장 역동적이고 지배적인 경제로 흥기하는 데 무엇보다 크게 기여했던 것이다.

서구가 이룬 성취는 거의 모두 동양에서 기원한 것이다(존 M. 홉슨)

이 장에서 다루는 마지막 학자의 주장은, 위의 포메란츠에 이르기까지 진행된 논의를 완전히 처음으로 되돌려 놓는다. 잉글랜드 셰필드(Sheffield) 대학의 정치학 및 국제관계학 교수인 존 M. 홉슨(John M. Hobson)[11]은 자신의 책 『서구문명은 동양에서 시작되었다(*The Eastern Origins of Western Civilization*)』(2004년)를 얼마간 자신의 증조부인 존 A. 홉슨(John A. Hobson)[12]에게 헌정한다. 그의 증조부는 3장 서두에서 다룬 레닌의 『제국주의, 자본주의의 최고 단계』에 핵심적인 영향을 미친 『제국주의론(*Imperialism*)』을 적은 바로 그 사람이다.

포메란츠만큼 인상적인 연구에 기초하진 않았지만 그보다 더 대담하게 서술된 책에서, 홉슨은 자신이 서구의 흥기에 대한 "유럽 중심적"이거나 "오리엔탈리즘적"인(그는 이 수식어들을 번갈아 사용한다) 해석이라 부르는 것을 거부한다. 그는 마르크스와 베버로부터 시작하는 이런 해석들이 합리성과 역동성, 창의성을 서구의 특성이라고 보고 비합리성, 정체, 소극성은 동양의 속성으로 돌린다고 주장한다. 홉슨은 근대 역사에 대한 역사적·사회과학적 해석들이 대부분 이런 이분법을 당연시하고 서구가 근대 자본주의 사회로 약진할 수 있었던 것은 그 덕분이라고 여긴다고 논한다.

그렇지만, 홉슨에 따르면, 이런 학자들은 사태를 완전히 거꾸로 알고 있다. 홉슨은 실제로는 이런 일들이 일어났다고 주장한다. 첫째, 약 서

---

11 1962년 출생. 캐나다 태생의 영국 정치학자. 셰필드 대학 정치학 및 국제관계학 교수. 1991년 런던경제대학에서 박사학위를 받고 2005년까지 오스트레일리아에서 주로 활동했다. 비교 역사사회학도 같이 공부하여 정치학자임에도 장기 역사적 맥락에서 비교사 연구를 수행해왔다.

12 1858-1940년. 영국의 경제학자 및 사회과학자, 저술가, 사회개혁가. 레닌에게 영향을 준 『제국주의론』과 함께 검약을 강조하는 고전경제학자들을 비판한 '과소소비론(Underconsumption)'으로도 잘 알려져 있다. 하지만 이 이론 때문에 그는 정식 경제학계에서 배제 당했으며, 여러 저술 활동을 통해 사회 비평 및 제국주의 비판을 이어갔다.

기 500년부터 동양이 경제적으로 앞으로 치고 나갔다. 둘째, 동양은 능히 1,000년 이상 동안 계속해서 국제 경제관계를 추동하는 주요 엔진이었다. 셋째, 그리고 가장 중요한 것으로, 동양은 자신의 강력한 기술과 제도, 사상 −이러한 것들을 홉슨은 "자원 목록"이라고 부른다[40]− 을 이용할 수 있게 함으로써 서구가 패권적 지위에 오르는 것을 도왔다. 자신의 책 전체에 걸쳐, 홉슨은 서구가 이룬 거의 모든 성취가 −평화적으로든, 강제로든− 그런 자원 목록의 흡수를 통해 가능했다는 주장을 제시한다.

홉슨은 책의 첫 부분에서 약 서기 500년부터 아프로·유라시아 대륙 전체 −우마이야 칼리프 왕조[13] 하의 북아프리카에서 중국의 당나라에 이르는− 를 연결한 전(全)지구적 무역 네트워크의 개척자들을 설명하는데, 이들을 그는 "이슬람과 아프리카의 선구자"라고 부른다. 이 경제 체제에 견인차 역할을 한 것은 이슬람 상인들이었다. 이는 얼마간 코란과 다른 이슬람 경전들이 명시적으로 상업을 장려했기 때문이었고, 이슬람의 창시자인 마호메트 자신이 무역상으로서 상업을 장려하기도 했던 것이다. 이슬람 사회는 대서양에서 인도양 및 태평양에 이르기까지 대륙 전체에 걸쳐 번성했다. 즉, 그들은 "힘의 범위(extensive power)" 면에서 단연 압도적이었던 것이다. 이 전(全)지구적인 교역 체제에 대한 설명을 마무리하며, 홉슨은 이렇게 말한다. "이 교역 체제가 가진 궁극적인 중요성은 동양에서 발원한 글로벌화가 중세 및 근대 서구를 낳은 엄마는 아니더라도 산파 역할은 했다는 사실에 있다."[41] 또 홉슨은 특정 목적을 위해 인간의 노력을 견인하여 집중시킬 수 있는 능력을 가리키기 위해 "힘의 강도(intensive power)"라는 표현을 사용하는데, 이슬람 사회는 기술과 과학, 산업의 측면에서도 인상적인 발전을 이루었고, 이런 발전들에 힘입

---

13 661년부터 750년까지 인도 서쪽부터 중동지역을 거쳐 북아프리카와 이베리아 반도에 이르는 광대한 영역을 지배한 이슬람 칼리프 세습왕조 국가. 세 대륙에 걸치는 광대한 영역을 동일 경제권으로 포섭하여 활발한 상품 유통이 전개되었고 대규모 화폐 경제가 발달하였다.

어 그것은 "힘의 강도" 면에서도 단연 가장 앞서 나갔다. 따라서 이슬람 세계는 650년에서 1100년경까지 힘의 범위와 힘의 강도라는 두 가지 측면 모두에서 압도적이었고, 1100년경에 중국의 송나라가 등장하며 힘의 강도 면에서 선두 자리를 그 나라에 넘겨주었다.

홉슨은 송대 시기(960-1279년) 대부분 동안 중국인들이 기술적 혁신에 뛰어난 재능을 발휘했다고 강조한다. (중국인이 이룬 이런 성취들은 앞서 논했기 때문에 여기서는 생략할 것이다.) 그는 이른바 '북송대의 산업혁명'부터 다룬다. 그 시기에 해당하는 11세기 동안 중국에서는 1700년 이전 유럽의 어느 곳보다 더 많은 철이 생산되었으며 그 가격도 더 낮았다. 이는 일찍이 등장한 코크스 가열 용광로와 피스톤형 풀무 덕분이었다. 그리고 이렇게 생산된 철은 광범위하게 펼쳐진 운하 체계를 통해 나라 전체에 퍼졌다. 중국 사회는 금속 —정련된 것이든 주조된 것이든— 을 바늘과 못에서 보일러와 현수교에 이르기까지 가능한 가장 광범위한 용도로 사용했다. 위대한 중국의 발명품인 종이 역시 중국 사회에서는 의복에서 화장실 휴지까지 아주 다양하게 사용되었다. 조지프 니덤과 그 외 다른 학자들의 연구에 기대어, 홉슨은 세계 최초의 군사 혁명이 850년과 1290년 사이에 중국에서 확실하게 전개되었으며 거기에는 중국의 또 다른 위대한 발명품인 화약의 광범위한 사용이 포함되었다고 설명한다. 로켓 추진 장치, 화기, 지뢰, 화염방사기, 수류탄, 폭탄 등으로 화약이 이용된 것이다. 중국 해군은 엄청난 수의 거대한 함선을 활용했는데, 그 중 일부에는 폭탄을 쏘는 투석기와 거대한 파괴용 망치들이 설치되어 있었다.

송나라가 이룬 성취는 기술적으로 더 나아가지 못했고 이후 명에 이르러 중국은 외국의 영향과 접촉으로부터 차단되었다고 단정하며, 이런 성취를 "무산된 혁명"으로 치부하는 학자들이 여럿 있다. 이런 학자들에게 홉슨은 전(全)지구적인 무역 네트워크에 강력하게 통합되고 고도로 생산성 높은 농업 부문을 갖춘 경제가 중국에서 계속 번성했다고 반박한다. 홉슨에 따르면, 중국의 해금(海禁)이라고 하는 것은 사실 명의 통치자들이 오로지 내치의 안정을 이유로 조장했던 허구(a fiction)였다. 그들은 완전히 문을 여는 대신에 조공체제를 유지했다. 이 체제 하에서 세계의 모든 나라들이 예(禮)를 표하도록 요구받았고, 그것을 구실로 활발한 무역이 계속되었다. 홉슨은 조공체제가 조공국의 사절들에게 황제 앞에서 얼굴을 숙이고 엎드리도록(고두[叩頭]) 요구함으로써 중국 왕조와 국가를 정당화하는 데 도움을 주었다고 설명한다. 이런 행동은 그들이 황제의 '천명(天命)'을 인정한다는 것을 상징적으로 보여주는 것이었다.[42] 그리하여 외국 정부가 중국의 우월성을 인정하는 모습을 보여주는 사이에, 그 이면에서 중국 관리들은 무역 활동을 못 본 척 해주었으며, 그러는 동안에 상인과 밀수업자, 해적들이 중국과 전(全)세계적 범위의 경제 체제와의 연결을 유지시켰다. 홉슨이 지적하듯이, 세계 은 생산량의 상당 부분이 계속해서 중국으로 유입되었다는 사실은 중국이 그 경제 체제에 여전히 속해 있었다는 것을 보여주는 증거이다.

홉슨은 또 근대 초기 인도에서 상업 활동이 고도로 발전했음을 보여주는 증거도 제시한다. 특히 구자라트 상인들은 적어도 17세기 중반부터 지역 통치자들로부터 군사적 보호를 받고 관의 간섭이 비교적 덜한 환경이라는 혜택을 누렸다. 그는 1674년에서 1680년까지 통치한 마라타(Maratha) 왕국의 시바지(Shivaji)[14]가 보여준 호의적 태도를 예로 든다. 시바지는 상인을 "왕국의 훈장이자 왕의 영광"이라고 여겼다.[43] 그 무렵에는 인도 전체를 아우르는 중심적 권위는 대체로 미약했고, 국지적 영역을 다스리는 권력들은 흔히 상업에 호의적이었다. 정부의 간섭을 거의 받

---

14 마라타는 마라타족에서 유래한 혈족 공동체 집단들로 이들은 연합하여 1674년 마라타 왕국을 건설하여 인도 북부와 중부 전체를 지배하는 세력이 되었다. 1818년 최종 멸망할 때까지 영국의 제국주의 침략에 완강히 저항했다. 시바지(1627-1680년)는 이 마라타 왕국의 건설자이다.

지 않았던 인도 상인들은 수준 높은 금융 제도와 기법들을 발전시켰다. 그에 따라 당연히 사업이 번성했고 일부 사업가들은 엄청난 부를 자랑했다. 또한 인도산 직물도 18세기 말 직전까지 영국보다 많이 생산되었고, 질적으로도 영국을 앞섰다. 물론 19세기에 들어서는 그것이 역전되지만 말이다. 뿐만 아니라 철 생산의 경우에도 사정은 마찬가지였다.

홉슨에 따르면, 근대 초기 동남아시아의 교역에 대해서도 상당히 비슷하게 말할 수 있다. 동남아시아 상인들이 이용한 배는 당시 유럽 상인들이 이용한 것보다 더 컸으며, 이들은 엄청난 양의 사치품만이 아니라 여러 대용량 상품도 교역했다.

홉슨은 책의 이 부분을 끝내면서 —메이지 정부가 1868년부터 서구화를 개시한 이후가 아니라— 도쿠가와 시대(1603~1868) 일본의 경제 활력을 개관한다. 그는 도쿠가와 시대 전체는 아니지만 적어도 후반에 해당하는 기간에 일인당 소득이 성장했음을 —그리고 농업 생산이 상당히 늘었음을— 보여주는 데이터를 인용한다. 게다가 유럽의 절대주의 군주들과 마찬가지로, 도쿠가와 통치자들은 유력한 토지소유 영주들(다이묘)과 그들의 가신들(사무라이)에게서 자율성을 체계적으로 박탈했고, 그리하여 상인들과 그 외 농민을 비롯한 다른 평민들의 지위를 강화시켰다. 이들이 시장에 내놓을 상품을 생산하기 시작했다. 수많은 은행들이 공식적인 승인 하에 등장해서, 예컨대 나중에 프랑크푸르트나 런던에서 등장한 것과 같은 환거래를 비롯해 수준 높은 금융 상품과 방법들을 활용했다. 이런 은행업의 작동은 농촌 지역에까지 미쳤다.

마지막으로, 홉슨은 1639년부터 일본의 통치자들이 이른바 '쇄국(鎖國)' 정책을 명시적으로 취하여 나라를 —중국과 네덜란드를 제외하고— 대외 교역과 영향으로부터 차단하고자 했다는 것을 부정한다. 오히려 일본의 통치자들은 "그저 대외 무역을 단속하거나 통제하고자 했을 뿐"이었고, 사실 그들은 "외부 세계와의 무역 자체를 제한"하려고 한 것이 아니라 "오직 유럽 가톨릭 세력과의 무역만을 제한하려" 하였다.[44] 실제로는 합법적이든 비합법적이든 아주 다양한 외국 상대와의 상업 관계가 크게 번성했던 것이다.

홉슨은 유럽이 중세에서 근대 초기에 걸치는 기간에 세계 다른 곳보다 앞서 나가기 시작했다고 하는 주장들을 "신화들"이라고 여기는데, 책의 이어지는 부분에서는 이런 "신화들"을 하나씩 따져본다. 예컨대 유명한 중세 유럽의 농업혁명은 아시아에서 발전한 몇 가지 기술을 도입함으로써 가능했다. 말 목사리와 물방앗간, 그리고 아마도 편자와 무거운 쟁기 같은 것들이 그때 도입된 새로운 기술이었다. 마찬가지로 수백 년 동안 유럽에서 전투가 벌어질 때마다 그 현장을 압도했던 말을 탄 봉건 기사도 등자의 발명이 없었다면 등장할 수가 없었는데, 홉슨은 등자를 발명한 것이 중국인임을 보여준다. 이른바 중세 유럽의 첫째가는 군사적 혁신이라고 하는 것 —돌격기병대 전술— 도, 페르시아와 비잔틴 제국에서 처음 등장하여 발전했다. 긴 활과 긴 창 같이 유럽에 전형적인 것처럼 보이는 무기들도 중동에서 발생한 것이다. 심지어 봉건제의 등장에 자극을 준 것도 아시아 전사들의 침략이었다고 홉슨은 주장한다. 그는 이슬람의 위협이 없었다면 카롤링 제국은 생각조차 할 수 없었을 것이라는 벨기에 중세사가 앙리 피렌(Henri Pirenne)[15]의 주장을 되풀이하고 있는 것이다.

홉슨은 한발 더 나아가 서구의 기독교 정체성이 날조된 이슬람의 위협을 중심으로 구성되었다고 주장한다. 그의 주장에 따르면, 중세 유럽인들은 자신의 문화를 순수한 선으로, 그 밖의 모든 것은 "타자"로서 악으로 보았다. 따라서 그들에게는 경멸해야 할 상상적 타자가 필요했다. 그들이 경멸의 대상으로 선택한 이들은 누구였는가? 유럽의 종교 권력은 유럽인들의 증오심을 이슬람에게로 집중시켰고, "이슬람에 맞서 유럽

---

15 1862-1935년. 벨기에의 중세사가로서, 유럽 중세의 기원과 중세 도시사에 대한 기여로 유명하며, 벨기에 역사에 대한 독특한 시각을 제시했다. 또 1차 세계대전 때 벨기에가 독일 점령 하에 들어가자 비폭력 저항을 주도하다 체포되기도 했다.

인들이 단결할 수 있도록" 이슬람을 "악으로만이 아니라 위협으로도" 구성했다.[45] 그 뒤 유럽을 이끄는 엘리트들은 계속해서 서구 기독교세계를 중동 이슬람 세계와 정면으로 대치한다고 규정했다. 하지만 아이러니하게도, 기독교는 유럽이 아니라 중동에서 탄생했다. 그리고 서구인들이 스스로를 기독교의 기수(旗手)로서 세계 전역에 그것을 전파하는 역할을 맡았다고 생각하게 된 것은 그만큼이나 아이러니한 일이다.

이어서 홉슨이 해체하고자 하는 "신화"는 전(全)지구적 교역을 "이탈리아인이 개척했다"는 신화이다. 실제로는, 이탈리아 상인들이 유라시아를 횡단하는 교역 네트워크들을 만들어내는 데 활용한 기술과 제도들은 모두 그들 이전에 아시아 상인들이 이용하던 것이었고, 그 교역 네트워크 자체도 이미 존재하던 것들이었다. 구디와 프랑크처럼, 홉슨도 이탈리아인들보다 100년 내지 200년 앞서 이슬람 상인들이 매우 다양한 금융 상품과 기법들을 발달시켰고 이탈리아인들은 그것을 이용했을 뿐이라고 지적한다. 유럽의 항해 혁명을 가능케 했다고 하는 기술적 진보도 거의 마찬가지였다. 예컨대, 아스트롤라베(astrolabe)[16]를 발명한 것은 고대 그리스인이었지만, 그것을 개량하여 대양 항해에 적극 활용하기 시작한 것은 이슬람 뱃사람들이었다. 중국의 항해자들은 11세기에 최초의 항해용 나침반을 사용했다. 비록 중국인들이 나침반 기술을 발명한 것은 이보다 1,000년 전이었지만 말이다. 홉슨은 유럽인의 선박 발달에서 중요했던 삼각돛(라틴 세일[lateen sail])을 발명한 것도 페르시아인이나 아랍인일 가능성이 많다고 주장한다. 마지막으로 중국의 항해자들이 선

---

16 항해용 측천의. 태양, 달, 행성, 별의 위치를 관측하여 현재 위치나 시간, 위도 등을 파악하는 정교한 장치로 오랫동안 항해의 중요 기구로 사용되었다. 고대 그리스에서 발명되었지만, 이슬람 세계로 넘어가 더욱 정교해져 날짜와 시간, 위도를 정확히 파악할 수 있게 되었다. 특히 19세기 후반 경도가 표준화되기 전까지 항해는 거의 위도에 의존해 행해졌기 때문에 이 기구는 매우 중요했다. 이 기구가 유럽에 전해진 것은 이슬람이 이베리아 반도를 지배하고 있던 12세기경이었지만, 15세기까지는 그리 사용되지 않았다. 15 · 16세기 유럽에서 천문학이 발달하고 항해 활동도 활발해지면서 유럽의 시간 개념에 맞게 개량되고 사용도 편리한 아스트롤라베가 개발되었다고 한다.

미타(船尾舵)와 사각 선체를 고안해 낸 것은 분명하다. 사실 심지어 "피자 판도 고대 이집트에서 처음으로 개발했다."[46]

홉슨은 계속해서 풍차와 물레, 베틀, 종이, 용광로, 기계식 시계용 탈진기(脫進機)와 같은 아시아인이 발명한 다른 많은 것들을 죽 제시한다. 이러한 것들을 유럽의 수공업자들이 도입했음이 분명하거나, 도입했을 가능성이 높다는 것이다.

그 뒤 홉슨은 "바스쿠 다가마(Vasco da Gama)가 이룬 신기원이라는 신화"를 대상으로 논의를 전개한다. 그는 주장하기를, 15세기에 대양으로 나선 포르투갈 뱃사람들은 근대적 세계 탐험 시대의 시작을 알린 이들이 아니라, 오히려 오스만 제국의 1453년 콘스탄티노플 점령과 1456년 아테네 점령으로 인해 다시 활기를 띤 십자군적 열정의 맨 끝자락에 해당하는 이들이었다고 한다. 그 증거로서 그는 1452년과 1456년 사이에 나온 교황 칙서들을 드는데, 그 칙서들은 포르투갈인들에게 이슬람을 무너뜨리고 그 신도들 사이에 기독교를 전파하라고 요구하였다. 홉슨은 인도로 가는 항로를 찾은 것에는 경제적 동기도 있었음을 인정한다. 그러나 그는 기독교가 처음부터 아시아에서 벌인 포르투갈의 제국적 팽창을 정당화했다고 주장한다. 그는 또 포르투갈 탐험가들이 아프리카 서쪽 연안을 돌아 동쪽으로 항해하기 전에, 아랍인 항해자 1명과 인도인 항해자 1명(또는 중국인이었을 수도 있다)이, 그리고 또 다른 중국인 항해자가 아프리카 남단을 돌아 서쪽 연안을 따라 올라갔었거나 그랬을 가능성이 있음을 주장하는 자료들도 인용한다. 게다가 포르투갈인들이 인도에서 발견한 부는 유럽인들을 놀라게 했다.

아시아 사람들은 항해와 교역 면에서 오래 전부터 계속해서 유럽보다 앞서 있었다. 유럽의 배들은, 예컨대 정화의 대원정(지도 4.2를 보라)에 이용한 선박에 비한다면 보잘 것 없었다. 그리고 이 원정들이 1433년에 중단되었지만, 중국 해군은 4세기 이상 동안 유럽 세력의 접근을 막을

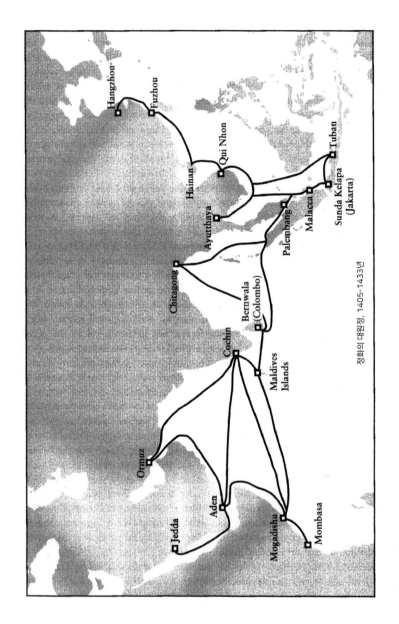

지도 4.2. 정화 대원정의 항로

1405년에서 1433년까지 중국의 대규모 원정 함대가 7차례에 걸쳐 인도양 세계 전역을 항해했다.

만큼 충분히 강력했다. 결국 포르투갈인들은 ―그리고 포르투갈인에 뒤이어 아시아로 들어온 유럽인들은― 경쟁하던 아시아의 강대국들이 서로 다투는 것을 이용하면서부터 서서히 성과를 거두었다. 포르투갈인이든, 네덜란드인이든, 영국인이든, 그 누구도 인도양 세계 전역에 대해 무역 독점권을 행사하지 못했다. 아시아 배들이 포르투갈인들이 발행한 카르타스(cartaz)라는 통행증을 갖고서 포르투갈 깃발을 달아 포르투갈의 무역 거점들에서 높은 관세를 피하곤 했던 유명한 카르타스 제도의 경우에도, 포르투갈 해군력에 맞서 선박을 무장하는 것이 경제적으로 비합리적이었기에 이를 피하기 위해 선택한 "보호 요금"에 불과했다. 전반적으로 보아, 유럽인들은 현지 통치자 및 상인들에게 협력을 구해야 했고, 많은 경우 유럽과의 무역이 아니라 아시아 역내 무역에서 가장 큰 이익을 올렸다.

이어서 홉슨은 "1492년"과 관련한 "신화"를 해체하려 한다. 홉슨은 주장하기를, 아메리카로 향한 콜럼버스의 항해는 오직 아시아로부터 빌린 기술 덕분에 가능했다고 한다. 그는 유럽이 경제적으로 후진적이었다는 사실 바로 그 자체가 고도로 발전한 유라시아라는 맥락 내에서는 이점으로 작용했다고 주장한다. 다시 말해 유럽인들은 자기 힘으로 일어섰던 것이 아니라, 오히려 동양에서 처음 발전한 선진적인 여러 자원들을 연속적으로 차용하거나 모방했던 것이다. 콜럼버스가 처음으로 대서양을 건널 수 있었던 것도 오로지 유럽에 앞서 이룬 이런 성취들 덕분이었을 것이라고 볼 수밖에 없다.[47]

사실 홉슨은, 콜럼버스의 항해 동기 중 적어도 일부는 중세적인 십자군 정서가 차지하고 있었다고 주장한다. 그 증거로 그는 콜럼버스의 항해일지를 든다. 콜럼버스는 일지에 자신이 인도에서 많은 금을 얻으면 스페인 왕이 어쩌면 그것을 이용해 성지(聖地)를 정복할 수도 있을 것이라고 적었다. 콜럼버스는 또 아메리카 발견 이후 생의 나머지 동안 자신이 아시아에 도착한 것이 아니라는 것을 완강하게 인정하지 않았다. 그리고 유럽인 정복자들은 거의 모두 원주민들을 −그리고 원주민들의 절멸 이후 노동을 벌충하기 위해 들여온 아프리카인들을− 열등한 존재로 보았고, 이는 누구나 알다시피 재앙적인 결과를 낳았다. 동시에 유럽인들은 이런 사람들에 대한 지배를 통해 자신이 "선진적"이고 "우월"하다는 정체성을 구성할 수 있었다.

이 장에서 홉슨은 유럽이 위대했다는 주장과 관련된 몇 가지 다른 "신화들"도 다룬다. 그는, 이슬람 세계에서 이루어진 수학, 철학, 과학상의 폭넓고 다채로운 발전과 개인의 개념화가 없었다면 유럽의 르네상스는 일어나지 않았을 것이라고 주장한다. 마찬가지로 홉슨은, 가동활자 인쇄기가 11세기 중국에서 발명되었고 그보다 진보된 인쇄기가 1400년경 조선에서 나왔기에, 이 기술이 동양에서 서구로 확산되어 구텐베르크(Gutenberg)의 인쇄기 발명에 영향을 미쳤을 가능성이 아주 높다고 생각한다. 마지막으로 그는 유럽의 군사혁명도 아시아에서 기원했다고 본다. 그는 "유럽의 군사혁명에 중요한 기술적 측면은 거의 모두 동양에서 유래했다"고 쓰고 있다. 19세기 무렵 유럽인들이 군사 기술을 효력 면에서 더 높은 수준으로 끌어올린 것은 사실이지만, 그에 앞서 동양에서 이루어진 군사 기술상의 성취가 없었다면 유럽 군사 기술의 그런 발전도 불가능했을 것이다.[48] 다시 말해, 홉슨에 따르면, 유럽인들이 이룬 성취를 가장 잘 상징한다고 여겨지는 것들 중 몇 가지는 거의 전적으로 아시아 덕분에 가능했던 것이다.

이어서 홉슨은 영국의 산업화가 최근에 일어난 일본의 기적과 유사했음을 보여준다. 유일한 차이는 일본이 근대 서구를 모방했다면 영국 기업가들은 중국을 모방한 것이었다. 홉슨은 먼저 계몽주의부터 다루는데, 그는 이것이 중국의 직접적인 영향을 받아 등장했다고 주장한다. 라이프니츠(Leibniz)[17]에서 볼테르에 이르는 지식인들은 계몽된 사상가이

---

17 1646-1716년. 독일 출신의 박학다식한 학자로서, 계몽주의 시기 가장 중요한 논리학자, 수학자, 자연철학자 중 한 명으로 평가받는다. 역대 철학자 중 가장 천재적인 재

자 순수한 합리주의자인 공자를 알고서 기뻐했고 특히 경세(經世)에서
장식 예술에 이르는 중국적인 모든 것에 환호했다. 유럽의 초기 경제학
자들은 예로부터 내려오는 중국의 국가 정책에서 자유방임의 원리를 익
혔다. 중국에서 유럽으로 전달된 지식은 13세기에 프란체스코회 수사들
이 처음 가지고 들어왔고, 17세기부터 10여 명씩 중국으로 파견되어 중
국의 기술에 대해 보고를 한 예수회 수사들이 그 뒤를 이었다. 이 무렵
유럽에서 일어난 농법상의 몇 가지 중요한 진보들 −철제 보습을 단 쟁
기, 회전식 풍구(風具), 파종기(播種機), 근대적 윤작법(輪作法)− 은 모
두 중국에서 확산된 것이며, 따라서 이것이 근대초기 유럽의 농업혁명을
가능하게 한 것으로 보인다.

　홉슨에 따르면, 산업혁명의 기계 기술에 대해서도 상당히 비슷한 주
장을 할 수 있다. 중국의 수공 장인들은 용광로와 수력 풀무, 피스톤 · 실
린더 체계, 혼합 · 용해 제철공정 등을 발명했고, 직물업에서는 방적기와
견직물 생산 공장을 고안해 냈다. 또한 중국인들은 중국 전역에 철제 현
수교를 세웠고, 가스등을 이용해 도시의 밤을 밝혔으며, 심층 채광 기술
을 사용했다. 이 모든 기술들이 유럽에서 성공을 거두기 훨씬 전에 오랫
동안 중국에서 활용되었던 것이다. 비록 홉슨은 "이 모든 것이 영국 산업
화가 오로지 중국이라는 기초에 근거해서 이루어졌을 뿐이라고 말하는
것은 아니"라고 말하지만, 전체적으로 볼 때 영국인들에게 명예의 자격
을 부여할 가장 큰 근거는 독창성 자체에 있는 것이 아니라 아시아에서

능을 발휘한 사람 중 한 명으로 인정받는 그는 17세기 합리주의 전통의 대표자로서
아이작 뉴턴과는 별개로 미적분학을 발전시킨 것으로 유명하며, 철학적으로 모나드
(Monad)론과 낙관론 등을 제시하며 그때까지 서구 철학의 여러 경향들을 종합하는
역할을 했다고 한다. 한편 라이프니츠는 중국 문명에 긴밀한 관심을 보인 최초의 유
럽 지식인으로서 중국에 주재한 유럽인 수사들과의 서신을 통해 많은 정보를 얻었다.
중국의『역경(易經)』에 주목하여 중국이 엄청난 수학적 진보를 이루었음을 확인했으
며 한자의 보편적 성격을 강조했고 중국의 예(禮) 관념에서 유럽이 배울 것이 많다고
여겼다. 특히 그가 중국에 끌린 이유는 중국의 철학이 자신의 생각과 유사하다고 생
각했기 때문이었다.

성취한 약진을 개선하여 유럽에 적용하려는 그들의 끈기 있는 역량에 있었던 것이다.[49]

홉슨은 다음으로 암묵적 인종주의에 근거한 유럽인의 자기 정체성이 유럽 제국주의를 처음부터 정당화하고 고취했다는 것을 보여주고자 한다. 그가 말하려는 점은, 유럽인들 사이에서 문화적·기술적 우월 의식이 다른 민족을 "문명화"할 자신의 권리 의식과 심지어 책임감까지 조장했다는 것이다. 홉슨은, 유럽인들의 이런 시각이 유럽은 민주주의의 탄생지이지만 아시아 사회는 여전히 전제군주정에 빠져있다는 믿음에 기초한 것이었다고 한다. 이런 개념화를 위해선 유럽 사상가들이 고대 그리스를 자신의 직접적인 선조로 상상할 필요가 있었다. 그렇지만 홉슨에 따르면, 이런 생각은 사실과 맞지 않는 것이었다. 고대 그리스든 헬레니즘 시대 그리스든 동양의 문화로부터 깊은 영향을 받았기 때문이다. 계몽주의 시기 동안 유럽 지식인들이 발전시킨 두 번째 이항 대립적 시각은, 유럽을 능동적이고 자제력 있고 합리적이라고 보고 아시아는 수동적이고 즉흥적이며 비합리적이라고 하는 것이다. 홉슨은 이런 시각을 "동양 피터팬론(Peter Pan theory of the East)"이라고 부르는데, 그 이유는 이런 시각이 아시아 사람들은 적어도 서구의 개입이 없는 한은 절대 스스로 성장하지 못하리라고 상정했기 때문이다.

이런 시각들은 몽테스키외 같은 사상가들이 제기한 건조한 기후나 열대 기후가 인간의 발전을 방해한다는 유사 과학적 이론과 결합하여, 19세기에는 서구인들이 인종적으로 우월하다는 명시적인 관념으로 이어졌다. 찰스 다윈(Charles Darwin)의 『종의 기원(On the Origin of Species)』(1859년)과 허버트 스펜서(Herbert Spencer)[18]의 "적자생존"

---

18 1820-1903년. 영국의 사회학자, 심리학자. 당대 영국의 자연과학적 성과들을 적극 도입해 사회현상을 설명하고자 했고, 특히 다윈의 진화론을 사회에 적용하여 '사회진화론'을 주창한 것으로 유명하다. "진화"나 "적자생존"같은 진화론의 용어를 만들었으며, 이를 다윈이 『종의 기원』 제5판에서부터 사용하기 시작했다.

과 같은 개념들이, "과학적"이라고 주장하는 인종적 위계 이론의 탄생에 도움을 주었다. 이런 인종적 위계에서는 앵글로색슨인과 게르만인이 위계의 정점을 차지했고 아프리카인들이 맨 밑바닥에 배치되었다. 비록 프로테스탄티즘 선교사들은 "과학적 인종주의" 관념을 거부했지만, 그들은 누구보다 앞장서서 어떻게든 비유럽 민족들을 "문명화"하려고 애를 썼다. 홉슨은 유럽 제국주의가 등장한 데에는 순전히 물질적인 이유가 있었다는 것을 인정하지만, 그 제국주의가 실제로 수행되는 데는 관념론적으로 구성된 개념과 그 외 다른 방식으로 구성된 개념들이 반드시 필요했다고 주장한다.

프랑크와 이니코리, 포메란츠처럼, 홉슨도 영국 제국주의가 영국의 산업화에 상당히 기여했다고 본다. 그는 영국의 자유무역과 자유방임주의라는 또 다른 "신화"가 사실과 맞지 않음을 밝히고자 한다. 그의 주장에 따르면, 사실과 맞기는커녕 영국 제국주의의 최정점기(1688-1815년) 동안 영국 정부는 엄청난 공채를 발행했고 유럽 어느 나라보다 더 높은 수준의 역진세(간접세)와 고관세를 부과했다. 그리고 영국 정부는 자본 시장과 산업 부문에 심각하게 개입하여, 국내 산업을 보호하기 위한 정책을 취하고, 영국 제조업자들의 세금을 감면해 주었으며, 비유럽 세력들과 불공정한 상업 조약들을 체결했다(이런 조약의 내용에는 경제적인 것만이 아니라 외국 사절들이 중국 조정에서 '고두'의 예를 거부하는 것과 같은 문화적인 부분도 들어있었다).[50] 다시 말해, 영국 정부는 매우 개입주의적인 정책을 폈으며 전혀 자유방임적이지 않았다. 영국 정부는 조세 수입의 상당 부분을 흔히 사회의 빈곤 계층에 대한 수탈로부터 얻었으며, 그 수입을 군사력 증강에 투자했다. 이렇게 육성된 군사력은 예컨대 아편전쟁 동안 위력을 발휘했고, 전쟁의 결과 치욕적인 불평등 조약을 중국에 강요할 수 있었다.

영국의 군사적 지원을 받은 기업가들은 인도에서 다량의 차와 아편을 재배하여, 아편은 중국 시장으로 유입시키고 차는 팔아 중국이 얻을 이익을 줄여나갔다. 그리하여 그들은 결국 수백 년 동안 유지해왔던 중국에 대한 무역적자 상태를 역전시키게 되었다. 유럽 상인들은 세계 전역의 많은 나라들을 단일작물 생산지로 조직적으로 변모시켰다. 예컨대, 서아프리카 지역에서는 야자유와 고무만 생산하는 식이었다. 그 결과로 등장한 규모의 경제들은 서유럽과 그 외 서구 나라들에게 막대한 이익을 가져왔지만, 그 나라들의 식민지들은 결국 빈곤 상태에 빠졌다. 홉슨은, 영국의 경제적 도약이 정부가 개입주의·군사주의·제국주의 정책을 공공연하게 표명하는 시기와 같은 시기에 일어났다는 점이 결정적으로 중요하다고 생각한다.

그는 자신의 증조부를 비롯한 여러 학자들이 제기한 주장, 즉 영국 정부가 막대한 재원을 쏟아 부은 제국이 없었다면 경제가 더 많이 발전했을 것이라는 생각을 거부한다. 반대로 영국의 국방비는 다른 주요 강대국보다 더 적었다고, 그는 지적한다. 따라서 영국인의 조세 납부액이 다른 유럽인들보다 더 적었기에, 1850년 이후의 영국 제국이 영국 국민들에게 재정적 부담을 크게 지울 리가 없었다. 또 이런 부담이 있었다 하더라도 그것이 영국이 제국주의를 통해 얻은 뜻밖의 경제적 성과들의 가치를 크게 감소시킬 수도 없었을 것이다.[51] 게다가 1715년과 1815년 사이에 치른 전쟁 중 반 이상은 제국과 아무런 관련이 없었다. 그래서 홉슨은 영국의 경제발전이 보호무역주의와 제국주의에서 크게 혜택을 보았다고 결론짓는다.

다음 부분에서 홉슨은, 유럽인들이 그들의 "약진" 시기(1500-1900년) 동안 서구의 사회과학자들이 흔히 생각하는 것만큼 합리적이거나 민주적이지 않았다고 주장한다. 그래서 고도로 중앙집중적이고 합리적이었다고 단정되는 프랑스 절대주의 국가는 사실은 아주 약했고, 비교적 소수의 관료를 두었으며, 전횡적인 징세 방식을 사용했다. 이러한 것이 결국

1789년의 혁명으로 이어졌다. 프로이센 관료제의 경우를 보면, 그것은 프랑스보다 훨씬 더 비효율적이었고 전횡적이었다. 또 유럽 정부들은 자유무역 정책을 추구한 것이 아니라 오히려 매우 보호무역주의적인 정책을 펼쳤으며, 이는 얼마간은 그들이 너무 약해 누진 소득세를 부과할 수 없었기 때문이었다. 또한 대부분의 유럽 나라들이 투표권을 모든 성인 남성에게로 겨우 확대한 것도 1900년 이후의 일이었다. 실제로는 그 후에도 유럽의 수많은 보통 사람들은 자신의 투표권 행사에 계속 여러 장애를 겪어야 했고, 다 알다시피 미국 흑인들의 경우에는 상황이 그보다 훨씬 안 좋았다.

책을 마무리하는 장에서, 홉슨은 '서구를 흥기할 수 있게 한 것은 무엇인가?'나 '동양을 흥기하지 못하게 한 것은 무엇인가?' 같은 질문들, 즉 자신이 전형적으로 "유럽 중심적"이라고 여기는 질문들을 거부한다. 그는 이런 질문들에 서구는 흥기할 수밖에 없었고 동양은 흥기할 수 없었다는 뜻이 담겨있기 때문에, 이렇게 질문하는 것은 악질적이라고 생각한다. 어쨌든 1,100년 전에는 누구도 서구의 흥기를 예견하지 않았을 것이고, 중동을 살펴본 사람은 누구라도 그곳이 무한히 계속 번성해 갈 것이라고 짐작했을 것이다. 900년 전의 중국에 대해서도 마찬가지로 말할 수 있다. 중동이든 중국이든 그런 지역들의 우월한 지위는 영원하지 않았고, 따라서 역시 서구의 우월한 지위가 영원할 것이라고 짐작해서도 안 된다. 보다 정확히 말하면, 적어도 지난 1,000년의 대부분 동안 전개된 과정은 아시아로부터 훨씬 더 크게 영향 받으면서 영속적이고 공생적으로 진행된 것으로 보아야 한다고, 홉슨은 주장한다. 근대 자본주의 세계와 글로벌화는, 오로지 서기 500년부터 최근 시기까지 아시아가 주된 역할을 한 장기적인 경제적·문화적 발전 과정에 힘입어서만 등장할 수 있었다.[52] 그렇지만 그는 유럽인들의 주체적 역할이 전혀 없었고, 그들은 그저 어쩌다보니 패권적 지위에 오르게 되었으며 오로지 아시아가 일시적으로 약했기 때문이거나 어떤 전(全)지구적 구조로 인해서 흥기했을 뿐이라고 하는, 아부–루고드와 같은 학자들이 제기하는 주장도 받아들이지 않는다.

그와 반대로, 세계의 여러 민족들이 가진 문화 정체성과 자기 인식은 그들의 행동에 강한 영향을 주었다고, 홉슨은 주장한다. 따라서 중국은 서기 1000년 이후의 역사 대부분에 걸쳐 세계를 주도하는 강대국이었고, 중국의 지도자들은 자신의 자아의식을 중국이 세계의 중심에 있고 다른 민족들은 조공을 바치는 위치에 있다는 국가관으로 통합시켰다. 그렇지만 중국인들은 전(全)세계를 대상으로 펼쳐지는 제국주의 이데올로기를 결코 발전시키지 않았다. 하지만 그런 이데올로기는 바로 유럽 엘리트들이 발전시켰고, 그 출발은 십자군 운동에 있었다. 유럽인들은 훨씬 더 뒤에 이것을 우월한 경제적·군사적·기술적 힘에 입각하여 전(全)세계적으로 수행했다. 이런 이데올로기는 얼마간은 아메리카의 정복과 노예무역의 발전에 힘입어 등장했다. 그런 일들을 통해 유럽인들은 자신들을 이러저러한 비유럽인들보다 근본적으로 우월하다고 상상할 수 있게 되었던 것이다. 유럽인들은, 말하자면, 유럽 중심적인 학자들이 흔히 말하듯이 "쉼 없이 작동하는 합리적 성향(rational restlessness)"에 힘입어서가 아니라, 홉슨이 말하듯이 "쉼 없이 작동하는 인종주의적 성향(racist restlessness)" 덕분에 세계를 정복했던 것이다.

결론

이 장에서 다룬 한 학자에 따르면, 서구의 분기는 일찍이 르네상스 때 시작되었다. 한편 다른 학자들의 경우에는 서구의 분기가 한참 뒤인 19세기에 시작되었다고도 한다. 어떤 학자는 유럽인들의 주체적 역할을 거의 완전히 부정하지만, 다른 이는 인종주의적인 우월 이데올로기가 유럽인들에게 지구 대부분을 정복할 동기를 부여했다고 주장한다. 하지만 또 다른 학자는 근대 초기 유럽인들이 과학적 기기(器機) 부분에서 우위에 있었음을 인정한다. 반면에 어느 학자는 서구가 이룬 중요한 성취가 전부 동양에서 기원했다는 주장을 제시한다. 이렇게 크게 다름에도 이 장에서 다룬 학자들은 모두 다음에 대해서는 의견이 일치한다. 즉, 유라시아의 여러 문화들은 수천 년은 아니라하더라도 수백 년 동안 서로에게서 차용하면서 큰 이익을 누렸다. 그러나 서로 의존하여 상승 작용을 일으키는 이 연회(宴會)에 유럽이 참여하게 된 것은 상당히 늦은 일이었다.

◈ 더 읽을거리 ◈

Chaudhuri, K.N., *Trade and Civilisation in the Indian Ocean: An Economic History form the Rise of Islam to 1750*, Cambridge: Cambridge University Press, 1985.

Chaudhuri, K.N., *Asia Before Europe: Economy and Civilisation of the Indian Ocean from the Rise of Islam to 1750*, Cambridge and New York: Cambridge University Press, 1990.[쵸두리, 임민자 옮김, 『유럽 이전의 아시아 ―이슬람의 발흥기로부터 1750년까지 인도양의 경제와 문명』, 심산, 2011]

Elman, Benjamin A., *On Their Own Terms: Science in China, 1550‒1900*, Cambridge, Mass.: Harvard University Press, 2005.

Flynn, Dennis O., *World Silver and Monetary History in the 16th and 17th Centuries*, Aldershot, UK: Variorum, 1996.

Lach, Donald R., and Edwin J. Van Kley, *Asia in the Making of Europe*, 3 vols., Chicago: University of Chicago Press, 1965‒1993.

Parthasarathi, Prasannan, *Why Europe Grew Rich and Asia Did Not: Global Economic Divergence, 1600‒1850*, Cambridge: Cambridge University Press, 2011.

Raj, Kapil, *Relocating Modern Science: Circulation and the Construction of Knowledge in South Asia and Europe, 1650‒1900*, Houndmills and New York:Palgrave Macmillan, 2007.

Ronan, Colin A., *The Shorter Science and Civilisation in China: An Abridgement of Joseph Needham's Original*, Cambridge and New York: Cambridge University Press, 1978‒1995.

Rosenthal, Jean‒Laurent, and R. Bin Wong, *Before and Beyond Divergence: The Politics of Economic Change in China and Europe*, Cambridge, Mass.: Harvard University Press, 2011.

Von Glahn, Richard, *Fountain of Fortune: Money and Monetary Policy in China: 1000‒1700*, Berkeley: University of California Press, 1996.

Wong, R. Bin, *China Transformed: Historical Change and the Limits of European Experience*, Ithaca, N.Y.: Cornell University Press, 1998.

◈ 주 ◈

1) Jack Goody, *The Logic of Writing and the Organization of Society* (Cambridge and New York: Cambridge University Press, 1986).

2) Jack Goody, *The East in the West* (Cambridge: Cambridge University Press, 1996), 34‒35.

3) Ibid., 47.

4) Ibid., 51.

5) Ibid., 64.

6) Ibid., 80-81.

7) Ibid., 135.

8) Ibid., 136.

9) Ibid., 161.

10) Ibid., 188-189.

11) Ibid., 226.

12) Ibid., 223.

13) Ibid., 224.

14) Andre Gunder Frank, *Reorient: Global Economy in the Asian Age* (Berkeley, Calif.: University of California Press, 1998), xxiv.

15) Ibid., 28.

16) Ibid., 52-53.

17) Ibid., 93.

18) Ibid., 134.

19) Ibid., 164.

20) Ibid., 204-205.

21) Ibid., 256.

22) Ibid., 263.

23) Ibid.

24) Ibid., 277.

25) Ibid., 282.

26) Ibid., 317.

27) Ibid., 50.

28) Kenneth Pomeranz, *The Great Divergence: Europe, China, and the Making of the Modern World Economy* (Princeton, N.J: Princeton University Press, 2000).

29) Ibid., 24-25.

30) Ibid., 68.

31) Ibid., 99.

32) Ibid., 155.

33) Ibid., 171.

34) Ibid., 190.

35) Ibid., 207.

36) Ibid., 239.

37) Ibid., 262.

38) Ibid., 267.

39) Ibid., 296-297.

40) John M. Hobson, *The Eastern Origins of Western Civilization* (Cambridge: Cambridge University Press, 2004), 5.

41) Ibid., 36.

42) Ibid., 69.
43) Ibid., 80.
44) Ibid., 93, 95.
45) Ibid., 107.
46) Ibid., 132.
47) Ibid., 162.
48) Ibid., 189.
49) Ibid., 217.
50) 홉슨은 '고두'가 "1873년 폐지"되었다고 적고 있다(Ibid., 262). 그러나 전반적으로 볼 때 영국 정부에게 중국의 그런 관행을 폐지할 만한 권한이 없었다는 것은 분명하며, 따라서 영국인들은 그런 관행을 거부했을 뿐이었다.
51) Ibid., 279.
52) Ibid., 305.

| 5 | 왜 중국이 아니었나?

앞의 장에서, 존 M. 홉슨 같은 학자들은 '동양을 흥기하지 못하게 한 것은 무엇인가?'라고 묻는 질문이 적절치 않다고 생각한다고 밝혔다. 그렇지만 중국 사회는 근대 이전 시기에 아마도 가장 창의적이고 기술적으로 앞섰던 것 같으며, 그 국가는 역사상 가장 오래 지속된 거대 제국이었고, 200년 전까지만 해도 세계에서 단연 가장 부유하고 가장 인구가 많으며 가장 강력한 나라였다. 이런 놀라운 성취들이 서구의 흥기와 결부된 변혁 같은 것으로 이어지지 않았다는 사실은, 아무리 해도 사람들의 흥미를 자아낸다. 실제로 지난 100년 동안 수십 명의 학자들이 이 어려운 문제와 씨름해 왔고 다양한 결론에 이르렀다. 사실 아마 '왜 중국이 아니었나?'라는 질문을 주제로 쓴 책이나 책의 일부는 양적인 면에서 '왜 유럽인가?'라고 묻는 책에 거의 필적할 것이다.

중국에서는 제국의 성공이 경제적 변화를 방해했다(이매뉴얼 월러스틴)

연구의 초점을 폭넓게 두고 있는 학자들로 시작하자. 이매뉴얼 월러스틴은 자신의 책 『근대세계체제』 1권에서, 이 장에서 다루는 질문을 따져본다. 그는 중세부터 유럽인들의 일인당 가축 사육양이 중국인들보다 훨씬 더 많았으며 따라서 육류소비 양과 짐 운반용 동물의 수도 더 많았음을 보여주는 증거를 든다. 그는 프랑스 역사가 피에르 쇼뉘(Pierre Chaunu)[1]의 다음과 같은 말을 인용한다. "15세기에 유럽인들이 소유했

---

1 1923-2009년. 프랑스 역사가. 라틴아메리카 역사와 16-18세기 유럽의 종교사, 인구사, 문화사 등 폭넓은 역사 연구와 저술 활동을 수행했다. 특히 아날학파(the Annales

던 동력원은 발견의 시대 때 그들 다음으로 유리한 조건에 있었던 중국인들이 소유한 것보다 5배 정도 더 강력했다."[1] 중국의 농업 체계로 인해 중국인들은 점점 더 인간 노동의 집약화 쪽으로 가고 있었기 때문에, 기르는 가축의 양을 늘릴 필요를 느끼지 않았다. 반면에 유럽인들은 중국인보다 훨씬 더 자원을 절약하지 않고 낭비했으며, 바다 건너에서 더 많은 영토 -작물을 재배할 더 많은 공간- 를 구할 필요성을 강하게 느꼈던 것이다.

이어서 월러스틴은 정치구조 상에서 유럽과 중국이 가진 차이가 중요했다고 강조한다. 중국은 제국이었지만, 유럽은 막 태어난 세계경제였다. 9세기 유럽에서는 카롤링 제국이 무너지고 봉건화가 그 뒤를 이었다. 반면 중국에서는 막스 베버가 "녹봉화(prebendalization)"라고 부른 과정을 통해 제국 구조가 유지되었다. 이 구조 내에서는 엘리트들이 조세 형태로 수익을 올리며 여전히 강력한 중앙 권력을 공유했다. 월러스틴은 이를 아래와 같이 자세히 설명한다.

> 전자[유럽 -옮긴이]의 경우에는 한 영역에 뿌리를 두고 특정한 소농들과 연결된 채 점점 더 자율적으로 된 영주들 사이에 권력과 수입이 분배되었다. 후자[중국]의 경우에는 의도적으로 국지적인 한 영역과 연결되지 않고 구성원을 거의 전 지역에서 충원하지만 그렇기 때문에 중앙의 특혜에 의존하는 제국 전체에 걸친 한 계층에게 권력과 수입이 분배되었다. 제국의 중심을 강화하는 것은 엄청난 일이었다. … 중앙이 응집력을 조금이라도 유지하는 한 보다 작은 영역에서 중앙집중적 단위들을 창출하는 것은 불가능했다. 명대의 상황이 그러했고, 그 뒤를 이은 만주 왕조 하에서도 그런 상황이 계속되었다. 반면에 봉건제 하에서는 중앙집중적 단위들을 창출하는 것이, 다들 알고 있듯이, 힘들긴 해도 실현 가능했다.[2]

---

school)의 일원으로 계량사 방법을 도입하여 소위 '계열사(histoire sérielle)'를 창안한 것으로 알려져 있다. 하지만 무엇보다 그는 페르낭 브로델의 영향을 받아, 비록 상당히 유럽 중심적이었지만, 일찍부터 해역을 시야에 두는 거시적 연구를 수행하여, 12권으로 된 대작 『세비야와 대서양(Séville et l'Atlantique, 1504-1650)』(1955-1960년)을 발간했다. 이 대작의 기초가 된 내용으로 1954년에 박사학위를 받았음에도, 1962년에야 캉(Caen) 대학 교수가 되었고 1970년에 소르본 대학 근대사 교수가 되었다.

게다가 제국 권력에게는 방대한 영토를 지킬 책임이 있었다. 그래서 1433년에 명의 통치자들은 북쪽으로부터의 공격에 맞서 나라를 지키는 데 집중하기 위해 정화 함대의 대원정을 중단하기로 결정했다. 유럽의 동쪽 측면을 투르크인들이 공격해 왔을 때 유럽에 한 명의 황제가 있었다면, 그도 비슷한 논리로 포르투갈 항해자들을 불러들이고, 그리하여 대항해시대가 시작되기도 전에 그것을 중단시켰을 지도 모른다. 또 제국이란 자신의 영토 전체에서 발현하는 경제와 거의 일치하는 것으로 여겨진다. 따라서 황제는 기업가처럼 자신의 제국 내 특정 지역이나 국가의 부를 증대시키려는 행위를 할 수가 없다. 그러나 예컨대 포르투갈의 왕이라면, 정확히 이렇게 행동하는 것이 당연했다.

결국 제국 정부는 외부 이민족의 침략이든 국내의 도적떼와 반란이든 안팎에서 가해지는 온갖 종류의 군사적 위협을 우려할 수밖에 없었다. 그러나 한편으로 군사 기술상의 혁신은 관군(官軍)만 이롭게 하는 것이 아니라 잠재적 반란세력들도 이롭게 할 수 있었다. 이를 고려하면, 중국의 지도자들이 무기 개발의 지체가 결국에는 자기 나라의 안전에 위협이 될 수 있음을 알면서도, 무기가 점점 더 높은 수준으로 강력하게 발달하지 못하게 막은 이유를 이해할 수 있을 것이다.

월러스틴은 결론적으로, 중국의 경우 정치·경제적 측면에서 유럽보다 더 선진적이었기 때문에 궁극적으로 쇠퇴했다는 역설적인 주장을 제시한다. 그는 이렇게 쓰고 있다.

> 그래서 중국이 이미 광범위한 국가 관료제를 지니고 있었고 화폐경제도 진전되었으며 아마도 기술적인 면에서도 한층 더 선진적이었다는 측면에서 보면, 중국은 언뜻 보기에 오히려 자본주의를 향해 전진하는 데 더 좋은 위치를 차지한 것 같았다. 그러나 그럼에도 중국이 차지했던 위치는 결과적으로 보면 그리 좋은 자리가 아니었다. 중국은 제국 정치 구조가 초래하는 부담을 지고 있었다. 중국은 (변화의 지렛대를 이용하고 싶으면) 국가가 변화의 지렛대가 될 수 있다는 것을 부정하는 가치체계를 갖고 있었고, 이 가치체계의 "합리성"이 또 중국에 부담을 주고 있었다. 반

면 유럽의 군주들은 봉건적 충성이라는 신비함 속에서 변화의 지렛대를 찾았던 것이다.[3]

봉건제를 언급하면서, 월러스틴은 유럽의 군주나 귀족이 각각 자신의 신민(臣民)에게 충성을 요구하여 전통적인 시각 및 관습과 근본적으로 상충될 수도 있는 정책을 군말 없이 따르게 할 수 있었다고 주장하고 있다. 이는 중국의 어느 황제도 기대할 수 없던 것이었다.

중국의 기술 발전은 1400년 이후 정체되었다(조엘 모키어)

1990년에 나온 기술 혁신의 역사를 연구한 책에서, 조엘 모키어는 과감하게 이런 주장을 펼친다.

> 기술의 역사에서 가장 큰 수수께끼는 중국이 자신의 기술적 우위를 유지하지 못한 것이다. 1400년 이전 여러 세기 동안 중국인들은 놀랄 만한 기술적 역량을 발전시켰고, 이와 관련해 가늠해 볼 수 있는 한 유럽과 비슷하거나 더 빠른 속도로 전진했다.[4]

그는 중국이 이룬 놀랄 만큼 광범위한 기술적 약진들을 일별하지만, 유럽이 르네상스 시기에 보다 혁신적으로 나아가기 시작할 때 중국에서는 창의성이 줄어들었고 서서히 정체해 갔다고 지적한다. 중국의 경제는 역내 상업의 성장과 화폐 공급의 증가, 남부 지역으로의 이주 증대에 힘입어 끊임없이 (그러나 아주 천천히) 팽창하였다. 그 과정에서 한때 활용되었던 일부 기술들은 잊혔고, 이미 알려져 있던 다른 기술들은 계속 연구되지 않았다. 모키어는 이러한 발전 과정을 (혹은 발전의 결여를) 세계 역사에 맞추어 극적으로 묘사한다. "중국인들은, 이를테면, 세계 지배를 손 안에 넣기 직전에 있었는데, 그러고는 수줍은 듯 손을 뺐다."[5] 기술적 우위가 줄어들자, 중국인들은 대부분 이런 곤란한 상황을 그저 무시했다. 100년, 200년이 가면서 인구는 증가했고, 상업이 팽창했으며, 농업은 집약적으로 성장했지만, 기술적 진보는 거의 없었다.

　모키어는 중국의 기술이 광범위하게 정체되거나 심지어 사라졌음을 보여주는 수많은 특정 사례들을 논한다. 일찍이 1090년에 벌써 중국에서는 견사 방적기가 사용되었는데, 19세기 중반에는 중국 전역에서 대규모로 수확한 생사를 모두 손으로 얼레에 감고 있었다. 거기에 유럽으로 수출되는 것들은 원하는 품질에 맞추기 위해 한 번 더 얼레에 감아야 했다. 같은 시기에 한때 가공할 수준이었던 중국의 석탄 산업에는 기계가 전혀 사용되지 않고 있었다. 비록 중국의 연금술사들이 1,000년도 더 전에 화약을 발명하고 그 후 곧 그것을 로켓과 폭탄에 이용했지만, 대포 제작술에 관해선 중국인들이 유럽인에게 배워야 했다. 또 19세기 중반 무렵 중국의 군대가 사용하던 대포는 약 300년이나 뒤떨어진 것이었다. 태평천국의 반란(1851-1864)에 대응하면서 비로소 정부 관리들은 서구의 근대적인 화기를 구입할 것을 주문했다.

　심지어 중국의 농업도 기술적 관점에서 보면 정체되었다. 중국의 농민들이 '신세계'의 놀라운 작물들(감자와 옥수수)을 채택하는 속도는 아주 느렸다. 수리체계를 근본적으로 개선했을 수도 있는 아르키메데스 나선양수기[2]와 유럽식 피스톤 펌프[3]는 극히 산발적으로만 채택되었다. 이는 이런 장치에 활용할 금속이 부족했기 때문인 것으로 보인다. 모키어에 따르면, 중국이 수백 년 전부터 야금 기술을 선도적으로 발전시켰다는 것을 고려하면, 이것은 놀랄 만한 일이었다. 그는 중국 농업사 연구자의 연구 성과를 인용하면서, 중국의 농업 기술 발전이 1300년 이후 둔화되었고 1700년 이후에는 완전히 멈추었다고 결론을 내린다. 이런 불행한 상황이 발생한 주된 이유 중 하나는, 틀림없이 기술 발전에 대한 정

2　Archimedes screw pump. 고대 그리스의 아르키메데스가 고안한 양수기로 오늘날에도 널리 사용된다. 축을 돌리면 축에 연결된 나선이 물을 길어올리는 구조로 되어 있다.

3　Piston pump. 밀폐된 공간에 피스톤으로 압력을 가해 그 아래의 물을 끌어올리는 구조로, 한국에서도 1970년대나 80년대까지 우물이나 지하수를 이용할 때 어디서나 볼 수 있던 펌프이다.

부의 억제책이나 단순한 도외시로 인해 기술 전반에 대한 주요 연구서와 특별히 농업 기술을 다루는 주요 연구서들이 파기되거나 소실되었기 때문일 것이다. 모키어는 이와 관련한 특정 사례들을 논하고 있다.

다음으로 모키어는 중국에서 혁신이 멈춘 원인과 관련해 제기된 여러 설명들을 다룬다. 일부 학자들은 혁신이 멈추었다기보다는 혁신의 속도가 유럽의 급속한 발전에 비교해 단지 느렸을 뿐이고 중국의 농업이 점점 노동집약적 성격을 강화화면서 생산성은 훨씬 더 좋아졌다고 주장한다. 하지만 이런 주장에 대해 모키어는 중국의 기술적 정체가 유럽의 진보에 비해서만이 아니라 중국이 이전에 보여준 기술적 역량에 비교해서도 놀랄 만한 것이라고 반박한다. 게다가 유럽이 중세 때부터 혁신을 서서히 가속화시켜 온 경험은 앞서의 진보에 기초해 점진적으로 쌓아가는 것이 자연스런 기술 발전 과정임을 보여주며, 이는 중국에서 추구되지 않은 것이었다. 중국의 노동집약화와 관련해, 모키어는 이렇게 지적한다.

> 유럽인들은 노동을 더욱 더 집약적으로 사용하여 노동과 자본을 절약하는 데 그치지 않았다. 유럽인들이 이룬 발명들은 때로는 노동절약적이고 때로는 토지절약적이었으며 때로는 중립적이었다. 그런 발명들이 가진 주요 특징은 그에 힘입어 더 좋은 상품을 더 많이 생산하게 되었다는 것이었다.[6]

게다가 학자들의 일치된 견해에 따르면, 서구는 농업 혁신을 통해 점점 더 많은 식량을 생산할 수 있었던 반면 중국에서는 사람들에게 필요한 필수영양소 요구량에 부합하는 농업 생산의 증대가 갈수록 어렵게 되었다. 이를 고려하면서 모키어는 나아가, 중국의 장기적이고 광범위한 영양공급 부족과 기생충 질환이 아마도 "기술 변화를 유지하는 데 필요한 활동적이고 적응력 있는 노동력을 완전히 파괴했을 수도 있다"고 생각한다.[7]

이어서 그는 과학과 기술 간의 연결성 문제를 다룬다. 많은 학자들이 중국의 기술은 심화된 과학적 도약이 없어 정체되었다고 주장해 왔다.

하지만 모키어는, 지금은 대부분의 학자들이 과학적 진보가 기술 혁신을 직접 자극하게 되는 것은 19세기 중반 이후의 일이라고 생각한다는 점을 지적한다. 그 시기 이전에는 기술 발전이 체계적 방법보다는 경험적 실험과 오류의 반복에 더 의존했던 것으로 보인다.

사회나 제도적 측면을 강조하는 논의와 관련해서는, 모키어는 중국 내 상인층의 낮은 사회적 지위와 자본주의적 발전의 결핍이 기술 정체의 원인일 수 있다는 일부 학자들의 주장에 대해 회의적이다. 한 가지를 들면, 일부 연구는 청말 중국에서는 상인의 사회적 지위가 상당히 개선되었음을 보여준다. 또 하나를 들면, 상인 자본주의의 성장이 기술 혁신에 직접 기여했는지는 유럽에서도 전혀 명확하지 않다.

모키어는 유럽이 가진 정치권력의 파편화라는 환경이 기술적 선택지를 다양하게 만들었다고 생각한다. 그래서 한 통치자가 어리석게도 유망한 발명 계획을 억제하려 하거나 성공 가능성 있는 사업 계획의 제안에 재정 지원을 거절하더라도 —콜럼버스의 제안을 거절한 포르투갈 왕처럼 말이다—, 다른 후원자가 다른 전망을 가지고 나설 수 있는 가능성이 아주 많았다. 반면에 중국에서는 황제가 인도양 전역을 규칙적으로 항해하는 대함대의 원정을 중단하기로 결정하자, 그것으로 모든 것이 끝나 버렸다.

게다가 중국인들처럼 문화적 통일성을 갖춘 민족은, 기술 변화가 으레 야기하는 사회적·정치적 혼란을 피하려는 목적으로 기술 변화에 그저 저항하거나 기술 변화의 추구를 거부하는 데 암묵적으로 동의할 수도 있었다. 모키어는 바로 그런 일이 일어났다고 믿는다. 그의 주장에 따르면, 중국의 경우처럼 혁신적 발전을 방해할 수 있을 만한 강력한 힘을 가진 사회적 집단이 유럽에는 전혀 없었다. 한 가지만 들어 말하면, 유럽에서는 기술적 혁신이 주로 민간의 주도에 좌우되었다. 실제로 적어도 산업혁명 때까지 국가라는 주체가 핵심적이거나 주도적인 역할을 한 것은 오로지 군사 기술 부문뿐이었다. 그는 이렇게 쓰고 있다. "사상을 거래하는 시장이 있었고, 정부는 단지 하나의 소비자로서만, 아니면 아주 드물게 하나의 공급자로서만 이 시장에 참여했다." 나아가 서로 경쟁하는 유럽 국가 체제 내에서는 통치자가 혁신과 다채로운 실험들을 억제하는 것이 아주 위험한 짓일 수도 있었다. 왜냐하면 무엇인가 새로운 사상이나 접근이 상당한 경제 발전으로 이어질 수도 있었고 심지어 한 국가의 지정학적 지위 상승으로 이어질 수도 있었기 때문이다. 그리고 유럽 국가들 사이의 국경에는 일반적으로 구멍이 많아 사람이 쉽게 오갈 수 있었기 때문에, 혁신을 구상하는 사람이 자기가 현재 사는 곳에서 환영받지 못하면 다른 곳으로 옮기는 일이 흔했다. 그래서 "수구적인 사회들은 부와 권력을 둘러싼 경쟁에서 탈락해 버렸다."[8]

이에 반해 1400년 이전에는 중국의 국가가 기술 발전 —예컨대 천문학 분야에서— 을 주도하고 후원하던 역할이 훨씬 더 컸다. 이런 기술 발전은 정치 체제의 정당성 확보나 농업 부문의 경우 중국인의 생활방식 전체와 긴밀하게 연결되어 있었다. 어떤 시점에 국가의 그런 주도적 역할이 중단되었던 것이다 —청대에는 확실히 그랬다.

국가가 후원하는 기술 혁신이 계속되는 한 크게 진보가 이루어졌지만, 그런 혁신이 줄어들면 진보는 대부분 중단되었다. 모키어가 보기에 놀라운 것은 —심지어 "기적"으로까지 보이는 것은—, 국가가 후원하는 기술 혁신이 1400년 이전의 중국에서 그렇게 오랫동안 계속되었다는 점이다.

중국의 낮은 임금이 노동절약적 혁신을 차단했다(안드레 군더 프랑크)

안드레 군더 프랑크는 이 문제를 이해하는 열쇠가 주로 인구와 경제에 있다고 생각한다. 그는 이렇게 쓰고 있다.

유럽에서는 임금과 상품 수요가 상대적으로 높았고 아울러 해외에서 유입되는 것을 포함해 자본을 쉽게 활용할 수 있었기 때문에, 이제 노동절약적 기술에 투자하는 것이 합리적이면서도 가능한 일이 되었다. 동력 발생 장치의 경우에도 유사한 논리가 적용된다. 영국의 상대적으로 높은 목탄 및 노동 가격이 석탄과 기계식 동력 생산 공정으로의 전환을 가속화할 동기를 제공했다. 그리고 난 이후에 훨씬 더 많은 잉여 노동력이 존재하거나 비기계적인 동력과 연료, 그것들을 발전시킬 자본이 없는 지역과 그 두 상황이 모두 존재하는 지역에서도 이러한 것들이 더 경제적이게 되었다.[9]

중국과 그 외 동아시아의 여러 나라들에서는 인구가 지나치게 과잉 상태였고 농업 체제는 효율적이었다. 이것은 노동 비용을 낮게 유지시켰지만 또한 소득 분배의 양극화를 초래하는 경향이 있었다. 그리고 사회적 피라미드의 꼭대기에 많은 부가 집중되고 밑바닥에는 거의 소득이 없어, 제조업 상품에 대한 총 수요는 여전히 낮았다. 이는 다시 임금 하락을 부채질했다. 악순환인 것이다.

프랑크는 또 화폐(근대 초기에는 은을 말한다) 공급이 늘어나면 그에 비례하여 임금을 비롯한 물가가 올라간다는 화폐수량설도 인용한다. 아메리카산 은이 유럽에 훨씬 더 많이 공급되었기 때문에 유럽의 물가와 임금은 상승했지만, 이것이 반드시 생활수준의 개선을 가져오지는 않았다. 그렇더라도 상대적 임금이 높았다면 —그리고 잉여 자금이 많이 공급되어 입수하기가 쉬웠다면—, 그것은 노동절약적 설비와 장치에 투자하는 것이 옳다고 쉽게 믿게 만들었을 것이다.

하지만 1750년경부터 동아시아의 인구 성장 폭은 점점 줄어들었고, 오히려 유럽에서 인구가 증가했다. 이런 경향은 19세기 전반에 같은 기조로 가속화되었다. 명백히 유럽 기업가들이 이미 합심하여 노동절약적 기술을 개발하려는 노력에 착수했기 때문에, 이런 인구 성장은 오히려 확장된 제조업 기반시설을 가동할 상대적으로 값싼 대규모 노동력을 제공함으로써 경제에 강력한 활력을 제공했다. 게다가 이때 증가한 인구의 상당 부분이 '신세계'로 이주했고, 그곳에서 그들은 유럽의 산업화를 뒷받침하는 원료를 생산하고 유럽산 상품이 판매되는 전속 시장을 창출했

다. 또 같은 시기에 아시아가 장기 순환상의 경기하강 국면에 빠지자 -
이는 프랑크가 제시하는 핵심 논지이다-, 유럽 상인들은 단숨에 달려들
어 시장 점유율을 크게 늘려나갈 수 있었다. 당연히 이런 모든 상업 활동
은 유럽의 경제 성장을 자극하고 잉여 자본을 증가시켰으며, 이 잉여 자
본은 또 다시 새로운 사업에 투자되게 마련이었다. 선순환이 이루어진
것이다.

근대 초기 중국인들은 사고가 편협했다(데이비드 랜즈)

경쾌한 글솜씨로 누구에게나 호감을 얻은 유럽 중심주의 역사가 데
이비드 랜즈는 자신의 책 『국가의 부와 빈곤』에서 중국의 쇠퇴 원인이
물질적인 힘이 아니라 문화에 있었다고 본다. 그는 포르투갈인들이 인도
양으로 가는 대양 항로를 발견하기 약 1세기 전에 인도양 전역을 위풍당
당하게 항해했던 가공할 정화 대함대를 중요시한다. 단 3년(1404-1407
년) 사이에 중국인 조선 전문 기술자들은 1,681척의 배를 만들거나 대양
항해에 맞게 수리했다. 랜즈에 따르면, "중세 유럽에서는 그런 함대를 상
상조차 할 수 없었다."[10] 그러나 이 대함대는 상업을 그다지 자극하지 못
했고, 사실 북쪽으로 800마일 떨어진 베이징으로 천도(遷都)하면서 든
막대한 비용으로 이미 큰 부담을 지고 있던 국가 예산을 한층 더 압박했
다. 랜즈는, 한 지방 관리가 추가적인 재정 부담에 불만을 터뜨렸다가 우
리에 실려 베이징으로 호송되어 황제에게 직접 문초(問招)를 당한 사례
를 인용한다.

그는 중국 정부가 정화 대원정을 중지시켰을 뿐 아니라, 2개 이상의
돛대를 가진 선박을 건조할 시 사형에 처한다고 정하고(1500년) 상업을
목적으로 그런 배를 타고 바다로 나가는 행동을 불법화했던(1551년) 사
실도 지적한다. 그 이후 유럽의 특출한 흥기가 시작된 것을 고려하면, 중
국에게 가장 나쁜 시기에 이런 해금정책이 취해진 것이다. 랜즈는 중국

인들이 조금만 더 애썼으면 인도양을 벗어나 다른 대양들로 나아갈 수 있었을 것인데 왜 그러지 않았을까라고 묻는다. 또 중국의 선박이 1851년에 그저 외교적인 목적으로 처음 유럽으로 항해하기 전에는 왜 유럽으로 항해하지 않았을까라고도 묻는다. 랜즈는 중국인들의 사고방식을 강조한다. "우선, 중국인에게는 넓은 시야와 집중력이 부족했고 무엇보다 호기심이 없었다. 그들은 다른 것을 보고 익히는 것이 아니라 자신을 보여주고 싶어 했고, 다른 곳에 머무르는 것이 아니라 자신의 존재를 과시하고 싶어 했으며, 다른 상품을 구입하는 것이 아니라 공손하게 조공으로 받기를 원했다." 그들은 자신의 사회가 자립적이고 완벽하며 어떤 변화도 필요치 않다고 생각했다. 그들은 자기만족에 빠져버렸고 혁신을 향한 열정 같은 것은 안중에 없었다.[11] 반면에, 유럽인들은 욕망과 열정에 사로잡혀 끊임없이 군사 및 해양 기술을 개선해 나갔다. 그리하여 정화 대함대의 마지막 배가 중국의 항구에 닻을 내린지 얼마 되지 않아, 상인이면서 동시에 군인이었던 유럽인들이 과감하게 바다로 나서려 하자 그들은 중국의 그 거대한 배들을 능가할 수 있게 되었다.

그렇지만 역설적으로 중국인들은 자신들이 "천자(天子)"라는 신과 같은 황제의 통치를 받으며 세상의 중심에 산다고 믿었다. 황제의 관리들은 작은 단위의 통치자로서 자신의 우월한 지위를 확신하며 오만하게 우쭐댔다. 하지만 이들은 황제 앞에서는 감히 고개도 들지 못했다. 랜즈는 이런 현상에 깊은 의미가 있다고 생각한다. "그런 문화적 우월주의와 편협한 하향식 폭정이 결합하여, 중국을 개혁을 싫어하고 배움에 서투르게 만들었다." 그들은 개혁과 새로운 사상을 기존 관습에 위협이 되고 불복종을 조장하기 쉬운 것으로 보고 멀리하였다. 중국인들이 낯선 방식을 오만하게 거부한 것은, 사실 "서쪽 야만인들"의 명백한 진보에 대한 두려움에서 나왔던 것 같다. "그래서 명대 중국 −자신이 우월하다고 생각했던− 은, 배우기 위해 그곳에 있던 서구 기술의 도전 앞에 전율했다."[12]

실제로 중국의 황제와 관리들은 유럽의 기계식 시계에 경탄했지만, 또한 그것을 오락거리나 신분의 상징 같은 것으로 다루어 하찮게 여겼다. 황실에서 기계식 시계를 만들 제작소를 세웠지만, 상업화와 그로 인한 경쟁이 없는 상태에서 중국의 시계제조업은 발전하지 못했다.

랜즈는 여러 세기 뒤에 중국을 방문한 유럽인들의 글을 인용하는데, 그들은 중국인들이 편협하며 전통과 기존 방식을 더 선호한다고 생각했고 이에 좌절감을 느꼈던 이들이다. 예컨대, 프랑스인 예수회 수사 루이 르 콩트(Louis Le Comte: 1655-1728)[4]는 이렇게 말했다. "그들은 가장 완벽한 근대의 것보다 매우 결함이 많은 고대의 조각을 더 좋아한다. 그 점에서 오로지 새로운 것에만 혹하는 우리와는 상당히 다르다."[13]

하지만 이상한 점은 1,000년 전 중국이 기술면에서 세계의 다른 곳보다 단연 앞섰으며, 따라서 분명 중국의 문화가 항상 변화에 적대적이었던 것은 아니었다는 것이다. 그래서 랜즈는 중국이 왜 "실패"했는지 묻는다. 그는 이 질문을 그렇게 중요시 하지 않는 학자들, 예컨대 중국이 비록 유럽보다 느렸지만 계속해서 발전했음을 강조하는 학자들을 참을 수 없어 한다. 좋다. 그럼 유럽보다 느렸던 이유는 무엇인가? 일부 학자들은, 부정 명제는 설명될 수 없다고 상정하면서도 언제나 논리적으로나 역사적으로 이를 설명하고자 하기 때문에 이런 질문에는 답이 없다고 여긴다.[5] 한편으로 다른 이들은 이런 질문이 비(非)중국[여기서는 유럽 – 옮긴이]의 발전을 기준으로 두는 가정 하에서 나온 것이기 때문에 그것을 불합리하다고 비난한다. 하지만 랜즈가 보기에 이 질문야말로 가장

---

4 1655-1728년. 프랑스인 예수회 수사. 1688년에서 1691년까지 중국에서 선교활동을 수행했다. 그가 1696년에 간행한 『중국의 현 상태에 대한 새로운 의견서(*Nouveau mémoire sur l'état présent de la Chine*)』는 중국의 유교적 전통과 기독교 선교 간의 관계를 둘러싼 수도회 간의 '전례문제(典禮問題)' 논쟁을 격화시키는 역할을 했다. 르 콩트는 1696년에 프랑스 왕실 수학자가 되기도 했다.

5 즉, '~하지 못했다' 같은 부정적 현상의 원인을 찾는 것은 불가능하다고 상정하면서도 학자들은 언제나 논리적 설명이나 역사적 설명에서 부정적 현상의 원인을 제시하고 있는데, 그것이 정답인 경우는 없다는 뜻이다.

핵심적인 것이다. 왜 중국인은 자연에 대한 호기심에 추동되지 않을 것이라고 생각해야 하는가? 자신의 지식을 조직하고 만물에 대한 전반적 이해를 진전시키려는 목적 때문에? 지속적인 경제 발전을 촉진하려는 목적 때문에? 노동을 더 적게 투입하여 더 많은 산출량을 얻으려는 목적 때문에? 만약 중국인이 이전에 위의 영역들 각각에서 성공을 구가하지 않았다면, 지금 이런 질문들은 그렇게 절실하지 않을 것이다.[14] 다시 말해, "정치적 올바름"이나 사람들의 감정을 상하지 않게 하려는 노력 때문에 세심한 비판적 사고를 포기할 수는 없는 것이다.

랜즈는 중국인들이 과거의 사상가와 학자들을 숭배하는 —그는 궁정 의사들에게 사망한 자기 전임자들의 제사를 지내도록 의무를 부여한 1734년의 제국 법령을 언급한다— 동시에 당혹스럽게도 과거의 기술 진보를 상실하거나 잊어버리는 경향이 있었던 역설적 상황을 지적한다. 그는 중국의 발전이 "점점이 반짝이는 빛"처럼 "공간 및 시간상으로 따로, 복제와 실험을 통해 연결되지 않은 채, … 은유와 심오한 척하는 태도로 인해 흐릿하게 된 채" 진행되었다고 주장한다. 중국인들은 유럽의 인쇄술만큼 강력한 지식의 확산 수단을 결코 발전시키지 않았기 때문에, 엄청난 양의 지식이 그저 사라져 버렸다. 게다가 발명품을 가리키는 말도 흔히 발명의 현장에서 만들어졌다가 그 뒤 사라졌다. 그래서 오늘날 학자들이 이제는 분명한 의미를 갖지 않은 표의문자를 애써 분석하는 일에나 빠져 버리는 경우도 자주 있다.[15] 심지어 중국인들의 자랑거리인 엄청나게 방대한 백과사전들 —그 중엔 80만 쪽에 이르는 것도 있다— 도, 랜즈가 보기에는, 지식을 한층 진전시키기 위해 유용한 참고서적을 편찬하려는 노력이 아니라 과도하게 정해진 경계 내에 모든 지식을 고정시키려는 시도를 드러내는 것이다.

랜즈는 최근 중국 전문 연구자들이 제시한 시각을, 즉 중국과 근대 초기 세계의 다른 발전된 지역들이 진리로 이어지는 그리고 결국 근대 과학으로 이어지는 그들 나름의 경로를 따르고 있었다는 시각을 거부한다. 그들은, 서구의 우월적 지위 같은 것이 전혀 없었거나, 아니면 적어도 특별히 서구의 공이라고 할 필요가 없을 정도로 중국과 다른 발전된 지역들 모두가 서구에서 근대 과학이 성장하는 데 기여했다고 주장한다. 이런 주장들 대부분에 랜즈는 동의하지 않는다. 그는 유럽인들이 근대 과학을 발전시킬 때 아시아 전역에서 유래한 지식과 기술에 의지했다는 것을 인정한다. 하지만 그는 그런 과학 발전에 미친 아시아의 기여를 유럽의 기여에 견줄 수는 없다고 주장한다. 예전에 유럽보다 중국과 그 외 아시아 사회들이 과학 발전에 엄청난 기여를 한 것은 사실이다. 그러나 유럽인들은 외부에서 배울 수 있는 모든 것을 열정적으로 흡수하여 17·18세기 무렵에는 비서구 과학자와 사상가들이 소위 "과학혁명"에 거의 참여할 수 없을 정도가 되었으며, 사실상 그들은 과학혁명에 대해 "거의 아무런" 기여도 못했다. 이는 유럽인들의 엄청난 공적이다.[16] 비록 랜즈가 다음에 나올 학자의 이름을 거론하지는 않지만, 아마 랜즈의 책이 좀 뒤에 나왔다면 그를 틀림없이 다루었을 것이다.

식민지가 없어서 중국은 뒤처졌다(케네스 포메란츠)

케네스 포메란츠는 4장에서 다룬 그의 영향력 있는 연구를 거의 다 할애해, 17세기 중반이 되어서도 유럽과 중국 사이에 경제 발전 면에서 그다지 뚜렷한 차이가 없었음을 입증했다. 하지만 그는 책의 말미에 중국의 쇠퇴와 관련한 자신의 생각을 얼마간 제시한다. 프랑크와 마찬가지로 그도 경제와 인구를 강조한다. 그의 주장에 따르면, 가장 중요한 요소는 1750년 이후 1세기 동안 중국의 인구 성장이 가내공업을 주로 하던 지역들에서 진행되다가 거의 농업에 중심을 둔 지역들에서만 일어나는 식으로 점진적으로 바뀐 것이었다. 이런 변화는 1850년 무렵에 중국이 한 세기 전과 마찬가지로 여전히 농업 사회였음을 뜻했으며, 따라서 그곳에는 (영국이나 미국과 달리) 공장 노동에 투입될 유휴 임금노동자가 없었다. 게다가 이 시기 동안 식량 가격과 중국의 가내공업을 유지하는 데 필요한 모든 재료의 가격이 급등하여, 가내공업에 종사하던 수공 노동자들(대부분 여성들)은 농업으로 되돌아갈 수밖에 없었다. 그러는 사이에 그들의 가족들 ─남편과 자식들─ 은 그저 빚을 지지 않기 위해서 경작지에서 더욱 집약적으로 일해야 했다. 포메란츠가 밝히듯이, 이것은 "산업화를 약속하는 선도적 상황이 아니"었다.[17]

또 중국은 주변부 해외식민지를 통해 원료와 맘껏 수탈할 수 있는 비자유 노동, 전속시장 같은 뜻밖의 횡재를 얻지도 못했다. 그는 이런 요소들을 "시장 외부의 힘들이자 유럽을 넘어서는 콩종크튀르들"이라고 부른다. 그는, 이런 요소들이 유라시아의 다른 발전된 지역들과 아주 유사한 상태에 있던 서유럽이 어떻게 "급증하는 인구에게 이전 어느 때보다 높은 생활수준을 제공할 수 있는 19세기 새로운 세계 경제의 특권적 중심"으로 진화해 갈 수 있었는지를 설명해준다고 주장한다.[18] 다시 말해, 중국인들에게 자체 식민지만 있었다면, 그들도 유럽과 유사한 약진을 이룰 수 있었을 것이라는 얘기이다.

중국의 엘리트들은 상업과 과학적 발견을 멸시했다(조지프 니덤)

영국의 생화학자 조지프 니덤(Joseph Needham: 1900─1995년)은 자기 생의 대부분을 바쳐 중국의 과학 발전을 탐구했다. 그는 1937년에 캠브리지의 자기 실험실을 방문한 세 명의 중국인 연구자들(이 중 한 명은 젊은 여성으로 그는 그녀와 사랑에 빠졌다)을 만나면서 중국의 모든 것에 매료되었다. 그는 중국어를 유창하게 구사하게 되었고, 제2차 세계대전 동안 중·영 과학협력사무관으로서 중국에 체재했다. 1948년 영국으로 돌아오자 그는 과거 중국이 이룬 과학적 성취의 전체 역사를 조사하여 일목요연하게 제시하는 방대한 프로젝트를 시작했다.

그것이 바로 유명한 『중국의 과학과 문명(Science and Civilisation in China)』(1954-2008년)이다.[19] 지금까지 27권으로 간행된 이 책은 물리학에서 연금술까지, 그리고 식물학에서 금속공학까지 광범위한 분야에 걸쳐 있으며, 니덤이 직접 쓴 것은 그 중 일부이다.[20]

10여 년 동안 고대부터 근대 초기까지 중국의 찬란한 과학적·기술적 성취들을 보여준 이후, 그는 나중에 "니덤의 의문(Needham question)"이라고 알려지게 되는 질문을 명확하게 표현하기 시작했다. 니덤은 그것을 이렇게 말했다. "기술 진보를 향한 온갖 함의를 갖춘 근대 과학이, 즉 자연에 대한 가설의 수식화(數式化)가 오로지 갈릴레오 시기 서구에서만 급부상한 이유는 무엇인가?" 하지만 동시에 그는 이 질문을 보다 넓은 맥락 속에 두었다. "그러면, 기원전 2세기와 기원후 16세기 사이에 자연에 대한 인간의 지식을 유용한 목적에 적용하는 면에서 동아시아 문화가 서구보다 훨씬 더 효율적이었던 이유는 무엇인가?"를 두고 니덤은 고민에 빠진 것이다.[21] 다시 말해, 중국이 혁신과 과학 발전에서 놀라운 도약을 이루었는데, 왜 그것이 멈추었는가? 또 오랫동안 세계를 이끌었던 저 나라가 갑자기 치고나온 유럽에게 뒤처진 이유는 무엇인가?

니덤은 아주 이른 시기부터 과학과 특히 기술의 발전에서 중국이 한 주도적인 역할을 보여주는 일련의 증거들을 죽 열거한다. 4장에서 언급된 놀라운 범위의 약진과 혁신들 외에, 니덤은 중국의 천문학자들이 고대부터 수준 높은 천문 도구를 활용해 일식과 혜성, 유성, 태양 흑점을 주의 깊게 기록해 놓았음을 논한다. 또 당(唐)대부터 시작된 수준 높은 수리공학(水理工學), 유럽과 같은 약초 처방만이 아니라 광물 및 동물 처방의 활용, 송(宋)대부터 시작된 조수간만에 미치는 천체의 영향을 측정하는 정확한 계산, 유럽의 자연철학자들이 간파하기 수세기 전에 눈송이의 육방결정계(六方結晶系)에 대한 이해, 서기 724년에 이미 달성한 수천만 년에 이르는 우주 나이의 계산, 고전 시대부터 시작된 자기 편차를 비롯한 자성(磁性)의 특성에 대한 세심한 연구들을 든다.[22] 아울러 그는 일찍부터 중국인들이 연금술과 원생화학(原生化學; protochemistry)을 발전시켰고, 중세 유럽의 발전에 직접적인 자극을 준 이슬람 세계의 성취에 크게 영향을 미쳤다는 것도 밝힌다. 니덤은 중국의 가장 강력한 과학적 역량이 자연 현상에 대한 세심한 기록과 그 데이터의 목록화에 있었는데, 이는 흔히 아주 높은 수준의 과학 도구에 기초한 것이었다고 주장한다.

니덤에 따르면, 중국의 과학과 기술은 일찍부터 발달한 강력한 중앙집중적 국가로부터 탄력을 받았다. 그 국가는 천문학과 토목공학 같은, 니덤이 "정통"이라고 부르는 과학의 발전을 후원하였다. 예컨대 서기 130년 세계 최초의 실용적인 지진계의 발명은 정부의 지원이 있었기에 가능했다. 중세 중국에서 국가가 조직한 과학적 탐사들 −예컨대 엄청난 규모의 측지 측량− 은 그 규모 면에서 세계의 다른 어떤 문화도 따라갈 수 없을 정도로 방대하게 진행되었다.

또 중국의 노동 비용이 낮았다고 해서, 노동절약적 장치가 일찍부터 발달하는 것에 장애가 되지는 않았다. 3세기에 등장한 외바퀴손수레와 5세기에 등장한 말 목사리가 그런 예들이다. 실제로 여러 세기 동안 대부분의 갤리선에서 노예들이 노를 저었던 지중해와 달리, 중국인들은 주로 바람을 이용해 항해를 하고 있었다. 또한 중국의 사업가들은 유럽인보다 수백 년 앞서 수력을 이용해 직물을 생산했다.

니덤은 인간이 이룬 성취에 흥미로운 특징이 있다고 본다. 예술의 발달은 누적적이지 않다. 그는 이렇게 쓰고 있다.

예술에 관한 한, 실제로 문명들 사이에 일정한 비상응성(incommen-surability)이 존재하며, 문명들 사이에 연속적인 발전을 찾는 것은 거의 불가능하다. 나는 시대를 통틀어 페이디아스(Pheidias)[6]보다 더 뛰어

6 기원전 c.480-430년. 고대 아테네 사람으로 고대 그리스 최고의 조각가이자 건축가로 평가받는다. 페리클레스의 친구로서 아테네 민주정의 전성기에 아테네의 예술 활동 전반을 지도하였고, 고대 세계 7대 불가사의 중 하나인 올림피아의 제우스 상을 만들

난 조각가를 찾기는 힘들 것이라고 생각한다. 시대를 통틀어 두보(杜甫: 712-770년)나 백거이(白居易: 772-846년)를 능가할 시인은 없으며, 그 어느 때고 셰익스피어보다 낫다고 할 만한 극작가는 없었다고 생각한다. 그러나 과학과 기술, 의술에 관한 한, 인간의 지식과 능력은 분명 여러 세기를 거치며 꾸준히 늘어났다. 자연은 인간이 시작된 이래 대체로 계속 같은 모습이었고, 우리는 자연에 대한 인간의 지식이 처음부터 지금까지 장중하게 성장해 온 유일한 것이며 지금도 끝나지 않았다고 믿는다.[23]

니덤은 누구보다도, 모든 위대한 문화가 서로에게서 배웠고 그래서 어느 문화도 앞선 문화가 이룬 진보를 통합하지 않고서는 최고 정점에 이르는 것을 꿈도 꿀 수 없다고 믿었다. 중국은 당연히 이런 발전에 가장 크게 기여한 문화 중 하나였다.

하지만 역설적으로 여러 시대에 걸쳐 중국에서 이루어진 너무나도 풍성한 혁신들은 중국을 정치 · 경제적으로 번성하게 했지만, 그것이 중국 사회의 기본 구조를 뒤흔든 적은 결코 없었다. 오히려 나침반과 화약, 인쇄술 같은 중국의 몇 가지 발명들이 사회를 변혁시킨 곳은 유럽이었다. 이런 생각을 니덤은 다음과 같이 표현한다.

중국에서 여러 발견과 발명들이 있었다는 것을 우리는 오래전부터 알고 있었다. 그것들이 속속 유럽으로 전달되었다는 것도 우리는 입증할 수 있거나, 그럴 가능성이 아주 높다는 것을 보여 줄 수도 있다. 그러나 그런 발견과 발명 중 많은 것들이, 심지어 대부분이 서구 사회에 지축을 뒤흔드는 충격을 미쳤지만 중국사회는 그것들을 흡수하여 비교적 요지부동으로 유지하는 이상한 능력을 가졌다는 기이한 역설이 일어난다.[24]

니덤은 자기 생각을 은유를 동원해 이렇게 제시한다.

[중국은] 완만하게 변화하는 평형상태 속의 생명체처럼 또는 온도조절장치처럼 자기 조절적이었다 —마치 어떤 변화가 있더라도, 심지어 근본적인 발견과 발명이 낳은 변화가 있더라도 현 상태로 회복시키는 일련의 피드백 메커니즘인 자동조종장치를 갖춘 것처럼, 어떤 평지풍파가 닥쳐도

_____

었으며, 파르테논 신전 건설의 총감독이었다.

흐름을 꾸준히 유지한 문명에 실제로 인공두뇌학의 개념들을 적용하는 것은 충분히 가능하다. 그런 발견과 발명들은 회전 숫돌에서 튀는 불꽃처럼 끊임없이 밖으로 튀어나와 서구에 변화의 불씨를 당겼지만, 그 불꽃들을 튀게 한 돌 자체는 흔들리지도 않고 마모되지도 않은 채 원래 방향을 유지했다. 이를 미루어 볼 때, 모든 인공두뇌학적 기계의 원형이라 할 수 있는 지남차(指南車)[7]가 중국인의 발명품이었다는 것은 너무나도 상징적이지 않은가.[25]

따라서 답을 찾아야 할 질문은 두 가지였다. 중국인이 가진 엄청난 혁신 역량이 왜 중국 사회에 혁명적 변화를 가져온 적이 없는가? 그리고 송대 이후 어느 시점에 그런 역량이 사라진 이유는 무엇인가?

중국의 기술적 혁신이 사회의 변혁으로 이어지지 않은 이유와 관련해, 니덤은 몇 가지 요소들을 지적한다. 과거 부와 이국적인 상품을 찾아 외부세계에 끌리던 한 무더기의 도시국가와 해양 공국들, 그리고 끊임없이 싸우던 귀족들로 분열되었던 유럽과 달리, 중국은 2,000년이 넘도록 기본적으로 통일된 농업 제국으로서 거의 무한한 자연자원과 세계에서 가장 강력한 행정 체계, 경이적인 문화 전통을 지니고 있었다. 몇 가지를 제외하면 중국인들은 대체로 자신이 가진 것에 만족하면서 더 넓은 세계를 탐험하고 싶다는 충동을 거의 느끼지 않았다. 중국인들은 자신의 역사 초기에 필요한 모든 일을 다 했고 그 후 관성적으로 되기 시작했다고 말할 수도 있을 것이다. "유럽 농민이 목제 쟁기를 사용할 때 중국 농민은 철제 쟁기로 땅을 일구고 있었다. 그러나 유럽 농장주가 … 강철을 이용하기 시작할 때도 중국 농민은 여전히 철제 쟁기로 땅을 일구고 있었다"는 익히 알려진 말을 니덤은 인용한다.[26]

그러나 다시 또 묻게 된다. 왜 그랬는가? 니덤은 중국에 자본주의 혁

---

7 두 바퀴를 단 수레로 그 위에 한 남자가 손가락으로 남쪽을 가리키고 있는 형태이다. 수레의 방향을 아무리 바꿔도 남자는 계속 방향을 틀어 남쪽을 가리키고 있는 장치이다. 삼황오제 시기 황제(黃帝)가 발명했다는 전설이 있지만, 기록상으로 가장 믿을 만한 내용은 3세기 초 위나라의 마균(馬鈞)이 발명했다는 것이다.

명 ―더 정확히 말하면 자본주의로의 전환 진행― 이 없었던 것을 중요하다고 생각한다. 이것은 또한 중국에서 ―훨씬 일찍부터― 철 생산이 발전한 것과 관련해서도 마찬가지이다. 철은, 대부분의 역사가들이 훨씬 더 비용이 많이 들던 청동에 비해 모두가 쉽게 이용할 수 있어 큰 영향을 주었다고 보는 금속이다. 하지만 중국에서는 국가가 일찍부터 중앙집중화함으로써 통치자들이 제철업을 "국가 통제 하에 둘" 수 있었다. 니덤에 따르면, 이것 역시 과학이 한층 더 발전하는 것을 막은 가장 큰 장애요소였을 것이다. 이것을 그는 중앙집중적 국가의 중심을 차지한 봉건 · 관료 체제라고 부르는데, 이런 체제가 일정한 과학 · 기술의 발전에 도움을 주었지만 ―또는 심지어 그런 발전을 가능케 했지만― 많은 다른 발전들을 방해하기도 했던 것이다. 니덤은 상인이나 다른 사업 계층이 민주주의를 내걸고 국가를 장악하는 것을 근대 과학 성장의 핵심적인 전제조건으로 여기는데, 중국에서는 이런 계층이 민주주의의 이름 아래 국가를 장악하는 것을 사대부가 일관되게 막았다는 점이 무엇보다 중요하다. 니덤은 농민층의 똑똑한 자식들이 과거시험을 통해 관료제의 꼭대기에까지 오를 수 있었던 사회적으로 재능을 인정하는 민주주의가 존재했음을 인정한다. 그러나 사업가들이 지방자치제도를 지배하고 사회를 변혁하면서 권력을 장악하는 혁명적 민주주의는 존재하지 않았다.

또한 그는 중국의 국가와 사회가 일원화된 성격을 가지게 된 원인이 지리에 있다고 믿는다. 중국 경제는 농업에 기초를 두었지만, 농업이 의지하는 강수량은 지역마다 그리고 해마다 달랐다. 그래서 수확량을 확실하게 유지하려면 관개와 치수, 운하 체계에 막대한 노력을 들일 수밖에 없었다. 그런 대규모 사업을 조직적으로 운영할 수 있는 것은 중앙집중적인 국가와 효율적인 관료제뿐이었고, 봉건 군주들의 지배 영역을 가로질러 수행될 수밖에 없었던 이런 방대한 토목사업은 필연적으로 그들의 권위를 약화시켰다. 그 결과 중국사의 아주 이른 시기부터 봉건 군주들의 권위는 황제 권력 아래 포섭되었다. 하지만 같은 시기 고대에는 군대가 갖춰 입는 갑옷의 발달이 아주 초보적인 수준에 머물고 있어, 농민층이 석궁으로 무장하고 봉기할 경우 봉건 군주와 통치자들이 이에 맞서기가 힘들었다. 그래서 대규모 노예제의 시행이 전혀 불가능했고, 통치자는 자신의 덕행으로 백성들을 설복시켜야 했다. 그 결과로 유교 철학이 중요하게 된 것이다. 사회적인 측면에서 말하면, 만물의 일원화된 성격과 정치권력에 대한 철저한 문민(文民) 통제라는 유기적 개념이 등장한 것이다. 이런 체제를 지배했던 문관(文官)들 −사대부들− 은 세습적인 특권적 봉건제에 맹렬하게 반대했고, 뿐만 아니라 상인들의 수중에 부와 권력이 집중되는 것도 온 힘을 다해 막았다.

니덤은 이상의 생각들을 한층 더 발전시켜, 이것을 중국에서 근대 과학이 등장하지 못한 원인을 밝히는 것이라고 주장한다. 스토아학파[8]와 초기 기독교 시기부터 유럽 사상가들은 우주를 하늘의 입법자가 부여한 법칙에 복종하는 것으로 생각했고, 이런 생각을 많은 학자들은 케플러(Kepler)[9]와 함께 유럽에서 등장한 과학적 법칙의 공식화와 연결시켰다.

---

8 그리스·로마시기 철학의 한 학파로, 통상 기원전 3세기의 '고(古) 스토아' 시기, 기원전 2-1세기의 '중기스토아' 시기, 서기 1-2세기의 '후기 스토아' 시기로 구분한다. 따라서 스토아 학파의 사상은 하나의 핵을 중심으로 체계적으로 형성·계승되지 않았으며, 사람에 따라 시대에 따라 상당한 차이가 있고 내용도 다양했다. 이 학파의 사람들에게서 지배적인 현상은 외적 권위나 세속적인 것을 거부하고 금욕과 극기의 태도를 갖고자 하는 것인데, 실천적 경향과 유물론적 일원론은 각각 키니코스 학파와 헤라클레이토스의 영향을 받은 흔적으로 볼 수 있을 것이다. 사상적인 면에서 근본 특징은 이 세계(우주)에 존재하는 것은 모두 물체이며, 어떤 미세한 물질로 구성되어 있다고 하는 자연학에 있다. 신도 예외일 수 없어 인간이나 그것을 둘러싼 자연과 마찬가지로 물체라고 생각했다. 그리고 만물은 이 근원으로부터의 생성과 그것으로의 환귀 과정을 반복한다고 생각했다. 이와 같은 물체로서의 신이 마치 봉밀이 벌집 속으로 번져나가듯 우주 만물을 관철하여 순환하는 것이 섭리이며, 인간의 측면에서 말하면 운명이라고 하는 것이다. 이들은 우주 만물을 동질이며 상호 밀접하게 관련된 것으로 생각하고 나아가 신·자연·운명·섭리를 동의어로 여긴다.

9 1571-1630년. Johannes Kepler. 독일의 수학자, 천문학자, 점성술사로 17세기 과학혁명의 핵심 인물 중 한명. 특히 태양계, 항성의 자전과 공전, 타원궤도 등에 대한 새로운 과학적 발견과 이와 관련한 수학적 표현들을 남겼으며, 우주에 대한 수학적 규칙을 탐구하고 기하학적 모델을 통해 표현하고자 했다.

이에 반해 중국인들은

모든 존재가 유기적인 우주의 패턴을 형성하는 전체의 위계 속에 일부라
는 사실과 모든 존재의 복종이 그 존재 본성의 내적 지시라는 것에서부터
[발생하는] … 모든 존재의 조화로운 협력

을 구상했다.[27] 중국의 사상가들은 대부분 고대 법가(法家)의 가혹한 통
치에서 겪은 불행한 경험 때문에 성문화된 법의 엄격한 추상을 거부했
다. 중국인들은 유기적 형태와 관습이 만물에 내재한다고 믿게 되었고,
자연 영역에 법칙을 부여하는 하늘의 존재로서 또는 사실상 그 영역 전
체의 창조자로서 절대적 존재가 필요하다고 전혀 느끼지 않았다. 그 결
과 중국인들은 과학과 기술에서 거둔 엄청난 성취에도 불구하고, 자연
의 규칙성과 궁극적으로 과학적 법칙을 개념화하기가 힘들게 되었다고
니덤은 추측한다. 반면 뉴턴과 같은 유럽의 과학자들은 자신들이 인간
과 무관하게 존재하는 그런 법칙을 인간의 정신에 "그저 드러내고" 있다
고 믿었다.

　니덤이 중국에서 근대 과학의 발전을 막았던 것으로 인식한 또 다른
철학적 뒤틀림은 다양한 사상학파들 간의 분열이었다. 그는 이렇게 쓰고
있다.

도가(道家)는 자연에 깊은 관심을 가졌지만 이성과 논리를 불신했다. 묵
가(墨家)와 명가(名家)는 이성과 논리에 대한 믿음은 충분했지만, 오로
지 실용적 이유에서만 자연에 관심을 가졌다. 법가와 유가(儒家)는 자연
에 전혀 관심이 없었다. 경험적인 자연철학자와 합리주의적 사상가들 사
이에 놓인 이런 간극은 유럽사에서는 그 비슷한 것도 전혀 보이지 않는
다. 그리고 [영국의 철학자 앨프레드 노스] 화이트헤드(Alfred North
Whitehead)[10]가 주장했듯이, 이것은 아마도 유럽 사상이 절대적 창조주

───────────────
10　1861-1947년. 영국의 수학자이자 철학자. 20세기를 대표하는 철학자로서 수리논리학
　　을 집대성했고 '과정철학(Process Philosophy)' 학파를 주도했다. 1910년 런던대학 교
　　수가 되어 버트런드 러셀과 같이 작업했으며, 1924년 미국으로 가 하버드 대학 교수
　　가 되었다.

라는 관념에 지배되었기 때문일 것이다. 창조주가 가진 합리성이 그의 창조물에 대한 합리적 이해 가능성을 보장해 주었던 것이다.[28]

이에 반해, 니덤에 따르면, 중국 사상가들은 "자연율(code of nature)"을 드러내어 해독할 수 있다고 전혀 믿지 않았다.

> 그 이유는, 우리 자신보다 훨씬 더 합리적인 신적 존재가 인간이 읽을 수 있는 그런 법칙을 세웠다는 확신이 전혀 없었기 때문이다. 실제로, 예컨대 도가 학자들의 경우 그런 관념을 너무나 순진해서 자신들이 직관한 우주의 오묘함과 복잡성에 적합지 않은 것으로 치부했을 것이라는 생각이 든다.[29]

중국의 사상가들은 대부분, 유럽인들과는 정반대로, 우주를 상호 연관되고 유기적이며 위계적인 하나의 총체로 보았다. 최근의 과학적 성취는 중국인의 이런 지혜를 제대로 평가하게 되었지만, 니덤은 중국의 사상과는 완전히 다른 개념화들을 가져온 신학 논쟁의 단계와 기계론적 사상 국면을 거치지 않았다면, 아마도 과학혁명이 촉발되어 케플러와 뉴턴이 정초한 강력한 방법들과 자연현상에 대한 해석들로 이어지지 않았을 것이라고 주장한다.

중앙집중적 권위가 자유로운 탐구와 혁신을 억눌렀다(첸원이엔)

많은 학자들은 니덤이 자신의 엄청난 대작을 통해 제시한 해석이 여러 시대에 걸친 중국의 과학·기술적 성취를 거의 숭배하는 수준이라고 비판했다. 그런 비판을 가장 최근에 제기한 이는 중국인 이론 물리학자이자 과학사가인 첸원이엔(Wen-yuan Qian; 錢文源)일 것이다.[11] 그는

---

11 1936-2003년. 첸원이엔은 중국에서 교사로서 문화혁명을 겪은 후 1980년에 미국으로 와서 3년 뒤 본문에서 다루는 『거대한 관성(The Great Inertia)』을 발간했다. 그는 이후 이와 관련한 글을 내지 않고 미국의 연구소와 대학에서 이론 물리학자로서의 삶을 살았다. 과학사 연구자들은 그의 책을 갈릴레오 이후의 과학만을 정통으로 인정하는 현대 물리학자의 입장에서 쓴 것으로 역사적 시각을 결여하고 있다고 평가한다.

문화혁명이 종식된 지 몇 년 후인 1980년에 미국으로 왔다. 첸은 니덤과는 반대로 중국의 과학적 잠재성에 대해 확실히 회의적인 시각을 가졌다. 그는 이렇게 쓰고 있다.

> 나는 니덤의 저작에서 음양(陰陽), 즉 니덤이 도(道)를 구현하는 '패턴'이나 '질서', 공명(共鳴)이라고 하는 것에 대해 말하는 중국어 구절을 볼 때마다, 그가 그 구절을 매우 깨우침을 주는 아주 과학적인 것으로 표현하려 한다고 생각했다. 그러나 나는 … 같은 구절에 눈살을 찌푸리곤 했다. 본질적으로 근대 이전의 것인 이런 사상 체계가 반드시 필요한 여러 세대에 걸친 검토와 재검토, 비판과 반비판, 공식화와 재공식화, 수식화와 재수식화의 과정 없이 어떻게 근대적인 것으로 될 수 있을까? 전통 중국은 그에 상응하는 정도의 지적 활성화와 창조성을 유지하는 데 필요한 정치적·이데올로기적 조건을 언제라도 제공했던가? 다시 말해 나는 중국이 창조적 사고와 객관적 비판의 필연적인 경합, 즉 경험적 실험과 엄격한 논증을 통한 끊임없는 재검토 과정을 낳을 만한 사회적 환경을 제공한 적이 있는지 의심스럽다.[30]

첸이 근거 없이 중국을 맹비난하는 것은 아니었다. 오히려 애국적인 중국인으로서 그는, 그 당시 근대 세계에서 자신의 잠재성을 좀 더 충분히 펼치지 못하는 듯이 보였던 중국의 모습에 불만을 표시하고 있었다.

첸은 실험적이고 수학적인 학문이 중국에서 발전하지 못하게 한 핵심 요소가 중국을 지배한 유교 철학이었다고 생각한다. 그 이유는 유교 철학이 오로지 정치와 윤리 문제에만 집중했고 자연에 대한 연구를 거의 완전히 무시했기 때문이며, 또 묵가, 명가, 법가와 같은 보다 광범위한 사상 경향들을 완전히 몰아낸 유교가 약 2,000년에 걸쳐 공식적 세계관으로서 제도적·경제적·문화적 변화를 강력하게 억제한 숨 막힐 듯한 지적 환경을 창출했기 때문이었다. 그는 주장하기를, 이에 반해 유럽에서는 로마의 몰락 이후 중앙집중적이고 제도화된 정치·이데올로기적 권위가 사라져 사회적·정치적·경제적·문화적 운동이 연쇄적으로 일어날 수 있었고, 이런 것들이 유럽의 현 상태에 이의를 제기하고 유럽인의 정신을 새로운 사고와 행동 방식 —카롤링 르네상스에서 산업혁명에 이르는— 으로 확장시켰다고 한다.

첸에 따르면, 유럽의 정치권력의 파편화와 중국 사회의 허약함은 밀접하게 관련되면서도 다른 두 가지 요소였다. 유럽의 통치자들은 누구도 대륙 전체를 지배할 수 없었다. 유럽을 구성하는 여러 사회들이 흔히 그런 통치자들에 맞설 수 있었기 때문이다. 반면에 중국인들은 중앙 권위에 맞서 반란을 반복했을 뿐이었고 그에 대항한 제도적 저항을 건설할 수가 없었다. 첸은 기원전 221년 진(秦)의 통일제국 수립 이전 여러 국가들 사이에 권력이 분산되어 있고 전쟁이 빈번했던 시기를 지목한다. 그때는 제자백가(諸子百家)라고 할 만큼 수많은 사상들이 번성하여, 지적 탐구와 진보 면에서 중국 역사에서 가장 풍성한 시기였다. 이 시기가 몇 백 년 더 계속되었다면 중국의 과학은 훨씬 더 진보했을 것이라고 그는 추정한다. 그것은 유럽의 과학혁명 같은 것으로 이어졌을 수도 있었다. 유럽의 과학혁명 시기에는 수많은 혁신적 과학자들이 등장했는데, 이들은 여러 나라에서 나왔고 종교적인 면에서도 수많은 기독교 종파에 속했으며 심지어 유대인임을 내세우기도 했다. 유럽에서는 중세 시기부터 대륙 전체에 걸쳐 발생한 수십 개의 대학들에서 지적 다원성을 조성했다. 반면에 중국에는 고등교육기관이 거의 없었고, 1905년에 이르기까지 600년 동안 교육을 받은 사람들은 거의 모두 관리가 될 목적으로 오로지 공인된 소수의 유교 경전에만 매달렸다. 중국에서는 수많은 뛰어난 재능이 표출되었지만, 사회적이거나 정치적이거나 문화적인 면에서 변혁적인 운동이 전혀 없었고, 모두가 조화를 이루어 서로를 자극하는 과학자와 수학자와 철학자들의 광범위한 네트워크도 전혀 없었다.

첸은, 중국인이 일찍부터 자성을 이해했기에 다른 사회 · 정치적 환경이었다면 중국이 기계론적 물리학이 아니라 자기장 이론에서 곧바로 출발하는 과학혁명을 이루었을 수도 있었을 것이라는 니덤의 추정을 바로 반박한다. 첸은 갈릴레오와 케플러, 뉴턴의 기계론이 마이클 패러데이(Michael Faraday)[12]와 제임스 맥스웰(James Maxwell)[13]의 훨씬 더 고도로 수식화된 전자기 이론에 비교해 수학적으로 비교적 초보적인 것이고 물체의 운동과 동작에 대한 일상적인 관찰과 관련되었다고 주장한다. 과학의 실재 역사적 발전과정 속에서는, 뉴턴 물리학의 원리들이 후대의 이런 발전을 —그리고 다른 발전도— 가능케 했으며, 따라서 그 역의 진보[14]는 상상하기 힘든 것 같다. 게다가 1600년 무렵에 윌리엄 길버트(William Gilbert)[15]가 중국인 사상가들이 생각한 것보다 훨씬 더 수준 높

---

12 1791-1867년. 전자기학과 전기화학 분야에 큰 기여를 한 영국의 물리학자이자 화학자. 어린 시절에 정식 교육을 거의 받지 못했지만, 역사적으로 매우 훌륭한 과학자가 되었다. 물리학에서 전자기장에 대한 기본 개념을 확립하였고, 전자기 유도, 반자성 현상, 그리고 전기 분해 법칙의 원리도 발견했다. 그가 발명한 전자기 회전 장치는 전기 모터의 근본적 형태가 되었고, 결국 이를 계기로 전기를 실생활에 사용할 수 있게 되었다. 화학 분야에서는 벤젠을 발견했고, 양극, 음극, 전극, 이온과 같이 널리 쓰이는 전문 용어들을 처음으로 도입했다.

13 1831-1879년. 스코틀랜드 출신의 영국 이론물리학자이자 수학자. 그의 가장 중요한 성과는 전기 및 자기 현상에 대한 통일적 기초를 마련한 것이다. 전기와 자기를 단일한 힘으로 통합한 전자기학은 뉴턴 역학과 함께 과학 발전의 초석이 되었다. 수학에 뛰어났던 그는 패러데이의 유도 법칙, 쿨롱의 법칙 등 전자기 이론을 수식으로 정리하여 '맥스웰 방정식'을 세웠다. 이 방정식은 전자기학의 기초가 되는 미분 방정식으로 이는 볼츠만의 통계역학과 함께 19세기 물리학이 이룬 큰 성과로 높이 평가받고 있다. 또 맥스웰은 빛이 전기와 자기에 의한 파동, 즉 전자파라는 것을 증명하였고, 전자기학 연구와 기체 운동 연구를 통해 특수 상대성 이론과 양자 역학의 성립에 영향을 주기도 했다.

14 즉, 자기장 이론에서 기계론으로의 진보.

15 1544-1603년. 영국의 물리학자, 의사. 자기학의 아버지 또는 영국 실험과학의 아버지라고 불린다. 처음 의사로 활동한 길버트는 왕립내과협회의 모든 공직을 두루 맡았던 대단히 저명한 내과의사였으며, 여왕 엘리자베스 1세의 주치의로 임명되기까지 하였다. 의사로 명성을 쌓은 그는 화학에도 관심을 두었고, 전기와 자기에 대한 연구로 나아갔다. 자기의 성질에 대한 철저한 탐구로 과학의 한 분야인 물리학에 거대한 발자취를 남긴 그는 18년 동안의 연구 끝에 1600년『자석에 관하여(De magnete)』를 출판하였다. 이 책에서 자기 및 지자기(地磁氣)에 관한 학설을 경험적 · 귀납적 방법을 이용해 전개했다. 또 전기 현상에 관한 이론을 기록했는데, 이것을 뒤에 케플러, 갈릴레오, 데카르트 등이 이용했다. 또 '전기'라는 명칭도 그로부터 유래한다. 이 책은 그가 '무엇을 발견'했는지보다 그가 '어떻게 발견'했는지를 보여준다는 점에서 더 의미가 있는 책이다. 특히 이 책은 실험적 관찰에 대한 중요성을 강조하여 갈릴레오에게 깊은 감명을 준 것으로 알려져 있다. 그래서 최초의 과학자로 알려진 갈릴레오보다 생년월일

은 자성에 대한 이해를 제시했었다(더군다나 물리력과 관련해 그가 제시한 여러 개념은 근대 기계론의 발전에도 중요한 기여를 했다).

챈은 시간상으로 좀 더 뒤로 가서, 장 뷔리당(Jean Buridan)[16]같은 유럽 사상가들이 14세기에 이미 기계론의 개념을 제시했음을 지적한다. 뷔리당이 제시한 임페투스(impetus)[17]이론은 갈릴레오와 뉴턴의 역학으로 나아가는 데 있어 중요한 진보였다. 중국에서는 그런 수준 높은 과학적 개념화에 조금이라도 접근하는 성취가 전혀 이루어지지 않았기에, 중국과 유럽이 17세기 중반이 되어서야 과학적 측면에서 다른 길을 가게 되었다는 니덤의 주장은 허구일 수밖에 없다. 챈은 중국의 사상가들이 헬레니즘 과학의 성과를 수입하는 데 거의 관심이 없었던 것은 도움이 되지 않았다고 주장한다. 유클리드(Euclid)의 『원론(Elements)』[18]은 13세기에 중국어로 번역된 것 같고 부분적으로는 17세기 초에 재차 번역된 것 같다. 그러나 분명 이것에 주의를 기울이는 중국인 수학자는 거의 없었다. 유클리드 기하학이 유럽의 과학혁명에 중요한 방법론을 제공했다는 것을 고려하면, 이런 중국인들의 무관심은 불행한 일이었다.

도 빠른 관계로 그를 최초의 과학자라고 하기도 한다.

16 1295년경-1363년. 프랑스의 신부이자 철학자, 종교적 회의론의 주창자. 파리 대학 인문학부에서 교사 생활을 한 그는 아리스토텔레스 저작과 논리학에 기초하여 코페르니쿠스 혁명의 씨앗을 뿌렸다는 평가를 받는다. 그는 근대 관성 개념의 출발점인 임페투스 개념을 발전시켰고, '뷔리당의 당나귀'라는 철학적 역설로 유명하다.

17 물리학사에서, 임페투스란 물체의 운동을 나타내는 값의 일종으로, 운동량의 원시적 개념이라고 평가한다. 이 값은 (입자수)X(기본입자의 물질량)X(속도)로 쓸 수 있고 이것은 오늘날 쓰는 운동량의 식과 같다. 외적 원인에 의해서만 운동이 일어난다는 아리스토텔레스 이론에 의심을 품던 학자들이 처음 제기하였고 임페투스란 명칭은 12세기 중엽 알페트라기우스가 붙였다. 임페투스 개념은 14세기 유럽에서 발달하는데, 장 뷔리당은 임페투스가 물체의 질량 및 속도와 관련된 값이라고 생각하고 자유낙하운동에 적용시키고자 했다. 하지만 기계론의 탄생과 함께 임페투스 개념은 새로운 과학적 물결을 따라가지 못해 폐기된다. 그러나 임페투스 역학은 자연현상을 수학적으로 나타낼 수 있는 기초를 놓았고, 이러한 기초는 17세기 과학혁명에 적지 않은 영향을 미쳤다.

18 고대 그리스의 유명한 수학자 유클리드가 기원전 3세기에 집필한 책으로 총 13권으로 구성되었다. '기하학 원본'이라고도 불리는 이 책은 '세계 최초의 수학교과서'로 평가된다. 유클리드 기하학을 주 내용으로 한다.

첸은 길버트의 『자석에 관하여(*De magnete*)』(1600년)가 중국어로 번역되었더라도 『원론』과 마찬가지로 큰 영향을 주지 못했을 것이라고 생각한다. 그는 이렇게 쓰고 있다.

> 심지어 『자석에 관하여』가 17세기 중국에서 독서층의 관심을 끌어, 어떤 의미에서든 그 책이 서구에서 발휘한 만큼의 과학적 영향력을 낳았을 가능성도 그다지 없다. 서유럽은 광범위한 잠재적 독자층과 추종자층, 혁신가층을 낳을 수 있는 문화를 가졌기 때문에, 『자석에 관하여』를 낳을 수 있었던 것이다.[31]

실제로 유럽은 지적 발효 상태에 있어 몹시 시끄러웠다. 온갖 종류의 전문 활동이 조직되었고, 많은 분야에서 학술 서적의 간행과 철저한 과학 탐구, 열렬하고 광범위한 학술적 소통, 기술 혁신이 폭발적으로 발생하고 있었다.

중국의 개별 사상가들은 각각 과학과 수학에서 특출한 약진을 얼마간 이루었다. 그러나 그들은 서로 다른 사람의 성취에 기초해서 작업한 경우가 별로 없었다. 예컨대, 묵자(墨子: 기원전 470-391년)와 그의 제자들이 이미 기하광학(geometrical optics)을 크게 발전시켜 놓았지만, 심괄(沈括)[19]은 같은 문제를 연구하면서 앞선 이들이 이룬 성취를 전혀 모르고 있었다. 또 300년 뒤에 기하광학을 연구한 조우흠(趙友欽)[20]도 마찬가지였다.

정부가 활발하게 지원한 "공식" 학술분야인 수학과 천문학에서는 전문가적 연속성이 훨씬 더 확실했다. 정확한 역법(曆法)의 개발이 왕조가

---

19 1031-1095년. 중국 송대의 박학다식한 학자로 '르네상스적 만능인'의 모습이다. 자는 존중(存中)이요, 호는 몽계장인(夢溪丈人)으로, 수학자이자 공학자, 발명가, 천문학자, 기상학자, 지질학자, 생물학자, 약학자, 시인, 장군, 외교관, 수리학자, 정치가였다. 『몽계필담(夢溪筆談)』, 의학서적 『양방(良方)』 외 수많은 저서를 남겼다.

20 1271-1335년. 송말 원초의 수학자, 천문학자, 도학가. 송 왕실 출신으로 박해를 받아 전국을 떠돌며 과학과 천문에 심취했다. 특히 그가 남긴 책인 『혁상신서(革象新書)』는 천지사시(天地四時) 변화의 규칙성을 설명하는데, 거기에 자신이 행한 기하광학적 실험과 그 결과에 대한 설명이 담겨 있다.

정당성을 확보하는 한 가지 방법이었기 때문이었다. 예컨대 5세기에 우연히도 유교의 통제가 다소 느슨해졌는데, 그때 조충지(祖沖之)[21]와 그의 아들 조긍지(祖暅之)는 16세기까지 세계의 어느 곳에서도 이룬 적이 없는 수준까지 원주율에 대한 분석을 수행하였다. 이들은 5세대에 걸쳐 전승되던 뛰어난 수학자 가문에 속했다. 하지만 그런 연속성이 계속되지는 않았다. 16세기에 예수회 수사들이 중국에 왔을 때, 중국의 수학자들 중 자기 나라에서 이전에 이룬 수학적 업적을 명확히 파악하고 있는 이는 아무도 없었다.

하지만 첸은 중국의 사상가들이 엄격한 과학적 방법론을 발전시키지 못했다는 점도 중요한 요소로 강조한다. 그는 이렇게 쓰고 있다.

> 과거 중국의 수학 사상에서 큰 결함은 철저한 증명이 없다는 것, 즉 연역적인 기하학 체계가 없다는 것이었다. 이런 지형은 형식 논리학이 없고 연상적(유기체론적) 사고가 지배한 것과 서로 관련이 있다. 중국과 유럽을 비교하는 우리의 시각에서 보면, 그런 결함이 수학에서만 보이는 것이 아니라, 근대 과학 전반의 발전을 방해했다는 것은 명백하다. 다른 과학 분야에서도 중국인의 사고방식에는 정확한 정의와 정밀한 공식화, 엄격한 증명, 논리적 설명 과정이 전반적으로 없었다.[32]

이어서 첸은 16세기의 엄청난 약학저서 『본초강목(本草綱目)』[22] 도 그저

---

21 429-500년. 남북조시대 송나라와 제나라를 섬긴 뛰어난 수학자이자 천문학자. 조충지의 집안은 대대로 나라의 역법을 관장하는 천문학자 집안이었다. 그 덕분에 어려서 수학 외에도 다양한 기술을 배울 수 있었는데 아버지로부터 수학과 천문학, 역법과 관련한 과학까지 배웠다. 그는 중국의 유명한 달력 〈대명력(大明曆)〉을 만들었으며, 세계 최초로 원주율을 소수점 아래 일곱 자리까지 정확하게 계산한 인물로 유명하다. 또 유럽에서 16세기 르네상스 시기에 발견한 '카발리에리의 원리'를 아들 조긍지(c.480-c.525년)와 함께 그보다 1,100년 앞서 발견한 것으로도 알려져 있다.

22 명나라의 의학자 이시진(李時珍)이 1578년에 완성하여, 1596년에 출판한 약초학의 연구서로, 중국 본초학 사상 가장 분량이 방대하고, 내용이 충실한 약학 저작이라고 평가 받는다. 이 책의 편찬을 위해 이시진은 약 27년의 세월에 걸쳐 수많은 문헌을 참조하고 여러 차례의 현지 조사와 표본 채집을 수행했다고 한다. 총 52권으로, 1,892종(374종은 새로 받아들인 것)의 약과, 1,109장의 도해, 11,096종의 처방을 담았다. 약마다 그 이름에 대한 주해를 달았으며, 명칭을 고증하고, 산지를 수록하고, 그때까지 있

약학적 정보를 상세하게 기록할 뿐 그 정보를 얻은 방법을 비판적으로 분석하지는 않는다고 지적한다. 마찬가지로 중국의 천문학자들은 3,000년에 걸쳐 자신이 관찰한 바를 세심하게 기록했지만, 천체 운동에 대한 과학적 설명이나 별의 경로에 대한 과학적 표현을 제시한 적이 한 번도 없었다. 중국의 지도제작자들은 진나라 이전부터 계속해서 발전을 이루었고, 첸은 송대의 지도가 그때까지 나온 어떤 지도보다 단연 가장 정확한 것이었다는 니덤의 주장을 인정하여 인용한다. 하지만 역시 예수회 수사들이 중국에 도착했을 때, 그들이 보여준 지도제작 관련 지식은 중국인 지도제작자들을 완전히 무색하게 만들었다.

첸은 소크라테스 이전 그리스 철학자들(기원전 6–5세기)이 제시한 지진에 대한 설명과 적어도 13세기 말 무렵인 송대까지 지속적으로 신뢰를 얻었고 한층 더 발전했던 초기 중국의 지진 이론을 인상적으로 대비시킨다. 초기 중국의 지진 이론에 따르면, 음(陰)이 양(陽)을 억누르거나 방해하고 양을 바른 자리에서 벗어나게 하면 지진이 일어나 나라에 파괴적인 결과를 낳는다. 반면에 고대 그리스의 여러 철학자들은 훨씬 더 구체적이고 유물론적인 이론을 제시했다. 아낙사고라스(Anaxagoras)[23]는 너무 많은 물이 땅의 상층부에서 하층부로 갑자기 이동하면 지진이 일어난다고 설명했다. 아낙시메네스(Anaximenes)[24]는 땅이 마르는 과정에서 엄청난 양의 지면이 땅 아래 빈 공간으로 빠지게 되면 지진이 일어날 수 있다고

어온 문헌의 오류를 바로 잡았다. 약의 제조법과 민간에 떠도는 처방도 수집하여 책에 실었다.

23 기원전 c.500-c.428년. 이오니아의 크레소메나이 출신의 고대 그리스 철학자. 천체 현상을 비롯한 세상만물을 자연적 방법으로 이해하려 했으며, 원소들의 혼돈에 질서를 부여하여 만물을 이루게 하는 정신이자 운동 원리인 누스(Nous)를 강조했다.

24 기원전 c.586-c.526년. 밀레토스 학파의 철학자로서 '무한함'이 사물의 근원이라고 한 아낙시만드로스의 결론이 너무 모호하다고 여겨 새로운 만물의 근원을 찾아 그것이 '공기'라고 하였다. 아낙시메네스는 그 이전의 철학자들보다 훨씬 구체적인 운동 원리를 제시한 것으로 평가받지만, 지구가 평평한 모습이라고 생각했으며, 태양 따위의 천체들은 지구 주위를 맴돈다고 보았다.

추론했다. 아리스토텔레스 —물론 소크라테스 이후의 사람이지만— 는 태양의 건조 작용에 대응하여 지구의 깊이 파인 곳에서 증기가 빠져나가는 것이 지진의 원인이지 않을까하고 생각했다. 첸은 음양 개념이 완전한 정의를 얻은 적이 없으며, 그래서 그런 개념으로는 결국 모든 자연 현상에 대한 설명을 조금씩 조금씩 충족해 나갈 수가 없었다고 지적한다.

다음으로 첸은 중국을 "초(超)시간적"이고 여러 세기에 걸쳐 "정체"했다고 보는 진부하지만 여전히 광범하게 퍼진 관념을 다룬다. 하지만 이것이야말로 얼토당토않은 생각일 것이다. 그는 이렇게 지적한다.

> 다른 나라 중에 그렇게 많은 농민반란을 겪은 나라도 없고, 그렇게 많은 내란으로 고통 받은 나라도 없으며, 그렇게 자주 침략을 받은 나라도 없지만, 자신의 특유한 문화를 그렇게 잘 보존한 나라도 없다. 1839년에 이르기까지 역설적인 상황이 존재했다. 중국은 군사적으로나 정치적으로 너무나 약해서 외부의 침략에 저항할 수 없던 때도 자주 있었다. 그러나 중국은 [조지프 니덤의 표현을 빌리면] "중국 문명의 특출한 통합력과 흡수력"에 힘입어 살아남았다. "이 힘을 근대 이전에는 어떤 침략자도 극복할 수 없었다."[33]

발전의 아주 초기부터 —2,000년도 더 전부터— 중국인들은 주변의 모든 다른 문화를 왜소하게 만드는 선진적인 문명을 발전시켰다. 동시에 중국인들은 언제나 강력한 약탈 세력들에게 둘러싸여 있었고 아울러 자중지란의 위협도 상존했다. 그래서 중국의 통치자와 엘리트들은 권위와 사회적 조화에 대한 존중을 강조하는 유교 원리의 끊임없는 강화를 통해 자신의 문명을 유지하려고 끝없이 노력했다. 이런 틀 내에서 숙련 기술자들은 자유롭게 기술 혁신에 전념할 수 있었지만, 대부분의 지식인들은 광범위한 탐구 활동과는 담을 쌓게 되었다.

첸은 근대 과학의 등장을 위한 지적 · 제도적 전제조건을 한층 더 추적하기 위해 다섯 가지 질문을 제시한다. 간단히 말해, 그 질문들은 학자들이 자연 현상에 대한 합리적 설명을 대규모로 연구하고 추구했는지와 관련되며, 다른 한편으로 사회와 정부가 그런 노력을 장려했는지와 관련된다. 첸은 결론적으로, 중국의 경우 시간이 가면서 이 질문들에 대한 대답이 더욱 더 부정적으로 되었다고 한다. 그런 와중에 1905년 바로 직전까지 여러 세기 동안 중국에서 가장 뛰어난 사람들은 과거 시험을 위한 세심한 준비에 거의 모든 노력을 다 바치고 있었다. 반면에 유럽 사회는 아주 다원적이어서, 창조적 재능이 다양한 종교적, 정치적, 지적, 상업적 제도와 직업들에서 일하는 사람들 사이에 널리 퍼져 있었다. 중국에서는 소수의 별난 학자들만이 자연에 대한 연구에 종사했고, 이는 유럽의 스콜라 철학자들과 인문주의 사상가들 대부분이 보여준 모습과 대비된다. 중국의 많은 학자들이 엄청난 양의 정보를 분류학적 개론서와 역법 체계들로 정리한 것은 사실이다. 그러나 그들은 이런 재료를 이용해 한 없이 커지는 공리적이고 수량적인 이해로 이어지는 누진적인 설명 체계를 건설하지는 않았다.

첸은 자신이 중국에서 과학과 그 외 인간 활동 분야가 발전하는 데 장애가 되었다고 생각하는 것들을 장황하게 살펴본다. 중국의 문화는 남성과 여성 간의 소통을 엄격하게 제한했을 뿐 아니라, 나체에 대한 묘사나 시체 처리에 대한 묘사도 엄하게 금지하였다. 이런 제한과 금지는 르네상스 시기 유럽의 예술가와 의사들과 달리 중국인들이 신체에 대한 세부적인 해부학적 이해를 얻지 못하게 만들었다. 중국의 전통 의학은 침술의 활용 면에서 높은 평가를 받고 있지만, 첸은 19세기에 들어서도 의사들이 "찢어진 북 껍질" 같은 민간요법을 계속 처방하고 있었다고 지적한다. 그는 또 유교가 장자상속제의 관행을 막은 것도 문제라고 생각한다. 유럽에서는 그런 관행 때문에 엘리트 가문의 차남 이하 자식들이 상업에 종사할 수밖에 없었기 때문이다. 실제로 수공 작업에 대한 유교의 멸시는 학자들이 발명가들과 협력하지 못하게 만들었다. 그 결과로 천문학과 같이 공인된 과학조차도 발전이 쉽지 않았다. 중국의 천문학자들은 일차적으로 관리이고 그 다음으로 과학자였기에, 별을 세심하게 연구했지만 패턴이나 규칙성보다는 징조를 발견하기 위해서 그렇게 했다.

일본은 중국과 얼마간 대비되기에 흥미롭다. 물론 오랜 기간 동안 일본도 예컨대 유교와 음양론과 같은 중국의 사상과 가치를 채택하고 있었지만 말이다. 도쿠가와 막부 시기(1603-1868) 동안 도시화가 강제되었고, 이것은 중국보다 훨씬 높은 문자가용율과 경제발전으로 이어졌다. 봉건 다이묘들 사이의 경쟁이 여러 영역에서 혁신을 자극했다. 그리하여 메이지 유신이 시작될 무렵에 일본은 변화를 인정하고 세계 전역으로부터 가장 유망한 사상과 기술을 받아들일 채비가 되어 있었다. 그렇게 받아들인 것에는 성문 헌법도 포함되었는데, 이는 첸이 1983년에 자신의 책을 완성한 시기에도 (혹은 사실 지금도) 중국이 성취하지 못한 것이었다.[25]

억압적인 사회적 구속이 이유이다(더크 보드)

오랫동안 펜실베이니아 대학의 중국사 교수였던 더크 보드(Dirk Bodde)[26]는 첸원이엔과 마찬가지로 중국의 과학 발전에 대해 비판적인

---

25 중국 헌법, 즉 '중화인민공화국 헌법'은 1954년에 제정되었고 1975년과 1982년 개정을 거쳤으며, 이후에도 몇 차례 개정되었다. 특히 2018년 개정으로 주석직의 임기를 폐지하여 많은 비판을 받기도 했다. 어쨌든 중국에 헌법이 없는 것처럼 서술된 이 구절의 내용은 이 책 저자의 생각이 크게 반영된 것 같다. 게다가 지금 현재도 그렇다는 것은, 아마도 실질적으로 중국이 공산당 일당독재체제로서 사실상 공산당 규약이 헌법보다 더 상위법 구실을 하는 현실을 염두에 둔 서술로 보인다. 하지만 일본의 제국헌법을 성문 헌법으로 인정하면서 중국의 헌법을 인정하지 않는 태도는 납득하기 힘들다.

26 1909-2003년. 미국 최고의 중국학 전문가로 인정받는 학자로서, 특히 법제사 분야의 최고 전문가. 뿐만 아니라 역사, 철학, 언어학 등 광범위한 분야에서 중국을 연구하였다. 그는 1971년 교수직을 은퇴한 후에는 조지프 니덤의 『중국의 과학과 문명』 프로젝트에 참여했고, 본문에서 다루는 책 『중국의 사상, 사회, 과학(Chinese Thought, Society, and Science)』은 이 작업에 기초해 나온 것이다. 물론 책의 내용을 보면 알겠지만, 공동 작업 속에서 니덤과 보드는 크게 의견이 갈렸다고 한다. 책의 내용은 중국의 과학과 기술 자체가 아니라 중국의 과학 발전을 막은 "힘"에 초점을 맞추고 있다. 문제는 이 책이 발간된 1990년대에는 과학사에서 이런 부정적 문제설정 자체가 인정되지 않는 때여서, 그의 책

해석을 제시한다. 광범위한 연구를 통해 그는, 중국이 "날아오르지 못한 것"을 고대에 생겨났지만 여러 세기를 거치며 중국인들을 더욱 더 바보로 만들어 버린 다양한 문화적 요소들 탓으로 보고자 했다.[34]

다른 학자들이 주장해 온 것처럼, 그도 중국인들이 과학보다는 기술 면에서 더 성공적이었다고 생각한다. 이는 얼마간 중국인들이 여러 학문 분야를 구분하면서 활용한 방법 때문이었다. 중국에서 일어난 36개의 중요한 기술 혁신 −석궁에서 자기 나침반에 이르는− 중에서 16개가 2,000년 전인 한(漢)대에 이루어졌으며, 단 2개만이 13세기에 멸망한 송대 이후에 이루어졌다. 근대 이전 중국에서는 과학을 비롯한 어떤 지적 분야도 그 자체로 자율적이거나 완전한 것으로 인정되지 않았다. 학자들은 많은 분야들을 연구했지만 그것들에 대해 총체적으로 사고하지 않았다.

유럽에서는 지식인과 학자들이 점점 더 다원화되는 사회의 귀족과 군사 지도자, 상인, 은행가, 기업가, 등 여러 구성원들과 지위와 존중을 공유해야 했지만, 중국에서는 황제 외에는 어느 누구도 사대부의 권력과 위신을 능가할 수 없었다. 보드에 따르면, 문자가용율이 그렇게 희박하고 문자활용 능력을 얻기가 힘들어 귀하게 여겨지는 그런 사회에서 이것은 당연한 일이었다 −그리고 오늘날이든 2,000년 전이든 교육받은 중국인 한 사람이, 비록 얼마간 어려움이 있지만, 2,000년 이상을 거슬러 올라가는 민족 전래의 경전을 모두 통달할 수 있다는 것을 고려하면 충분히 그럴 수 있을 것이다. 문화적 통합과 연속성을 확보하는 이보다 강력한 도구가 어디 있겠는가! 반면에 오늘날 영국의 고등교육을 받은 연설가는 겨우 600년 전 무렵에 쓴 초서(Chaucer)의 글에도 어려움을 겪는다. 중국에서는 모든 사람이 약 2,000년 동안 똑같은 문어와 똑같이 협소한 경전들을 공부했기에, 필연적으로 지적 다원성이 억제될 수밖에 없었다.

은 "시대에 뒤졌다"는 평가를 받았다.

보드는 중국어 자체가 명확한 과학적 사고에 장애물이라고 여긴다. 중국의 학자와 사상가들은 시대를 통틀어 보통 자신의 뜻을 경구(警句)로 표현했고, 이는 권위 있는 유교의 진술까지도 종종 이해하기 어렵게 만들었던 오래된 성향이었다. 중국어 문어 자체에 일관성 있는 구두점이 없으며, 아울러 동사와 명사를 수식하는 역할을 하는 말의 요소들이 많이 없다. 예컨대, 주어진 문장의 주어와 주어진 행위의 목적어를 말하기가 힘든 경우가 허다하다. 실제로 중국에는 20세기까지 문법학자가 전혀 없었다. 보드는 중국에서 문자 습득이 힘든 것은 소수의 전유물이자 권력의 도구로서 글쓰기를 유지하려는 목적에서였다고 주장한다. 그렇지 않으면 인쇄술을 발명한 나라에서 구두점이 발전하지 못한 이유가 무엇이겠는가? 물론 중국어의 성격을 고려한다면 알파벳 표기가 불가능하지만, 다른 표기 방법도 ―심지어 비교적 현대적인 방법도― 아주 성가시다. 게다가 20세기에 서구 인쇄술이 도입될 때까지 중국의 서적에는 이어서 매겨진 쪽수가 없었고, 그래서 학자들도 문헌 인용을 하려면 장이나 절을 표시해야 했다. 또 중국 서적에는 색인도 붙지 않았다.

중국 문어는 또한 대구법(對句法)과 대조법(對照法) 같은 수사 장치의 이용을 권장했는데, 이런 장치들 중 전자는 니덤이 그렇게 매력적이라고 생각한 중국인의 뿌리 깊은 유기체론을 강화시켰을 수도 있으며, 후자는 현실을 범주적으로(의미 있는 범주들로 구분할 수 있는 것으로)가 아니라 변증법적으로(끊임없이 바뀌는 것으로) 사고하는 중국인의 경향성을 강화시켰을 수도 있다. 그래서 예컨대, 아주 최근까지도 연속적으로 숫자를 매겨 제시하는 목록이 드물었고, 이는 확실히 대칭을 선호하는 중국인의 성향 때문이었다. 1, 2, 3 같은 숫자를 이어서 매기게 되면 대칭이 무너지게 될 테니까 말이다. 이런 부분이 또 중국 문어에 단락과 부제(副題)가 없는 이유일지도 모른다. 이런저런 특징들로 인해 바라는 정보에 쉽게 접근하기 어려웠기 때문에, 중국의 학자들은 경전을 암기하여 익히는 데 엄청난 시간과 노력을 들일 수밖에 없었던 것이다.

많은 학자들은, 과거시험을 준비하기 위한 소수 경전의 기계적 암기와 시험 논술의 고도로 양식화된 성격이 지적 창조성과 다원성, 자유로운 사고를 억제했다고 주장해왔다. 예컨대, 1487년의 과거시험 응시자들에게는 "천하의 도를 즐기는 자는 천하를 보전한다"[27]는 뜻을 가진 맹자의 문장이 제시되었고, 이에 대한 생각을 그들은 "팔고문(八股文)"[28]으로 제출해야 했다. 그것은 4개의 절로 구성된 2개의 부로 나누어졌고, 각 절은 대조법적 방식으로 생각을 짝을 이루어 제시하는 4개의 문장으로 짜 맞추었다. 과제 전체가 명석함과 높은 기억력, "틀에서 벗어나" 사고하기보다는 엄격한 규범 내에서 일할 수 있는 능력을 요구했다. 보드는 이를 다음과 같이 상세히 설명한다.

> 전통적으로 사서(史書)나 다른 중요한 학술 저작의 서술에 적용된 주된 기법은, 다른 책의 내용을 오려서 붙이는 식이었다. 즉 "편집을 통한 저술"이라고 할만하다. 원문에서 통째로 옮긴 긴 인용문에 크게 의존하면서 인용문을 배치한 사이사이에 최소한의 논의와 분석을 두는 것은 중국의 전통학문에서 많이 발견되는 뚜렷한 약점, 즉 종합하고 일반화하고 가설을 세우지 못하는 약점을 예시한다. 때로는 역사적 추론 기법의 발전이 진정으로 분석적인 가설적 명제의 공식화로 이어지기도 했지만, 그런 경우에도 결국 오래된 학식의 축적이 세세한 것에 과도한 관심을 두는 방식에서 벗어나 체계로 시선을 돌릴 정도로 의미 있는 결과를 낳지는 못했다.[35]

이런 문제는 중국의 학자들이 민간 신앙에서 나온 용어들을 계속 사용하

---

27 원문은 樂天者保天下이다. 바로 뒤에 "천하의 도를 두려워하는 자는 자기 나라를 보전한다(畏天者保其國)"는 구절이 이어진다. 『孟子』梁惠王章句下 제3장에 나온다.

28 명·청시대 과거시험에서 사용한 답안의 엄격한 형식. 팔고문은 필자가 '성현을 대신해 말하도록' 규정되어 유가의 풍모가 느껴지는 인용문을 활용하고 임의로 개인의 견해를 드러내선 안 되었다. 이를 위반할 경우 낙방은 물론 처벌까지 받을 수 있었다. 팔고문은 명·청시대에 상공업이 발전하고 유가경전을 위협하는 지식이 발달하자 사상과 지식을 통제를 강화하기 위해 등장했으며, 사상을 경직되게 하고 사회발전을 가로막는 주요인이 되었다는 평가를 받는다. 결국 팔고문은 1905년 과거제도 폐지와 함께 사라졌다.

면서 세부적이고 정확한 명명법을 만들어 내지 못하고 어떤 전문 용어 목록도 편찬하지 못했기 때문에 더욱 악화되었다. 하지만 보드는 얼른 여기에 덧붙여, 이런 중국 고전 문어가 학문 및 과학에 대해서만 효율적으로 사용되기 힘들었지 중국인이 이룬 시적 표현의 경이적인 성취에는 장애가 되지 않았다고 설명한다.

보드는, 2,000년 이상에 걸쳐 그리고 바로 최근까지 모든 중국의 사상가들이 −묵가를 제외하면− 시간과 공간을 추상적 연속체가 아니라 특정 왕조나 지역 같은 개별적인 시대나 영역들로 인식한 것을 중요하게 생각한다. 또 그들 대부분은 시간을 직선 형태로 생각하지 않고, 왕조란 끝이 없는 순환 속에서 흥망성쇠를 거듭하는 것으로 보았다. 게다가 이런 관념은 중요한 상징적 의미를 가지고 특정한 수와 결부된 광범위한 현상들과 내밀하게 엮여 있었다. 32방위(方位)와 사계(四季), "십이지(十二支)", 오행(五行), 음양이 그런 것들이다. 보드는 니덤의 설명을 인용하며 이렇게 쓰고 있다.

> 아마도 상호 연관된 유기체론적 사고 체계 전체는 … 중국 관료 사회의 거울상(mirror image)일 것이다. 인간 사회와 자연에 대한 묘사가 모두 일종의 좌표 체계를 내포하는데, 그것은 모든 것이 "적절한 경로"를 통해 다른 모든 것과 연결되면서 자기 자리를 갖고 있는 도표 틀이자 계층화된 망(網)이다. 한편에 (하나의 부[部]를 이루는) 다양한 … 국가 부서들과 (다른 부를 이루는) … 관리들의 구품(九品) 체계가 있었다. 이에 대비하여 (하나의 차원을 이루는) 오행이나 팔괘(八卦)나 육십사괘(六十四卦)가 있고, (다른 차원을 이루면서) 그것들 사이에 나누어지고 각각 따로 그것들에 대응하는 만물(萬物) 전체가 있었다.[36]

이런 사유 방식을 고려하면, 중국인들이 분석을 위해 어떤 특정 요소를 추상하거나 실제로 자연을 보다 사실적으로 개념화하기는 어려웠다고 추정할 수 있다. 또한 모든 것이 자기 자리를 가진다면, 그리고 유교가 중용(中庸)을 지킬 것을 장려하기에, 중국인들에게는 근본적인 변화를 피하려는 경향이 있었을 것이라고 추정할 수 있다.

중국 학자들이 수학에 강함에도 불구하고 자연 현상에 수량적 방법을 적용하지 못한 것은 놀라운 일이다. 보드는 (기원전 221년 진 제국의 수립 이전인) "봉건제" 시대에 배출된 수많은 중국 사상가들을 든다. 그들은 목수의 직각자와 제도공의 컴퍼스 같은 숙련 장인들이 이용한 측량 도구로부터 끌어낸 은유와 이미지를 이용해 자신의 사회 · 정치 사상을 뒷받침하였다. 하지만 그런 수사 장치들은 서기가 시작되기 전에 문예 담론에서 완전히 사라졌다. 게다가 중국의 사상가들 중 유일하게 자연에 대해 실제로 깊은 관심을 가졌던 도교 철학자들은 수량화의 생각 전체를 단호하게 거부했다. 법가는 관료주의적인 목적에서 수량화 방법의 사용을 옹호했고 이것은 여러 세기 동안 정기적인 전국적 인구조사 같은 관행으로 지속적인 유산을 남겼지만, 법가라는 사상 학파는 완전히 소멸되었다. 반면에 "인간의 생리학적인 일곱 가지 고통, 자연재해가 야기하는 여덟 가지 고통, 인간 관계에 기초한 다섯 가지 고통" 등과 같은 다소 엉뚱한 항목화가 지적인 측면에서 큰 인기를 누리는 경향이 있었다.[37] 그 결과 중국에서 수학은 최근까지 과학적 개념화의 발전에서 중요한 역할을 한 적이 없었다.

이어서 보드는 중국에서 종교가 지적 발전에 미친 영향을 살펴본다. 고대 시기부터 중국에는 일상화된 단일 종교가 없었다. 불교와 도교는 사원과 사당, 승려들로 이루어진 광범위한 네트워크를 유지했지만, 유교를 신봉하는 사대부들은 그것들을 불신의 눈으로 보았고, 자유를 제한했으며, 때로는 대대적으로 탄압했다. 게다가 대체로 대부분의 중국인들의 마음에는 어떤 다른 믿음이나 관행보다 조상 숭배 의식이 더 소중하게 여겨졌다. 불교도 도교도 완전한 정치 철학을 발전시키지 못했고, 이는 필시 그것들이 세상사의 무의미함이란 가르침을 꾸준히 고수했기 때문일 것이다. 그런 종교들이나 사실 유교도 사회적으로 내세웠던 발언들은 대부분 기존 가치와 제도들을 강화하는 것이었고, 이런 가치와 제도들에 도전하거나 개혁을 요구하는 경우가 드물었다. 보드는 이런 통례에 흥미로운 예외가 고대 묵가였다고 주장한다. 그들은 세상 속에서 끊임없이 노역하고 선을 행하는 비타협적이고 금욕적인 윤리를 설파했다. 이것은 중국에서 논리학 체계를 발전시키고 핵심 용어를 체계적으로 정의하며 광학과 역학, 생물학과 같은 자연의 여러 측면을 연구하고자 한 유일한 지적 운동이었다. 보드가 볼 때, 이런 역동적이고 혁신적인 지적 흐름이 중국의 역사 초기에 근절되었다는 것은 이미 그 시점에 중국의 발전이 가진 핵심 특징들이 어느 정도 정해졌음을 보여준다.

공자(孔子)로부터 마지막 위대한 유교 사상가 주희(朱熹: 1130-1200년)와 그 뒤까지 중국 사상가들이 가진 시각은, 정치적 · 철학적 정통론과 과거에 대한 숭배 및 향수, 권위에 대한 존중을 특징으로 하였다. 그들 대부분은 주(周)나라(기원전 1046-256년)가 중국 역사를 통틀어 덕치(德治)와 조화로운 사회의 가장 고결한 예를 제공했으며 그 이후의 모든 왕조는 그에 비해 못하다고 믿거나, 중국의 오랜 경전에 인류가 이용할 수 있는 가장 위대한 지혜가 담겨있다고 믿었다 ―혹은 그 둘 다를 믿었다. 새로운 생각은 배척되거나 적어도 의심의 눈초리를 받은 것 같다. 보드는 고대 중국 철학에 진리의 발견을 목표로 철저한 논쟁을 수반하는 소크라테스식 대화법이 전혀 보이지 않는 점을 지적한다. 그런 대화법 대신에 짧은 논쟁 속에서 대가(大家)가 상대를 곧바로 찍소리도 못하게 만드는 모습을 보게 된다. 실제로 맹자는 자신이 조화롭지 못하고 논란으로 가득 찬 시대에 살다보니 논쟁에 참여할 수밖에 없었다고 한탄하기까지 했다. 후기 묵가만이 명확하게 논쟁과 지적 의견 교환에 가치를 두었다. 13세기 초부터 700년 뒤 제국의 붕괴 때까지 지속된 정통 주자학의 확립은 이런 경향을 한층 더 강화했다.

보드는, 중국에서 분서(焚書)와 정치적 반대자의 고문 및 처형이 반복되었음에도, 르네상스와 종교개혁 시기 유럽에서 일어난 맹렬하고 극심한 지적 탄압이 중국의 통치자들이 가한 어떤 탄압보다도 훨씬 심했음을 보여준다. 그는 이런 차이를 다음과 같이 설명한다.

> 요컨대, 종교개혁 시기 유럽의 상황을 중국의 경험에 비추어 볼 때, 유럽에서 탄압의 강도가 더 컸다는 점은 이런 탄압이 더 큰 저항을 야기했다는 점과 짝을 이루어, 사상 통제의 효율성과 총체성을 가리키는 것이 아니라 오히려 유럽에 건강한 지적 다양성과 엄밀함이 존재했음을 보여준다. 그러한 환경은 과학 발전에 특히 유리하게 보일 것이다. 물론 억제력이 지나치게 강해지지 않았다는 조건 하에서이지만 말이다.[38]

그 뒤 그는 과학사가 허버트 버터필드(Herbert Butterfield)[29]의 주장을 인용한다. 버터필드는 중세 이래 유럽에서 전개된 반대 세력과 기존 권위 간의 비교적 균형 잡힌 투쟁이 개성과 양심, 책임감을 강화하는 경향이 있었다고 주장하면서, 이런 역량이 중국에서는 그만큼 활발하게 발달하지 않았다고 암시한다.

중국의 공식적인 사회적 위계는 고대부터 상인을 가장 밑바닥 층에 두었고, 사회적 위계의 정점에 있는 사대부들은 상인을 물질주의적이고 윤리에 관심이 없으며 불안을 야기하는 사회적 요소로서 멸시했다. 하지만 당 중기(700년대)부터 상인의 물질적 지위가 서서히 나아졌고, 종종 국가와의 비밀스런 협력 속에서 거부(巨富)가 등장했다. 그렇지만 상업 자본주의는 등장하지 않았고, 보드는 이에 대한 몇 가지 설명을 제시한다. 첫째, 장자상속제가 없어 부의 집중을 힘들게 했다. 둘째, 상업을 통해 획득한 많은 부가 관직 구입과 같은 비생산적 목적으로 전용되었다.

---

29 1900-1979년. 영국사와 역사철학을 주로 연구한 영국의 역사가. 캠브리지 대학 역사과 교수이자 부총장을 역임했다. 1968년에 기사작위를 받았다. 주로 초기에 쓴 『역사에 대한 휘그적 해석(The Whig Interpretation of History)』(1931년)과 『근대 과학의 기원(Origins of Modern Science)』(1949년)으로 유명하며, 나중에는 역사서술과 과거에 대한 발전론적 시각에 관심을 기울였다. 독실한 기독교도로서 연구와 서술에 신앙이 큰 영향을 미쳤다.

셋째, 정부는 소금 전매와 같은 중국에서 가장 큰 고수익 사업 중 일부에 대해 최종적인 통제력을 유지했다. 그리고 마지막으로, 중국 상인들은 자체적으로 데어드러 맥클로스키의 소위 "부르주아적 존엄성"(1장을 보라) 같은 것을 창안한 적이 없고 대신에 기회가 있을 때마다 사대부를 흉내내려 했다.

보드에 따르면, 중국에서 보이는 지식인과 수공 장인들 간의 거의 메울 수 없을 것 같이 보이는 간격은 놀라운 것이다. 관료주의 유토피아에 존재하는 관영 작업장을 공상적으로 다루고 있는 글을 제외하면, 현존하는 기술과 관련한 전문적인 글 중 송대 이전의 것은 단 하나도 없다. 명대 중국인들이 뛰어난 항해술을 지녔음에도, 그 시대에 나온 항해용 교범은 단 하나도 존재하지 않는다. 반면에 농서(農書)는 2,000년도 더 전인 한대의 것이 전해지고 있으며, 이것은 중국인의 가치체계에서 농업이 가진 특출한 중요성을 보여준다. 마찬가지로 보드는, 인구 규모와 역사 기록의 길이 상의 차이를 고려할 때 수백 년을 내려오면서 이름으로 기억되는 ─혹은 개인 성명을 남긴─ 수공 장인들이 유럽보다 중국에서 훨씬 적다고 생각한다. 심지어 미술가의 자화상조차 중국에서는 극히 보기 힘들다. 여기서 요점은, 중국의 전문 기술자와 창의적인 생각을 가진 사람들이 유럽인들보다 개인주의적인 성향이 덜하고 정상에서 벗어난 행태를 보이지 않았으며, 지식인과 접촉할 가능성이 적었고, 문자활용능력이 떨어졌으며, 시간이 가면서 혁신적 성향이 줄어들게 되었다는 것이다.

시대를 통틀어 중국의 사상가들은 거의 모두 지리적 탐험과 팽창주의를 중요치 않게 생각했다. 그들은 정화와 같은 탐험가의 행동을 낭비적이고 무의미한 것으로 두고두고 경멸했다. 물론 중국의 통치자들은 세기를 거듭하며 제국의 영향력을 증가시켰다. 그러나 대체로 이런 일은 명예의 추구나 극적인 침략 없이 아주 느리게 일어났다. 유교 지식인들에게, 또한 대부분의 도교 철학자들에게도 활력을 주었던 단순성의 에토스는 그들을 명예 추구나 침략 시도 같은 노력들로부터 뒷걸음치게 만들었고, 실제로 모든 종류의 혁신과 새로움에 대해 회의적이게 만들었다.

보드는 또한 자신이 중국인의 도덕주의적 자연관이라고 부른 것, 즉 자연 현상을 인격화하는 태도도 중요하다고 생각한다. 비록 이런 경향성이 모든 고대 사회에 널리 퍼져 있었지만, 유학자들과 그 외 중국 사상가들 사이에서는 이런 태도가 아주 최근까지도 지속되었다. 이런 지속성은 윤리 문제에 거의 전적으로 심취하는 유교의 성향에서 나왔을 가능성이 많은 것 같다. 심지어 신원미상의 한 초기 유학자가 "사물의 조사"에 부여해야 할 중요성을 아주 잠깐 한 번 모호하게 언급한 것도 자연에 대한 체계적인 연구로 전혀 이어지지 않았다. 주자학자들은 자신의 철학 속에서 그런 조사에 중요한 지위를 부여했는데, 그들조차도 자연을 전혀 연구하지 않았다. 실제로 비정통적인 주자학자 왕양명(王陽明)[30]이 주희가 주창한 방법이라 여긴 것에 따라 죽순 몇 개의 숨은 뜻을 이해하기 위해 7일 밤낮으로 집중적인 사색을 하며 애썼을 때, 그는 단기 신경쇠약으로 고통을 겪었다. 추정컨대, 주희가 의도한 것은 정신 상태와 그 외 순전히 인간적인 것들에 대한 자기성찰이었을 것이다. 분명히 서구의 과학 사상에 강력한 영향을 받은 방이지(方以智)[31]같은 소수의 학자만이 주로 자연 현상에 주의를 기울였다.

이어서 책은 성(性)에 관한 중국의 사상과 관습을 다룬다. 우선 주요 유교 사상가들은 성이 가진 위험성에 대한 경고를 제외하면 그 문제를 거의 언급하지 않았다. 실제로 맹자는 긴급한 경우를 제외하면 남녀 간에 서로 손도 만져선 안 된다고 하였다. 도교는 남자가 가능한 사정(射

---

30 1472-1529년. 명대의 정치인, 교육자, 사상가. 양명학의 창시자이며 심학(心學)을 크게 이루었다. 원래 이름은 왕수인(王守仁)이며 양명(陽明)은 그의 호이다. 명대에 이르러 주자학이 교조화하고 과거시험의 수단으로 전락하던 시기에 비판적으로 이에 접근하여 심즉리(心卽理)·치양지(致良知)·지행합일(知行合一)을 주장했다.

31 1611-1672년. 명말 청초의 사상가이자 과학자. 자연과학 분야에 깊은 관심을 기울여 거의 유럽의 백과전서학파에 비견될 정도로 많은 저서를 남겼다.

精)을 자제하면서 자기 아내를 최대한 자극하도록 권했지만, 이것은 전적으로 도교가 이렇게 하여 사람의 수명을 늘릴 수 있다고 믿었기 때문이었다. 1930년대에 중국에서 수행한 인류학 연구는, 아내가 남편에게 아이를 낳아 줄 때까지 남편이 아내에게 관심이나 애정을 보이는 것은 부적절하다고 생각한다는 것을 발견했다. 아이를 낳은 이후에도 공개적인 애정 과시는 심한 비난을 받았다. 또 중국 문화에는 -적어도 아주 초기부터 내려오는- 남자와 여자가 함께 춤을 추는 전통도 전혀 없었다.

성에 대한 금욕적 태도는 개인적인 자기표현을 경시하는 중국 문화의 경향성과 관계가 있을 수도 있다. 아주 일찍부터 중국인의 공식 대화에서는 일반적으로 일인칭 대명사의 사용을 피하였다. 거의 모든 한시(漢詩)가 그러했다. 그와 관련해 전기(傳記)도 흥미로운 사례이다. 2,000년 전에는 자신에 대한 기록을 포함하여 사람들의 삶을 풍부하고 상세하게 기록하였다. 그 뒤 서서히 이 장르가 점점 더 양식화되고 비인칭적이며 피상적이고 진부하게 되어 갔다. 그 사이에 서구에서는 이 장르가 깊이를 더해 갔었다. 마찬가지로 초상화와 자화상도 특히 당대(618-907년)에 크게 번성한 이후에는 거의 나타나지 않았다. 보드는, 인물화의 쇠퇴가 아마 중국에서 사회적 제약이 점진적으로 강화된 것과 직접 관련될 것이라고 생각한다. 비록 그가 명대에 아주 일부 지식인들 사이에서 유행한 일종의 대중적 기행(奇行)을 잠시 다루지만 말이다. 보드는 역사가 윌리엄 드 베리(William De Bary)[32]를 인용하면서 개인주의 자체가 중국에서는 나타나지 않은 것 같다고 주장한다. 그 이유는 개인주의 등장의 전제조건 중 다수가 특별히 유럽적인 것이어서 중국에는 그것들이 없었기 때문이다. 활발한 중간계급과 자본주의 경제, 국가권력

---

32 1919-2017년. 미국의 중국학 및 동아시아 문학연구자, 컬럼비아 대학 교수. 동아시아 (주로 중국 및 일본) 문학, 역사, 문화 관련 일차자료를 편집한 다수의 자료집을 발간했으며, 아시아적 가치의 보편성을 주창하였다. 그는 미국의 주자학 연구 분야를 건설한 인물로 인정받고 있다.

과 다툴 만한 힘을 가진 교회, 양심의 자유를 위해 싸운 종교 교파들, 강력한 대학, 자유 언론이 중국에는 없었다는 것이다. 보드는 지금까지 얘기한 이런 요소들도 근대 과학의 발전을 막았다고 믿는다.

이어서 다루는 문제는 중국의 스포츠와 경쟁이다. 비록 중국 역사 전체에 걸쳐 수많은 경쟁적인 스포츠들이 인기를 누렸지만, 그것들은 고대 그리스에서 시작된 서구의 스포츠 전통과 뚜렷하게 달랐다. 한 가지를 들면, 관중과 함께 하는 스포츠가 아주 드물고 규모도 작았다. 개인적인 경쟁도 마찬가지였다. 중국인들은 개인의 실패를 공개적으로 드러내는 것을 피하는 것 같다. 또 예컨대 영국의 축구 경기가 흔히 그런 것처럼, 경쟁적인 경기를 치르는 동안 다양한 사회 계급들이 뒤섞이는 경우도 드물었다. 보드는 이렇게 믿고 있다.

> 서구문명의 아주 이른 단계부터 아주 강력한 특징으로 나타났던 경쟁심은 귀족적 경계를 돌파하여 상업과 산업, 기업 활동이라는 갈수록 더 존중받는 통로로 밀려들면서 새로운 힘을 얻었다. 이로부터 근대 자본주의 사회와 기술, 과학이 등장했다.[39]

중국의 제국 시기 중 삶 속에서 경쟁이 우위를 누렸던 한 시기는 이미 언급되었다. 그 시기에는 수십만 명의 사람들이 삶의 대부분을 경쟁에 소비했으며, 그를 통해 아주 작은 일부만이 최고의 자리에 올라섰고, 대부분은 실의에 빠진 채 무너져버렸다. 즉 과거시험을 말한다. 다시 또 보드는, 여러 세기 동안 경쟁심을 관직에 오르기 위한 준비로 돌려버린 것이 중국 문명에게 치명적이었다고 생각한다.

책의 마지막 부분은 중국인의 자연관을 다루고 있다. 중국 학자들은 아주 이른 시기부터 (물론 아리스토텔레스처럼 그것들을 정밀하게 묘사한 경우는 거의 없었지만) 자연을 식물상과 동물상, 그 외 다른 요소들로 세심하게 분류했다. 하지만 중국 학자들이 개미와 벌에게서 보이는 사회 활동의 양상을 관찰하기 시작한 것은 8세기의 일이었다. 그래서 고대 중국 학자 중 가장 명시적으로 과학적 시각을 가졌던 묵자조차도 동물과 곤충은 힘들여 일할 필요가 없다고 믿었다. 이런 잘못된 이해는, 중국 농민들이 일찍부터 동물보다 식물에 훨씬 더 많이 집중했다는 사실에서 비롯했을 수도 있다. 보드는 또 자신이 자연에 대한 중국의 자연주의적 혹은 분석적 접근이라고 부른 것도 다룬다. 중국의 이런 자연관은 인간을 모든 피조물 속의 한 피조물에 불과하며 온 우주의 맥락 속에서 하찮은 것으로 상정한다. 그러므로 자연이란 자애로운 창조주에 의해 인류를 위해 마련된 것이라고 인간이 주장하는 것은 말도 안 되는 소리였고, 마치 이가 자신이 뜯어먹고 사는 인간을 특별히 자기를 위해 있다고 생각하는 것과 같았다. 하지만 동시에 모든 중국인들이, 심지어 사상가도 도덕적 자질을 자연 현상의 결과로 보았던 것은 분명하다. 보드에 따르면, 아마도 이런 애니미즘(animism)적 성향 때문에 중국 학자들이 중력 같은 보편적 힘을 인식하기가 힘들었던 것 같다.

결론적으로 보드는 중국에서 근대 과학 및 기술의 발전을 억제했다고 보는 몇 가지 요소들을 제시한다. 한 가지는 이론화에 대한 강력한 무관심과 고대의 숫자 점(占)이나 풍수, 음양 이론에 대한 맹목적인 수용이다. 이런 믿음들이 일부 수공 장인들이 항해용 나침반과 화약 같은 약진을 달성하는 데 도움을 주었을 수도 있다. 하지만 그것들은 분명 과학적 혁신이 보다 광범하게 이루어지는 것을 방해했을 것이다. 또 한 가지는 중국의 지리적 고립으로, 중국이 중동이라는 인류 문명의 심장부로부터 동 떨어진 유라시아의 동쪽 끝에 위치한다는 것이다. 외래 사상에 대한 중국의 저항적 태도는 이런 고립과 관계가 있었다. 이런 저항적 태도에 예외였던 주요 사례는, 물론 수많은 사람들이 불교를 열정적으로 받아들인 것으로 이는 특히 당대의 일이었다. 하지만 그때도 수준 높은 수학과 천문학 지식을 갖고서 중국에 정착한 수많은 인도 학자들이 중국의 과학에는 별다른 영향을 주지 못했던 것 같다. 그래서 비록 초기 중국의 항해술이 유럽에 비해 2 내지 3세기를 앞서 나갔지만, 그 항해술도 근대에 이르를 때까지 수학적 계산에 입각한 항해술로 발전하지는 못했다.

보드는 자신이 중국에서 과학보다 기술이 훨씬 더 많이 성공을 거둔 것을 설명해주는 핵심적 이유를 발견했다고 생각한다. 그는 이렇게 쓰고 있다.

> 과학은 주로 고전에 입각한 교육을 받고 주로 책에서 얻은 세계관을 가진 사람들에 의해 기본적으로 추구되었다. 기술은 기본적으로 숙련 장인들과 최고의 공예가들에 의해 수행되었는데, 이들은 흔히 글자를 완전히 모르거나 조금밖에 몰랐으며 그들이 이룬 업적도 추상적 이론보다는 실제 경험에 더 입각해 있었다. 이를 통해 보면, 음양 및 오행 이론이 부과한 지적 제약이 과학에 비해 기술에는 그 만큼 해롭지 않았을 수도 있는 상당한 가능성이 제기된다. 또 그 외 다른 과학에 불리한 요소 중 몇 가지도 기술에는 그다지 해롭지 않았을 수도 있다. 예컨대 대체로 중국인들에게 폭넓은 종합이 아니라 별개의 세세한 것에 집중하는 경향이 있다는 점이 그렇다. 요컨대, 여기서 우리는 중국이 가진 그렇게 많은 "최초의 것"이 과학이 아닌 기술과 관련되었다는 사실에 대한 설명을 일부나마 찾을 수도 있다.[40]

보드는 이런 경향이 중국 역사의 아주 초기부터 작동해 왔다고 생각하고, 그 증거로서 논리와 자연에 초점을 두었던 묵가가 기원전 2세기 이후 계속 발전해 나가지 못한 것을 제시한다.

과학 연구와 관련된 독립적 제도가 없던 것이 결정적 원인이었다(네이선 시빈)

중국에서의 과학 발전 문제를 전혀 다르게 보는 학자들도 있다. 보드의 후임으로 펜실베이니아 대학의 중국 문화 및 과학사 교수였고 지금은 명예교수직에 있는 네이선 시빈(Nathan Sivin)[33]은 중국에서 과학혁

---

33 1931년 출생. 펜실베이니아 대학의 중국학 명예교수. 더크 보드 이후 미국의 중국학 최고 전문가로 인정받고 있으며, 특히 중국 과학기술사, 중국 전통 의학, 중국 철학, 중국의 종교를 연구하였다. A.C. 그레이엄(Graham), 조지프 니덤 같은 뛰어난 과학사가들과 여러 공동 작업을 수행하였다.

명이 왜 일어나지 않았냐고 묻는 부정적 질문의 역사적 타당성을 완전히 부정한다. 더 나아가 그는 사실 17세기 중국에서 과학혁명이 일어났었음을 보여주고자 한다.

과학사의 뛰어난 논문을 모은 선집에 수록된 한 논문에서, 그는 먼저 역사의 어떤 시기든 두 나라를 정해서 과학과 기술 전체를 비교하면 아마도 근대 이전의 경우에는 별다른 의미를 찾기 힘들 것이라고 지적한다. 그 이유는 과학과 기술의 여러 분야들이 최근에야 비교적 지적으로 통합되었고, 한 분야에서 지체되었다고 다른 분야에서도 비슷하게 지체되었다고 말할 수가 없을 것이기 때문이다. 그래서 유럽은 기술적인 측면에서 적어도 1400년까지 중국에 비해 낙후되어 있었지만, 중국의 천문학자들은 근대에 이르기까지 고대에 이미 프톨레마이오스(Ptolemy)[34]가 예상한 결과에도 도달할 수가 없었다. 하지만 중국의 의술과 유럽의 의술은 둘 다 1850년이 되어서도 아주 낮은 수준에 머물러 있었다.

이어서 그는 자연 세계에 대한 지식을 비롯해 거의 모든 분야의 학식에 능통했고 관리이기도 했던 중국의 '르네상스적 만능인' 심괄(1031－1095년)을 다룬다. 심괄이 살았던 시기는 사대부가 후대와 마찬가지로 철학과 예술, 문학에 대한 관심을 추구했을 뿐 아니라 자연과 기술도 연구했던 때였다. 매우 수준 높은 천문 시계(水運儀象臺)를 만들었던 소송(蘇頌)[35]도 그런 뛰어난 만능인 중 한 명이었다.

---

34 c.83-c.168년. 고대 그리스의 수학자, 천문학자, 지리학자, 점성학자. 다양한 분야에서 많은 저서를 남겼는데 그의 저서들은 이슬람과 유럽 과학에 중요한 영향을 미쳤다. 그 중 대표적인 것으로 코페르니쿠스 이전 시대 최고의 천문학서로 인정받고 있는 『천문학 집대성(Megalē Syntaxis tēs Astoronomias)』이 있는데, 아랍어 역본인 『알마게스트』로 더 알려져 있다. 또한 『지리학(Geographike Hyphegesis)』은 15세기까지 최고의 지리서로 알려졌고, 점성술책인 『테트라비블로스(Tetrabiblos)』도 아랍세계에서 큰 인기를 누렸다. 유럽에서는 15세기에야 천문학이 프톨레마이오스 수준에 이르렀고 그 기초위에서 코페르니쿠스의 지동설이 나올 수 있었다.

35 1020-1101년. 북송의 재상, 과학자, 수학자, 정치인, 천문학자, 지리학자, 의학자, 동물학자, 식물학자, 시인.

시빈은 심괄을 연구하면서, 심괄의 저작에 뚜렷하게 체계적인 방법이 없이 온갖 종류의 주제와 생각이 뒤섞여 있음을 발견했다. 그러나 당시 표준적인 중국의 백과전서도 그런 식으로 편찬되었고, "기예(技藝)"라는 표제 아래 연금술과 화법(畫法), 암살 기술 같은 전혀 이질적인 것들을 모아놓았다. 마찬가지로 심괄도 같은 표제 아래 건축과 놀이만이 아니라 의술과 수학까지 정리해 놓았다. 시빈은 이렇게 지적한다.

> 과학을 수행하는 사람들의 머리 속에 모든 과학들을 체계적으로 연결하는 구상이 있었던 것 같지는 않다. 과학은 유럽과 이슬람 세계의 학교와 대학에서 그런 것처럼, 철학의 지배 하에 통합되어 있지 않았다. 중국인들에게는 여러 과학(sciences)이 있었지만, 과학(science), 즉 그것들 모두를 아우르는 총합에 해당하는 단일 개념이나 단어는 전혀 없었다. 개별 과학의 수준을 넘는 일반화 수준에 해당하는 단어들은 너무 광범위했다.[41]

전통 시기 중국에는 여러 예술과 과학에 전문적으로 종사하는 이들을 서로 연결해 주는 것이 전혀 없었고, 그들이 가진 전혀 다른 지식을 체계화할 아리스토텔레스 같은 철학자도 없었다.

그렇지만 시빈은 자신의 개별 영역에서 전문적으로 활동한 이들이 자신들의 기예가 우주적인 사물의 구성에 어떻게 들어맞는지에 대한 해석을 대대로 전하고 있었다고 주장한다. 단지 여러 기예들 사이에서 이런 해석이 결코 공유되지 않았을 뿐이다. 그러함에도 심괄 같은 사상가들은 사유와 상상 같은 다양한 사고방식 사이의 연결성을 직관적으로 이해함으로써 중국의 학식 및 지식 일반에 대한 심오한 인식에 도달할 수 있었다. 심괄과 그 외 다른 중국의 사상가들은 정신과 물질 또는 주체와 객체를 둘로 나눌 필요가 없었다 ―이렇게 둘로 나누는 것은 플라톤 시기부터 내려오는 유럽에 뿌리 깊은 경향성이다.

시빈은 과학혁명이 중국에서 처음 일어나지 않은 이유가 무엇이냐고 묻는 질문이 중국학 수업에서 학생들을 중국에 대한 얼마간 더 깊은 이해로 이끌 수도 있다는 것 외에는 별 가치가 없다고 주장한다. 그런 쓸모도 없다면, 저것은 며칠 자 신문에 누구의 이름이 왜 나오지 않느냐고 묻는 것만큼이나 터무니없는 질문일 것이다. 사빈이 말하고 있는 바는, 저런 질문이 중국이 수준 높은 기술과 학식을 가진 고도로 발전된 사회였다는 바로 그 이유 때문에 중국에서 유럽식의 과학혁명이 있었어야 했다고 주장하는 것과 같다는 것이다. 또한 시빈은, 유럽에서 과학혁명이 있었다면 그것은 틀림없이 유럽이 중국을 비롯한 다른 사회보다 객관적 실체를 더 깊이 이해했기 때문이라고 상정하는 것도 한심스러운 일이라고 생각한다. 나아가 시빈은 이런 생각을 거부하고, 유럽이 위대한 근대 과학의 약진을 이루어낸 것은 자연에 대한 수탈과 식민주의 덕분이었다는 시각을 지지한다.

또한 그는 보편 과학 같은 그런 무엇인가가 있다는 것도 부정한다. 보편적이기는 커녕, 근대 과학에는 유럽적 사유방식이 짙게 배어있는 것이다. 근대 과학이 진정으로 보편적이었다면, 표준화를 통해 전통적인 문화 양상들을 파괴하지 않고 그것들과 공존할 수 있었을 것이다. 또 근대 과학이 모든 곳에서 같은 방식으로 실행되는 것도 아니다. 물론 시빈은 다음과 같은 점을 인정한다.

> 근대 과학이 뛰어난 검증 가능성과 내적 일관성, 분류학적 이해력, 물리 현상 설명의 정확성, 그리고 예측 정확도를 획득했음을 부정한다면, 어리석은 짓이 될 것이다. 그런 것들은 다른 어떤 지적 활동도 갖지 못한 것이고 초기 과학의 이해력을 훨씬 능가하는 수준이다. 하지만 이런 놀라운 특징을 가능케 한 엄밀함은, 일단 법칙이나 이론의 수학식이나, 범주의 행렬들, 정확히 정의된 기술적 개념과 모델들을 주어진 한 문화의 일상어와 일반 담론으로 옮기자 곧바로 사라진다.[42]

그래서 시빈이 글을 쓰고 있던 시기에는, 근대 과학도 중화인민공화국과 미국에서 전혀 다른 방식으로 실행되고 있었다. 하지만 동시에 그는 근대 과학이 오로지 유럽적 뿌리에서 나온 것이라는 생각도 거부한다. 반대로 유라시아 전역에서 나온 지식의 원천들이 과학혁명으로 분출한 흐름으로 모여들었던 것이다.

마찬가지로 중국에서 과학혁명을 막은 "억제 요소들"을 제시하는 주장들에도 이의를 제기할 수 있다. 중국의 사대부들이 자연 연구에 무관심했다고 비난하는 이들에게, 시빈은 유럽에서 엄청난 중요성을 가졌던 스콜라 철학자들도 마찬가지로 자연 연구에 무관심했다고 지적한다. 또 시빈에 따르면, 『역경(易經)』이 "근대 과학이 … 포괄하고자 하는 것보다 더 넓은 범위의 인간 경험을 체계적으로 다룬다는 점에서 아주 강력한" 힘을 가졌기에, 그 책을 형편없이 낡아빠진 고대 중국의 점술서적으로 치부해선 곤란하다.[43] 그는 자신이 근대 과학의 발전에서 중국인이나 다른 비서구인의 역할을 부정하기 위해 서구인들이 이용하는 두 가지 논리상의 오류를 겨냥해서 작업해 왔다고 믿는다. 그 두 가지 오류는 이런 식으로 작동한다. 첫째, 유럽에 과학혁명의 일정한 전제조건이 존재했다면, 그것은 반드시 과학혁명으로 이어져야 했다. 둘째, 중국에 그것이 존재했다면, 그것은 반드시 과학혁명으로 가는 어떤 움직임이든 억제시켜야 했다.

유럽에서 과학혁명을 발생시킨 핵심적 요인은 종교 및 세속 권위들로부터 비교적 독립한 제도적 구조 하에서 자연 철학자들(즉 초기 과학자들)의 전문적 지향성이 발전한 것이었으며, 이는 중세 말부터 서서히 시작되었다고 시빈은 지적한다. 그는 또 말하길, 그런 제도화가 중국에서는 일어나지 않았는데, 그 이유는 주로 중국에서는 길드 자체에 자율성이 없었기 때문이었다고 한다. 학식 있는 아마추어들이 과학 지식을 추구하고 공유했지만, 독자적인 동업조합 조직의 형성은 사회적으로 터부시 되었다. 시빈은 지적 통찰력이 아무리 뛰어나더라도 그에 수반하여 사회적 요소나 사회경제적 요소가 개입하지 않으면 주요한 변혁으로 이어질 수 없다는 것을 강조하고자 한다. 중국은 지적인 측면에서 충분히 과학적 성격의 발효상태에 있었다고 해도 무방하지만, 특정한 제도가 없었기 때문에 과학혁명을 이루지 못했을 수도 있다.

시빈은 결론에서 17세기 중국에서 실제 있었던 과학혁명을 설명한다. 예수회 수사들이 1630년경부터 중국에 수리천문학을 소개하자, 수많은 중국 학자들이 자신의 전통적인 연구방법을 바꾸어 기하학과 삼각법을 천문 관찰에 적용했다 —이는 근본적인 변화이다. 그렇지만 중국 사상가들은 거기서 한 걸음 더 나아가 갈릴레오처럼 모든 종류의 물리 현상을 고립시켜 그것들을 조직적으로 수량화하는 단계에까지는 이르지 못했다. 유럽 과학이 이룬 이런 발전을 예수회 수사들이 어쨌든 중국인들에게 숨겼던 것이다. 게다가 중국 천문학자들은 중국의 전통 천문학을 부활시키고 그것을 새로운 방법과 결합시켰다. 하지만 사회의 변혁은 일어나지 않았다. 그 이유는 여기에 참여한 학자들이 모두 혁명으로 잃을 것은 많지만 얻을 것은 아무것도 없는 정부 관리들이었기 때문이다. 서구 천문학을 옹호한 다른 중국인들은 서구 천문학의 뿌리가 중국에 있다고 주장했다. 이런 사상가들로부터 중국 고전의 원래 형태로 돌아갈 것을 목표로 삼는 철학 연구 학파가 나왔다.[36] 이 역시 혁명적 접근과는 거리가 멀었다.

근대 이전 중국에서 과학 발전이 약했던 것을 설명하기 위해 드는 증거와 주장들 중 많은 것들이 그 시기 중국에서 상업 자본주의나 산업 자본주의가 등장하지 않은 이유를 설명하기 위해 제시된 것들과 같다. 그것들을 여기서 다시 재론하지는 않을 것이다. 그 대신에 아래에서는 그런 설명들과 다르면서도 상당한 영향력을 가진 두 가지 설명을 다루어 볼 것이다.

기존에 확립된 효율성이 한층 더 발전해 가는 것을 막았다(마크 엘빈)

오스트레일리아 국립대학의 중국사 명예교수인 마크 엘빈(Mark

---

36 명 말부터 양명학을 비판하며 나타나 청의 건륭·가경 연간에 번성한 고증학(考證學)을 말한다.

Elvin)[37]은 중요한 초기 연구에서 중국의 경제적 정체를 "고도의 평형 트랩(high equilibrium trap)"[38] 때문이라고 하였다. 그는 이 말을 중국의 전통 경제가 광범위한 기계화와 기술 개선의 체계적 발전을 막을 만큼 효율적이었다는 뜻으로 사용했다.

엘빈은 자신이 중국의 "중세 경제혁명"이라고 부르는 것을 상세히 설명하면서, 중국 경제가 1300년과 1500년 사이에 불황에 빠진 이유와 그 이후의 경제 성장 시기에 기술 혁신이 수반되지 않은 이유를 이해하고자 한다. 그는 경제적 쇠퇴의 원인으로 네 가지를 제시한다. 첫째, 중국이 원래의 영토에서 벗어나 확장되어 늘어난 인구를 이주시키고 그곳을 개발하기 시작했다. 그 결과 남중국이 인구과잉 상태에 빠지고 자급자족이 불가능하게 되었다. 당연히 이로 인해 면직물 생산량을 늘리는 것도 힘들게 되었고, 면직물 생산의 기계화도 별다른 성과를 얻지 못했다. 둘째, 외부 세계와의 상업적 접촉과 그 외 다른 접촉이 줄어들었다. 1300년대 초부터 시작하여 이후 몇 세기에 걸쳐 주기적으로 계속 반포된 일련의 법령들이 해외 무역과 여행을 규제했다 -때로는 그런 규제가 완화되기는 했지만 말이다. 영국의 강압으로 중국이 국제 무역에 자신의 항구를 연 것은 1842년의 일이었다. 1411년 대운하가 재건되어 북쪽의 베이징

---

37 1938년 출생. 오스트레일리아 국립대학의 중국사학자. 영국 출신으로 젊은 시절 여러 지역을 오가며 공부한 경력 덕분에 뛰어난 비교 연구의 감각을 가졌다고 한다. 중국의 경제와 과학기술사에서 환경사까지 광범위한 관심을 가지고 영향력 있는 저서를 발표해 왔다. 이 책에서 다루는 『중국 역사의 발전 형태(The Pattern of the Chinese Past)』는 지금도 서구 중국사 연구를 대표하는 명저로 평가받고 있으며, 최근에는 중국 환경사를 다룬 대작, 『코끼리의 후퇴(The Retreat of the Elephant)』가 번역되어 나왔다.

38 마크 엘빈이 중국에 산업혁명이 없었던 이유를 설명하기 위해 제시한 개념. 그는 산업화 이전 중국 경제가 수요와 공급이 완전히 균형을 이루는 '평형점(equilibrium point)'에 이르렀다고 주장한다. 경제적 수요와 공급의 대규모 불균형이 광범위한 기술 진보를 가져오는데, 명·청대 중국에서는 생산 방법과 무역망이 너무나도 효율적이었고 거기에 노동가치도 아주 낮아서, 효율성을 높이기 위한 자본 투자가 수익성이 없을 정도였다는 것이다. 이와 동시에 지배적인 지적 패러다임이 도교에서 유교로 바뀌는 철학적 변화가 일어났고, 지식인들 사이에서 과학적 탐구보다 엄격한 사회 조직의 발전이 더 중요하게 되었다고 한다.

과 남쪽의 항저우를 연결했는데, 이에 힘입어 해상 운송 전체를 포기할 수 있게 되었다(지도 5.1을 보라). 엘빈은 중국의 여러 선박들이 대양 항해에 적합지 않았던 것도 이렇게 된 현실적인 이유였다고 주장한다. 그는 또 해안지대를 따라 대안적인 권력 중심들이 발전하는 것을 막는다는 정치적 명분도 있었다고 생각한다.

경제 침체의 세 번째 이유는 중국이 대외 무역에 등을 돌린 것에서 직접 발생했다. 중국의 경제는 교환수단으로서 은화에 의존했지만, 중국의 은 생산량은 수요를 충족시키는 데 크게 미치지 못했다. 명 정부는 지폐를 발행해 은화를 대체하려 했지만 실패했다. 은 수입량의 감소 ―그리고 사람들이 신뢰하지 않은 지폐 발행― 는 경제에 디플레이션 압력을 가했다. 지금(地金) 밀수만이 최악의 경제위기를 겨우 막고 있었던 것이다.

마지막으로, 중국의 사상가들이 점점 더 내면으로 침잠해 들어가면서 자연 세계에 대한 연구에 전보다 더 관심을 갖지 않게 되었다. 당시의 그림과 철학을 보면, 모두가 현실에 눈을 감고 주관성과 직관으로 관심을 돌렸다. 엘빈은 방이지의 사례를 든다. 엘빈은 그를 당시의 가장 뛰어난 과학 사상가로 생각하지만, 그런데도 방이지는 물체에는 영적 성질이 스며들어 있어 순전히 합리적인 수단만으로는 물체를 완전히 이해할 수 없다고 믿었다. 그 대신에 그는 "'세계 정신' 속의 원인이 되는 미세한 동요에" 반응함으로써 실체를 파악하는 직관적 수단을 추구하였다. 특히 『역경』에서 발전한 점술에 힘입어 "사람의 잠재의식이 그런 미세한 동요에 적절하게 반응하는 상태로" 될 수 있기 때문에, 점술이 핵심적인 역할을 하였다.[44] 엘빈에 따르면, 이런 시각은 자연 속의 어떤 변칙이든 직관적으로 이해할 수 있다고 여겼고, 따라서 현자(賢者)가 변칙을 이해하려는 생각에서 얼마간 새로운 틀을 추구하는 그런 일이 일어날 가능성이 사라졌다. 그는 이런 시각이 중국 과학에 미친 결과가 재앙 수준이었다고 믿는다.

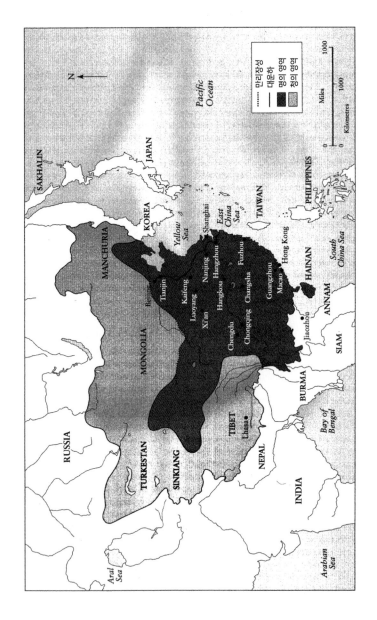

그림 5.1. 중국 제국의 절정기
명·청대 중국은 (19세기까지) 세계에서 가장 인구가 많고 부유했으며 강력한 나라였다.

이어서 엘빈은 근대 초기 중국의 경제 발전을 상세히 다룬다. 명나라 초기부터 부유한 지주들의 보유지가 양과 범위 면에서 극적으로 증가했고, 1644년 명이 무너질 무렵에는 일부 지역의 경우 몇몇 거대 지주들이 전체 경작지의 반 이상을 소유하였다. 게다가 그들의 땅에서 일하는 소농들은 대부분의 경우 완전한 농노 상태에 있거나 적어도 인신적으로 종속된 상태에 있었다. 고용된 농업 노동자조차도 흔히 종으로 대우받았다. 하지만 16세기 말이 되면 농업 노동자들이 점점 더 고분고분하지 않게 되었고, 그래서 농장 경영자들은 그들을 조심해서 다루어야 한다고 느끼게 되었다. 중국 역사 전체에 걸쳐 농민반란이 빈번하게 일어났지만, 명의 몰락 직전에 일어난 농민반란은 농촌 사회질서에 의문을 제기했고 실제로 농노제의 붕괴를 촉발하였다. 엘빈은 이런 변화의 기초에 놓인 주된 원인이 상업 경제의 꾸준한 팽창이었다고 믿는다. 이런 상업 경제의 팽창이 소농층의 계급의식을 증대시키고, 그들에게 특히 수공업 분야에서의 새로운 일자리 기회를 창출해 주었으며, 지주의 권위를 약화시키곤 했다. 한편 지주 권위의 약화에는, 돈을 가진 사람에게 매력적인 투자처로서 토지 자체가 가진 장점이 이전보다 줄어든 것도 한몫했다. 결국 대농장들이 해체되었고, 경제적 야심을 가진 사람은 누구든지 도시로 이동했다.

농노제의 종식은 중국 사회에 지대한 영향을 미쳤다. 한 가지를 들면, 농노제의 종식에 이어서 1850년까지 3세기에 걸쳐 인구가 2배로 늘어난 것은 확실하다. 왜냐하면 이제 젊은 소농들(특히 여성들)이 결혼하여 아이를 갖는 것에 지주들이 간섭할 수 없었기 때문이다. 또 다른 영향을 들면, 지리적·사회적 유동성이 극적으로 증가했다. 하지만 토지소유 규모가 더 작아지면서, 소농들은 빚을 지지 않고 살거나 조금이라도 돈을 더 벌려고 무진 애를 썼다. 모든 사람이 필사적으로 경쟁했지만, 사회 전체적으로는 이익이 되지 않았다. 엘빈은 "그것은 평등하면서도 동시에 상호간에 질투심으로 쪼개진 사회였다"고 단언한다. 노동을 착취하는 사람들과 착취당하는 사람들이 경제적으로든 이데올로기적으로든 근본적으로 구분되지 않았기에, 조화가 아니라 상호 적대감이 계속 이어졌다.[45] 결국 상인의 부와 영향력이 증가했다. 그들은 흔히 관리들과 결탁했고, 아니면 힘든 과거시험 준비에 투자하거나 뇌물을 주거나 그저 관직이나 품계(品階)를 사서 자신이 관리가 되기도 했다.

어쨌든 경제 활동이 급속하게 팽창하여, 농촌 공업이 심화되었고 시장 도시가 등장했으며 전국에 걸친 상업망이 생산자와 판매자를 연결했다. 하지만 동시에 기존의 관습과 법 때문에, 특히 상업 및 생산 관련 사업의 핵심적 측면들은 통합을 이루지 못하고 따라서 효율성을 높이지 못하고 있는 상태였다. 게다가 기술 진보는 "2,000년에 걸친 중국 역사상 대체로 이전의 어느 순간보다" 활발하지 못했다. 그렇지만 이런 사실은 너무나도 분명히 보이는 역설을 심화시킬 뿐이다. (1500년대 말 이래) 경제적으로 크게 발전하던 시기 동안에 기술 혁신이 그렇게 없었던 이유는 무엇인가? 그리고 따라서 중국이 유럽과 나란히 근대적 경제 성장에 나서지 못한 이유는 무엇인가?[46] 이 질문에 답하기 위해 엘빈은 자기 책의 마지막 장을 모두 할애한다. 그 장의 제목은 "양적 성장, 질적 정체(Quantitative growth, qualitative standstill)"이다.

먼저 엘빈은 중국의 경제적 정체를 설명하기 위해 학자들이 제시했던 수많은 설명들을 거부한다. 근대 초기 중국에는 투자 자본이 충분치 않았다고 주장하는 학자들에게, 엘빈은 생산 활동에 투자할 의향을 가진 엄청나게 부유한 상인들이 많이 있었음을 지적한다. 또 중국 시장이 너무 작아서 그런 투자로 수익을 올리기가 힘들었던 것도 아니었다 —정반대였다. 상인들에게 위험을 무릅쓰고 투자하는 것이 옳다고 여길 만한 정치 · 경제적 안전망이 없었다는 주장의 경우, 엘빈은 사실 관리와 사업가가 서로 결탁하여 일하는 경우가 흔했다고 반박한다. 나아가 정부의 화폐정책도 일반적으로 아주 적극적이거나 적어도 자유방임적이었다. 엘빈은 중국의 제국 체제 내에서는 대규모 사업을 건설하기가 어려웠다는 것을 인정한다. 하지만 실제로는 대규모 사업이 건설되었다. (예컨대, 주요 은행 지점장들의 가족들이 보통 적절한 행동을 보증하기 위해 3년 내지 4년 동안 인질로 잡혔다.)

그래도 역설 −인상적인 상업 활동과 심지어 산업 활동도 존재했는데 "도약"이 전혀 일어나지 않았다는− 은 여전히 해결되지 않는다. 엘빈은 명말 수많은 노동자가 일하고 수백 대의 수력 구동 기계를 사용하던 엄청난 공장들에 대한 묘사를 인용한 후 이렇게 덧붙인다. "근대 이전의 기계 기술에 그렇게 광범위하게 통달해 있었는데도 … 그로부터 한층 더 나아간 기술 진보가 발생하지 않은 것은 이상하게 보일 것이다." 중국의 숙련 기술자들이 유럽식으로 기술 개선에 매달려 작업했다면, 그들도 방적기와 증기기관 같은 장치를 발전시킬 수 있었을 법하다. "송대에 이미 복동식(復動式) 피스톤 화염방사기[39]를 만든 사람들"에게 이런 일이 불가능했다고 말하기는 어려울 것이다. 그렇다면 "결정적인 지점은 누구도 그런 시도를 하지 않았다는 것이다." 농업 분야를 제외하면, 중국의 기술은 "기본적인 과학적 지식의 결여가 심각한 장애가 되는 시점 바로 직전에" 발전을 멈추었다.[47] 여기서 엘빈은 "고도의 평형 트랩" 이론을 제시한다. 요컨대 중국의 성공 자체가 장애가 되었던 것이다.

그리고 중국인들은 성공했다. 그들은 '신세계'에서 온 작물을 받아들였고, 유럽에서 온 보다 단순한 화기(火器)와 과학적 도구들을 모방했다. 삶의 거의 모든 분야에서 기술적 개선이 소규모로 이루어졌다. 이미 언급했듯이, 상업 및 금융 활동은 확장되었고 더욱 높은 수준으로 발달했다. 그렇지만 중국은 서서히 식량과 직물, 짐 끄는 가축, 금속, 특히 좋은

---

39 1044년에 나온 관편 군사서 『무경총요(武經總要)』에 나온다. 전후 양집 총 43권으로 구성된 이 저작은 송대까지의 군사(軍史) 및 과학기술사 연구의 핵심 자료로 평가받는다. 특히 화약 제조법을 기록한 세계에서 가장 오래된 문헌이다.

농지의 부족 상태에 직면하게 되었고, 그 상황은 갈수록 악화되었다 -
이 모든 것은 급속한 인구 팽창 때문이었다. 자원이 부족해서 나무로 간
단한 기계를 만드는 것도 엄두를 못 낼 만큼 비용이 많이 들게 되었다.
중국은 훌륭한 도로망을 자랑했지만, 육상 운송이 그리 번성하지 않았
다 -아마도 짐 끄는 가축이 부족했기 때문일 테지만, 또한 운송 기술 개
선에 투자하는 것을 금전적인 면에서 아무런 의미가 없게 만들 만큼 비
용이 적게 드는 훌륭한 수로를 갖추고 있었기 때문일 수도 있다. 게다가
운송로로 활용할 가능성이 있는 것은 모두 다 이미 건설되었기 때문에,
수운(水運)을 개선하는 것도 (1825년에 미국에 건설된 이리 운하[Erie
Canal][40]처럼) 그렇게 큰 차이를 낳을 수가 없었다. 중국인들은 사실상
증기기관 없이도 이룰 수 있는 것을 다 이루었던 것이다.

농업의 경우에도 마찬가지였다. 당시 중국의 농민 일인당 생산량
과 토지 단위당 생산량은 산업혁명 직전의 유럽보다 훨씬 더 높은 수준
이었고, 이보다 더 생산량을 증가시킬 수 있는 것은 화학 비료와 기계화
된 트랙터 같은 선진 기술뿐이었다. 그에 더해 불행히도 중국에는 양질
의 농지 공급이 부족한 상태였다. 하지만 인구 성장은 이 시기 전체에 걸
쳐 계속되었고, 이것은 당연히 일인당 생산량을 하락시켰으며 인구 위기
로 이어질 위험에 처했다. 이것을 애덤 스미스 이래 안목 있는 관찰자들
이 1600년대와 1700년대 중국 경제의 가장 뚜렷한 특징으로 여겼던 것
이다.[48] 엘빈은 매우 효율적인 -그럼에도 제국 체제의 마지막 시기에는
거의 발전하지 않았던- 농업 기술과 이주자들이 정착할 수 있었던, 특히
만주의 일부 가용 토지들 덕분에 인구가 비교적 급속하게 성장을 계속했
다고 결론짓는다.

그러면 중국이 혁신과 극적인 기술 개선의 인상적인 궤적을 계속해

---

40 이리 운하는 1825년에 건설된 미국 뉴욕주에 위치한 운하이다. 이리 호에서 허드슨 강
상류까지를 연결한 운하는 뉴욕 항으로 흐르는 허드슨 강을 통해 오대호와 대서양을 이
었다. 그것은 동부와 중서부의 운송을 간편하게 해준 초창기 미국의 교통혁명이었다.

서 따라가지 못한 이유는 무엇인가? 엘빈이 제시하는 설명은 상당히 복잡하다. 농업 잉여와 일인당 소득, 노동 비용, 일인당 수요가 모두 하락하고 있었다. 동시에 경작 기술과 운송 기술은 어떤 어설픈 개선도 불가능할 정도로 아주 높은 수준에까지 이미 올라가 있었다. 그러는 사이에 비록 정적(靜的)이긴 하지만 방대한 국내 시장들의 작동에는 어떤 뚜렷한 장애도 없었다. 따라서 심지어 일시적인 경제 침체의 시기에도 소농들과 상인들이 모두 취할 수 있는 가장 분별 있는 방법은 노동절약적 기계를 추구하는 것이 아니라, 오히려 자원과 고정 자본을 아껴서 쓰는 것이었다. 엘빈은 이런 상황을 "고도의 평형 트랩"이라고 부른다. 그것은 중국 사회가 그 역사 전체에 걸쳐 경제적 합리성을 강하게 추구하고 과거의 발명자들을 추앙하며, 인상적인 기술적 성취를 이루었기 때문에 – 혹은 이루었음에도 불구하고– 등장했다.[49] 중국은 19세기에 서구 기술을 도입하고서야 이 덫을 돌파할 수가 있었다.

농업적 이해관계가 사회를 완전히 지배했다(켄트 G. 등)

이 책에서 다루는 마지막 학자는 켄트 등(Kent G. Deng)[41]이다. 그는 런던경제대학(London School of Economics)의 경제사 교수이다. 그는 어린 나이에, 정확히 말하면 15세에 중·소 국경 근처의 강제노동수용소에 들어갔고 거기서 6년을 보냈다. 그의 말에 따르면,

나는 이후 스탈린식 세뇌 프로그램을 받았고 나의 비(非)프롤레타리아적인 가족 배경과 그와 관련된 "원죄"를 완전히 청산한 것으로 공식적으로 인정받았다.[50]

---

41 켄트 등은 중국어 이름이 鄧鋼이며, 원래 에릭 존스 아래에서 오스트레일리아에서 공부하고 연구자로서 경력을 쌓았다. 1990년대 일련의 중국 경제사 및 해양사 관련 저서들을 발표한 뒤 현재는 런던경제대학의 경제사 교수로서 글로벌 경제사의 맥락에서 중국사 및 비교사를 연구한 성과들을 제출하고 있다.

그는 심지어 마오(毛)의 문화혁명 시대에 얻을 수 있던 가장 높은 신분 표시였던 준(準)농민 지위까지 공식적으로 얻었다. 그는 자신의 경험이 사회 구조와 제도가 어떻게 작동하는 가를 이해하는 데 도움을 주었고, 마찬가지로 중요한 중국 농민 생활의 성격을 이해하는 데도 도움을 주었다고 믿는다. 이런 것들은 중국의 발전 -중국의 성공과 실패- 를 이해하는 데 핵심적인 것이었다.

등이 볼 때, 중국의 성공과 실패라는 양 극단은 정말 놀라운 수수께끼이다. 중국은 2,000년 전 로마와 비슷한 수준으로 번성했고, 여전히 번성하고 있다. 하지만 그 발전의 정점은 1,000년마다 나누어졌다. 첫 번째는 한(漢)대이고, 그 다음은 송대이며, 가장 마지막 것은 지금이다. 중국은 고대의 위대한 문화 중 여전히 강력한 유일한 문화를 가지고 있으며, 16세기 이전에 보이는 대규모 영토 국가가 오늘날에도 여전한 유일한 나라이다. 이런 특출하고 독특한 발전을 이해하는 것은, 산업혁명에 대한 설명을 빼면, 아마도 오늘날의 역사가가 할 수 있는 가장 큰 도전이 될 것이다.[51]

등은 먼저 서구가 왜 흥기했고 그 연장선상에서 중국은 왜 흥기하지 않는지를 설명하기 위해 제시된 11개의 사회과학적 모델들을 검토한다. 최근 여러 세기 동안의 역사 발전을 이해하는 데 있어 그런 모델들이 가진 가치를 인정하면서도, 그는 그것들이 가진 결함들을 하나씩 짚어본다. 예컨대, 유럽의 도시국가는 경제 발전에 큰 도움이 되었는데도 그렇게 짧은 시간 동안만 번성한 이유가 무엇인가? 또 기술 변화와 인구 성장이 직접적으로 서로 관계가 있었다고 한다면, 인도와 중국이 지속적인 기술 혁신을 누리지 못한 이유는 무엇인가? 또 개인적인 사적 소유권이 자본주의의 등장에 핵심적인 요소였다고 한다면, 진대 이전에 토지의 사적 소유권이 규범이 되었던 중국이 2,000년 동안 자본주의 발전을 이루지 못한 이유는 무엇인가? 정치권력의 파편화가 인간 사회의 발전에 그렇게 중요하다면, 그런 정치권력의 파편화가 없는 중국이 그 역사의 대부분 동안 번성했던 이유는 무엇인가? 그리고 유교가 중국의 발전을 방해했다고 한다면, 유교의 영향을 강하게 받은 많은 나라들 —타이완, 홍콩, 싱가포르, 한국, 일본— 이 최근 수십 년 동안 그렇게 엄청난 번영을 누린 이유는 무엇인가?

등은 나아가 이전 학자들의 작업과 특히 마크 엘빈의 연구에 의거하여, 다면적인 "전면적 평형상태(an all-round equilibrium)"론을 제기한다. 그는 이 이론이 중국의 놀랄 만큼 오래 지속된 문화적 · 지정학적 성취를 설명하면서 동시에 중국이 산업 자본주의로 돌파해 나가지 못한 것도 설명할 수 있다고 주장한다.[52] 이런 평형상태의 유지는 중국인들이 아주 이른 시기부터 뛰어난 성취를 보인 농업에 중심을 두었다. 그 이유는 얼마간 중국 자체가 지구상에서 가장 질 좋은 경작지가 가장 많이 집중된 곳 중 하나였기 때문이었다. 거의 전체 인구가 농사에 종사할 만큼 농작물이 잘 자랐고 일하기도 쉬웠다. 실제로 그들이 이런 식으로 농업에 전념하게 되자, 다른 일로 전환하는 데 대한 관심이 점점 더 줄어들게 되었다. 비교적 척박한 땅과 기후로 인해 일찍이 중세 때부터 중국에 비해 더 많은 사람들이 비농업적 일로 전환할 수밖에 없었던 유럽과는 달랐던 것이다. 중국에서는 유럽과 달리 거의 모든 사람들이 —부자이든 빈민이든, 엘리트이든 평민이든— 수 세기 동안 "농사를 기리는 의식"에 참여했고, 사당과 제단, 빈번하게 열리던 종교 의례, 동물을 제물로 바치는 의식이 모두 이와 관련되었다.

국가 자체는 2,000년 이상에 걸쳐 사적 소유권을 보호하고 촉진하는 법령들을 채택하여 집행했다. 국가는 또 계속해서 늘어나는 인구에게 이용 가능한 토지를 제공하기 위해 중국 아대륙 전역에 걸쳐 막대한 규모의 사민(斯民) 정책을 꾸준히 추구했다. 그런 노력은 고비사막과 히말라야 산맥, 인도차이나의 정글 같은 갈 수 있는 한도의 끝까지 수행되었다.

상속권을 가진 모든 남성들 사이에 토지를 균등하게 분배하는 것이 관습이었기에, 중국의 소농들은 경작지를 끊임없이 늘려 나가야 했다. 단 한 조각의 땅에 대해 여러 사람이 재산권을 행사할 수도 있었던 다양한 토지소유 형태가 등장한 것도, 끝없이 늘어나는 인구를 수용하는 데 도움이 되었다. 중국의 경작지 대부분이 매우 비옥했기에 -한 필지의 땅에서 1년에 3모작이나 4모작을 하는 경우도 드물지 않았다-, 다양한 토지소유 형태는 새로운 지리 지역으로 팽창할 필요 없이 농업적인 투자 기회를 넓혔다.[53] 실제로 이런 토지소유 및 토지 이용 방식 덕분에 투자자와 소농들은 세금 부담을 최소화할 수 있었다. 어쨌든 등은 명ㆍ청대에는 중국의 거의 모든 농민 가족이 토지에 대한 이런저런 권리를 소유했다고 평가한다.

물론 중국의 거의 모든 사람이 토지소유에 투입되었다면, 토지소유자가 분명 중국에서 진정으로 의미 있는 유일한 이해집단이었을 것이다. 등은 바로 이것이 사실이었음을 밝혀낸 것이다. 예컨대, 과거시험에 응시하여 성공한 "장원급제자들" 중 사회경제적으로 빈민의 배경을 가진 사람의 비중(39퍼센트)이 낮지 않았지만, (별도의 데이터에 따르면) 75퍼센트 이상의 집안 배경은 알려져 있지 않았다. 따라서 중국의 관리들은 대부분 농민적 배경을 가졌을 가능성이 많은 것 같고, 그러므로 이들은 농촌 공동체의 이해관계를 촉진시켰을 가능성이 많았다. 등은 나아가 "중국 국가 정치의 농업적 편파성"이라고까지 말하고 있다. 이를 통해 "주로 중국의 농민층이 집단적으로 국가 정치를 좌지우지했다"는 것이다.[54]

중국 사회가 최상부에서 최하층까지 농업을 강조한 것은 또한 그 사회를 농업 관련 일들로 한정하는 경향이 있었다. 도시에서 전업으로 일하기 위해 농사일을 떠나는 사람은 거의 없었다. 같은 이유에서 중국 농민들은, 말하자면 유럽인들처럼 도시 영역으로 도망칠 수 있는 안전판을 가지기 보다는 자신들이 부당하다고 생각한 정부에 맞서 함께 뭉쳐 반란을 일으킬 가능성이 더 높았다. 마찬가지로 유럽의 농민보다 중국 농민들이 경제적으로 자급자족적일 가능성도 훨씬 더 높았다. 하지만 이렇게 말한다고 해서, 중국 농민들이 시장 관계에 정기적으로 참여하지 않았다는 뜻은 아니다. 유럽인들보다는 덜하였지만 그들도 시장 관계에 정기적으로 참여했다. 이것은 또 다른 중요한 영향도 낳았다. 농민들이 시장 경제에 크게 참여했기에 상인 계급과 경쟁하는 일이 흔했고, 이 때문에 등은 상인들에게 국가와 통치 엘리트보다 더 나쁜 적이 농민들이었다고 생각한다.

통치 엘리트들은 근대 초기 프랑스에 중농주의 철학이 도입되기 수백 년 전부터 중농주의 정책을 추구하면서 농업을 증진하고 농촌 주민들의 안녕을 보장하느라 열심이었던 것이지, 상업에 아주 적대적이었던 것은 아니었다. 실제로 유교와 도교 사상가들은 모두 사회적 조화를 옹호하고 정치적 압제에 반대했다. 그러한 농업 사회에서 이런 목적을 이루기 위해선 농업적 이해관계를 증진하는 것이 현명한 방법이었다. 그래서 유교 학자들과 그들의 제자들은 2,000년 동안 중국의 황제들에게 다음과 같은 사려 깊은 조언을 하였다. "식량은 백성의 삶의 토대이며, 백성은 나라의 토대이고, 나라는 군주의 토대이다."[55] 중국 사람들 대다수가 명백히 이 금언을 받아들였고, 통치자가 그로부터 벗어나면 언제든 그에 맞서 무기를 들 채비가 되어 있었다. 유교는 일종의 중용을 주창하였다. 즉 모든 것이 중도를 지키고 모든 것이 제 자리에 있는 것이며, 여기에는 당연히 사업과 무역도 -그저 너무 지나치지 않게- 포함되었다. 유교는 주로 주민 대다수의 이해관계에 부합하기 때문에 중국에서 크게 성공을 거두었다. (반면에 다른 무엇보다 정부의 이해관계에 봉사하는 것이 뚜렷했던 법가는 완전히 거부되었다.)

비교적 중앙집중적인 국가가 들어선 것도 마찬가지 사정에서였다. 주로 자유로운 시민들로 구성된 사회는 그들 사이의 분쟁에 판결을 내릴 수 있는 강력한 중앙 조정자를 필요로 한다. 봉건 사회나 노예에 기초한 사회는 그렇지 않다. 하지만 불행히도 중앙집중적인 국가에서는 새로운 사상이 실현되기가 더욱 어렵다. 그래서 혁신적 창조성이 많은 부분, 말하자면 열매를 맺지 못하고 시들고 말았다.

등의 주장에 따르면, 중국의 사회경제를 이루는 틀의 핵심적 구성요소들—"농업의 경제적 우위와 사적 토지소유 형태의 확산, 주민의 대다수를 차지하는 토지소유 농민층, 중농주의적 국가, 중앙집중적 통치 형태, 유교 이데올로기"— 은 다 같이 작동하여 이런 몇몇 요소들의 균형에 기초해 세워진 다면적인 평형상태를 발생시켰다.[56] 이 중 가장 중요한 세 가지는 농업의 우위와 자유로운 농민층, 중농주의적 정부였고, 이 모두가 중국의 환경적 조건 하에서 형성되었으며 유교만이 아니라 불교와 도교에 의해서도 중재되었다. 중국 사회가 2,000년에 걸쳐 놀랄 만한 성공을 거두었다는 사실은, 중국사회가 산업 자본주의를 낳지 못한 것이 정부의 비효율성이나 토지 부족, 유교 이데올로기 같은 특정한 몇몇 요소 때문이 아니라 오히려 "'하드웨어'(경제적 조건과 사회 구조, 관료제의 작동 같은)와 '소프트웨어'(경제 정책과 가치, 이데올로기 같은)"를 모두 담고 있는 복잡하고 상호 연결된 틀 때문이었음을 보여준다.[57] 하지만 이런 요소들이 모두 함께 작동한 것은 필연적인 것이 아니었고, 중국인의 성향이 농업에 맞았다거나 중국 땅이 농업에만 적합했기 때문에 발생한 것도 아니었다.

오히려 그것은 상(商) 왕조(기원전 1600-1046년)에서 시작하는 아주 특정한 역사적 발전 과정 덕분에 등장했다. 상 왕조는 농업보다는 무역과 숙련 공예를 훨씬 더 지향했던 나라였다. 그 뒤를 이은 주나라(기원전 1046-256년)는 군사적 정복을 통해 상 왕조를 대체했는데, 농업을 강조하고 토지 재산권을 보호하며 사회 구조를 보다 정교하게 하여 중국의 제국 체제 발전에 기초를 놓았다. 이런 성공에 결정적으로 기여한 것은 북쪽에서 위협하는 유목민들을 능히 저지할 수 있었던 군사 조직이었다.

하지만 이후 여러 세기에 걸쳐 수많은 나라들이 난립하여 경쟁하는 과정에서 주나라의 지위는 그런 나라 중 하나로 축소되었다. 이런 나라들을 모두 정복한 것은 진나라로, 중국 최초의 제국을 세웠다. 그 이전 춘추전국시대의 나라들 중 일부가 상업을 중시했기에, 통일왕조를 이룬 진은 상인들을 관례적으로 멸시하였다 ─이 관행은 이후 2,000년 동안 얼마간 계속되었다. 진은 또 농업과 행정적 효율성, 군사적 역량의 향상을 목적으로 하는 광범위한 개혁도 수행했다. 진은 이러한 개혁들에 성공함으로써, 등이 중국의 사회경제적 평형상태라고 여긴 체제의 기초를 놓았다.

바로 이어서 등은 이런 발전과 관련하여 필연적인 것은 전혀 없었다는 주장을 덧붙인다. 이런 발전과정은 경쟁 세력들 간의 필사적인 전쟁과 격렬한 투쟁에서 결과한 것이었다. 수백만의 농민들을 생산적 영농으로 조직하고 그리하여 그들을 국가 재정에 충분히 기여하는 단위로 조직할 수 있는 통치 집단만이, 혼합 경제에 기초한 왕국들이 난립한 시대에 승리를 거둘 수 있었다. 진나라는 고도의 효율성을 가진 나라로 체계를 잡을 수 있었지만, 그와 관련해 필연적인 것은 아무것도 없었다.[58]

수백 년 동안 내내 중국 국가는 조세를 낮게 유지했지만, 만리장성과 대운하 건설이나 수도 천도 같은 대규모 토목사업에 수많은 백성들을 동원하는 일이 잦았다. 거의 모든 시대에 이런 노역(勞役)에 소집된 백성들은 고분고분하게 순종했다. 이 또한 추정컨대 그들이 국가가 백성의 이익만을 생각한다고 믿었기 때문일 것이다.

등은 명대부터 기술 발전의 정체가 시작되었다는 주장을 거부한다. 그는 농업 부문에서의 혁신은 끊임없이 계속되었다고 주장한다. 그것은 주로 보다 생산적인 종자 개량과 경작 방법 개선과 관련되었다. 그 증거로서 그는 두 가지 사실을 제시한다. 첫째, 인구가 계속 급속하게 늘어났지만 인구 대비 경작지 양의 축소는 완만하게 진행되었다. 둘째, 농업이 수공업 부문에 대한 식량 공급을 계속 충분히 유지하였기에, 수공업자의 수가 점점 더 늘어났고 국내 및 국제 소비를 위해 제작된 제품의 질은 갈수록 좋아졌다. 또 등은, 기술적 정체가 중국인들의 허약한 건강 상태 때문이라고 주장하는 것도 말이 되지 않는다고 주장한다. 청대의 극히 높은 인구 성장률은 주민들의 건강 상태가 나빴다면 도저히 이룰 수 없는 것이었기 때문이다.

그는 또 나아가 중국 사회경제 체제가 가졌다고 하는 반(反)상업적 성향도 분석한다. 농민은 문화적 · 경제적으로 농사에만 너무 매달렸기에 그 외 다른 분야에서 전업으로 일하는 것은 생각도 하지 않았고, 공직(公職)만이 예외였다. 등에 따르면, 농촌 가정의 모든 아버지의 꿈은 자기 아들이 교육을 받아 과거시험에 급제하고 관리가 되는 것이었다. 동시에 관리들도 농민을 관리 충원의 주요 원천으로 보았다. "중국의 관료는 크게 보면 학식 있는 농민의 자식 집단이었고, 농민은 얼마간 권력을 장악한 중농주의 당파를 뒷받침하는 다수를 이루었다."[59] 이런 맥락에서 상인은 대체로 한 켠에 밀려나 있었던 것이다. 실제로 공직과 농사는 사람들을 끌어당기는 두 개의 유인축처럼 기능했고, 이에 사람들은 상업을 제쳐두고 중국 사회에서 진정으로 존중받는 이 두 가지 직업으로만 몰렸던 것이다.

동시에, 상업 활동에 계속 종사한 사람들은 유럽 상인들보다 훨씬 더 정부 지원에 의존했다. 그러나 이상하게도 -유럽인의 시각에서 볼 때- 중국 국가는 농민의 힘에 균형을 맞추기 위해 상인과 제휴한 적이 한 번도 없었다. 유럽의 통치자들은 귀족의 입지를 약화시키기 위해 흔히 상인과 제휴했는데 말이다. 또 중국 상인들은 유럽 상인들이 중세 때부터 건설한 비교적 독자적인 제도 같은 것을, 특히 일차적인 상업 중심지로서 자치 도시 같은 것을 발전시키지도 않았다. 중국의 도시들은 유럽과 달리 줄곧 국가의 이해에 봉사하는 행정 중심지였다.

비록 중국이 2,000년이 넘는 기간 동안 하나의 사회로서 특출한 안정을 유지하여 통치 권력이 분산된 시기가 단 4번밖에 없고 1279년 이후에는[즉, 원 이후에는 −옮긴이] 한 번도 없었지만, 농민반란으로 사회적 조화가 무너진 경우는 잦았다. 이런 상황은 보통 여러 요소들 −관리의 부패와, 유교 지식인들이 억제할 수 없을 만큼 커진 정부의 탐욕, 천재지변, 경제 불황 같은− 이 결합하여 백성들의 시각에서 볼 때 황제 및 그의 관료체제의 정당성이 약화되었을 때 일어났다. 그런 농민반란은 세계 역사에서 독특한 것이었다. 농민반란은 거의 끊임없이 −일부 계산에 따르면, 장기간에 걸쳐 매년 수천 건이 발생했다− 일어났을 뿐 아니라, 그 기간도 다른 나라의 농민반란보다 훨씬 더 길었다. 몇몇 경우는 50년이 넘게 계속된 적도 있었다. 중국의 대규모 농민반란 −등은 2,106년의 기간 동안 이에 해당하는 것이 269개였다고 산정한다− 에는 보통 수십만 명이 참여했고 때로는 수백 만 명이 참여하기도 했다.[60] 결국 그런 농민반란이 커다란 정치적 격변으로 결과하는 일도 드물지 않았다 −예컨대, 중국의 주요 왕조 중 여섯 개가 농민반란으로 전복되었다. 그렇지만 이런 농민반란은 중국의 사회경제적 체제에는 거의 영향을 주지 않았고, 이 체제를 등은 (농업의 우위, 자유로운 농민층, 중농주의 정부로 구성된) 삼중구조(trinary structure)라고 부른다. 그러므로 중국의 농민층은 대체로 보수적이었고 심지어 반동적이기까지 했다.

이와 달리 유럽이나 인도, 일본에서는 농민반란이 정부 교체로 이어진 적이 결코 없었다. 등은 이런 곳들에는 농민의 행동을 막을 수 있는 제도적 제약이 있었던 반면 중국에는 그런 것이 없었다고 믿는다. 그것은 아마도 중국에서는 나라의 주요 "제도"가 사회 그 자체였기 때문일 것이다. 그는 심지어, 대부분의 사람들이 사회경제적 측면에서 어느 정도로 어려우면 대규모 반란이 일어날지를 예상할 수 있을 정도로 반란이 일상화되었다는 주장까지도 제시한다.[61] 게다가 유교의 공식 이데올로기는 사회적 조화를 유지하여 공동선을 증진시키지 못한 통치자에 대항한 민중 반란을 적어도 암묵적으로 인정했고 심지어 정당화하기도 했다.

다시 말해, 농민반란은 놀랄 정도로 효율적인 삼중구조를 유지하기 위한 장치 중 하나였다. 등은 이어지는 별도의 한 장에서 북쪽 유목민들의 맹렬한 공격이 반복된 것도 그런 사회 체제를 강화하는 데 도움을 주었음을 보여준다. 그것이 유목민의 공격에 맞서 스스로를 지키기 위해 충분한 자원을 동원할 수 있는 유일한 방법이었기 때문이다.

등은 주장하기를, 바로 이것이 중국에서 산업 자본주의가 발생하지 않은 것에 대한 최선의 설명이 될 것이라고 한다. 근대 이전에 중국은 특출한 번영을 누렸는데, 그 번영은 관습과 제도가 서로 맞물려 형성한 삼중적 평형상태에서 결과하였다. 이것이, 통치자들과 농민층이 모두 심각한 단절과 변혁을 피하도록 이끌었던 것이다. 기술이 없었다거나 이데올로기적 구속에 얽매였다는 것은 어느 것도 이런 회피의 원인이 아니었다. 오히려 사회경제적 패턴을 유지하는 것이 백성 대다수의 삶에 이롭다는 실용적인 인정이 그 원인이었다. 이런 구조적 평형상태가 농민을 토지로부터 이탈하지 못하게 했고, 그리하여 산업 발전에 적합한 유연한 노동을 제공할 수가 없었다. 그리고 이것이 시장경제가 더 한층 성장하는 것을 미리 차단하였다.[62] 이런 맥락에서 송대의 르네상스 혹은 "혁명"은 오로지 통치 권력이 약했기 때문에 가능했던 일탈로 간주되어야 하며, 중국의 삼중 체제에 전적으로 반(反)하는 것으로 보아야 한다. 그래서 그것은 지속될 수 없었다.

실제로 중국은 ―침략과 정복, 반란 이후에, 그리고 심지어 격렬한 혁신과 창조성의 발현 시기 이후에도― 몇 번이고 반복해서 평형상태로 돌아갔다. 그래서 등은, 어떤 특정한 역사적 불행이 중국의 자본주의적 산업화를 막았다는 주장은 설득력이 없다고 생각한다. 한대와 송대에 중국은 이런 발전에 가장 근접한 상태까지 갔지만 매번 도달하지 못했다. 이런 융성기들은 무작위로 발생한 것으로 특정한 상황이 야기하였다. 등은 중국의 실패를 "주로 구조적이고 제도적인 내부 결함 또는 내생(內生)

적 결함" 때문이라고 생각하는 것이다.[63]

하지만 유럽, 그것도 산업혁명으로 완전히 탈바꿈한 유럽의 유별나게 다른 시각에서 볼 때에만, 중국은 "실패한 사회"였다고 말할 수 있을 것이다. 200년 전만해도 중국이 유럽보다 훨씬 더 부유하고 더 강력했으며, 2,000년이 넘는 기간 동안 중국은 하나의 문화로서 번성했기 때문이다. 하지만 동시에 오직 외부의 충격 ─근대 서구와의 고통스러운 조우─만이 중국의 그런 평형상태를 깨뜨리고 그 나라를 현재 추구하고 있는 경로로 올려놓을 수 있었다.

결론

이상과 같이, 중국이 여러 세기 동안 기술과 상업 면에서 앞서 나갔음에도 세계 최초로 과학혁명이나 산업혁명을 치르지 못한 이유는 다양하게 제시되어 왔다. 몇몇 학자들은 정치적 중앙집중화와 사대부의 억압적인 문화적 헤게모니를 강조한다. 다른 학자들은 14세기에 시작된 기술적 정체를 이유로 든다. 극히 효율적인 농업 체제가 임금을 낮게 유지했고 그에 따라 노동절약적 발명의 추구를 막았던 것도 핵심 요인으로 여겨졌다. 또 다른 학자들은 엘리트들이 상업과 과학적 발견을 무시했고 더 일반적으로는 외부로부터 새로운 생각과 기술을 배우거나 채택할 의지가 없었다는 것을 지적한다. 한 학자는 근대 초기 유럽인들처럼 식민지를 확보하여 수탈했다면 중국도 맬서스적 제약을 돌파할 수 있었을 것이라고 주장한다. 다른 학자는 독자적인 과학·기술 관련 제도가 없었던 것이 해로운 결과를 낳았다고 생각한다. 마지막으로, 두 명의 학자는 중국에서 경천동지할 변혁이 일어나지 않은 것을 중국이 2,000년 동안 그 지역을 아우르는 하나의 지배 문화를 계속 유지하는 데 보기 드물게 성공했기 때문이라고 생각한다. 다시 말해 "니덤의 의문"에 답하기 위한 설명들도 서구의 흥기에 대한 설명만큼이나 다양하게 제시되어 온 것이다.

◈ 더 읽을거리 ◈

[거대 역사 서사 속의 중국]

Braudel, Fernand, *Civilization and Capitalism, 15th–18th Century, Volume One: The Structures of Everyday Life:The Limits of the Possible*, Translated by Siân Reynolds, New York: Harper & Row, 1982.[페르낭 브로델, 주경철 옮김, 『물질문명과 자본주의 I: 일상생활의 구조』, 전2권, 까치, 1995]

Duchesne, Ricardo, *The Uniqueness of Western Civilization*, Leiden & Boston: Brill, 2011.

Hall, John A., *Powers and Liberties: The Causes and Consequences of the Rise of the West*, Oxford: Basil Blackwell, 1985.

Huff, Toby E., *The Rise of Early Modern Science: Islam, China, and the West*, 2nd. ed., Cambridge & NewYork: Cambridge University Press, 2003.[토비 E. 하프, 김병순 옮김, 『사회 · 법 체계로 본 근대과학사강의』, 모티브북, 2008]

Jones, Eric, *The European Miracle*, Cambridge: Cambridge University Press, 1987. [E.J. 존스, 유재천 옮김, 『유럽문명의 신화』, 나남, 1993]

Jones, Eric, *Growth Recurring: Economic Change in World History*, Oxford: Clarendon Press, 1988.

North, Douglass C., and Robert Paul Thomas, *The Rise of the Western World: A New Economic History*, Cambridge: Cambridge University Press, 1973.

[중국사 전공 연구자의 해석]

Huang, Philip C.C., *The Peasant Family and Rural Development in the Yangzi Delta, 1350–1988*, Stanford: Stanford University Press, 1990.

Marks, Robert B., *Tigers, Rice, Silk, and Silt: Environment and Economy in Late Imperial South China*, Cambridge: Cambridge University Press, 1998.

Wong, R. Bin, *China Transformed: Historical Change and the Limits of European Experience*, Ithaca, N.Y.: Cornell University Press, 1997.

◈ 주 ◈

1) Immanuel Wallerstein, *The Modern World-System I. Capitalist Agriculture and the Origins of the European World-Economy in the Sixteenth Century* (New York: Academic Press, 1974), 56–57.

2) Ibid., 59.

3) Ibid., 63.

4) Joel Mokyr, *The Lever of Riches: Technological Creativity and Economic*

Progress (New York: Oxford University Press, 1990), 209.

5) Ibid., 219.

6) Ibid., 224.

7) Ibid., 227.

8) Ibid., 233.

9) Andre Gunder Frank, Reorient: Global Economy in the Asian Age (Berkeley, Calif.: University of California Press, 1998), 304.

10) David Landes, The Wealth and Poverty of Nations: Why Some Are So Rich and Some So Poor (NewYork:W.W.Norton, 1998), 95.

11) Ibid., 96.

12) Ibid., 336.

13) Ibid., 342.

14) Ibid., 343.

15) Ibid.

16) Ibid., 348.

17) Kenneth Pomeranz, The Great Divergence: Europe, China, and the Making of the Modern World Economy (Princeton, N.J.: Princeton University Press, 2000), 292.

18) Ibid., 297.

19) Simon Winchester, The Man Who Loved China: The Fantastic Story of the Eccentric Scientist Who Unlocked the Mysteries of the Middle Kingdom (New York: Harper, 2008)은 니덤의 생애에 대한 대단히 흥미로운 이야기를 들려준다.

20) 기념비적인 이 저작에 대한 학문적 평가는, Robert Finlay, "China, the West, and World History in Joseph Needham's Science and Society in China", Journal of World History 11 (Fall 2000): 265-303을 보라.

21) Joseph Needham, The Grand Titration: Science and Society in East and West (London: Allen & Unwin, 1969), 16.

22) Needham, The Grand Titration; Joseph Needham, Science in Traditional China: A Comparative Perspective (Cambrige, Mass.: Harvard University Press; Hong Kong: The Chinese University Press,1981).

23) Needham, Science in Traditional China, 8.

24) Needham, The Grand Titration, 61-62.

25) Ibid., 119-120.

26) Ibid., 150.

27) Ibid., 36. 또한 299-330도 보라.

28) Ibid., 325-326.

29) Ibid., 327.

30) Wen-yuan Qian, The Great Inertia: Scientific Stagnation in Traditional China (London & Dover, N.H.: Croom Helm, 1985), 20-21.

31) Ibid., 81.

32) Ibid., 67.

33) Ibid., 90.

34) Dirk Bodde, *Chinese Thought, Society, and Science: The Intellectual and Social Background of Science and Technology in Pre-modern China* (Honolulu: University of Hawaii Press, 1991).

35) Ibid., 92.

36) Ibid., 107. 두 번째 생략 부호는 보드가 한 것이다.

37) Ibid., 146.

38) Ibid., 190.

39) Ibid., 306.

40) Ibid., 367.

41) Nathan Sivin, "Why the Scientific Revolution Did Not Take Place in China-or Didn't It?", in *Science in Ancient China: Researches and Reflections* (Aldersot, U.K. & Brookfield, Vt., USA: Variorum, 1995), 45-66(인용은 48).

42) Ibid., 53.

43) Ibid., 57.

44) Mark Elvin, *The Pattern of the Chinese Past* (Stanford: Stanford Unviersity Press, 1973), 233.

45) Ibid., 259.

46) Ibid., 284.

47) Ibid., 286, 297-298.

48) Ibid., 309.

49) Ibid., 314-315.

50) Gang Deng, *The Premodern Chinese Economy: Structural Equilibrium and Capitalist Sterility* (London & New York: Routledge, 1999), xi.

51) Ibid., 5.

52) Ibid., 32.

53) Ibid., 59.

54) Ibid., 83.

55) Ibid., 94.

56) Ibid., 121, 122.

57) Ibid., 127.

58) Ibid., 145.

59) Ibid., 196.

60) 뒤에 발표한 글에서, 등은 2,000년이 좀 넘는 기간 동안 2,106건의 대규모 농민반란이 있었다고 계산한다. 이들 각각의 평균지속기간은 7년이며 평균 참여자 수는 22만 6,000명이었다. Kent G. Deng, "Development and Its Deadlock in Imperial China, 221 B.C.-1840 A.D.", *Economic Developoment and Cultural Change* 51 (Jan. 2003): 479-522(인용은 504).

61) Deng, *The Premodern Chinese Economy*, 245.

62) Ibid., 254.

63) Ibid., 323.

| 결론 |

    유럽과 더 넓게는 서구가 패권적 지위에 오른 것을 설명하는 가장 중요한 주장들을 여럿 살펴보면서, 독자들은 그것들 중 어느 주장 하나이든 여러 주장을 합쳐서든 전체적으로 어느 것이 설득력 있는지 평가하고 싶은 마음이 들 수도 있다. 선택의 폭은 아주 넓다. 그 한쪽 끝에는 크리스토퍼 도슨이 있다. 그는 고대 그리스 · 로마와, 유대 · 기독교, 게르만의 문화적 · 정신적 전통들이 뒤섞여서 역사상 가장 역동적이고 활발하며 창의적인 문명을 낳았다고 주장한다. 그는 이런 특성들이 몇 세기에 걸쳐 일련의 변혁으로 이어졌으며, 이것으로 서구의 흥기를 설명할 수 있다고 주장한다. 선택 범위의 다른 쪽 끝에는 존 홉슨이 있는데, 그는 서구가 이룬 거의 모든 성취가 그 이전에 아시아가 달성한 성취를 모방하고 흡수함으로써 그리고 착취적인 인종주의를 독특하게 표명함으로써 가능했다고 주장한다. 이 두 극단 사이에 아주 다양한 해석들이 펼쳐져 있다.

    이런 설명들을 중요 범주로 구분하더라도, 한 범주 내에서조차 아주 다양한 생각들이 펼쳐져 있음을 볼 수 있다. 서구의 흥기를 주로 유럽 문화에 내재하는 특징에 힘입은 것으로 여기는 학자들 중에서 앨런 맥팔레인은 서구의 성공에 핵심적인 요소로 보이는 것 –개인주의– 을 찾아서 중세 시기 잉글랜드로 거슬러 올라가며, 나아가 그것이 고대 게르만 부족의 전통들에서 유래했다고 추정하기까지 한다. 반면에 데어드러 맥클로스키는 근대 경제 성장의 발전을 가능케 한 문화적 변동은 17세기에 다소 갑작스럽게 일어났다고 주장한다. 네이선 로젠버그와 더글러스 노스는 태도와 믿음 같은 문화가 아니라, 정부, 사업, 법, 권리와 같이 사람들을 조직하는 비교적 일관된 방식으로서 구체화된 문화를 강조한다. 그들이 볼 때, 서구의 문화적 요소 중 다른 무엇보다 혁신과 번영을 촉진한 것은 제도였다. 다른 한편, 린 화이트와 제프리 파커는 중세 때부터 유럽의 발명가들이 생명을 불어넣은 기술적 혁신들을 인상적으로 죽 나열하면서 상세히 분석한다. 마찬가지로 조엘 모키어도 계몽주의 시기 유럽에서 시작된 숙련 기술자와 지식인 간의 독특한 공생관계가 추상적 지식과 실용적 지식을 결합시키고 순수과학과 응용과학을 결합시킴으로써 서구의 흥기를 가능케 했음을 보여주고자 한다.

윌리엄 맥닐은, 역사상 어떤 문명도 서구만큼 역동적으로 불안하지 않았다는 도슨의 견해에 동의한다. 그는 서구가 다른 어느 문명보다 타자로부터의 변화와 배움에 열려 있었기 때문에 이런 일이 일어났고 아울러 서구의 흥기도 일어났다고 생각한다. 다시 말해 아시아로부터의 강력한 영향이 없었다면, 유럽의 놀랄 만한 역동성은 "의미 없는 소음"에 지나지 않았을 것이다. 재러드 다이아몬드는 그러한 영향을 과거 수천 년을 거슬러 올라가 추적한다. 그의 해석에 따르면, 중동 지역은 세계에서 단연 가장 풍부한 가축과 작물을 비롯해 윤택한 자연자원을 갖추고 있었고, 이것은 문명이 그 지역에서 처음으로 발생할 수밖에 없었음을 뜻했다. 유럽은 그저 "운 좋게도" 수천 년 동안 세계에서 가장 큰 혁신의 요람이었던 곳에 아주 가까이 있었기에 발전할 수 있었던 것이다. 에릭 존스와 다비드 코장데는 일단 유럽에서 문명이 발생하자 그것이 지구상에서 경제적 번영과 혁신에 가장 유리한 자연환경의 혜택을 어떻게 보았는지를 아주 상세하게 보여준다. 하지만 마셜 호지슨이 다시 서구의 흥기에 엄청나게 기여한 것은 무엇보다 이슬람 세계였다고 지적한다. 서구가 흥기할 때까지는 유라시아 대륙의 모든 문화들은 가치 있는 새로운 기술이나 사상이 등장하면 언제나 그것을 채택하여 자기에 맞게 바꾸어 이용했다. 어느 문화도 "게임의 규칙을 바꿀" 목적으로 기술 변화의 속도를 가속화함으로써 지배적 위치에 오를 수 없었다 −서구가 흥기할 때까지는 말이다. 서구의 흥기 이후, 따라갈 수 있는 문화가 별로 없을 정도로 기술 변화의 속도가 너무나 빨라졌다. 하지만 호지슨이 서구를 비난하는 것은 아니다. 대부분의 문화가 낙오하는 것은 그저 근대 생활의 어쩔 수 없는 특징이었기 때문이다.

이에 반해 안드레 군더 프랑크 같은 학자들은 서구를 크게 비난한다. 그들이 볼 때, 서구는 오로지 지구 전체를 가장 오지 마을에서부터 유럽 및 아메리카의 가장 부유한 광역 중심지들로 부를 집중시키는 위계적 착취 체제로 짜놓고 지구 곳곳의 식민화된 지역들로부터 터무니없는 이윤을 착취함으로써 흥기할 수 있었다. 조지프 이니코리는 세심한 증거들을 풍부하게 모아서, 아메리카 전역으로 강제 이주당한 아프리카인들이 잉글랜드의 경제 발전과 결국 산업혁명에 기여한 정도가 이전에 학자들이 인정했던 것보다 훨씬 더 컸음을 보여준다. 앨프리드 크로스비는 유럽인들이 아메리카와 오스트레일리아를 정복하고 거기에 정착했을 뿐 아니라, 유럽의 식물과 동물, 질병, 잡초들도 그렇게 했음을 입증했다. 거대하고 인구밀도가 높은 유라시아 대륙에서 진화한 보다 강인한 식물종과 동물종들은 자신들이 도입되는 모든 온화한 생태계에서 토착종들을 쉽게 압도했다. 존 위버는 토지 침탈을 정당화하기 위해 서구의 법 개념을 동원했던 여러 종류의 생태 제국주의를 상세하게 묘사한다.

세계체제 분석이라고 불리는 학술적 접근 방법은 전반적으로 볼 때 마르크스주의 이론에서 파생한 것인데, 이매뉴얼 월러스틴과 그를 따르는 수많은 학자들이 제시했다. 월러스틴은 16세기 말 무렵에 자본주의 "세계경제"가 유럽에서, 혹은 유럽에 중심을 두면서 등장하기 시작했다고 주장한다. 그것은 복잡한 망 속에서 서구라는 핵심부에 주변부와 반주변부가 종속되는 끝없이 팽창하는 위계를 지니고 있다. 그의 말에 따르면, 서구는 이런 전(全)지구적인 분업관계에 힘입어 흥기했다. 에릭 밀랜츠는 세계체제의 역사적 기원을 중세 시기로 거슬러 올라가 추적하여 월러스틴의 세계체제 모델을 수정한다. 안드레 군더 프랑크와 베리 길스는 전(全)지구적인 경제 발전이 5,000년 전에 시작되었다고 생각하며, 당연히 이런 구도 속에서 서구의 역할은 그다지 중요치 않았던 것으로 여긴다. 자넷 아부-루고드의 경우, 몽고 제국의 절정기(1200년대에서 1300년대 초까지) 동안 아시아에서 세계경제 체제가 등장했고 유럽은 오로지 아시아에서 먼저 이룬 발전과 그 이후의 정체에 힘입어서만 흥기할 수 있었다고 주장한다.

실제로 몇몇 학자들은 "유럽의 독특함"이라는 시각에 체계적으로 구멍을 내고자 한다. 잭 구디는 서구의 위대한 성취라고 단정된 것들 —우월한 합리성, 독특한 가족 구조, "과학적" 회계처리 같은— 이 다른 곳에서 먼저 등장했거나 근대 세계의 물질적 성공에 전혀 불필요한 것이었다는 증거를 제시한다. 안드레 군더 프랑크에 따르면, 서구는 사실 근대에 들어서도 아주 뒤에야 흥기했으며, 오로지 '신세계'산 은이라는 강제로 얻은 횡재에 힘입어서 흥기할 수 있었다. 케네스 포메란츠는 이런 외적인 요소에 더해 영국 내 비교적 아주 가까운 곳에서 엄청난 석탄 및 철광 매장층을 발견하는 말 그대로의 행운이 있었음을 지적한다. 오로지 역사와 지리상의 이런 우연들 덕분에 서구의 흥기가 가능했다는 것이다. 프랑크와 포메란츠, 거기에 존 홉슨은 적어도 19세기 초까지는 아시아의 주요 문화들이 경제적 우위를 누렸다고 주장한다.

하지만 다른 학자들은 아시아의 우위가 지속되지 못한 이유가 무엇인지 의아해 한다. 그리고 특히 과학혁명과 산업 자본주의의 등장 같은 근대의 주요 변혁들이 중국에서 먼저 일어나지 않은 이유가 무엇인지를 알고 싶어 한다. 근대 세계에 대한 종합적인 연구서를 쓴 많은 학자들이 여러 해석들을 제시해 왔다. 월러스틴은, 중국의 제국 통치자들이 유럽의 군주들과 달리 기업가적인 사업을 민첩하게 수행할 수 없었고, 또 자신의 신민들이 자신에게 맞서는 데 이용할까봐 군사기술의 지속적인 혁신을 허용할 수 없었다고 주장한다. 조엘 모키어는 중국의 통치자와 백성들 모두가 사회적 혼란을 피하고 싶어 했기 때문에 근대 초기부터 중국에서 기술적 혁신이 거의 얼어붙은 상태였다고 강조한다. 반면에 유럽은 정치적으로 너무나 파편화되어 있어, 사회적 주체들이 기술 변화를 중단할 수가 없었다. 안드레 군더 프랑크는 중국이 노동절약적 산업 기술을 발전시키지 못한 이유가 중국의 고도로 효율적인 농업과 전반적으로 낮은 임금 수준에 있었다고 한다. 데이비드 랜즈의 경우, 그저 중국에는 근대 초기에 유럽인들을 세계를 혁신하고 탐구하도록 추동한 열정과 호기심이 없었을 뿐이라고 주장한다. 마지막으로, 케네스 포메란츠는 프랑크처럼 물질적 요소를 강조한다. 그는 중국의 엄청난 인구로 인해 노동집약화가 한층 강화될 수밖에 없었고, 그런 속에서 유럽 방식의 식민화를 통해 뜻밖의 횡재를 얻지 못하는 한 산업화에 투입할 잉여 노동이나 자본이 별로 없었다고 주장한다.

오랫동안 기술적인 면에서 세계에서 가장 선진적인 나라였던 중국이 근대 과학을 발전시키지 못한 것은, 중국 역사를 전공하는 많은 학자들의 관심을 끌었다. 조지프 니덤이 이룬 초기 중국의 과학 및 기술에 대한 엄청난 연구 성과는, 위의 역설을 첨예하게 만들었을 뿐이었다. 이런 역설을 해소하기 위해 니덤은 중앙집중적 관료체제가 결국 창조성을 질식시켰다는 점과 자연 속에서 추상적 규칙성을 발견하려는 관심이 없었다는 점을 지적한다. 첸원이엔은 한층 더 나아가 유교에서 보이는 자연 연구에 대한 거의 전면적인 거부와 혁신에 대한 강력한 혐오, 광범위한 탐구에 대한 무관심을 이유로 든다. 또 다른 중국학 전문가인 더크 보드는 자신이 생각하는 중국의 정체의 원인이 문화적 요소에 있다고 한다. 그 요소들이란 낡아빠진 가치와 태도에 대한 몰두, 재능 있는 사람들이 과거시험 준비에 헛되이 바친 엄청난 노력, 전반적으로 학자들에게 일반화 능력이 없는 점, 뚜렷한 순환적 시간 개념, 논쟁을 회피하려는 성향, 외래 사상에 대한 거부감, 권위에 대한 뿌리 깊은 존중 의식 같은 것들이다. 이에 반해, 네이선 시빈은 중국인들이 과학을 발전시키지 못했다는 생각을 부정한다. 그들의 자연에 대한 이해가 보다 직관적이었고, 체계적이지 않았을 뿐이라는 것이다. 그렇지만 그도, 중국인들에게는 근대 이전 시기에 자신들의 깊은 통찰력을 발전으로 이끌 강력한 제도적 수단이 없었음을 인정한다.

마지막 2명의 중국 전문가들은 근대 이전 시기에 중국이 왜 상업혁명이나 산업혁명을 겪지 않았는지를 설명하고자 시도한다. 마크 엘빈에 따르면, 중국의 경제가 정체된 것은 "고도의 평형 트랩" 때문이었다. 그의 이 용어가 의미하는 것은 이러하다. 중국에서는 상업과 금융, 산업 활동이 강렬하게 전개되었고, 재능 있는 수공업자 군이 기존의 기술 및 사회기반시설을 끊임없이 조금씩 개선해 가고 있었다. 하지만 그럼에도 계속 팽창하는 인구 —이 자체가 거대한 물질적 성공을 보여주는 것이다— 는 기존의 자원에 커다란 압력을 가했고, 경제적인 측면에서만이 아니라 심리적인 측면에서도 중요한 혁신들을 엄두도 못 낼 만큼 비용이 많이 들게 만들었다. 그렇지만 중요한 기술적 약진을 이루지 못하는 한 중국은 상대적 번영이 가져온 이 덫을 돌파할 수 없었던 것이다. 켄트 G. 등은 이런 기본적 논지를 한층 더 끌고나가, 중국의 사회경제적 체제가 가진 특징이 농업에 중심을 둔 다면적인 평형상태에 있으며 이런 평형상태가 오랫동안 지속되었다고 설명한다. 이것이야말로 여러 세기에 걸친 중국의 특출한 성취를 가능케 한 것이고, 아울러 서구의 흥기로 이어졌던 변혁 같은 것을 중국이 이룰 수 없었던 사실도 설명해 준다. 대다수의 중국인이 이런 평형상태에서 혜택을 누렸기에, 근본적 변화를 지지할 생각을 조금이라도 가진 이는 아주 소수에 불과했다. 혁신은, 특히 농업 부문의 혁신은 1911년 중국의 제국 체제가 완전히 무너질 때까지 계속되었다 -그렇지 않았다면 그렇게 극적인 인구 성장이 어떻게 가능했겠는가?-. 그러나 근본적인 혁신은 여전히 회피되었다.

이상의 설명들 중 어느 것이 가장 타당한 것 같은가? 많은 설명들이 서로 모순되는 것처럼 보이듯이, 이 설명들은 대부분 서로 모순되는가? 아니면 적어도 몇몇 설명들은 합쳐서 보다 포괄적이고 전체론적인 설명을 이끌어낼 가능성이 있는가? 예컨대, 서구 문화를 독특하게 활발하고 역동적인 것으로 보는 크리스토퍼 도슨의 해석은, 문화적 교환을 인간 발전의 주된 추진력으로 보는 윌리엄 맥닐의 이해와 양립 가능한가? 아프리카인의 노동이 산업혁명을 실현하는 데 크게 기여했다는 조지프 이니코리의 주장을, 여러 핵심부와 주변부 사이에 노동의 분화를 통해 얻은 효율성이 자본주의의 등장을 설명해준다는 이매뉴얼 월러스틴의 주장과 합치는 것이 타당할까? 재러드 다이아몬드와 다비드 코장데의 지리학적 설명은 중국의 효율적인 농업 체제가 중국의 역사 발전을 결정했다는 마크 엘빈과 켄트 G. 등의 주장과 별 탈 없이 결합할 수 있을까? 이슬람이 이룬 성취가 서구의 흥기에 크게 기여했음을 강조하는 마셜 호지슨의 주장이, 동아시아가 서구의 흥기에 결정적 요인이었다는 안드레 군더 프랑크의 주장과 조화를 이룰 수 있을까?

아마도 이 책을 읽은 이들은 대부분 위의 질문 중 -그리고 그와 유사하지만 다른 그럴 듯한 질문 중- 하나 또는 여러 개에 "그렇다"라고 답할 것이다. 왜냐하면 서구의 흥기에 대한 가장 깊이 있고 가장 만족스런 설명들은 보통 종합적이며, 아주 다양한 설명 방식을 드러내고 있기 때문이다. 사실 한 가지 특정한 요소 -이를테면, 문화나 지리- 가 흔히 다른 것보다 더 결정적인 것처럼 보일 것이다. 그렇지만 내 느낌으로는, 서구 문명에 대한 강좌나 세계사 강좌에 이용할 교과서를 쓰는 교수들은 자신의 해석을 전체적으로 수십 명의 영향력 있는 학자들이 제시한 가장 강력한 주장들에 대한 폭넓은 독서로부터 얻는 것 같다. 이 책을 쓰면서 나는 그런 강좌를 듣는 학생들에게 이런 기본적인 학술성과를 조금씩이나마 살펴볼 기회를 제공하는 것을 목표로 삼았다.

참고문헌

[서론]

Allardyce, Gilbert, "The Rise and Fall of the Western Civilization Course", *The American Historical Review* 87 (Jun. 1982): 695-725.

Costello, Paul, *World Historians and Their Goals: Twentieth-Century Answers to Modernism*, DeKalb, Ill.: Northern Illionis University Press, 1993.

Lockwood, William W., "Adam Smith and Asia", *The Journal of Asian Studies* 23 (May 1964): 345-355.

Manning, Patrick, *Navigating World History: Historians Create a Global Past*, New York: Palgrave Macmillan, 2003.

Marx, Karl, *Capital: A Critique of Political Economy*, vol. 1, Introduction by Ernest Mandel, Translated by Ben Fowkes, London: Penguin Books, 1976.[카를 마르크스, 강신준 옮김, 『자본론 I』, 전2권, 길, 2008, 독일어판 번역]

Marx, Karl, and Friedrich Engels, *Manifesto of the Communist Party* [1848], In The *Marx-Engles Reader*, Edited by Robert C. Tucker, 2nd ed., New York:W. W. Norton, 1978.[카를 마르크스 · 프리드리히 엥겔스, 『공산당 선언』 〈책세상문고 · 고전의 세계 021〉, 책세상, 2018]

Mokyr, Joel, "Mobility, Creativity, and Technological Development: David Hume, Immanuel Kant and the Economic Development of Europe", In Günter Abel, ed., *Kreativität. Tagungsband: XX. Deutscher Kongreß für Philosophie*, Hamburg: Felix Meiner Verlag, 2006, 1129-1160.

Montesquieu, M. de Sécondat, baron de, *The Spirit of Laws*, With D'Almebert's analysis of the work, New edition, Revised by J.V. Prichard, Translated from the French by Thomas Nugent, 2 vols. [1752], London: G. Bell, 1914.[샤를 루이 드 스콩다 몽테스키외, 고봉만 옮김, 『법의 정신』 〈책세상문고 · 고전의 세계 057〉, 책세상, 2006]

Smith, Adam, *An Inquiry into the Nature and Causes of the Wealth of Nations*, Edited by C.J. Bullock, The Harvard Classics, New York: P.F. Collier and Son, 1909.[애덤 스미스, 김수행 옮김, 『국부론』, 전2권, 비봉출판사, 2007]

Spence, Jonathan D., *The Search for Modern China*, 2nd ed., New York & London: W.W. Norton, 1999.[조너선 D. 스펜스, 김희교 옮김, 『현대 중국을 찾아서』, 전2권, 이산, 1998.]

Spengler, Oswald, *The Decline of the West*, Translated by Charles Francis Atkinson, New York: A.A. Knopf, 1926-1928.[오스발트 슈펭글러, 박광순 옮김, 『서구의 몰락』, 총3권, 범우사, 1995]

Toynbee, Arnold A., *A Study of History*, London: Oxford University Press; H. Milford, 1935-1961.[아놀드 조셉 토인비, 홍사중 옮김, 『역사의 연구』총2권, 동서문화사, 2016]

Weber, Max, *The Protestant Ethic and the Spirit of Capitalism*, Translated by Talcott Parsons, Introduction by Anthony Giddens, New York: Charles Scribner's Sons, 1958.[막스 베버, 김덕영 옮김, 『프로테스탄티즘의 윤리와 자본주의 정신』, 길, 2010]

Wells, H.G., *The Outline of History: Being a Plain History of Life and Mankind*, Garden City, N.Y.: Garden City Pub. Co., 1920.[허버트 조지 웰스, 김희주 · 전경훈 옮김, 『H.G. 웰스의 세계사산책』, 옥당, 2017]

[서구의 기적]

Callahan, Daniel, et al., "Christopher Dawson: 12 October 1889-25 May 1970", *The Harvard Theological Review* 66 (Apr. 1973): 161-176.

Cipolla, Carlo, *Guns, Sails, and Empires: Technological Innovation and the Early Phases of European Expansion 1400-1700*, New York: Minerva, 1965.[카를로 치폴라, 최파일 옮김, 『대포, 범선, 제국: 1400-1700년, 유럽은 어떻게 세계의 바다를 지배하게 되었는가?』, 미지북스, 2010]

Costello, Paul, *World Historians and Their Goals: Twentieth-Century Answers to Modernism*, DeKalb, Ill.: Northern Illionis University Press, 1993.

Crosby, Alfred, *The Measure of Reality: Quantification and Western Society, 1250-1600*,Cambridge: Cambridge University Press, 1997.[앨프리드 크로스비, 김병화 옮김, 『수량화 혁명』, 심산, 2005]

Dawson, Christopher, *Religion and the Rise of Western Culture*, New York: Sheed and Ward, 1950.

Hall, John A., *Powers and Liberties: The Causes and Consequences of the Rise of the West*, Oxford: Basil Blackwell, 1985.

Landes, David, *The Wealth and Poverty of Nations: Why Some Are So Rich and Some So Poor*, New York: W.W. Norton, 1998.

Macfarlane, Alan, *The Origins of English Individualism. The Family, Property, and Social Transition*, New York: Cambridge University Press, 1978.

Macfarlane, Alan, *The Making of the Modern World: Visions from the West and East*, Houndmills & New York: Plagrave, 2002.

McCloskey, Deirdre, *Crossing: A Memoir*, Chicago: University of Chicago Press, 1999.

McCloskey, Deirdre, *The Bourgeis Virtues: Ethics for an Age of Commerce*, Chicago: University of Chicago Press, 2006.

McCloskey, Deirdre, *The Bourgeis Dignity: Why Economics Can't Explain the Modern World*, Chicago: University of Chicago Press, 2010.

McNeill, William H., *The Pursuit of Power: Technology, Armed Force, and Society since A.D. 1000*, Chicago: University of Chicago Press, 1982.[윌리엄 맥닐, 신미원 옮김, 『전쟁의 세계사』, 이산, 2005]

Mokyr, Joel, *The Lever of Riches: Technological Creativity and Economic Progress*, New York: Oxford University Press, 1990.

Mokyr, Joel, *The Gifts of Athena: Historical Origins of the Knowledge Economy*, Princeton, N.J.: Princeton University Press, 2002.

North, Douglass C., and Robert Paul Thomas, *The Rise of the Western World: A New Economic History*, Cambridge: Cambridge University Press, 1973.

Parker, Geoffrey, *The Military Revolution: Military Innovation and the Rise of the West, 1500–1800*, 2nd ed., Cambridge & New York: Cambridge University Press, 1996.

Pipes, Richard, *Property and Freedom*, New York: Alfred A. Knopf, 1999.

Roberts, Michael, "The Military Revolution, 1560–1660", In Michael Roberts, ed., *Essays in Swedish History*, Minneapolis: University of Minnesota Press, 1967, 195–225.

Rosenberg, Nathan, and LE. Bridzell, Jr., *How the West Grew Rich: The Economic Transformation of the Industrial World*, New York: Basic Books, 1986.

White, Lynn, Jr., *Medieval Technology and Social Change*, London: Oxford University Press, 1962.[린 화이트 주니어, 강일휴 옮김, 『중세의 기술과 사회변화: 등자와 쟁기가 바꾼 유럽 역사』, 지식의풍경, 2005]

White, Lynn, Jr., *Machina ex Deo: Essays in the Dynamism of Western Culture*, Cambridge, Mass.: MIT Press, 1968.

White, Lynn, Jr., *Medieval Religion and Technology: Collected Essays*, Berkeley, L.A. & London: University of California Press, 1978.

[세계사]

Chirot, Daniel, *How Societies Change*, Thousand Oaks, Calif.: Pine Forge Press, 1994.

Cosandey, David, *Le Secret de l'Occident: Du miracle passé au marasme présent*, Paris: Arléa, 1997.

Crosby, Alfred, *The Columbian Exchange: Biological and Cultural Consequences of 1492*, Westprt, Conn.: Greenwood Press, 1972.

Crosby, Alfred, *Ecological Imperialism: the Biological Expansion of Europe, 900–1900*, Cambridge: Cambridge University Press, 1986.[앨프리드 W. 크로스비, 안효상·정범진 옮김, 『생태제국주의』, 지식의풍경, 2000]

Diamond, Jared, *Guns, Germs, and Steel: The Fates of Human Societies*, New York: W.W. Norton, 1997.[재레드 다이아몬드, 김진준 옮김, 『총 균 쇠』, 개정증보판, 문학사상사, 2013]

Hodgson, Marshall G.S., *The Venture of Islam: Conscience and History in a World Civilization*, 3 vols., Chicago: University of Chicago Press, 1974.

Hodgson, Marshall, G.S., *Rethinking World History: Essays on Europe, Islam, and World History*, Edited by Edmund Burke, III, Cambridge: Cambridge University Press, 1993.[마셜 호지슨, 이은정 옮김, 『마셜 호지슨의 세계사론: 유럽,

이슬람, 세계사 다시 보기』, 사계절, 2006]

Jones, E.L., *The European Miracle: Environments, Economies, and Geopolitics in the History of Europe and Asia*, London & New York: Cambridge University Press, 1981.[E.J. 존스, 유재천 옮김, 『유럽문명의 신화』, 나남, 1993]

McNeill, William, *The Rise of the West: A History of the Human Community*, Chicago: University of Chicago Press, 1963.

[제국주의와 수탈]

Abu-Lughod, Janet L., *Before European Hegemony: The World System A.D. 1250-1350*, New York: Oxford University Press, 1989.[재닛 아부-루고드, 박흥식 · 이은정 옮김, 『유럽 패권 이전: 13세기 세계체제』, 까치, 2006]

Crosby, Alfred, *Ecological Imperialism: The Biological Expansion of Europe, 900-1900*, Cambridge: Cambridge University Press, 1986.[앨프리드 W. 크로스비, 정범진 · 안효상 옮김, 『생태제국주의』, 지식의 풍경, 2000.]

Eltis, David, and Stanley L. Engerman, "The Importance of Slavery and the Slave Trade to Industrialization Britain", *The Journal of Economic History* 60 (March 2000): 123-144.

Frank, Andre Gunder, *Latin America: Underdevelopment or Revolution: Essays on the Development of Underdevelopment and the Immdediate Enemy*, London: Monthly Review Press, 1970.

Frank, Andre Gunder, and Barry K. Gills, eds., *The World System: Five Hundred Years or Five Thousand?*, London: New York: Routledge, 1993.

Inikori, Joseph E., *Africans and the Industrial Revolution in England: A Study in International Trade and Economic Development*, Cambridge: Cambridge University Press, 2002.

Lenin, V.I., *Imperialism, The Highest Stage of Capitalism; a Popular Outline*, New York: International Publishers, 1939.[블라디미르 일리치 레닌, 이정인 옮김, 『제국주의, 자본주의의 최고 단계』, 아고라, 2017]

Mielants, Eric H., *The Origins of Capitalism and the "Rise of the West"*, Philadelphia: Temple University Press, 2007.[에릭 밀랜츠, 김병순 옮김, 『자본주의의 기원과 서양의 발흥: 세계체제론과 리오리엔트를 재검토한다』, 글항아리, 2012.

Wallerstein, Immanuel, *The Modern World-System*, 4 vols., New York: Academic Press, 1974-.[이매뉴얼 월러스틴, 나종일 외 옮김, 『근대세계체제』, 제2판, 전4권, 까치, 2013]

Wallerstein, Immanuel, *The Essential Wallerstein*, New York: The New Press, 2000.

Weaver, John C., *The Great Land Rush and the Making of the Modern World, 1650-1900*, Montreal & Kingston: McGill-Queens University Press, 2006.

[아시아의 위대함]

Frank, Andre Gunder, *Reorient: Global Economy in the Asian Age*, Berkeley, Calif.: University of California Press, 1998.[안드레 군더 프랑크, 이희재 옮김, 『리오리엔트』, 이산, 2003.

Goody, Jack, *The Logic of Writing and the Organization of Society*, Cambridge & New York: Cambridge University Press, 1986.

Goody, Jack, *East in the West*, Cambridge: Cambridge University Press, 1996.

Hobson, John M., *The Eastern Origins of Western Civilization*, Cambridge:Cambridge University Press, 2004.[존 M. 홉슨, 정경옥 옮김, 『서구문명은 동양에서 시작되었다』, 에코리브르, 2005]

Pomeranz, Kenneth, *The Great Divergence: Europe, China, and the Making of the Modern World Economy*, Princeton, N.J.: Princeton University Press, 2000.[케네스 포메란츠, 김규태 · 이남희 · 심은경 옮김, 『대분기: 중국과 유럽, 그리고 근대 세계경제의 형성』, 에코리브르, 2016]

[왜 중국이 아니었나?]

Bodde, Derk, *Chinese Thought, Society, and Science: The Intellectual and Social Background of Science and Technology in Pre-modern China*, Honolulu: University of Hawaii Press, 1991.

Deng, Gang, *The Premodern Chinese Economy: Structural Equilibrium and Capitalist Sertility*, London & New York: Routledge, 1999.

Deng, Kent G., "Development and Its Deadlock in Imerial China, 221 B.C.-1840 A.D.", *Economic Development and Cultural Change 51* (Jan. 2003): 479-522.

Elvin, Mark, *The Pattern of the Chinese Past*, Stanford: Stanford University Press, 1973.

Finlay, Robert, "China, the West, and World History in Joseph Needham's Science and Civilisation in China", *Journal of World History* 11 (Fall 2000):265-303.

Frank, Andre Gunder, *Reorient: Global Economy in the Asian Age*, Berkeley, Calif.: University of California Press, 1998.

Landes, David, *The Wealth and Poverty of Nations: Why Some Are So Rich and Some So Poor*, New York: W.W. Norton, 1998.[데이비드 랜즈, 안진환 · 최소영 옮김, 『국가의 부와 빈곤』, 한국경제신문, 2009]

Mokyr, Joel, *The Lever of Riches: Technological Creativity and Economic Progress*, New York: Oxford University Press, 1990.

Needham, Joseph, *The Grand Titration: Science and Society in East and West*, London: Allen & Unwin, 1969.

Needham, Joseph, *Science in Traditional China: A Comparative Perspective*, Cambridge, Mass.: Harvard University Press; Hongkong: The Chinese University Press, 1981.

Pomeranz, Kenneth, *The Great Divergence: Europe, China, and the Making of the Modern World Economy*, Princeton, N.J.: Princeton University Press, 2000.

Qian, Wen-yuan, *The Great Inertia: Scientific Stagnation in Traditional China*, London & Dover, N.H.: Croom Helm, 1985.

Sivin, Nathan, "Why the Scientific Revolution Did Not Take Place in China —or Didn't It", In *Science in Ancient China: Researches and Reflections*, Aldershot, U.K. & Brookfield, Vt., USA: Variorum, 1995, 45-66.

Wallerstein, Immanuel, *The Modern World-System*, 4 vols., New York: Academic Press, 1974-.

Winchester, Simon, *The Man Who Loved China: The Fantastic Story of the Eccentric Scientist Who Unlocked the Mysteries of the Middle Kingdom*, New York: Harper, 2008.[사이먼 윈체스터, 박중서 옮김, 『중국을 사랑한 남자:조지프 니덤 평전』, 사이언스북스, 2019]

옮긴이 후기

이 책은 라우틀리지(Routledge) 출판사에서 출간한 미국의 역사가 조너선 데일리의 *Historians Debate: The Rise of the West* (2015)를 옮긴 것이다. 옮긴이는 상당 기간 세계사 혹은 글로벌 역사(World History/Global History)를 공부해오면서, 그 논의의 전체 기조에 인류 역사의 전체적 흐름만이 아니라 지리적 측면에서 동·서 간축의 이동 문제가 자리하고 있음을 느끼고 있었다. 그리고 너무나도 방대하고 다양한 논의의 전개를 일일이 따라가기가 힘들고, 그래서 무엇인가 기존의 논의들을 정리해 주는 길잡이 역할을 해주는 책이 있으면 좋겠다는 생각을 하게 되었다. 그러던 중에 그리 비싸지도 않고 양도 두껍지 않은 이 책을 만나게 되었고, 적어도 인류 역사 속에서 동·서 간축의 이동 문제와 관련해서 비교적 탄탄하게 정리된 내용에, 요즘 말로 '가성비가 좋은' 아주 괜찮은 책임을 알게 되었다.

사실 세계사 혹은 글로벌 역사에서 이미 수십 년 전부터 진행되어 온 인류 역사의 전체적 흐름에 대한 논의는 한국 독자들의 관심을 그리 크게 끌지는 못했던 것 같다. 물론 일부 출판사들에서 이런 세계사적 논의를 한국에 소개하는 역할을 꾸준히 진행하고 있고, 실제로 꽤 많은 유명 저자들(안드레 군더 프랑크, 이매뉴얼 월러스틴, 페르낭 브로델, 윌리엄 맥닐 등)의 역작들이 아주 뛰어난 번역가들에 의해 소개되어 있다. 이 책을 번역하면서 '더 읽어보기'와 '참고문헌'에 수록된 명저들의 한국어판을 찾아보고 솔직히 많이 놀랐다. 생각보다 정말 많은 명저들이 번역되어 있음을 확인한 것이다. 하지만 그러면서도, 연구자인 나 자신도 놀랄 정도로 이런 명저들의 번역이 제대로 알려지지 않았다는 점도 확인할 수 있었고, 아울러 번역을 위해 참고하려고 관련 서적을 검색하면서 한국의 뛰어난 연구자들도 이런 세계사적 논의에 충분히 한 몫할 수 있는 뛰어난 저서들을 여럿 간행했음도 확인하였다 ─이 또한 일반 독자들은 차치하고 연구자들에게도 거의 알려져 있지 않다. 최근에는 한국 학자들이 자신의 연구 성과를 영어를 비롯한 외국어로 발신하는 경우도 많이 늘어났고, 외국에서는, 조너선 데일리도 한국어판 서문에서 밝히듯이, 지난 수십 년간에 걸친 한국의 놀랄 만한 성장에 자극받아 한국에 대한 관심과 한국 관련 연구가 크게 늘어나고 있다. 하지만 이에 상응하여 한국 내에서 세계사의 흐름과 그 속에서 한국의 역사적 위치 비정에 대한 관심이 얼마나 늘어났는가에 대해선 회의적일 수밖에 없다.

코로나 19라는 돌발적인 팬데믹 상황 이전부터 세계는 극단적인 의견대립의 양상을 보여주고 있었고, 지금은 그 양상이 더욱 심화된 것 같다. 그와 함께, 한국이라는 나라의 내부 상황도 세계적 흐름과 연동한 것인지, 마찬가지로 극단적인 의견 대립의 심화라는 양상으로 나타나고 있다. 한국 내 격렬한 대립의 구도가 세계사적 흐름에 대한 인지 속에서 진행되지 못하고 오로지 눈앞의 국면에만 시선을 고정한 채 진행된다는 것에 안타까움을 느끼는 것은 옮긴이만의 소감은 아닐 것이다. 이런 측면에서 옮긴이는 얼마간은 우연히 접한 이 책이 세계사적 흐름을 둘러싼 논의의 정보에 고파하는 한국의 연구자들만이 아니라, 한국 내의 격심한 의견대립에 관심을 두는 일반 독자들에게도 좀 더 넓은 시야를 제공해 줄 수 있고 좀 더 큰 이야기를 할 수 있는 힘을 갖추어 줄 수 있을 것이라고 생각하여 번역을 결심했다.

이 책은 현재 수준에서 인류 역사의 전개에 대한 방대한 논의들을 체계적으로, 얼마간은 범주적으로 분류하면서, 정리하고 그 핵심을 전달한다는 측면에서, 원래 책의 대상인 대학생만이 아니라 역사 연구를 시작하는 대학원생들, 또 최근 연구성과에 집중하기 위해 과거 연구에 대한 정리를 필요로 하는 역사학을 비롯한 여러 학문의 연구자들에게도 유용한 도움을 줄 것이라고 생각한다. 아울러 책이 다루고 있는 명저들의 원래 내용이 녹록치 않음에도 저자인 조너선 데일리가 뛰어난 역량을 발휘하여 핵심을 간추려 비교적 알기 쉽게 전달하고 있다는 측면에서는, 일반 독자들도 약간의 수고만 곁들이면 충분히 읽을 수 있는 내용이다. 그러함에도 몇 가지 면에서 아쉬움이 있기에, 독자들의 책에 대한 전반적 이해를 돕기 위해 간단히 그런 점들을 밝히고자 한다.

첫째, 책은 '역사가의 논쟁(Historians Debate)'을 다룬다고 전면에 내세우고 있지만, 사실 그 내용을 보면 역사가보다는 사회과학자의 논의가 더 많이 포함되어 있고, 심지어 얼마간 당혹스럽게도, 자연과학자들의 논의까지 다루고 있다. 물론 저자도 밝히듯이 세계사에 대한 논의에 역사가가 참여하려면 수십 년 간에 걸친 광범위한 독서와 연구의 축적이 필요하고, 따라서 실제로 이런 논의에 제대로 참여하여 영향력 있는 성과를 발표할 역량을 가진 역사가가 그리 많지 않은 것도 사실이다. 하지만 이를 인정하더라도, 책의 제목과 달리 대상자에 포함된 역사가가 적은 것은 책의 제목과 맞지 않는다는 느낌이다.

둘째, 위의 논의의 연장선상에서, 사실 지금 현재 세계사의 흐름이나 동 · 서간 축의 이동 문제와 관련한 논의에 가장 많이 참여하는 학자들에는, 아무래도 경제(사)학자의 비중이 가장 크다고 생각한다. 그리고 저자도 한국어판 서문에서 밝히듯이, 이런 학자들의 연구 성과는 매년 엄청난 양이 쏟아지고 있다. 실제로 이런 논의에서 가장 많은 혼동을 불러일으키는 것은, 세계사 흐름에서 동 · 서간 축의 이동을 경제적 측면에서 다루는 수많은 연구들이다. 이 연구들의 흐름을 체계적으로 잡아주고 정리해 주

는 내용이 중심이 되지 못한 것은 이 책에서 가장 큰 아쉬움이다.[1]

셋째, 이 부분은 아쉬운 점이라기보다는, 세계사에 접근하는 저자, 또는 서구(미국) 학자의 시선에 대한 비판적 논평이라 할 것이다. 즉, 책의 내용이 전반적으로 문화적 측면에서의 원인 제시나 설명들에 집중되어 있는 점을 말한다. 이는 꼭 저자의 한계라고만 할 수 없는 부분인데, 실제로 서구의 많은 학자들은, 경제학자들조차도 '서구의 흥기'에 대한 원인을 문화적 측면에서 찾고 있다. 이것은 독특한 식민지적 상황을 겪은 제3세계 출신의 한 학자가 볼 때는 참으로 아이러니하게 느껴지는 부분이다. 무엇보다 '서구의 흥기'는 경제적인 '흥기'이고 경제적으로 세계를 지배하고 수탈하는 위치에 오른 과정에 대한 얘기이다. 그래서 많은 경제학자들이 이 문제에 달려들어 오랜 세월을 두고 씨름하는데, 그 결과로 내놓은 자기 나름의 설명들은 대체로 경제적인 것이 아니라 문화적인 것이다. 심지어 이 책의 저자 조너선 데일리도 올해 간행한 '서구의 흥기'에 대한 자기 나름의 설명에서, 타인에게서 배우고자 하는 "열린 자세"를 결론으로 제시하고 있다. 역시 문화, 혹은 좀 더 명확히 표현하자면 '망탈리테(mentalité)'가 문제인 것이다. 데일리가 자신의 해석에서 이런 결론을 내린 것을 보면, 이 책의 내용이 약간은 심할 정도로 문화나 '망탈리테'에 해당하는 것에 치중되어 있는 것이 이해가 간다. 하지만 그렇더라도, 흔히 '서양은 물질, 동양은 정신'이라는 식의 일반적 인식에 익숙한 사람들이 볼 때는, '물질'로 흥한 서양을 설명하기 위해 '정신'적 측면이 뛰어났다고 해석하는 것은 좀처럼 익숙해지기 어려운 접근이다. 유럽 중심주의적 시각을 가진 학자들이 말하듯이, '서구의 흥기'를 설명하기 위

---

1 이와 관련해 보완적인 독서를 원하는 이들에게는, 국내 학자의 뛰어난 성과를 참고할 것을 권한다. 양동휴, 『유럽의 발흥: 비교경제사 연구』(서울대학교 출판부, 2014)는 적어도 2010년대 초까지 경제학적 측면에서 진행된 중요한 논의들을 체계적으로 알기 쉽게 정리해 놓았다. 전문 연구서임에도 일반 독자들이 접근하기에도 크게 무리가 없을 정도로 쉽게 서술되었고, 아울러 수십 년간의 연구에 기초한 자기 나름의 해석 역시 제시하였다.

해 무엇인가를 **있어야 했다**고 상정하는 것처럼, 서구의 물질적·경제적 세계 패권 장악을 설명하기 위해 오히려 **강박적으로** 문화를 내세운다는 느낌도 든다. 아니, 어쩌면 도저히 물질적·경제적 이유를 찾기가 힘들기 때문에 ─어쨌든 근대 초기가 되었든 19세기 중반이 되었든 어느 시점까지는 인도나 중국 같은 아시아 여러 권역들이 세계 경제를 압도했다는 사실만 계속 확인할 수 있기에─, 얼마간은 코에 걸면 코걸이고 귀에 걸면 귀걸이가 될 수 있는 문화나 '망탈리테'를 내세우는 것은 아닐까.

번역과 관련해서 몇 마디만 하자면, 책은 가급적 원서의 의도에 맞추어 대학생이나 일반 독자들도 크게 어려움 없이 읽을 수 있도록 쉽게 옮기고자 노력했다. 그래서 수많은 인용문들이 있는데, 그 인용문들도, 한국어판이 있는 경우에도 한국어판을 참고하지 않고, 저자가 인용한 맥락을 살리기 위해 원문에 입각해 번역했다. 또한 '서구의 흥기'에 대한 뛰어난 저서들의 내용을 있는 그대로 전달하면서 그 속에서 각 학자들의 저술 맥락까지도 드러내고자 하는 원서의 취지에 맞추어, 책에서 다루고 있는 학자들마다 간단한 프로필을 조사하여 각주에 제시하였다(계몽주의 시기나 19세기의 유명한 학자들에 대해서는 따로 붙이지 않았다). 다만 4명의 학자들의 경우에는 따로 프로필을 제시하지 못했는데, 이것은 옮긴이의 조사 내용이 본문에서 제시하는 설명을 넘어서지 못하거나 본문의 설명으로 충분하다고 생각되는 경우들이다. 또한 그 외의 각주는 옮긴이가 본문의 내용을 이해하는 데 필요하다고 판단되는 부분에만 최소한으로 붙였고, 따라서 그 내용 역시 본문의 내용과 관련해서 정리되었다.

이 책은 옮긴이가 속한 한국해양대학교 국제해양문제연구소의 '바다인문학 번역 총서'의 첫째 권으로 기획되었다. 한국해양대학교 국제해양문제연구소는 10년간의 HK연구사업 '해항도시문화교섭연구'를 마무리하고 2018년부터 HK+연구사업 '바다인문학' 연구를 수행하고 있다. '바다인문학'은, 단순히 인간 사회의 여러 현상 중 바다와 관련된 부분을 바다의 시선에서 바라본다는 시각을 넘어서, 인류 공동체 전체의 과거·현재·미래가 바다와 긴밀하게 관계되어 있고 이 관계성에 대한 이해 없이는 인류 공동체 전체의 미래에 대한 전망 역시 불투명하다는 전제 하에 바다에서 출발해 인류사 전체를 이해하고 그 현재적 상황에 대한 해법을 모색하는 기획이다. 이런 시각 하에서 진행되는 '바다인문학' 연구이기에, 그 번역 총서의 첫 번째로 딱히 바다와만 관련되지 않은, 그보다는 인류사 전반에 대한 이해와 결부된 『역사대논쟁: 서구의 흥기』를 번역하게 된 것이다. 이참에 이 책의 번역 제안에 '바다인문학'의 넓은 시야 속에서 동의하고 적극 후원해 주신 한국해양대 국제해양문제연구소의 정문수 소장님께 감사 인사를 드린다. 뿐만 아니라 번역 과정에서 여러 도움을 주신 국제해양문제연구소의 여러 동료 교수님들께도 감사 인사를 드린다. 또 옮긴이의 까다로운 요구를 다 받아주면서 일방적으로 제시된 출판일자에 맞추느라 도서출판 선인의 편집진들이 무척 힘들었을 것이라고 생각된다. 죄송한 마음과 감사함을 전한다.

비교적 짧은 시간 동안에 번역 작업을 수행해야 했고, 가급적 쉽게 전달하고자 하는 마음에 놓친 부분도 많은 것 같다. 번역과정에서 잡아내지 못하고 출판한 뒤에야 눈에 띄는 오류들이 많을 것이라고 생각한다. 이는 전적으로 옮긴이의 잘못이며, 독자들의 많은 지적과 질정을 바란다.

언제나 그렇지만, 나의 모든 과정은 가족과 함께이다. 가족 속에서 얻는 힘이 나의 모든 것을 지탱하는 것 같다. 모두에게 사랑과 고마움을 전한다.

2020년 따뜻한 가을 햇살을 맞으며
현 재 열

인명 찾아보기